世界大战丛书

丘吉尔
第二次世界大战回忆录 05

德国东进

〔英国〕温斯顿·丘吉尔 著
朱建国 译

北京时代华文书局

本书铭言

战争时：坚毅

失败时：不屈

胜利时：宽容

和平时：友善

致 谢

在各位好友帮助下，我得以完成前几卷的著述，这里要再一次表达对他们的感谢：陆军中将亨利·博纳尔爵士、海军准将艾伦、迪金上校、爱德华·马什爵士，以及丹尼斯·凯利先生和伍德先生。还有很多其他人士也曾审阅过原稿，并提出了自己的意见，在这里也一并表示感谢。

我依然得到了伊斯梅勋爵，还有其他朋友们的帮助。

在此要再次感谢英王陛下政府文书局局长。一些官方文件原文的版权为其所有，然而承蒙英王陛下政府批准，得以附加在内。出于保密，我对本卷所列的一些电文，谨遵英王陛下政府谕，做了改动。但是都是在本意基础上加以改动的，其原意或者实质并没有变动。

温斯顿·斯宾塞·丘吉尔

序言

这本书和其他各部书一样，仍只是作为一部可供了解第二次世界大战的历史参考资料。当时我是英国首相，并兼任负有特殊的军事责任的国防大臣，因此，我也是以这一身份去讲述这段历史的。我在军事问题上负有直接责任，在讲述和英国有关的战役时，叙述也就比较详尽。至于同盟国的战争情况，出于对历史公正性的必要，我认为应该由他们本国的历史学家去讲述，或者将来由另一些写作世界通史的英国历史学家讲述。我只能把盟国的斗争用作背景，在这种程度上去描述它们。而且，即便是这样，我也不能做到比例均匀地去叙述各个同盟国的情况。我唯一能做到的，就是尽力真实地描述我们本国的事件。

我那时候用以指挥作战和处理英国政事的一些指令、电报和备忘录之类的资料，是我讲述这段历史的主要根据和线索。这些原始文件都是随着事件的发展引用到文中的。即便是我依据现在已知的事实真相的著述，也比不上它们的真实可靠。我相信，从这些文件资料中可以准确地看到当时发生的事情和我的想法。尽管其中一些意见和预测后来被证明是错的，我还是希望人们根据它们，判断我个人在这场战争中的功过。在当时，我们的知识能力有限，但仍必须解决一些实际问题。我相信，将这些资料向读者公开，是让他们切实感受我们当时的这种处境的唯一的办法。

我刊载的一些备忘录，多是政府各部门对我的函电的答复。它们原本篇幅冗长，但是，我不可能将整个文件照搬下来，况且，很多时候我也没有这一权力。为了避免造成我的引用带有指责个别人的嫌疑，我会谨慎地处理这些答复资料，尽可能在引用每个文件后做一番概括的讲解。不过，总的来看，凡是刊载的文件资料都是可以反映出当时的情况的。

本书中还是会提到大规模的战争，诸如在俄国前线的战斗。这个战场上，战斗双方所投入兵力的总和与法兰西战役的军力不相上下，其战线要比法兰西战线长很多。大规模的军队在战线各个据点上死拼，死伤不计其数。相比于这次大战中的其他地区，俄国前线的杀戮战况绝对是最残酷的。但是，我不会随意叙述德国和俄国之间的战斗，只能在谈到英国和西方盟国的战争背景时才会谈到这一点。因为，俄国的这段战争历史，特别是1941年和1942年这两年的战事，有关俄国人的痛苦和荣耀，本来是值得以一种客观冷静的心态仔细地研究的。但是，外国人不方便记录，当然，尽管如此，我们还是应该努力用英文记录下这段英雄史实，这一尝试，不应该因为苏联政府已经获得了它应得的荣誉而被人们放弃。

在希特勒进攻俄国之前的近一整年是一个时期。在这个时期中，大不列颠及其帝国坚持独立奋战，不断投入军力。半年后，受到日本猛烈攻袭的美国成为了我们的坚定的同盟。自此之后，我开始了和罗斯福总统的电函沟通，联盟行动的基础由此形成。我们不仅可以制定联合作战计划，而且能预计战争结果。我这一册书，正是以整个英语世界国家建立起了伟大而有效的同盟合作关系结束的。

温斯顿 斯宾塞·丘吉尔

写在肯特郡威斯特汉

恰特威尔庄园

1950年1月1日

在苏联和美国参与这场大战之前，
英国人是如何克服困难奋战的。

目　录

第一章　沙漠地区与巴尔干各国

1941 年诸多事情的接踵而至——牢固的基础——决定战争胜败之要点——沙漠中的虚伪黎明——我于 1 月 6 日作出的战争估测——坚不可摧的班加西侧翼——埃塞俄比亚战役——西班牙的谜题——维希不明确的态度——德国空军对西西里岛的威胁——巴尔干各国被践踏之危险——有必要支援希腊——我们的首要任务——希特勒的新年感想——1940 年 12 月 31 日，他致电墨索里尼——我们对于西班牙的看法不约而同——希特勒关于俄国和非洲的看法——艾登先生的焦虑——有必要限制沙漠进军——史末资将军 1 月 8 日发来的电报——1 月 10 日对韦维尔将军作出的指示——韦维尔飞往雅典——1 月 26 日我致电韦维尔——1 月 12 日我复电史末资将军

战争年代总是纷扰不安的，在我看来，1941 年的上半年是我所知的所有战争年月中最称得上“多事之秋”的一个时期。在这一时期中，战事总是骤然而发，问题源源不断，直接考验着我和我的同僚们。虽然战事逐年扩大，但是，我们的决断力却不因此而减弱，必须当机立断的时候我们还得作出决定。1942 年，我们遭受了更惨重的军事灾难，然而，我们这时已经隶属于一个有着共同命运的伟大同盟，不再是孤军奋战。在此之前，即 1941 年的时候，我们想到的所有解决问题的方法都是冒险的，一个问题总是牵连到另一个问题：要想增加某个战场的军资储备，另一个战场的军资储备就得被削弱；要想增强此处的军力，

另一处就可能有危险。我们只能这么做，因为我们的物资储备极其有限。在当时，有十多个强国的战争立场还未确定，它们可能是我们的盟友，也可能是我们的敌人，或者只是观望这场战争。我们的情势内忧外患：在国内要应对潜艇战、入侵的敌人以及源源不断的闪电战；在国外的中东战场，我们要打一场持久的战役；此外，我们还得试图在巴尔干半岛开辟一条抗击德军的战线。此前的这段漫长时期内，我们就是如此孤军奋战的。往往是，刚历经一场大风浪，我们又得投入一场激流中挣扎作战。我们每天都奋力拼搏，力求在保全性命的同时尽到自己的责任。然而，不管我们怎么努力，战事仍是无情地向前推进。在此篇叙述中，我遇到的难题之一便是在记述这两方面的情况时做到比例得当。

* * *

在大不列颠，我们总算打下了一个稳固牢靠的基础。我坚信，只要我们在国内的戒备防范措施落实到位，哪怕德国在 1941 年会攻打我们，我们也将并非完全处于劣势中。与 1940 年的情势相比，各个战场的德国空军实力算来并无增强，反之，我们国内的战斗实力则有所扩充：战斗机中队从原来的五十一个扩充到了七十八个，轰炸机中队从原来的二十七个扩充到了四十五个。既然德军在 1940 年与我们的空战中没有取胜，那么，在 1941 年他们也不可能取胜。何况，我们大大增强了本土陆军的力量。1940 年 9 月时，我们的现役师部队共有二十六个，1941 年的 9 月，我们增加到了三十四个，此外还增设了五个装甲师部队。另外，经过一番训练之后，我们的军队已经成熟，且有了更多能使用的武器。此时，从一百万人增加到一百五十万人的国民自卫军，在枪支供应上也不用担忧。总之，包括士兵数量、机动性、武器装备、训练度以及组织性、防御工事的准备等各方面，我们都取得了很大的改善。希特勒要想攻打我们，必须时刻保证超出需要的兵力，他起码得将一百万名士兵和这个军队所需要的辎重运到英吉利海峡，才有可能征服我们。到了 1941 年，他或许还会出动大量的登陆艇，然而即便如此，那也是不足够的。因为，我们具有优势的空军和海军完全掌握了我们的海空领域控制权，它们足以对入侵的德国舰队给予重创乃至击毁它们，我们对此深信不疑。由此看来，1940 年支持我们的所有依据，如今更加有力可靠了。只要我们保持警惕或者保证我们的防备力量不被大大削弱，战时内阁和参谋长委员会就不必担忧。

在这种情势下，全世界普遍认为，德国很有可能要进攻不列颠。我们的美国朋友——其中包括访问过我们的一些将军——很为我们担忧。然而，我们自己却没有了顾虑，只管倾尽我们现在的船舶运输能力，将我们所有军队运送到海外的中东战场和地中海战场上。这是我们能够取得最后胜利的关键。一开始的一些至关重要的事件就发生于 1941 年。军队在战争中必须作战，而非洲是我们唯一能够用来抗击敌人的陆地战场。因此，我们会义无反顾地保卫埃及和马耳他岛。我们获得的最初的胜利是毁灭了意大利帝国。我们当前叙述的主题与线索，就是中东战场上英国和骄横的轴心国的周旋，以及我们如何联合巴尔干各国和土耳其来抗击共同的敌人。

* * *

在沙漠地区与敌人的交战中，我们取得了胜利，这一年的头几天也因此是喜庆的。1 月 5 日，我们攻下了巴尔迪亚，四万多守军归降。照这种情势，我们也会拿下托卜鲁克。果不其然，不到两个星期，它便被我们攻下了，三万敌军成为俘虏。几日之后，我们又攻下了敌军的兵站基地比夏。20 日，海尔·塞拉西皇帝返回了埃塞俄比亚。然而，在此期间，我们多次获得关于德国的报告，报告称德国将调遣、准备军队以发动巴尔干战役。我对整个战局进行了估测，并向三军参谋长提出了我的看法，他们大致赞成我的意见。

首相致伊斯梅将军，转参谋长委员会　　　　1941年1月6日

一

1. 1941年头几个月内，我们的海外作战的主要目标，是尽快摧毁在东北非的意大利武装力量。只要击败了昔兰尼加的意大利军队，尼罗河集团军就可以投入到其他任务中。至于那是什么任务，我们目前还不可公开。

2. 巴尔迪亚攻克后，我们可以在那里建立一个基地，主要用来辅助军队前进，攻下托卜鲁克。只要控制了巴尔迪亚和托卜鲁克，我们几乎可以不用亚历山大港的陆地交通，而改用海道来运送我们西进的军力。现在，我们应该制订充分利用托卜鲁克的各项计划。

3. 不必在巴尔迪亚和托卜鲁克以西布置太多的攻击力量，只需英国第二和第七装甲师、第六澳大利亚师以及不久之后就可改编为师的新西兰旅团，另外可能还加上一两个英国旅，总共不会超过四万到四万五千人。

4. 关键问题是：这个过程需要多少时间？也就是我们何日才能摧毁昔兰尼加的意大利军力。意军在那里的部队是最精锐的，但他们的车辆及装备等损失也非常惨重，而我们的优势是拥有制海权。考虑到敌我双方的情势后，我认为用不了多久我们就可以摧毁昔兰尼加。当然，计划不如变化快，因此我们需要快速行动。至于我们落实总战略所需要的物资，我认为，只要我们在4月到来之前攻下班加西及其东部地区并在那里建立陆海军基地，那便不必担心。

5. 由此可见，我们在埃塞俄比亚攻打意军的战斗，不会受到上述在利比亚同时进行的军事行动的任何影响。韦维尔将军已调回了第四印度师，第五印度师也随时听凭调遣，因此，我们此前制定的攻打卡萨拉的作战计划此时仍具有执行性。一旦落实这个计划，我们不仅可以在埃塞俄比亚境内发动更多的起义，且还可

以使得肯尼亚的部队取道鲁道夫湖，向北推进。如此一来，埃塞俄比亚的意大利守军将会被我们阻断，他们随时可能向我们提出停战建议。唯一能让他们继续支持下去的原因只有一个，即他们还妄想着意军能攻占尼罗河三角洲和苏伊士运河，从而保证通过尼罗河或者红海运过去的军需。但是,他们的这一希望已经破灭了。另外,他们也有可能不定期地耗下去,原因是埃塞俄比亚地域辽阔；但它的交通运输落后，海上交通更是缺乏，这就导致大批军队的给养会出现困难，他们便不得不拖延时间。所以说，在4月底之前摧毁驻在埃塞俄比亚的意大利军队这一估计，并非是没有根据的，我们有理由抱这个希望。

6. 当这一迹象更加明显时，我们便可调遣肯尼亚、苏丹和埃塞俄比亚的全部精锐部队，挥师向北。这一部分军力将作为我们在东地中海区域作战的后备力量。假若我们目前驻在该区域的军队总力为三十七万人左右——包括 W.S.[1]第五号及第六号运输船队在内——那么，在我们往埃塞俄比亚、昔兰尼加、埃及和巴勒斯坦调派必要的守军和保安部队之后，可以估测，届时尼罗河流域的驻军共有十二个师——十个师的军队加上从国内派驻的另外两个师。到4月底时，如果不出现突发干扰的话，这十二个师就可以调遣到其他战场上。

二

7. 对于德国来说，最危险同时也是最冒险的做法，就是为了进攻直布罗陀海峡，不顾西班牙人民和政府的意愿，强横地穿过西班牙前进。在这种时候他们若是这么做，更是冒险而危险。希特勒不敢轻易触怒西班牙，这并不难理解，因为他引起的民愤太多了，他要压服的民族也已经有太多了。当然，一旦西班牙政府

① Winston's Specials，即“温斯顿专号”的缩写。——译注

允许他借道，德国人将会轻易取得里斯本和阿尔赫西拉斯，休达炮台的控制权也将会落入他们手中。我国驻马德里的海军武官西尔加斯海军上校曾在西班牙居住过很长一段时间，他最近与我国驻西班牙大使进行了沟通交流。他的看法是，西班牙政府允许希特勒借道的可能性会越来越小，同样，它参与到战争中来的可能性也是如此，也就是说，这个国家与我国为敌的倾向会越来越少。之所以这样，是因为韦维尔将军在利比亚的胜利起到了重要作用，西班牙的舆论已经被影响了。如果德国人一直得不到西班牙的允许，他们也绝不会在4月底之前强行假道，侵入西班牙。根据韦维尔的这一观点，这种拖延其实有利于我们。一来，我们能够争取时间，让中东的部队在直布罗陀完成任务后好调往其他战场。二来，在这段时间内法国和维希的事态有可能向好的方向发展。这是最重要的。

8．现在，我们行事必须非常谨慎，要防止西班牙有变，切勿使西班牙政府对我们有更多的敌视，也不能刺激希特勒，以免他对西班牙采取过激行动。虽然这些情况都是我们的猜测，但仍难免发生。不过，希特勒并没有像我们此前担心的那样：在政治条件和气候条件都有利于他的时候，假道西班牙，攻打直布罗陀。从这一事实来看，我们大致可以得到一个合理的几乎确切的假设，即德国起码会等到春天到来时才敢在西班牙采取冒险行动。

三

9．德国要到春天才有可能在西班牙采取冒险尝试，这就让我多了这么一个希望：被德国施压或者入侵的维希政府可能会到北非战场上，重新参与到战斗中，或者该政府会授权魏刚将军作战。如果这一情况发生在直布罗陀海峡被德军攻陷之前，那么我们就等于拥有了无限的时间来抵抗试图攻克直布罗陀海峡的德军。这样，我们可以通过大西洋港口，也可以利用法国在北非的空军基地，往摩洛哥调运军力。如此一来，地中海区域的整个形势就会变得有利于我方。仍在的黎波里的意大利军队，终将也会被我们击溃。届时我们或许可以开辟地中海的航线，运送军需物资和军队到中东。

10. 基于上述分析，我们应该向贝当元帅和魏刚将军如此承诺：一旦他们认为时机成熟，可以采取我们迫切希望的那个非常重要的步骤了，那么，我们将协助他们作战，增派六个师的陆军以及精锐空军、必要的海军给他们。在我们的分析下，他们也感觉到了，若是等到德国人穿越西班牙，夺取了直布罗陀海峡和摩洛哥北部我们才采取行动，那将会很危险。至于维希政府，我们只能观望它将会如何行动。同时，我们要充分利用海军，一旦有可能便对法国施行阶段性封锁。这么做，一是为了坚持我们的原则，二是为了制造英法不和的假象，特别是为了防止维希政府有这种想法：即便他们没有任何行动，我们也不会让他们难堪。法国的事态发展必将是迅速的，而希特勒也大致清楚这有利于我们。但是也有一种可能，即法国的事态在西班牙发生任何具有决定意义的事件之前已经发展到了顶峰。

四

11. 我们仍不能不做这样的猜测：不久之后，希特勒将发起大进攻，而他现在正以德国人那种不完成事情不罢休的干劲做着大规模的筹备工作。当然，他也可能在进行另一项工作，即顺利经由意大利南下，在西西里岛布置好空军。

参谋长委员会应该加紧研究占领西西里岛的“汇集”计划，显然，这项计划应该尽快落实。但是，目前还没有任何理由支持我们在利比亚的作战行动前就落实这项计划。不管怎样，除非等到我们攻克了托卜鲁克并在那——即便不再往西——设立一个用以保护埃及的稳固的前进基地，我们才会落实采取“汇集”行动。

五

12. 从以上各种情况来看，最有利于我们的一个事态，就是德国拖延到春天才会向巴尔干采取进军行动。反之，我们应当猜测到德国或许会因此提前行动。希腊军队对我们的帮助是很大的，虽然我们给他们的空军援助根本微乎其微，而他们并未计较这点。但是，我们也应当设想到，他们既已从我们这里得到帮助，一旦他们再次陷入困境，便将会立即向我们求助。届时，我们能够给予他们的最快援助，也就是抽调中东的四五个中队的空军，或许还加上几个炮兵团以及第二装甲师的一部分或者全部坦克。如今已经抵达埃及的第二装甲师，也正在那儿整顿待发。开往塔克拉迪的“狂野”号已经抵达，之后四十架“旋风”式战斗机以及其他飞机也将陆续抵达，朗莫尔空军中将的兵力得到了补充，其总实力已经大大超过一百架“旋风”式战斗机。这次进攻，朗莫尔率领的部队没有遭到什么大损失，这得益于他采取了正确的措施，从亚丁和苏丹撤回了空军部队。不久之后，我们可能会攻下托卜鲁克，到时我们可能要调遣大量的空军，其中包括一些“旋风”式战斗机中队，增援希腊。希腊飞机场的跑道已经加长以适用于“旋风”式飞机了吗？克里特岛上的飞机场是否也已改善，以适应这类飞机的中途降落？这些问题都应该提前解决，因为临时应对的话时间太紧迫了。另外，我们还须弄清楚一点：调遣第二装甲师到比雷埃夫斯港要多少人力以及时间？

13. 从所有预测来看，希腊军队若是攻不下发罗拉，后果将难以想象。韦维尔将军的空军数量已经减少了，他若仅凭他目前在西部沙漠地区的军力，也许也能够攻克昔兰尼加，在班加西站稳脚。但是，若为了班加西而使得希腊军队无法攻下发罗拉，这是不妥的，因为那样的话希腊人必定会失落乃至愤怒，或许还因此而与意大利单独讲和。因此，我们应设想，在攻克托卜鲁克后，继续前进的尼罗河集团军可能会遭遇严峻的困难。看清这些后，我坚持，应该在保证埃及西部的安全后就援助希腊。

六

14. 我们对希腊的增援以及希腊军进攻发罗拉的结果，很可能影响到南斯拉夫的态度。我虽然我们目前不可能下定论，但是可想而知，相比于强行穿越南斯拉夫，德军若是这么行动的话更合情合理：穿过罗马尼亚，抵达黑海，再向他们的旧日同盟保加利亚借道，然后直接抵达萨洛尼卡。从敌人频繁的军队调动以及比以前更多的谣言的出现看来，我们这一猜想的确合理。显然，德国正在集结兵力，同时在改善直驱东南欧的交通要道。因此，我们也应该有所行动，确保在敌人进入保加利亚时土耳其人会参战。俄国的态度将受到这一系列的事态发展的影响，如果南斯拉夫不被敌人愚弄，始终保持坚定的立场，如果希腊军队拿下发罗拉，在阿尔巴尼亚站稳脚，如果土耳其站在我们这边，积极地参与战斗，那么，俄国所受的影响将有利于我们。谁都看得出来，无论德国是进入黑海还是通过保加利亚进入爱琴海，都将会对俄国不利，且还会造成致命的威胁。俄国人若因此而恐惧，仅凭这点他们就不会参战。俄国人的这种恐惧，或许会因为我们在巴尔干建立一条牢固的同盟国战线，以及英国海陆空军日益提高的威望而有所减轻。但是，我们不能抱这种渺茫的希望。

七

15. 最后一个问题：我们面临敌人入侵的威胁，一旦发生空战，我们的生产必将受到影响，西部港口以及西北交通线也将会受到损害。显然，这个问题是关系到我们所有作战活动的一个问题。希特勒现在比以往任何时候都更迫切地想要困死或者摧毁大不列颠，但是，除了要打败我们日益强大的英国空军，他还需压制欧洲各国充满怨愤的疾苦平民。他即便能在东欧进行一场大战，取得部分或者全部的成功——击溃俄国、乌克兰，然后穿越黑海抵进里海，他仍是无法获得胜利的和平。所以说，我们的其他任何目标，都不能影响到我们的一个重要任务，即阻止敌军入侵。我们必须保证本土的粮食供应，加速军需生产。

* * *

新年到来之际，希特勒也有他自己的感想。拿他一个星期前写给墨索里尼的信和我的对比，是挺有趣的。在佛朗哥将军和西班牙的态度这两个问题上，我和他的看法明显不谋而合。

领袖：　　　　　　　　　　　　　　　　　1940 年 12 月 31 日

……纵观整个形势后，我的结论如下：

1. 仅从西部战争来看，我们已经获得了胜利。但是，最后要想打败英国，我们仍须尽最大的力。我们已经加大了空军力量的投入，同时也增强了潜艇进攻的力度，这么也是见效的。然而，为什么英国仍能够逃脱全面崩溃的命运呢？对此，我们必须做出估测。

当我们在这场战斗中获得初步的胜利之后，德国应立即制定最后攻打英伦三岛的重大策划。攻打英国军力集中的基地，特别是那些大规模的供应站，我们所需要的防空设施将会远远超过我们最初的估算。

2. 法国。莱法尔已经被法国政府解除职务了。然而，他们通知我们时所给出的正式理由并不真实，我坚信真正的理由是，北非的魏刚将军提出了等同于敲诈的要求，维希政府若抗拒这一要求就可能失去北非。我也认为，维希政府内部中可能存在一个完整的政治派，派中人员对魏刚政策是支持的，至少是暗中支持的。我并没有怀疑贝当本人的忠诚，但是我不确定他的真诚度有多少。

我们应当紧密关注这一切事态的演变，并且时刻保持警惕。

3. 西班牙。西班牙拒绝了和轴心国家合作，原因是他们仍迷惑于当前的局势，且佛朗哥将军认为局势将会恶化。佛朗哥恐怕将要犯下一个大错误。他因为曾得到过民主国家的原料和小麦，而把不参战当作一种对对方的报答。我觉得他的这一想法十分幼稚。民主国家把他弄得一整天忧心忡忡，等到他的部队连最后一粒小麦都吃没了，等待他的也就是民主国家对他的攻打了。

我只能说西班牙让我感到很遗憾。我们这边做好了所有的准备工作，本预计 1 月 10 日穿过西班牙边境，在 2 月初的时候攻打直布罗陀。我认为这样可以更快地获得胜利。为此，我们还专门选拔并训练了落实这项行动的军队。只要拿下直布罗陀海峡，法国在北非和西非倒戈的危险便可彻底消除。

所以，我对佛朗哥的这一决定是非常失望的。我们——你和我本人——曾在他困难时给予了他援助，如今他却如此对待我们。但是，我仍对他抱有一线希望，但愿他最后一分钟时能意识到他的决策将会引起的灾难，到时，哪怕他与我们并肩作战都为时已晚，他也会想办法加入战斗中——他的命运和我们的命运息息相关。

4. 保加利亚。由于承受着苏俄施加的日渐沉重的压力，保加利亚的态度也不明确，该政府同样迟迟不想与三国同盟建立关系，如果保加利亚国王曾在我们的条约下寻求庇护，那么谁也不敢对他施压。势力主导舆论，而舆论又很轻易受到共产主义的毒化，这是最糟糕的。

5. 在这次冲突中，匈牙利和罗马尼亚显然是采取了最明确的态度的两个国家。安东内斯库将军意识到，我们的胜利决定了他的政治前途，甚至他本人的前途命运。他据此得出了一个清晰明确又干脆利落的结论，我十分欣赏并尊敬他的为人。

匈牙利人的忠诚也值得肯定。自 12 月 13 日以来，匈牙利就一直给德国借道，使我们能够向罗马尼亚调运军队。我们甚至得到了匈牙利和罗马尼亚主要的铁路网，由此可以在时间紧迫的情况下让一些部队火速开往目的地。我们现在还在制订相关计划，至于它们是什么我就不能多说了。不管怎样，可以确定，任何试图从侧翼反攻我们的行动都是无效的，因为我们的兵力足以消除这种威胁。

领袖，你完全有必要稳定好你在阿尔巴尼亚的战线，这样的话，我们至少可以牵制部分希腊军队和英国希腊联军。

6. 南斯拉夫。南斯拉夫当前正在争取时间，若形势不出意外，它可能会与我们签订互不侵犯条约。从现在来看，它是不可能依附三国同盟条约的。我们要想获得更多的支持，除非等到我们的军事成绩改变了心理上的趋势。

7. 俄国。我们有必要设想某些巴尔干国家中可能会发生内部冲突，但只要预测其后果的严重性并采取提前防范措施便可。我的看法是，只要斯大林还活着，俄国就不会与我们为敌，做出对抗我们的行动。再说了，我们本身并没有遭到重创。领袖，依我之见，最重要的一点是：既然德国决定了这场战争能否圆满结束，那么它应该拥有一支强大到可以应付东方任何突发事件的军队。这支军队的力量越大，我们利用它应付不测事件时它所遭受的危险也就越少。在所有这些考虑之后，我还要附加一个说明：当前，我们同苏联保持着友好关系。我们即将签署一项能够使双方都满意的贸易协议，另外，对于仍存在于我们之间的一些争论，也是大有希望通过合理的方式来解决的。

事实上，我们和俄国之间的分歧，仅限于在有关芬兰和君士坦丁堡这两项问题上。而我认为，关于芬兰的问题，解决起来没有任何根本性的困难。我们并不觉得芬兰大体上在我们的势力范围内，我们所关心的，不过是这个地区不要出现第二次战争。

对比起来，君士坦丁堡的问题则没那么容易解决。因为，将君士坦丁堡交给俄国，让布尔什维主义获得保加利亚，是有损我们的利益的。但是，这些问题也并非不可解决，只要心怀好意，避免最糟糕的情况，我们还是可以如愿以偿的。我们是不会接受任何强迫性的且我们也不满意的安排的。如能让莫斯科清楚这一点，解决这些问题就会更顺利。

8. 非洲。领袖，我认为非洲地区要发起任何大规模的反攻，至少需3到5个月的时间，因此，目前在这一战区内还不能发起任何大规模的反攻。现在要进入的下一个季节，将是德国装甲部队无法有效进行战斗的一个时期。实际上，在接下来的季节中，受气温的影响，我们的装甲车甚至都无法派上用场，除非我们给它们装上特殊的冷却设备。因为，远距离的战术性作战要求战车能够整日行进，而装甲车是做不到这一点的。对于这一战区来说，最有决定性的做法应该是投入更多的反坦克武器。但是，若是那么做的话，其他战区的意大利部队就无法利用这种特殊的大炮了。我仍然坚持我最近提到过的那个意见：当前最重要的是，想方设法以我们的空军削弱英国在地中海上的海军力量，因为这支力量阻碍了我们改善局势。至于其他情况，我们在只能等到3月份以后才能作出相关的重要决策①。

* * *

艾登先生正在密切注视着东方那头的乌云。

外交大臣致首相　　1941年1月6日

值此巴尔迪亚胜利之际，向您致以最真切的敬意和祝贺！您曾说过一句名言："从未有过这么多人的人为这么少的人付出这么多的东西。"不知道我是否篡改了您的这句话。

---

① 《希特勒与墨索里尼：书信与文件》，第83页。——原注

这份备忘录的目的在于，唤起对巴尔干这个当前在国际范围内都不太令人满意的区域的注意。在刚过去的几天里，我们从各个渠道获得的许多情报都指向了一个事实：德国正在巴尔干地区做最后攻袭希腊的筹备工作。情报多次提到的袭击日期是3月初，而我坚信德国一定会设法提前行动。我没有能力断定，今年这种时候我们是否有可能经由保加利亚对萨洛尼卡采取军事行动。但是，我们可以确定，德国一定会动用武力，阻止在阿尔巴尼亚的意大利军队被击溃。我们还获得了一份报告，该报告称敌人已经增大空军力量，准备对希腊军队开战，另外，帕普哥斯将军表明他的进军已经受到了影响，速度减慢了。德国人的应对方法是先建立空中军队，再在地面采取行动，这一方法跟上述报告的情形相符合。

让我深感不安的，是保加利亚政府的政治态度。从他们当前的表现来看，他们似乎为局势所困扰，他们的报纸逐渐被德国人支配，越来越像轴心国宣传机构的传声筒。最重要的是，我们应该让土耳其人和南斯拉夫人时刻保持警惕，而不受我们在北非胜利的影响，实际上，在政治方面，我们正在努力做到这一点。所有这些问题是否需要交给国防委员会来考虑呢？这需您仔细考虑、决定。

读完这篇备忘录后，我做出了如下回复：

首相致伊斯梅将军，转参谋长委员会　　　　1941年1月6日

附上外交大臣的备忘录，请查看。如果道路情况允许，我们显然有必要沿着利比亚海岸追击意大利军队，但这就意味着我们得增派四五个皇家空军中队或者英国第二装甲师的部分兵员到希腊去。

就目前来说，我认为不应该忽略班加西那边的情况。如若我

军攻克了托卜鲁克，则说明班加西以东的意军数量有限，而且只是实力一般的部队而已……

我们兴许凭借运气以及我们的勇敢，可以轻易在利比亚海岸获得最令人心快的胜利，但是，我们也必须重视攻占发罗拉的重要性，应该保证希腊前线的战场得到维持。

* * *

1月8日，国防委员会一致通过了两项决议：其一，从政治角度来看，考虑到德国人可能会提前经由保加利亚进攻希腊，我们当前的首要工作应该是尽力给予希腊最有力的援助；其二，应该在48小时内就如何援助希腊作好决策，包括援助的方式以及范围。同一天，我收到了史末资将军的如下电报。他的这封电报并不像是看到我前两天发出的电函后才发过来的，但是他的意见却与我的不谋而合——我的意见在当时已经得到了三军参谋长和国防委员会的赞成。我的信心因此更大了。

史末资将军致首相　　1941年1月8日

1. 在中东取得伟大的胜利后，接下来我们要如何作战呢？我们有必要想想这个问题。不久之后，韦维尔必定会乘胜攻打托卜鲁克。他应该再向前推进吗？的黎波里显然太远，班加西也是如此，它和埃及边界之间的距离等同于埃及边界与亚历山大港之间的距离。但是，无论从海军还是其他方面来说，我们或许还可以找到推进到班加西的正当理由。而如果找不到这个充分的或者特殊的理由的话，我认为我们就应该止步于托卜鲁克。越过托卜鲁克的危险，自不必多说。我们只应派驻一支恰当的防御部队在托卜鲁克的设防阵地内，然后将其余的兵力都调往真正需要一支强大的机动部队的地区，即埃及和中东。这么做是因为，我们必须防止敌人假道巴尔干各国攻打过来。

2.而我要提的建议是，我们目前还应该考虑如何澄清埃塞俄比亚的局面。埃塞俄比亚若是被我们攻下的话，墨索里尼的威望将会受损，肆虐的法西斯部队也将会遭到致命的一击。接下来，意大利可能不得不退出战争，整个地中海的局势或许将会往好的方向扭转。如此，德国就会再次陷入孤立无援的处境中，并有可能在某种程度上被击败。

3.另外，若埃塞俄比亚的局势能尽早澄清，我们还可以做出如下猜测：这个地区内的意军士气大跌；尽早结束了埃塞俄比亚战役后，我方将可以调遣大量兵力到中东前线去。如果可以立刻抽调韦维尔的部分中东军队，我们将增强从北面埃塞俄比亚进攻的军力，同时再另派部队从肯尼亚进攻，这样一来，意大利军队就可能被我们迅速击溃。依我之见，如若施行两面夹击的战略，我们只需分别增派一个师到北面和肯尼亚去。

4.这项两面夹击的战略计划若是被批准了，我将抽出在南部增加的一师军队。这支军队如今已经做好了准备，只要运送的船只到了它便可出发，它唯一的不足是捷克式轻机关枪的数量不够。考虑到运送军队的行程跨越了南北两方，期间必然耗时，因此我认为，若是同意我的建议，则应该尽快下决定。另外，这一夹攻战略将会使得战线迅速地被转移到远离肯尼亚的地方，因此，我们原本预计在肯尼亚施行的大部分计划就只能放弃了。厄立特里亚和埃塞俄比亚地域辽阔，在这类地区作战，唯有施行南北夹击的战略才能避免不必要的危险和陷入旷日持久地作战的僵局。执行这项战略时，我们完全有必要增派一师军队到北面去，如此以防万一，可能也足够落实这项计划了。虽然有谣言说大量的德国士兵正向罗马尼亚和匈牙利聚集，但我仍希望可以抽出这么一个师的兵力来。

现在的问题是：俄国的态度还未鲜明地确定下来，土耳其则是站在了与我方为敌的立场，在这种情况下，我们说不准德国会不会在巴尔干点燃战火。在非洲和希腊，意大利军队都被击败了，攻打英国的德国空军也遭惨败，这大大改善了局势。这么说来，德军的集结或许是出于这种打算：抚慰意大利军队，同时引诱出英军，使其远离本土。显然，德国人势必要大举进攻大不列颠。当然，整个局势还应该由对实际情况有充分了解的参谋人员来考虑。就我而言，从目前形势来看，抽动中东军队的一个师以及必要的空军到苏丹战场上，然后从北面攻打敌人，这么做似乎可以避免我们遇到大危险。若能速战速决，我们的胜利将会在意大利和中东产生重大影响。

* * *

1月10日，三军参谋长对驻中东各司令官发出了这样的警告：德军也许将在本月底之前就攻入希腊。他们认为，德军会经由保加利亚进抵希腊，具体的行军路线是沿斯特鲁马河流域直驱萨洛尼卡。他们将以三个师，二百架俯冲轰炸机来支援希腊，且打算3月份或许再增加三四个师。三军参谋长们还附带表明，从英国政府设法给予希腊最大的援助这一项决议来看，一旦我们攻克了托卜鲁克，中东的其他军事行动都将不再是首要问题；他们已经批准了从中东抽调兵力进行支援的建议，准许抽调机械化部队、特种团队和空军，但是对可抽调的兵力有所限制：步兵坦克中队一个、巡逻坦克团[1]一个、炮兵团十个、空军中队五个。

我们此前提醒过驻开罗的司令官们关于德军集结于罗马尼亚一

① 步兵坦克是一种辅助步兵作战的坦克，它是大、重而速度缓慢的，附有坚固的装甲；巡逻坦克的装甲比步兵坦克轻，也比它快，具有更强的火力，是所有军用武器中机动性最高的一种武器；轻型坦克主要为侦察时用，它的特点是装甲轻薄，速度快，装置有机关枪。——原注

事，但他们认为那不过是一种神经战[1]，其目的在于分散我们在中东的兵力，并阻止我们在利比亚的前进。韦维尔还说过，希望三军参谋长“尽快考虑敌人调遣行动的实质是否为虚张声势”。

这封复电与事实极为不符，我阅读过后发出了以下备忘录：

首相致伊斯梅将军或霍利斯上校，转参谋长委员　1941年1月10

三军参谋长们应该在星期六上午也就是明天召开会议，讨论从中东司令部发来的那几封电报。本件中所附带了一封致韦维尔将军和朗莫尔空军中将的电报，它是由我草拟的。如若各位三军参谋长认为不必再与我就这封电报进行磋商讨论，那么可即刻将它发出去。

首相致韦维尔将军　1941年1月10日

1. 你们对德军集结于罗马尼亚一事的看法是:这只是一种“神经战的调遣”或者“分散我军兵力的计策”罢了。在我们刚接获这个情报时，我们的看法恰恰与你们的相反。从我们接获的各种详细情报资料来看，在本月底之前，敌方将会采取大规模的军事行动，即经由保加利亚，直驱希腊边境，而他们攻袭的目标则是萨洛尼卡。虽然敌人投入这次袭击中的兵力不会太多，但是他们却具有强大的战斗力。可以预测，2月中旬时，也就只有一两个装甲师、一个摩托化师[2]、大概一百八十架俯冲轰炸机以及一些空降兵部队，能够越过保加利亚，进抵希腊边境。

2. 但是，如任由这支军队前进，则可能会使得它有机会在希腊造成影响，这个影响作用或许正如同德军在色当中所取得的突

① 指战场上一种引起人的恐惧心理，乃至使人失常、行动混乱的战术。——译注

② 属于步兵兵种，特点是搭乘车辆实施机动，能够适应各种地形条件，缺陷是战斗时没有必要的掩护。——译注

破成绩在法国所起的影响作用。届时，在阿尔巴尼亚的希腊各师部队所受到的影响也将会是致命的。虽然这只是我们根据所接获情报和已知的事实作出的推测，但是，我们有足够的理由相信这种推测是正确的。因为，德国人要想最大程度地损伤我们，难道不正应采取这种做法吗？一旦希腊被摧毁，你在利比亚所取得的胜利造成的影响也将减弱，此外，土耳其的态度也将受到影响。如果我们没有对盟国的命运表示恰当的关心的话，这种情形更是难以避免。所以说，你的计划应该服从正面临危险的更大的利益。

3. 虽说我们必须保证攻打托卜鲁克的行动不会受到任何阻挠，但是，在这之后，我们的主要行动应该是援助希腊，利比亚的所有军事行动应退居其次。因此，从你接到这封电报之时起，你应立即执行的任务是，抽出在限定范围内的兵力去援助希腊。这些问题，都是经由内阁国防委员会慎重讨论后才制定出方法，对此，史末资将军在独自斟酌过后也得出了同样的意见。

4. 我们期望并要求你们积极迅速地落实决策，因为我们对此负有全部的责任。接下来，你将会协同相关人员访问雅典，以便你想出一个最妥当的方法来落实上述决策。雅典的访问，应尽快进行。

三军参谋长们达成了一致的意见，这封电报便发出去了。人们不久便可发现，我们的目的并不在于只是向希腊增援一个集团军的兵力，或者说只增派一些特种兵团和技术兵团。

根据我们的决策要求，韦维尔将军和朗莫尔空军中将飞往雅典，与梅塔克萨斯将军和帕普哥斯将军会谈。1 月 15 日，他们向我们汇报说，希腊政府要看到我们派出足够的进攻部队后，才愿意让我们的部队在萨洛尼卡登陆。接到这个情报后，三军参谋长即于 1 月 17 日回电答复时说，若希腊不愿接受支援的话，我们自然也不会强迫他们接受。在这之后，我们对接下来的局势的看法改变了，我们决定向班加西突进，同时争取在尼罗河三角洲建立一支最强大的战略后备军。

1月21日，三军参谋长向韦维尔将军提议说，当前的首要任务是攻打班加西。他们的看法是，如若可以在班加西建立一个牢靠的海空军防备基地，我们可立即弃用陆地线路，这样一来，人力省了，车辆也不必考虑了。他们还敦促韦维尔将军赶在德国空军之前拿下多德卡尼斯群岛，尤其是罗得岛，以防我们与希腊、土耳其之间的交通要道受到威胁。他们还敦促他编成四个师的战略后备军以随时对这两个国家提供支援。

首相致韦维尔将军　　1941年1月26日

我此前曾希望能够开辟地中海中部各海峡的航道并做好监视工作，以使得运兵船队可以定期通过。但是，德国飞机在地中海中部的出现，使我不得不暂时放弃这一希望。如今，我们缺乏船只，航线又必须绕道好望角，尼罗河集团军和中东战区实力必定难以增长到我所希望的程度了。更令我心痛的是，我发现我们冒着很大危险派出的运输船队中竟包括有许许多多的后勤人员，这无疑又限制了我们能够编成的战斗部队的数量。我会想方设法帮助你，而我对你的要求是，你必须使我相信你在中东能够充分利用每个兵员，尽可能编出以师乃至以旅为单位的部队来，并且让那些后勤士兵和属于军事机构的内勤士兵有效地执行他们的保安职责……

从各方面得到的情报来看，德国人无疑已经在保加利亚机场整顿待发，即将进攻希腊。这种渗透可能会——几乎必定会——在土耳其人面对任何赤裸裸的入侵问题之前，就已经达到了一种具有决定作用的程度。到那时，土耳其人将被德国人威胁：若不交出君士坦丁堡就会遭到轰炸。我们不能不做这样的设想：在德军一系列残酷的重创之下，巴尔干各国或许将普遍地向德国屈服。你在尼罗河三角洲能组建的战略后备军的实力越大，且调遣这支军队到欧洲海岸的准备工作越充分，我们就越可能作出好的决策。

我现在给史末资将军给予了电文答复：

首相致史末资将军　　1941年1月12日

经过三四天的慎重思量后，我们做出了一些确切的结论，也就是在这时，我们收到了你8日的电报。我在国防委员会，包括三军参谋长、海陆空军大臣以及艾德礼和艾登这些人面前，宣读了你的来电。令人震惊的是，我们的看法是一致的，但存在唯一的分歧：我们认为，受到运输工具的数量限制，从肯尼亚北进的大部队必定会受到拖延，且这种拖延是长久的。若是起义顺利的话，埃塞俄比亚皇帝不久后便可返回其国家。截断敌人主力军的路线，设为卡萨拉—阿戈达特。你所说的军队已经在路上了。先进军可截断敌军的主力。你提到的军队已在途中。我们应尽可能保持从肯尼亚施压的局面，但是也不宜动用过多的军力在这一战线上。请尽早派遣一个师，这样，它在将到目的地时也许能够在红海登陆。虽说我们应尽量保持军队的流动性以应对当今变化多端的局势，但是，现在请派这么一个师过来。

在托卜鲁克，可能已有二万五千名意军被我们重重包围了。你的关于到达托卜鲁克后的建议我们完全同意，即唯有交通良好的情况下我们才继续推进，这样可以在远离埃及的西侧做好军力部署，但是，我们绝不要付出巨大代价来推进。另外，保加利亚和希腊边境的战争随时可能一触即发，我们应将所有可用部队和军备调到这一前线去。虽然韦维尔将军及其同僚会很想继续和敌军周旋，但是，韦维尔将军另有事情。星期一或者星期二那天，他将访问雅典，和希腊商讨增援之事。我们目前只能做最好的打算和准备，但不能保证事情一定会成功。从目前来看，有利于我们的因素是很多的，包括天气、山陵等。渡过多瑙河以及希保边境设防地带，对我们来说都不是问题。我方对希腊的增援，将可能会对土耳其、南斯拉夫以及俄国这三个国家造成影响，使其态度有利于我方。

我们很可能摧毁在埃塞俄比亚的意军，这一点不会受到巴尔干各国所发生之事的影响。一旦这一可能成为现实，本用于肯尼亚的所有军力及物资就应即刻调运到地中海地区。我们希望，驻在南非的联邦军队也能调到那里，好使我们在夏天的战斗更有实力。当前，增援大部队的运输，仍是通过绕航好望角来进行并在进行着。对你的各方面的协助以及你的准确的判断——和我们慎重考虑后得出的结论是一样的——我们表示十分的感谢。

第二章　战争在扩大

我与罗斯福总统更加密切地交往——哈里·霍普金斯来到伦敦——他是我与总统之间的重要联系人——我们的斯科帕湾之旅——温德尔·威尔基先生——“邦国的船只，起航！前进！”——政治和战略——我们的严峻选择——德国针对罗马尼亚和保加利亚的计谋——苏联的担忧——里宾特洛甫的解释——我1月31日给伊诺努总统的电报——我们对土耳其的军事援助——土耳其现代化装备的缺乏问题——有必要成立巴尔干联合战线

新年越来越近，我和罗斯福总统的交往也越来越密切了。我已经向他发出信件，祝他新年快乐。

前海军人员致罗斯福总统　　　　1941年1月1日

我们这个新年又将在动乱的局势中度过了，但是，这种时候我仍觉得，我应该代表英国政府——我的确也是大英帝国的代表，向总统先生你传达我们对你那篇宣言的真挚而热烈的感激和赞美。我所说的宣言，是指你在上周天向美国人民以及全世界崇尚自由的人民所做的那个演说中的宣言。

目前，我们还无法预测我们的前途命运，但是，我们的热情随着这次号角的吹响而高涨，如今正充满信心、精神抖擞地向前进。你说，所有使用英语的国家以及具有同样理想的民族最终都会有一个美好的未来。我们深信你的预言。

1月10日，我在唐宁街接见了最高级国家秘书，他是由一位先生陪同而来的。在此之前，华盛顿给我发来了一份介绍他的电报，其中提到他是总统最密切的亲信和私人代表。为此，我做好了恰当的接见安排。首先，我让布伦丹·布列肯先生到机场迎接他，第二天我再单独和他共进午餐。我和哈里·霍普金斯的会见，就是这么形成的。这个特殊人物，后来在整个战争活动中起到了决定性作用，我相信他还将会继续发挥作用。他虽然疾病缠身，却精神抖擞。他犹如一座灯塔，虽然看着就要倒塌了，却发出光芒，引领我们伟大的舰队进入海港。他擅长语带讽刺的幽默，我很喜欢与他相处。不过，有时候他说的话也刻薄，令人难堪。以我的经验，在有必要尖酸刻薄的时候人们不妨这么做。

我和霍普金斯的第一次见面持续了大概三个小时，我得以很快就清楚了他的个人魅力以及他肩负的特殊重要的使命。当下，伦敦正遭受敌人最猛烈的轰炸，许多地方陆续出现了难题。然而，我确切地看到，此刻，我们的身边正有一位总统特使，他对我们的生死存亡具有重要的影响作用。他双眼发光，内心充满热情，但是他克制了这种热情，而以一种平静的语气与我交谈着。

“总统已经决定了，我们无论如何都要一起赢得这场战争的胜利。这一点，不容置疑。”他说，“他让我来这里的目的，就是要我转告你，任何情况下，他都将想方设法，不留余力地帮助你。他愿意做任何属于人类力量范围内的事情来支持你。”

我认为，任何一个经历过这场漫长斗争的人，只要他接触了霍普金斯本人，他就会同意我关于对这位卓越人物的评价。我和他之间的友谊就是自此开始建立起来的，虽然期间我们都经历了各种动荡，但是我们的友谊一直良好发展着。他在我和总统之间搭建了一个最牢固可靠的理想桥梁，但他的意义并非仅此而已。有几年，他还给予了罗斯福本人重要的支持鼓舞。可以想象，一个无公职的卓越下属和一个强大共和国的首脑的合作必定是强大的，他们的决策足以改变整个英语世界。当然，霍普金斯也有缺陷，他不愿意别人分享他个人对领袖所起的影响作用，他嫉恨同胞竞争者。在某些方面，他正符合诗人格雷[①]所说的，“得到宠爱的人没有朋友”。然而，这就和我没有什么关系了。此刻，在我旁边的他，虽然被疾病困扰，身体羸弱，但是他却充分展示了他对我们的事业的确切理解，这项事业也就是摧毁希特勒，与之无关的任何目的、意图和忠诚都无关紧要。如此卓越的人物，在美国历史中是很少的。

哈里·霍普金斯分析问题，常常能抓住实质。在一次有二十多位（可能还更多）行政要人出席的美国重要会议上，当在座之人都陷入没有头绪的讨论窘境中时，他精辟犀利地指出了问题的关键，说道：

“总统先生，这个问题确实是我们必须解决的，那我们要不要解决它？”凡是他提出的问题，大家一定不会轻视，于是问题也就解决了。在众人之中，他堪称一位真正的领袖，在遇到难题时，他的智慧以及解决危机的热情总是胜过其他人。他对强暴行为的憎恨情感，不亚于他保护孤弱者的真诚之情。当强暴者处于一时的得意中时，他的那种憎恨更是强烈。

* * *

我国新任大使哈利法克斯勋爵即将赴美莅任，我特意安排了一下，以使他能够隆重赴任。我派出我国最新、最强的战列舰“英王乔治五世”号护送他及其夫人，并让几艘驱逐舰为他们护航。我还乘坐专车，北送他们，送到了斯科帕湾。在斯科帕湾，我巡视了我们的舰队。自从不在海军部任职后，我就没有做过这项工作。而我做的这一行动也

① 托马斯·格雷（Thomas Gray，1716—1771），是英国新古典主义后期的重要诗人，代表作是《墓园挽歌》。——译注

恰恰如我所愿，能够使我更深入地与哈里·霍普金斯相交。我们是一起来到斯科帕湾的，我和他以及我的夫人一起视察了船舰和防务方面的状况。我的夫人动作灵敏，上下驱逐舰的时候行动自如，是我们所不能比的。霍普金斯差点掉到海里去。

接着，我又坐专车回到了格拉斯哥。当地许多群众对我表示热烈欢迎，我访问了许多工厂，巡视了防务、消防以及空防组织工作，还会见了所有地方长官，发表了多次即席讲话。从格拉斯哥离开后，我们去到了太恩赛德，在那里，我们的经历也是一样。

我总是想利用一切机会来了解哈里·霍普金斯以及他的领袖。与他相处期间，我发现，我和他的领袖——那个最近再次当选为他们伟大共和国的总统之人，在精神上是完全一致的。再之后，我带他视察了我们在多佛尔的重型炮台。这些炮台的职责就是监察靠近英吉利海峡的法国海岸，然而对我们来说，那就是德国海岸。

前海军人员致罗斯福总统　　1941年1月13日

霍普金斯与我共度了这个周末，我们视察了舰队基地。这一程等同于一次短期旅行，让我们得以有充裕的时间进行轻松愉快的讨论。你派遣了这么一位非凡的，且是与你有着亲密关系并深得你信任的特使过来，对此，我十分感激。

前海军人员致罗斯福总统　　1941年1月19日

你可能已经获知了一个消息，即由我们最新的战列舰“英王乔治五世”号护送的哈利法克斯，即将抵达安纳波利斯。我们这一战列舰所做的停留不能超过二十四小时，你有意要看看这艘军舰吗？如果你能够安排观看行程，我们将感到十分的荣幸，并郑重接你或你的高级海军将领到舰上参观。该舰抵达萨皮克湾港口的时间是1月24日上午七点，如你有任何建议或者期望，我们定如你所愿去办。

*　*　*

同是在这个月中，但时间稍晚，我们接见了温德尔·威尔基。他是总统在最近一次选举中的对手，但是这次他是带着总统签署的最高介绍信来访问的。因他是公认的共和党领袖，为了让他了解伦敦遇到的各种困难，我们也同样做出了各种安排。当然，敌人的行动也十分配合我们的安排。温德尔·威尔基在契克斯[1]住了一个晚上，当时我还与他进行了一次畅谈。他性格干练，富有魄力，没想到三年后竟因病逝世。

前海军人员致罗斯福总统　　　　1941 年 1 月 28 日

我昨天接见了威尔基先生。我把你引用的朗费罗的诗句镶在了镜框里，因为它深深打动了我。我认为它是我们友谊建立起来的一个重要标志，同时可作为这段动荡时期的一个纪念物。我们的友谊，是在局势非常紧急的情况下，依靠互通电讯建立起来的，当然，一种相通的精神是它得以建立的基础。

从我所知的各种情报来看，德国人仍打算继续攻打我国，并正在做准备，而我们也正谋划着如何回敬他们。另外，我们从东方传来的情报得知，敌人派遣了大批陆空军，向罗马尼亚推进。在保加利亚政府的允诺下，德国空军的先头部队已经有数千人潜入了保加利亚机场。希特勒对英伦三岛的威胁，在我们的意料之内。为了将我们牵制于此，同时也为了他的东进计划顺利，他当然要这么做。凭着他所掌握的诸多军力，他得以从两方面进行主动攻击。但是，我们也将同样从两方面回敬他们。因此，你大可不必有所担心。

① 英国首相的外交官邸。——译注

你所做的一切，包括隆重接待哈利法克斯以及对我们的及时援助，还有现在正在做的，我都怀着无限的感激。我更高兴的是你让我结识了霍普金斯；凡是和他打过交道的人必定都会觉得，结识这么一个人是一件十分荣幸而备受鼓舞的事情。他和你如此亲近的原因，也就显而易见了。在中东，杜诺万上校取得的成绩是优秀的。向你致以最诚挚的敬意和问候，希望你已经康复。

以下是总统的来函：

华盛顿，白宫

亲爱的丘吉尔　　　　1941 年 1 月 20 日

这封信将由温德尔·威尔基交给你。在美国，威尔基的确赞成不要被党派的思想所束缚。有一首诗歌非常适用于我们国家，我想，它也适用于你的人民：

“邦国的船只，起航！前进！
起航，前进，强大的联邦！
惶恐忧虑的人类，
正密切地关注着你。
他们把所有希望，
都寄托在你的命运上。”

富兰克林·罗斯福

这些美好的诗句摘自于朗费罗[1]的《建舟咏》，它们大大鼓舞了我们。

---

① 亨利·沃兹沃斯·朗费罗（Henry Wadsworth Longfellow，1807—1882），19 世纪美国最伟大的浪漫主义诗人之一。——译注

*　　*　　*

要想在一场大规模的战争中将军事和政治分开来，那是不可能的。在国家的领导人物那里，军事和政治密不可分。当然，军人们则不这么认为，它们觉得军事行动才是最至高无上的，在提到政治问题时，他们甚至还会表现出轻蔑。而且，现在“政治”这个字眼因为党派政治的存在和它与之的关联，已经失去了最初的本质。这就造成了这种结果：在这个动荡不安的世纪中，人们曲解了许多文献的意义，而造成他们曲解的原因正是他们同样认为军事问题是战争中唯一最重要的问题，而由于政客们的干扰，军人却无法有效贯彻他们提出的更专业的想法、计划。此外，人们还认为，这些政客无非都是从私人利益或者党派利益来考虑问题，根本不会真正考虑到事关重要的战局。就英国来说，是根本不存在党派的狭隘思想和偏见这一问题的。因为，我们三方，即战时内阁、三军参谋长和我本人之间的关系一直都是非常紧密而融洽的。所以，我们在军政两方面的意见所产生的分歧，也降到了最小的程度。

希特勒将要在巴尔干和地中海地区进行大规模的军事干涉行动，这一迹象早就显露出来了。当我们在东北非接着打败意大利，在阿尔巴尼亚的希腊人也有望攻克发罗拉时，我们所获得的关于德军的调遣行动及意图的情报，都越发表明了这一点。我在1月初的时候就预料到了德国的行动：他们将派空军进驻西西里岛，借此威胁马耳他岛并粉碎我们试图恢复地中海交通的希望。我另外还有一个担忧：他们将在班泰雷利亚岛建立空军站，以便能够调遣德国军队到的黎波里去——他们要调遣的可能是装甲部队。虽然事实表明我的这一担忧是多虑了，但是我们相信他们还会另有计划：一方面要在意大利和非洲之间建立起一条南北通道，另一方面会用同一计策来阻碍我们在地中海东西两侧的军事行动。

包括希腊和土耳其在内的巴尔干各国，这时也遭到了敌人的威胁。

在敌方的淫威之下，它们可能会屈从于希特勒。如果它们选择抗争，则会被希特勒打败。我们必须考虑：东南欧是否可能会发生曾在挪威、丹麦以及荷兰、比利时、法国发生的那种令人憎恨的事情？巴尔干各国，包括勇敢无畏的希腊，是否可能会一个接着一个被敌人收服？最终会陷于孤立无援的处境中的土耳其，有无可能被迫借道给德国人，让他们得以顺利向巴勒斯坦、埃及、伊拉克以及波斯推进？我们是否要考虑将巴尔干各国团结起来，建立一条巴尔干战线来阻止德国人新一轮的侵略，让他们付出更大的代价乃至使他们得不偿失？苏俄的态度，会受到巴尔干各国对德国的抵抗行为的影响，从而变得有利于我们吗？可以肯定，巴尔干各国之间必定有着共同的利害关系，并受这一层关系支配着。只要这层利害关系可以影响到这些国家的估测，那么，它们甚至可能被同一种感情所支配。既然如此，我们是否可以从我们的战争资源中——它们虽然紧张但却是日渐增多的——抽出一部分对外的援助力量，以便刺激这些国家，使他们加入我们的事业中？或者，我们应该采取相反的措施：只管自己，只要在东北非的战场上取胜，而不去管包括所有这些国家的生死存亡？这些国家包括希腊、巴尔干各国，甚至还包括土耳其乃至中东所有其他国家。

若是我们选择干脆利索的方式，最终只顾自己，我们的精神负担会大大减轻：我收到的许多下级军官的意见表明，他们赞成这种决策。他们向我指出了我们为此可能遭受的损失及灾难，从这点来说，这种决策确实有可取之处。但是，他们有限的知识使他们没有考虑到这一决策可能会产生的后果。若是希特勒能够让希腊不战而降，轻而易举将巴尔干各国并入自己的政治系统中，他接着就会强行假道土耳其，挥军向南以及东进。再接着，他不就可以凭借征服这些国家后的瓜分地区问题，来与苏联达成妥协吗？如此一来，他不就可以将必须面对的德苏之间的矛盾推延到了最后一个阶段中？又或者，他不就可以指挥一批大军攻击俄国了吗？这显然是最有可能的。

以下几章我们就主要讨论这些问题：英国政府的行动，对希特勒在东南欧的军事动向是否曾起到决定性的影响，或者说在很大程度上起到了影响？这种行动又是否曾首先对俄国的行动及其命运造成过影响？

* * *

我在前面几册说过，我们曾在希腊被意军袭击时，给予了他们恰当的援助，我们派驻在希腊飞机场的四个英国空军中队做出了一定的战斗成绩。现在，我们应该来看看德国人有什么进展。

1月7日，里宾特洛甫向驻莫斯科的德国使团的负责人发出如下通知：

> 自1月初开始，得到匈牙利和罗马尼亚政府允许后，德国开始派其精锐部队从匈牙利进驻罗马尼亚，到达罗马尼亚后暂时驻扎在其南部地区。之所以有这次调遣行动，是因为我们仔细考虑了将英国军队驱逐出希腊的必要性。凭德国军队的实力，多瑙河流域的任何军事任务都不成为问题，来自各方面的突发事件也在掌控之内。我们所采取的行动的目的，并不在于应对包括土耳其在内的任何巴尔干国家，而在于要防止英军在希腊站住脚。
>
> 关于如何进行会谈，指示表明，我们应该保持慎重。若是突然被正式询问到，可根据实际情况向他们说明这种问题应该在柏林提出来。在必须举行会谈的情况下，不应该谈具体的情况，而是给出笼统的回答。回答时可指明，我们获得的可靠情报显示英国正在派越来越多的援兵支援希腊，兵种各色各样。这样的回答乍看起来就显得很有道理。与此同时，还可让他们回想回想发生在第一次大战期间的萨洛尼卡战役。至于有关德军实力的问题，暂时仍不宜给予明确的回答。我们不久后或许有兴致公开我军的实力情况，且可能夸张一番，好鼓舞人心。一旦时机成熟，我们

就会做出这方面的指示。

同日，他又致电德国驻日本大使：

请秘密将这一消息通知日本外相本人：德国人在得到匈牙利和罗马尼亚政府的完全允许后，正往罗马尼亚派一支相当强大的德国分遣队。我们可能有必要干涉希腊的军事，这次军事调动是作为一种安全措施来进行的；若英国军队能够在希腊立足下来，即可根据需要行动，进行必要的干涉。

德国驻莫斯科大使舒伦堡于1月8日电复：

这期间流传着各种有关德国调派军队前往罗马尼亚一事的谣言，传谣称调派人数多达二十万人。然而，还未有任何政府人士以及广播电台来谈到这个问题，苏联报纸也未见相关的消息。

无疑，苏联政府必将非常关注关于德国的这次调遣行动。被调派部队的行动意图是什么，保加利亚和土耳其的博斯普鲁斯海峡和达达尼尔海峡将会受到什么影响，都是苏联政府关心的，尤其是后者。那么，我们应该如何应对呢，请给予指示。

德国外长同日电复：

里宾特洛甫致舒伦堡　　　　1941年1月8日

关于德国增派军队前往罗马尼亚一事，请你不要与苏联政府谈论。

若是被莫洛托夫先生或者某位有影响的苏联政府要员问到这件事，你可这样答复说：根据你所知的，德国这次派遣行动纯粹只是作为针对英国的一种军事防备措施。英国已派驻并且最近仍可能增派军队到希腊，而德国无论如何是都不允许英国在希腊能够有立足之地的。除非另接到通知，否则不要谈论具体情况。

*　　*　　*

俄国人在 1 月中旬时变得非常焦灼，于是在柏林时向德国提到了这件事。1 月 17 日，访问德国外交部的俄国大使传达了一个信息，大致内容如下：

根据各方面的消息，德国已派大批军队前往罗马尼亚，并正准备再派军队前往保加利亚，这次调遣行动的意图是占领保加利亚、希腊以及博斯普鲁斯海峡以及达达尼尔海峡。可以肯定，德国的这一系列行动必将遭到英国的阻止。只要英国占领了这两处海峡，他们就会联合土耳其来攻袭保加利亚，将保加利亚变成战场。保加利亚和博斯普鲁斯海峡及达达尼尔海峡是苏联的安全保障，若是苏联的安全利益受到威胁，苏联肯定不会坐视不管。关于这点，苏联政府也曾多次向德国表明。因此，苏联政府认为有必要提出警告：任何其他国家在保加利亚和博斯普鲁斯海峡及达达尼尔海峡所做的军事部署，都将视为侵犯苏联安全利益的行为。

1 月 21 日，德国外交部召见了俄国大使并向其表明：德国政府没有收到有关英国想要占领土耳其两个海峡的任何消息，他们也不认为英国军队会得到土耳其的允许，进入土耳其境内；他们接到情报的是，英国想要在希腊领土上有立足之处，并且这一计划即将落实；德国坚持一个不变的原则，即绝不允许英国军队能够立足于希腊领土之上，因为这意味着德国在巴尔干地区的重要权益将会遭到威胁。正是为了阻止英国人会侵入并占领希腊的任何地区，德国正在巴尔干集结一定数量的军队。德国政府认为，英国军队若是在希腊获得立足点，苏联的利益也会受到威胁，所以德国的这一行动也是符合苏联之利益的。

到这里，事态就暂时没有发展了[①]。

*　　*　　*

几天后，我给土耳其总统发去电报：

首相致伊诺努总统（在安卡拉）　　　　1941年1月31日

总统先生，我之所以直接与你通信，是因为土耳其和英国正在遭受越来越大的威胁，权益堪忧。我接到的可靠情报表明，德国军队已经在保加利亚飞机场整顿待发，其中包括数千名前方勤务人员，他们的临时营房正在搭建中。德国能够这么做，必定是得到了保加利亚皇家空军乃至保加利亚政府的彻底允许的。用不了多久，可能是在几个星期之内，德国就会派驻更多的军队，特别是空军中队进驻保加利亚。只要他们的空军从罗马尼亚的航空站出发，飞到他们正在保加利亚筹备的空军基地后便可加入战斗中。到时候，如果你禁止德军禁止保加利亚的行动，或者说你不允许他们通过保加利亚，那么你就会面临被他们轰炸的危险。在当天晚上，你们的伊斯坦布尔、阿德利亚诺堡以及你驻扎在色雷斯的部队，都将遭到德军的轰炸。很显然，他们最愿意看到的就是你们直接让他们进入萨洛尼卡，或者你们被迫与意大利媾和，让意大利控制希腊及其所属岛屿上的空军基地。如此一来，我们的埃及驻军和土耳其驻军的交通要道必将受到威胁，我们的海军在士麦那的行动也会被他们干扰。届时，他们将可以彻底控制达达尼尔海峡的出口，从三个侧面包括属于欧洲部分的土耳其领地。按常理，这也会有利于他们进攻亚历山大和埃及。

① 《纳粹—苏联关系》，第268页及271—272页。——原注

总统先生，我相信，在这种生死存亡的关头，土耳其肯定会宣战。然而我疑惑的是，你们为什么还未行动甚至保持沉默，且反倒还让敌人获得了保加利亚的控制权这一大好处呢？

德国的行动意图不难看出，他们准备故技重施，即将1940年4、5月用于法国边境的策略再次使用于土耳其边境。不同的是，此前施此计，他们要面对的是丹麦、荷兰以及比利时这些优柔寡断的怯懦之国。而如今，他们要面对的是他们的同伙，且曾经确实与他们结盟过的保加利亚。保加利亚显然已经没有了斗志，也没有反抗的力量，事实上他们也从未有过。我要重申一遍，2月或者3月时，我们可能会遭遇这一切危险：包括空军和地勤人员在内的法国军队能够进驻保加利亚飞机场，并开始做好准备工作起，德国人获得了所有优势，他们甚至不用调动大部队便可采取行动。所以说，我们难道要坐视不管，任凭他们做好准备，随时给予我们致命一击吗？

我认为，作为国家的代表，我们应该谨慎行事，具有一定的预见能力，如若不是，我们各自的人民、政府就会谴责我们。然而，我们用在观望等待上的时间太长了。

因此，我必须向总统先生提议，我们也应该像德国人在保加利亚机场所做的那样采取行动，以避免土耳其受到侵犯。我国政府的希望是，立即做好准备，尽快派遣十个战斗机以及轰炸机中队到土耳其去。此外，如果希腊作战失败的话，我们也将派遣在希腊战场上的五个空军中队到土耳其飞机场去驻扎。这支空军是我们最优秀且越来越优秀的空军队伍，我们打算让它们从土耳其基地起飞，投入空战中。当土耳其陆军获得我们的空军支援后，它们就可在战场上发挥它们的专长，我认为我们的行动是必要的。另外，我们如此行动还有个好处：我们空军的加入，还可以给可能将进入保加利亚国境内的德军造成压力。如果德国空军不速速从保加利亚撤离，我们就可以协助土耳其轰炸罗马尼亚的油田，以此威胁敌人。当然，如果没有你的允许，我们是不会采取从土耳其飞机场作战的行动的。

将来还会出现更多的问题。我们希望俄国能够站在我们一边，但是它目前的态度还不明确。就目前来说，建立一支超强的英国轰炸机队，确保它足以从土耳其袭击巴库油田，这是制止俄国援助德国的最佳策略，虽然它也只是一种间接策略而已。巴库油田对俄国农业很重要，它是大部分俄国农业所需的石油的重要来源，一旦它被摧毁，俄国就会面临严重的饥荒。

所以说，只要有空军在土耳其上方做好保卫工作，就可以使保加利亚、希腊这两个国家免遭德国的践踏，同时可以避免德军会让俄国产生恐惧心理。现在，我们若是想要确保能够获得这种具有决定性的优势，就必须抓紧时间，不能浪费一分一秒。因此，若是能够得到你的容许，英国政府必将即刻命令我们的前方人员进驻土耳其。至于他们是要着军装还是便服进入土耳其，我们将完全按照你的意见来办。

另外一件事是，我们将给你送去一百门高射炮，它们可能在运往埃及的路上，也可能已经到运达埃及。我们配备了足够的人员来操纵这些高射炮，这些人员是着军装还是乔装为教官，也遵照你的意见。

我们同查克麦克元帅讨论过了其他措施，包括我们海军如何行动的策略，所有这些措施一旦等到时机成熟便可执行。

如果你我建立同盟，共同作战，我们便可继利比亚之战的胜利后尽早采取更直接的方式来援助土耳其。我们必将让我们越来越强大的军队全力以赴，与你们勇敢的队伍并肩战斗。

* * *

我将以下的报告也送交给了三军参谋长：

首相致参谋长委员会　　　　　　　　　　　1941年1月31日

已经告知韦维尔将军的决定，我们应该予以重视。占领托卜鲁克之后，我们应该最先考虑到希腊和土耳其的局势。最好的方案，应该是让军队继续行进到班加西。在后来发出的几封电报中，我们对此做出了强调。但是，必须清楚，我们在执行这一行动时能够动用的军队，只能是无关乎欧洲需要的军队。从当前的预测来看，成功攻占班加西的话，我们得等到2月底。关于这一点，有必要让韦维尔将军清楚。但是，我们对土耳其的空军支援的承诺，是不能推迟到那个时候才兑现的。不过，或许也可以使两个行动都如计划落实。

收到我的报告后，三军参谋长便致电中东各位总司令，请他们留意我致伊诺努总统的电报，并做了如下补充：

当前最先采取的行动，应该是制止德军进驻保加利亚。我们充分认识到，采取这种措施有利于我们：在确保欧洲利益不会受影响的前提下，让军队前进渗入班加西，确保埃及和东地中海的舰队基地的安全。因此，我们有必要以最快的速度攻下班加西，这相当重要。关于攻占罗得岛的“下颌”作战计划，我们是非常希望你执行该计划的。因此，即便必须在几个月之内暂时中断西地中海的相似行动，我们也会设法支持你落实这个打算。届时，我们会派遣了三艘“格伦”式快速运输舰给你。这种部署方针的目的在于，阻止德国空降部队占领“下颌”——若是敌方得逞，我们对土耳其的交通必将受阻。因此，我们曾指示你尽快落实这个作战计划。

最后，我们再次强调：你应该清楚希腊、土耳其局势的重要性，将它们的形势放在首要位置。

这个时候，我完全确认了土耳其所面临的危险是非常大的。而且，我们已经深知，在当前这种形势改变的情况下，我们与它在战前签订的条约对它很难说还有约束力。战争刚爆发时，即 1939 年，土耳其曾派出了他们的精锐部队加入战斗中。但是，他们当时是受到第一次大战的影响才有那样的反应的。我们不怀疑土耳其步兵仍像此前那样英勇，他们的野战炮队也不可小觑。但是，他们的军队没有现代化武器来配备，这是一个缺陷。当今，现代化武器的重要性以及它们对战争胜负所起到的决定作用，是不容置疑的。这一点，自 1940 年 5 月之后便已有充分的事实证明。土耳其的航空战斗也是一个薄弱环节，它们的相关设备太落后了。类似的问题还有很多，诸如缺乏坦克、装甲车以及能够使用这类车辆的士兵，也没有制造和修理这类武器的工厂；他们甚至算是没有任何高射炮或者反坦克炮；此外，他们也缺乏必要的通信设施，包括雷达。土耳其人虽然骁勇好战，但他们对所有现代化武器报以一种不肯接受的态度。

另外一点要注意，德国的军力已经基本上在保加利亚立足了，他们在那里部署的装置是在 1940 年多次战斗中从法国和敌对国家获取的各种军用武器。也就是说，德国人可以用大量的现代化武器来武装他们的同盟国。在同一方面，我们的部署则相对不理想，因为我们曾在敦刻尔克战役中遭到重创，此外，我们还要考虑到各方面的情况，诸如建立本土军队以防敌军的入侵，又如应对敌人不断发动的对我国城市的闪电战，以及要保证中东战事的顺利。由于各方面的原因，我们就不太能照顾其他方面的紧急需要，而只能提供少量的武器援助给其他国家。因此，与保加利亚的军队比起来，驻扎在色雷斯的土耳其军队的处境相当堪忧，甚至可以说他们处在一种几近绝望的危险处境中。更雪上加霜的一种可能是，德国将会增派空军以及装甲部队的分遣队投入战斗中，这种情况下，哪怕他们增派数量不大，土耳其也会遭到更难以承受的压力。

从整个战争过程来看，在战事不断扩大的情况下，我们唯一的方法或者说希望是：制定一个计划，把南斯拉夫、希腊和土耳其的力量联合起来作战。我们现在正在努力实现这个计划。增派几个空军队到希腊进行援助，不过是我们的第一步，但我们那时也只能做到这一步。这些空军中队是我们从埃及调遣过去的，调派他们之时正是墨索里尼进攻埃及之时。援助希腊的第二个步骤，我们的建议是派遣技术部队过去，三军参谋长在给希腊的电报中说明了这个建议，但是希腊政府拒不接受。从他们的理由来看，他们的拒绝也有道理。现在进入了第三个阶段中，我们似乎看到一个希望，即可以在班加西和班加西以西的地区建立一个稳固的沙漠侧翼，同时设法将最大的机动部队或战略后备军派驻到埃及去。

就是在这种形势下，2 月份来临了。

第三章　闪电战与反闪电战 赫斯

闪电战还在继续——需要估计德国空军实力——各部门之间的分歧——1940年12月，法官辛格尔顿先生进行的相关调查——1941年1月21日，他提出报告——德国将进攻俄国——并将轰炸和围困我们——闪电战的三个阶段——我方的烟幕和诱敌篝火——1941年3月和4月，德国空军转而以港口为目标——4月12日，我访问布里斯托尔——我方继续干扰敌方的电波束——5月10日，敌空军对伦敦进行燃烧弹轰炸——控制不住的大火——下院被炸毁——德国空军舰队向东方转移——我们调查德国的雷达防御——射束战推延——我在迪奇莱的周末——意想不到的消息——鲁道夫·赫斯在苏格兰空降——关于他的动机的猜想——德方的说法——我发出有关如何对待他的指示——我告知总统——西门勋爵于6月10日接见赫斯——希特勒的心理剖析——1944年，斯大林表现出的好奇

时间走到1940年年底时，我们仍在被敌方的闪电战袭击。这时，我们看来相当有必要展望一下未来，并估算一下我们接下来还要承受多少苦难。我们的工厂、百姓遭受敌人夜间袭击的这一状况，还将持续多长的时间？接下来敌人的袭击会更加惨烈到什么程度？要想回答这些问题，我们首先必须估测德国空军实际的和相对的力量，以及猜想一下他们在接下来的一年可能会作出的计划。

首相致空军大臣及空军参谋长　　　　　　　　1940年12月2日

可以肯定，德国军队将会在今年冬季大大增强他们的空军力量，然后于明年春天对我们展开更猛烈的空袭。我们预测，德国空军在截至3月31日以及6月30日这两个日期时，军力会扩充到一定规模。我认为，关于这个数据，我们应该估算到一个最精确的程度。当然，并非一定要用上述所列日期来估算，如果更方便我们估算且能说明问题的日期，可以改用新日期来估算。重要的是，在估算时，不应该夸大德国的军力，这一点务必记住。那些限制性的因素，诸如引擎、特种原料以及驾驶员的训练程度、我们的轰炸带来的效果等，是具有它们的特殊意义的。另外，关于德国会如何利用其所占领国家的工厂这一问题，我们也应该予以重视。

关于上述问题，我希望你们情报处可以提供一份报告给我，但是报告须控制在两三页以内。在草拟这份报告时，若是你部情报处人员可以取得和林德曼教授的联系，那么落实工作会更顺利。另外，这也可以避免我们因为所采取的计算方式不同而发生争执。我对这份报告的要求，一是内容要简练精辟，二是它能让我清楚其中有数据以及论证的方法。关于这些情况，飞机生产部有多少了解，这个我并不清楚。最好的结果是，关于这份报告，各部门的意见是一致的。在接下来一个星期内，请你告诉我你将会如何落实这项工作。

*　　*　　*

林德曼教授及其统计处，后来协助我落实这项工作，我们开始一起研究解决问题的方案。空军部的记录是我们首先调研的内容，这部分内容的数据有的截然不同于经济作战部与空军部情报处的数据，我们对比了这两方面的数据，然后又拿出飞机生产部的意见来进行对比。

最后，我让各个部门都明确地发表他们的不同看法。这是一个探索真相的好方法。三个部门中那些职位较低的官员在合作中都表现了友好的态度。我在一天下午召集会见了他们，会议地点是契克斯。讨论会上，各部门都提出了他们各自的看法及数字依据，从中可以看出，他们为此是经过了一番冥思苦想的。然而，他们给出的论点却都存在冲突。在场所有人都迫切地想要知道事情真相到底是怎么样的，因此，我认为应该让一位公正客观且思维敏锐清晰的中间人来评判。在我的劝说下，这些人交出了他们最具说服力的分析材料，然后由我交给那位选出的优秀裁判。

首相致空军大臣及空军参谋长　　1940年12月9日

星期六那天，我同空军部情报处和经济作战部的官员进行了长达四个小时的讨论，仍未得出确切的结论。或许，事情的真相是在我们所提到的两种论点之间。这个问题对我们来说是非常重要的，因为它关系到我们对整个未来战局的预测，继而关系到我们在整个战争期间的军力部署措施。

我上述提到的两个部门能够融洽合作，我很想再次召集他们各部官员，一起调查出真实情况，作出最后的结论。这个过程需要一位公正的裁判来，他需要有根据证据进行判断的能力，且能够反复核实论点。我想到了曾任炮兵军官的法官辛格尔顿，他有作战经验，最近还曾帮我调查有关飞机投弹瞄准器的问题。只是，不知道他能否就这个问题给予我们一些指导意见，最好能够提供给我们一些有价值的信息，以便使我能解决这个问题上的各种难关。当然，我会交给他一些我们手头上的资料。此外，无论何时，在作出决定前，我都是乐意倾听你们的意见的。

我们在星期六那天所得到的各种信息，我已经写成一份报告，交给了有关部门，供大家共同研究。报告中提到的每一个信息，大家都可以提出自己的怀疑或完全的否定意见，也可以给予修正。

这份报告的副本，我也已送到了有关情报部门那里，它将作为我们的纲目，辅助我们落实即将进行的调查工作。

这份报告是我认真专注地工作几个小时的成果，其中涉及许多技术问题，因此我把它作为本书的附录部分[①]。有兴趣探索这一问题的人，可以翻阅。

首相致空军大臣 1940年12月13日

据估测，德国每月飞机生产量是一千八百架。空军部情报处认为，其中作为教练机的只有四百架，数量相当少，而剩余的数据表明，德国调派在前线上的战斗力是我们的2.5倍。我们可以改变策略：确保空军部是在具有充分理由的前提下才能使用教练机，也就是确保教练机不会被滥用——把他们空置在飞机场上。如果能做到这点，德国就无法凭如此少数量的教练机来保证前线的实力。

我想请法官辛格尔顿先生参与我们共同决定的那项调查工作，因此我将在星期日和他共进午餐。

* * *

辛格尔顿先生和空军人员及其他专家的工作，完成得很好。1月21日，我收到了他交给我的最后报告。事实上，确实很难用具体数字来比较英德两国的空军实力，因为双方都将他们各自的空军力量做了仔细的分类，包罗的项目有诸如编成飞机数、飞机总数，以及“作战适用飞机”及“前线飞机”等等。每个项目的机型都各有特色，且都可以按照各方的意愿来做所属分类的变动。此外，皇家空军又分为

① 见附录（3）。——原注

本土空军及海外空军两种，但这时的德国空军却没有一架被派驻在国外。基于这种情况，我认为我在此不必列举这些有待争论的统计数字，它们只会让读者不知所云罢了。但是，有一点值得一提：法国辛格尔顿的结论是，英国空军和德国空军的比例是3:4。这一结论和空军情报处及经济作战部所得的结论都有出入，空军情报处认为德国的飞机要更多一些，而经济作战部的看法相反。不过，总的来说，辛格尔顿的估计和总的意见是相近的，因此，我们的工作便以他的估测结果为基础来展开。他提出的这份最后报告还表明，我们的空军实力日益壮大，正在赶超德国，我从这个信息中获得了莫大的鼓舞。想想，法兰西战争刚开始时，我们的空军力量仅是他们的一半，而现在，报告称我们已经是他们的四分之三了。从我们战后所知的情报来看，实际上他们和我们的对比仅是3:2了。美国正在支援大批飞机给我们，这些飞机还在途中，照这个情况来看，我们的空军实力还没有估算到最强程度。

* * *

希特勒在1940年底时意识到了，仅靠空袭是无法打败大不列颠的，因为这个国家及其政府不会轻易被吓倒。事实上，希特勒正是在大不列颠第一次遭到了挫折。1941年的初夏，德国将大部分空军力量都用在了即将开展的对俄国的进攻上。5月底之前，虽然他们也曾多次空袭我国，但从这几次空袭情况来看，他们已经不再是全力空袭我们了。残酷的狂轰滥炸曾是希特勒的主要意图，但现在不是了。希特勒只不过把对英国的持续空袭当做一种必要而快捷的掩护手段，他背后的目的是对付俄国。他曾经乐观地认为，只用六个星期就可以像摧毁法国一样摧毁苏联，到1941年秋天，他就可以派更多的德军投入到对大不列颠的最后攻击战中。

我们承认德国的确很顽固，但是，这也改变不了它在这期间会被打垮的命运：首先，我们可派出远程飞机，协助潜艇封锁它，再接着，我们可以对它发动空袭，特别是击毁它的港口。如今，德国陆军也改变了攻击英国的原计划，即“海狮”计划，而实施进攻俄国的“巴巴罗萨”计划。在这项计划中，他们的海军负责干扰我们在大西洋上的交通运输，空军则是以我们的港口及海口为攻袭目标。实际上，相比于对伦敦及我国百姓的空袭，这个计划更加歹毒。值得庆幸的是，他们在落实这一计划时，没有付诸全力并坚持到底。

*　　*　　*

如今回想起来，1941 年的闪电战经历了三个阶段：

第一个阶段是在 1—2 月间，受恶劣天气的影响，敌人的行动未能落实。除了加的夫、朴茨茅斯和斯温西这三个地方，我们其他地区的民防组织因此得以稍微休息一阵子，这是有帮助的。早在战争之前，为了确保港务机构的所有重要权益，帝国防务委员会就建立了港口紧急措施委员会的制度。1940 冬季的艰苦经历，使得这些港口紧急措施委员会的抗敌实力增强了，它们能够克服困难，自给自足，还会通过地区委员会来获取外界帮助。另外，军事运输部也给了它们一定的自由，愿意分权给它们。然而，即便如此，我们还须重视采取积极的防御措施。烟幕会给当地造成污染，现在很多地方采取的烟幕防备措施并不受百姓欢迎。但是，在后来的英格兰中部工业中心保卫战中，烟幕措施发挥了作用。此外，还曾准备了篝火，目的在于诱惑敌人，使其轰炸机失去方向。总之，整个防御计划已经分解成各个部分，得到了落实，且各个部分的配合是相当完美的。

第二个阶段是随着好天气的到来而开始的，这一阶段，我们有时称之为“德国空军在港口漫游”之阶段。从 3 月初开始，敌人又展开了猛烈的闪电战，一天进行一次或者两次空袭。我们的港口虽然遭到了他们的狂轰滥炸，但并未被完全破坏。自 3 月 8 日起，敌人连续三个晚上对朴茨茅斯展开了猛烈的空袭，当地船坞被炸毁。11 日，他们袭击了曼彻斯特和索尔福德，再之后的几天，他们又对默尔西河一带展开了空袭。13、14 日，克莱德河遭到德空军的猛烈袭击，当地两千多居民非死即伤，船厂被迫停工，有的到 6 月才恢复运作，有的甚至到 11 月。约翰 · 布朗造船厂的生产就因一场大火停工到了 4 月，在 3 月 6 日时该工厂就发生过大罢工运动，大部分罢工工人的家被炸毁了。然而，这些人后来又回到了工厂中，继续热情地工作。他们做出如此选择的原因，一是他们必须工作来挽回遭受的损失，二是他们只有回到工厂可能会更安全。3 月底，德国空军再次袭击了默尔西河一带、英格兰中部、埃塞克斯郡以及伦敦。

最猛烈的空袭始于 4 月份。4 月 8 日，考文垂遭到了敌人的集中性轰炸，朴茨茅斯遭到了猛烈攻击。16、17 日，伦敦遭袭，两千三百多人死于轰炸，另有三千多人重伤。敌人对我们的轰炸进入了第三个阶段，也就是最后阶段。在这一阶段中，我们的大部分重要港口成为敌人的目标，他们对这些地区的轰炸曾经持续了一个星期。4 月 1 日到 29 日期间，普利茅斯被空袭，虽然诱敌篝火让我们得以保住了一部分船坞，但是总的损失还是非常惨重。5 月 1 日，敌人的空袭强度达到了顶峰。他们曾连续七个晚上对利物浦和默尔西河一带展开攻势，致使七万六千人无家可归，死伤人数达三千。我们的停泊港口有一百四十四处，其中六十九处被炸得失去了可用性，致使起岸的吨位曾一时减少了四分之三。

敌人的这种攻势若能持续下去，就意味着我们在大西洋战役取胜的难度会更大，几乎难分输赢。然而，和此前一样，敌人又转移阵地了，接下来遭殃的是哈尔和贝尔法斯特：前一个地区遭到了两个晚上的狂轰滥炸，结果四万人失去家园，粮食仓库荡然无存，海军机械厂被迫停工两个月；贝尔法斯特在此前曾遭到两次轰炸，4 月时它再次遭殃。

*　*　*

4月12号那天，我以布里斯托尔大学名誉校长的身份，给三位人士授予了名誉法学博士学位，这三个人是美国大使怀南特先生、哈佛大学校长科南特博士以及澳大利亚总理孟席斯先生。此一行，我的夫人是跟我一起的。晚上，我们在郊野过夜，专车停靠在一条侧线边上。敌军对布里斯托尔城的空袭很剧烈，我们仍能看到远处的景象。第二天早，专车能进站了，我们直驱饭店，会见了许多高级官员，之后，我便迫不及待地去巡视了这个城市被炸得最惨烈的地方。空袭服务团的工作人员仍在忙碌着，还不断有人被从瓦砾堆中救出来。在这些深重的苦难面前，市民们仍保持着坚毅不屈的斗志。一个休息站点中，许多无家可归的老妇人呆坐着，似乎还未从悲惨的灾难中回过神来，她们看起来凄惨极了。然而，当看到我走进去时，她们便擦掉了眼泪，为国王和国家呐喊。

我们按照计划行事，接下来的活动是授予学位的仪式。在城中最悲惨的灾区里巡视一小时后，我跟车到了布里斯托尔大学。然而，当我到达那里后发现，这所大学旁边的一个规模宏大的建筑物还在燃烧着，几位主要人物身上的礼服虽然是新的却满是汗渍。显然，他们昨晚辛苦了一夜。看着他们，我实在感动，我做了如下发言：

“今天在这里的人们，有许多是刚从昨晚的岗位中休息下来的。在敌人仍旧持续的猛烈轰炸中，我们每个人的处境都是一样，而在这样的处境中，大家今天仍能够聚集在这里，则表明了我们的坚毅意志、英勇冷静以及超凡脱俗。大家的这些品质，和古罗马和现代希腊所有的那些优秀品质是一样的。

“在时间允许的情况下，哪怕只能是能够从工作中抽离出几个小时或者一天，我就会到全国各地去巡视一下。敌人的空袭给我们造成的灾难，是我最常见的景象，然而，我同样可以看到，在废墟中有着我们冷静勇敢、乐观坚强的人民。他们的神色中露出微笑，这表明，他们同样清楚，他们与我们的事业是紧密联合在一起的，且他们懂得，这是一项高于任何个人乃至高于任何人类的重大的、深远的事业。他们让我看到了绝不屈服的民族精神，一种以自由为根本，经过数百年的传承后遗留在我们的传统中的精神。正是由于具备这种精神，我们才能够在这么一个重大的历史转折时刻，承担起我们应尽的责任。我们做了我们该做的，我们无愧于我们的后代，他们也无法指责我们。”

* * *

此期间，巫术战是运用越来越多的战术，它是很奇特的，在之前的书中，我曾提到关于这种战术最初使用的一些新式武器。我们曾经对我们的科学家寄予希望，认为他们一定会兑现他们关于当时未证实的雷达的诺言。围绕着这一希望，我们在 1937 年秋时便重新制定了大不列颠的空防计划。1939 年 9 月，张伯伦先生出国，他的座机上还载有我们的争取和平的使团。当时，我们就用我们在海岸雷达网中建的最早五个雷达站，也就是用来防卫泰晤士河口的五个雷达站，来观察他的座机在起飞和返航时的状态。我们还在伦敦到朴茨茅斯之间建了十八个雷达站，从 1939 年春天起，往后的六年，这些雷达站一天二十四小时都在工作，从未中断过。它们是我们空袭警报机构的看家宝贝，既可以保证我们的战时生产，又可以减轻我们民防工作人员的重担；有了它们，高射炮手就不用经常待在操作岗位上，避免了厌倦情绪的产生；它们还可以减轻我们战斗机的工作量，使这些虽然完美但力量薄弱的战斗机不必经常巡逻，以免耗尽元气；虽然它们的精确程度不足以用来完成夜晚的截击任务，但是，有了它们，日间战斗机可以找到阻击敌机的最有利的高度和位置，以逸待劳。谈到日间战斗能够取得的胜利，不可忽视这些雷达站所作出的决定性的贡献，当然，也不能忽视观察站的支援以及协助。这些观察站是通过新式技术设计[①]装备起来的，它们的作用在于，可以在低空飞行的敌机逼近时发出虽然短暂却具有价值的警报。

* * *

1941 年，德国在射束上又进行了改进，不过，我们仍然可以干扰它们。以下我可以举个例子。德军本计划于 5 月 8 日晚上空袭得尔比的罗尔斯—罗伊斯工厂以及诺丁汉，当他们的射束射向得尔比时，我们发出了干扰，结果射束转向了诺丁汉。诺丁汉昨晚着的火，现在还没灭完。射束被干扰后，继而还轰炸了并非原本目标的贝尔沃山谷，该山谷与诺丁汉之间的距离几近于诺丁汉和得尔比之间的距离。实际上，德军根本没有飞近得尔比，罗尔斯—罗伊斯工厂也完好无损，然而，德国人却在报纸说他们炸毁了该工厂。真相是，他们在得尔比的旷野中投下了二百三十颗高威力炸弹和许多的燃烧弹，造成了两只小鸡伤亡。

最后一次同时最猛烈的空袭，发生于 5 月 10 日的伦敦。在敌机投下的燃烧弹的猛烈袭击下，城市两千多处发生火灾，大概一百五十处自来水管道被炸毁。此时正逢泰晤士河的少水时节，火灾众多，我们根本无法扑灭。第二天清晨六点，我们接到报告说仍有数百处大火在持续中，其中四处烧到了 13 号晚上。这一次，是敌人整个闪电战的夜间空袭中给我们造成损失最惨重的一次：我们被敌方摧毁的要害地区包括五个码头以及其他七十个地区——其中半数是工厂。另外，我们的所有主要火车站只剩下一个能通车，其他在多个星期内都无法运作，直到 6 月初，直达线路的交通才恢复。这次空袭造成的伤亡人数达三千多。然而，这次空袭从另一方面来看的话也是具有历史意义的。

① 我们对它的秘密称呼是 C.H.L 或 C.H.E.L。——原注

下院虽然被炸毁了，但值得庆幸的是当时里面空无一人。一颗炸弹带来的破坏性，是很多年之内也难以修复过来的。此外，在这次战斗中，我们的炮队和夜间战斗机也获得了很大成果，即击毁了六十架敌机，这也算是我们在一整个冬天的巫术战中的最佳成绩见证。

当时，我们并不知道，这是敌人最后的一击。5 月 22 日，凯塞林调走了他的空军司令部，迁往波森。6 月初，他又把他的全部空军调到了东方。敌人再次对伦敦发动空袭，已是将近三年之后。1944 年 2 月，他们同时展开了“小型闪电战”以及火箭、飞弹并用的攻势，伦敦的民防组织才再次投入战斗中。从 1940 年 6 月到 1941 年 6 月的一整年中，我国居民伤亡数据共计九万四千二百三十七人，其中死亡四万三千三百八十一人，重伤五万零八百五十六人。

敌人以攻为主，他们一方面注重用雷达协助高射炮队作战外，一方面专注于改进具有攻击性的新发明，如射束等。直到 1941 年已经过去了几个月，他们才开始意识到防守的必要性。我们的战略则是这样的：在英国，我们让航空学校去负责寻找轰炸目标的任务。当然，这些学校都是一些规模宏大,拿有我们给予的巨额开支经费的。另一方面，我们关于雷达使用的设想，主要是从防护方面去考虑的。我们想要等到了解射束技术的方方面面后，再去研究德国的雷达设备，最后反击时击毁它们。

1941 年 2 月，我们首次发现了德国的一个雷达站，那是供他们的侦察机使用的。就在我们拍下它的照片时，收到了它发出的电波。我们是在瑟堡附近发现它的电波的，于是，接下来我们便派出我们的空中摄影技术人员和情报人员去，沿着欧洲被敌人占领的西海岸地区搜寻相似的雷达站。

我们计划在 1941 年年中时派出皇家空军，对德国发动一次猛烈夜袭。要想计划成功，我们有必要先了解他们的所有防御措施。敌方的这些设施，事实上正如我方的一样，大部分都须靠雷达来辅助。我们首先研究了德国可能设在海岸的雷达基地，接着研究他们的夜间战斗机驻扎的防御位置。我们发现，他们的防御线的起点设在石勒苏益格—荷尔斯泰因之间，穿过德国西北部和荷兰，最终在法国比利时边境结点，全程形成了一个广大的带形区域。虽然我们做了周密的了解和计划，但是，在 1941 年的最后几个月，无论是我方还是敌方的新设施都没有派上多大的用场。德军的计划是这样的：首先对俄国发动六个星期的攻击，取胜后他们的轰炸机就返回西欧。他们的设想无疑很乐观。从他们的计划来看，为了应对英国发出的干扰，他们的轰炸机队出发时必定需要许多新的射束战的援助。由此可见，他们的这些射束站就设在英吉利海峡沿岸，且备有功率强大的送波机。既然如此，我军必定同样会筹备许多送波机，以便发出用来干扰和回避敌人的新射束。此外，我们也会给夜间战斗机配上经过改进的雷达。双方硬拼的结果就是，俄国更加有可能参战。为了避免这种情况，这场有可能的射束的硬拼之战也就没有发生，所以，无论是我们还是德国在无线电方面的努力筹备，都没有派上战场。

* * *

5 月 11 日，星期日，我是在迪奇莱度过的。当天晚上，我不断接到有关伦敦前一晚上受到猛烈空袭的消息。然而，我也没有办法，还是要去观看由马克斯兄弟主演的一部喜剧片。因为，这是接待我的主人为我安排的行程。在观看影片时，我曾两次离座，询问空袭的情况。得到的回复说，伦敦受到的破坏非常惨重。影片还在播放，我干脆就借其中的乐子来轻松一下了。过了一会，一位秘书转告我，有人在电话中自称是汉密尔顿的代表，并请我与他谈话。公爵此刻在苏格兰东部担任一个战斗机战区的司令，虽说他与我有私交，但我想不到他有什么紧急到不能等到明早的事情要与我说。然而，秘书说，电话中的那个“代表”一定要与我通话，说是事关内阁，紧迫而重要。我于是让布列肯先生去听电话。几分钟后，布列肯回来向我报告说，公爵要告诉我一个震惊的消息，我应该请他来。他见到我后便说，他单独会见了一个自称是鲁道夫 · 赫斯的德国俘虏。“赫斯到了英格兰”这个消息的确够惊人，然而这是真的。

他的身上是德国空军中尉的制服，他自驾飞机从奥格斯堡起飞，着陆时是乘着降落伞的。他受到轻伤，被送往格拉斯哥附近的陆军医院。最初被问到名字时，他的回答是“霍恩”，送到医院后人们才知道他是谁。在这之后，他先是被辗转送到伦敦塔，继而又被转移到英国其他拘留俘虏的处所，他在那里被关到了 1945 年 10 月 6 日。在那天，他在纽伦堡的牢狱中见到了他的一些旧日同僚，他们都是将由胜利者审判和处决的战时俘虏。

我认为，士兵战中逃亡这件事不会关系到战事的演变，因此我也从来没有关心过这件事。然而，这件事曾在英、美、俄、德这些国家引起过轰动，在德国还有人专门出书记叙此事。以下我所写的，仅是我认为是真实的部分。

* * *

鲁道夫 · 赫斯年轻英俊，深得希特勒赏识。作为希特勒幕僚中一名亲信，他崇拜希特勒，自然也非常关心处于争论中的世界问题。他经常有同希特勒进餐的机会，餐桌上有时也有其他两三个人。关于世界问题，希特勒是怎么想的，他也是清楚的：除了英国，希特勒蔑视其他很多国家，其中最仇恨的是苏俄，特别是布尔什维主义。希特勒钦佩英国并渴望与之建立友好关系。赫斯是最了解希特勒，同时也是希特勒在公事余暇最经常接触的一个人。战争爆发后，局势改变了，这个情况也发生了改变：与希特勒进餐的人员增多了，诸如三军将领、外交官和高级官员有时候可能会同时在场。这就意味着，这个在进行人员筛选后才形成的分享独裁大权的圈子，由小变大了，于是，这位副元首就不太高兴了。还管它什么党的指示！该要行动起来，不能再抱着玩耍似的心态了！

赫斯认识到，战争境况下，他与那位他敬爱的元首的那种交心的来往，已经不可能了。他心生嫉妒，他的性格也发生了改变。从这点来说，他的逃亡之举的价值意义就该被减弱。赫斯心想着，虽然那些聚集在元首餐桌上的人都是一些重要的将领或者其他人，但是，他们对希特勒的影响和意义加起来仍是不如他个人的。他觉得自己的忠诚、他为元首所做的一切以及他给予元首的慰藉，都是他们这些人无可比拟的。我要与英国谈和，为此哪怕牺牲我的生命我也是高兴的呀！这种天真幼稚的想法自然是无恶意的，也不是无耻的。

关于欧洲局势，赫斯认为，以丘吉尔为代表的战争贩子们的政见是肤浅的，但这些人控制了英国，使英国违背了与德国的友好政策。他们不仅夺走了英国的真正利益，而且还制止英国与其他国家结成联盟，共同打击布尔什维主义。他想着，只要他鲁道夫深入英国中心，劝服英国陛下相信希特勒对大英帝国的真诚以及关怀，那么英国也会得到好处：他的这一行动必将能够清除英国的那些执政的战争贩子，使这个岛国不必再承受灾难。他想着，法国都屈服了，英国怎么还能抗争下去呢？不久，在德国潜艇以及德国空军的淫威之下，英国的所有海上交通乃至它的工业、所有城市，都将会被摧毁。

那么，他应该找谁来实现他的计划呢？他自然想到了英国皇室庶务局长汉密尔顿公爵。一来，他的政治顾问豪斯霍费尔[①]的儿子，与汉密尔顿公爵相识，二来，从汉密尔顿公爵的身份看，这个人应该能够亲近英国并且能与之推心置腹。通过汉密尔顿，他可以直接与英国沟通。

---

① 卡尔·豪斯霍费尔是纳粹“地理政治学”理论的创造者，他的儿子名叫阿尔布雷希特·豪斯霍费尔。汉密尔顿公爵是在 1936 年奥林匹克运动会上初次遇到阿尔布雷希特的，那时公爵正在研究对比德国和俄国的空军力量。1944 年，阿尔布雷希特因有参加谋杀希特勒阴谋的嫌疑被纳粹党处决。——原注

*　　*　　*

几天后，德国一份报纸上出现了这样的言论：“党员赫斯看来是一个幻想家，他认为他能够解决英德之间的纠纷……而最终，他因为这个幻想而付出了巨大代价。对于他的行为，国家也只能报以深深的遗憾。这件事不会给这场战争带来任何影响，对于德国来说，虽说这场战争是他们被迫承受的，但他们仍会打下去。”

这件事无异于：一个得到我信任的同僚，比赫斯年轻一点的英国外交大臣，偷偷驾驶一架“喷火”式飞机前往贝希特斯加登广场，然后用降落伞降落。希特勒因为这件事而尴尬无比，纳粹党人后来逮捕了赫斯的几名副官，算是解了他们一点心头怒。

首相致外交大臣　　1941 年 5 月 13 日

1. 目前看来，处置赫斯的更方便的做法，应该是把他视为一名处于陆军总部管辖之下的俘虏，而不是让内政部来处置他。但是，我们应该明确，他是一名很可能要受到严重的政治控诉的俘虏。所有的纳粹领袖都可能会被视为战犯，赫斯也一样，他以及他的同党在战争结束后很有可能失去法律保护。这样会有利于他对自己的罪行进行忏悔。

2. 当前，应该将他隔离在一处离伦敦较近的房子内，同时尽可能挖掘他的心里想法，从中获取有价值的情报。

3. 生活上，应该满足他在吃以及娱乐方面的需求，同时给他提供书籍、文具等，确保他的健康以及生活环境的舒适。但是，若非接到外交部的指示，绝不允许他和外界有任何接触，不能让任何规定之外的访问者与他接触。应该让一个专门的看守人员监管他。报纸，无线电，都不能让他接触到。应该给予他应有的尊重，我们是如何对待其他被我们俘虏的重要将军的，就如何对待他。

首相致亚历山大·卡多根爵士　　　　　　　　　1941 年 5 月 16 日

1. 请立刻写一篇详细的总结报告，内容是与赫斯接触时的三次谈话。此外，这份报告要着重指出我为下院草拟的一篇声明中的观点，这份声明还未发表。我将会另把一份说明电报附在报告上，然后一起发给罗斯福总统。

2. 陆军部向我提议说，今晚就送他到伦敦塔去，并立即在奥尔德肖特[①]准备一处拘留所给他。我已经批准了该建议。

前海军人员致罗斯福总统　　　　　　　　　1941 年 5 月 17 日

外交部代表与赫斯交流了三次。

第一次是在 5 月 11 日到 12 日的夜间。赫斯做了一份笔记，在谈话中他就着这份笔记谈了很多，也谈了很久。他所说的内容可分为三部分，第一部分提到过去三十年的英德关系。他想表明，德国做得对，英国总是做错。第二部分中，他主要强调的是德国必胜，理由是德国的潜艇与空中武器的配合越来越好，且德国士兵以及百姓都斗志昂扬，非常支持希特勒。第三部分，他大致总结了解决问题的方法。他说，希特勒从未打算过与大英帝国为敌，因此，英国应该归还以前的德国殖民地，而英国也只需这样做。这样，他就可以自由在欧洲行动。但是，他提出，英德谈判的前提是，与希特勒谈判的不是英国现政府。他耍的这个花招并不难想通：他是想让我们背弃我们的同盟，好让德国得以暂时不会丢失在海外的大部分领土。

外交部代表向他提问，他提到让希特勒能在欧洲自由行动时，是把俄国考虑在欧洲范围内还是亚洲范围内。他回答说是亚洲。接着他又补充说，德国对俄国提出了某些要求，并要求俄必须满

① 位于汉普郡的英国都市。——译注

足这些要求。不过，他否认德国正在进攻俄国。

赫斯给人的感觉是，他认为德国必胜，同时他又感觉到这个过程会很久，而且期间不免会造成许多伤亡和破坏。他似乎抱有这种想法：若是他能够让德国人民相信有解决问题的某种前提，那么战争以及必要的灾难就会统统结束。

第二次谈话是在5月14日进行，在这次谈话中，赫斯提到了以下两个意思：

(1) 无论用什么和平解决方案，有两点都是必须要做的，一是德国必会支持拉希德·阿里[①]，二是德军必须将在伊拉克的英军轰离。

(2) 除非英伦三岛的所用供需被切断，否则不会停止借助于空军力量的潜艇战。若是英伦三岛投降了，而大英帝国仍坚持作战，那么德国也不会停止对大不列颠的封锁，哪怕这会饿死大不列颠所有居民。

5月15日的第三次谈话中，他突然表现出了对你的国家的轻蔑，认为你们能够给予我们的援助根本算不了什么。除此之外，他没有透露其他信息。我能很明显地看出来，他认为自己了解你们的机型及生产情况，其实不然。

看起来，赫斯相当健康，情绪正常，没有出现精神错乱的症状。他说，他的这次行动完全是自己做主的，行动前，希特勒也一无所知。如果他所说的是事实，那么可见，他是想联系上英国“和平运动”的成员，和他们一起推翻英国现政府。如果真是这样，且他的精神的确没有毛病的话，那说明德国情报机构是非常愚蠢的，这个迹象令人宽慰。我们不至于虐待赫斯，但是，报纸过分

① 全名拉希德·阿里·盖拉尼（Rashid Aali al-Gaylani，1892—1965），伊拉克亲德派代表人物，后在德国的支持下发动政变，1940—1941任伊拉克首相。——译者

夸张他以及他的冒险行动这种做法也是不恰当的。我们应该记住，希特勒犯下的一切罪行，赫斯是负有部分责任的，他可能也是战犯。他的命运如何，将由同盟政府共同审判。

上述内容，仅供总统先生参阅。我们这边的意见是，最好让报纸在某一段时间内连续报道这件事，这样会让德国人很迷惑。在这里，被俘的德国军官得知这件事已经表现出了不安。我认为，德国武装部队必定非常担忧，恐怕他会说出什么不该说的话来。

赫斯向医生们解释了他此次行动的动机，但是这个解释更没有价值。5 月 22 日，他的医生写了有关报告，其中提到：“他说，对于发生在 1940 的对伦敦猛烈的空袭，他是非常厌恶的，因为他反感残杀妇女儿童的行为。一想到他的妻儿，他的这种反感痛恨就更加强烈了。他觉得有必要和英国内部的反战派讲和，他们的人数不少，因此，他想到了此次飞英国的行动。他强调，他完全是被他内心一种越来越强烈的理想主义[①]所驱使的，他的计划无关于任何私人利益。”

“就在他产生这个想法时，他听到了卡尔 · 豪斯霍费尔表示同样感受和想法的话，他被打动了。从豪斯霍费尔口中他还知道，汉密尔顿公爵明白事理，一定同样非常憎恶这种愚蠢残酷的杀戮。豪斯霍费尔当时还说，他曾三次梦见赫斯驾驶一架飞机飞到一个不知名的地方。赫斯心想，一定是上天安排了这么一个人来向他传达意思，让他作为和平使者，来到英国会见汉密尔顿公爵，通过这个人，他将见到英国乔治，然后推翻英国现政府，让那些渴望和平的人来执政。他坚决不同英国现政府‘集团’沟通，他说这个‘集团’会想尽办法阻止他的计划。但是，至于要具体地把我们哪些政治要人当作敌人，他又说不

① 里斯编《鲁道夫 · 赫斯案件》，第 2 页。——原注

清楚，他看起来几乎不知道我们的政府要人都有哪些，也不清楚他们的地位……他说，为了可以在德国境内进行远程飞行训练，他借助了维利·梅塞施米特[①]的特权，他讲述了他们的接洽过程以及他的最后起飞的经过。他说他没有任何同伙。他是有一定的能力的，航程安排无误，航线正确，飞行顺利。他的目的地是顿加发尔，最终他着陆的地方距离目的地也仅十英里左右而已。”[②]

* * *

西蒙勋爵接到内阁的指示，在 6 月 10 日会见了赫斯，赫斯在这次会晤中说：“当希特勒确认了英国是个不讲情理的国家后，他便按照海军上将费西尔勋爵坚持的准则去行动了，这个准则是：‘只有蠢瓜才会在战争中表现温柔，要打就狠狠地打，尽可能地打。’虽然如此，但是，元首是从来不会随便下令让空军和潜艇一起进攻的，这一点我可以保证。他为此相当痛心。他不愿意看到因为他的这种海空军联合进攻方式而造成英国百姓的死伤，他对他们的同情是深切的……他曾说，对于那些我们愿意与之协作的国家，我们不该强加任何苛刻条件给他们，即便是为了取胜也不该。”

“我认为，只要英国了解了这一点，那么我们就可能与它达成协议。”只要英国了解到希特勒是个如此仁善之人，英国就会满足他的心愿。这当然就是赫斯的主要想法。

* * *

---

① 维利·梅塞施米特（Wilhelm Emil "Willy" Messerschmitt，1898—1978），德国著名飞机设计家和制造家。——译注

他与华特·雷特尔共同研发的 Bf109 战斗机在第二次世界大战中成为德国空军最重要的战斗机。——译注

② 里斯编：《鲁道夫·赫斯案件》，第 18—19 页。——原注

我们曾多次让有关医学人士研究分析赫斯的心理状态，事实证明，他的确患有精神分裂症。但是，他的问题不仅是医学上的问题而已。他追求权力地位，极其崇拜他的领袖，就是在这样的情况下他还想获得平静。他心怀热情，坚信自己完全清楚希特勒的心里想法。他想着，若是英国也是这么想的，那双方达成协议将是轻而易举，那些不必要的痛苦灾难也就不会出现了！他幻想德国可以任意穿行欧洲，英国将只在英国境内自由行动，而他提出的附带条件是英国将德国的殖民地归还给德国，撤走在伊拉克的军队，以及和意大利讲和。他相信英国应无路可走了，如果英国不按照他的想法去做，“它终归有一天也会被迫这么做的”。

西蒙勋爵针对赫斯的言论作了以下回答：“我不认为你的这些奇特的论点会得到英国内阁的赞成，这个国家的人是很英勇的，况且，我们不愿意被别人威胁。”奇怪的是，身为希特勒身边的一个亲近之人，赫斯貌似不知道德国即将大举进攻俄国之事。若非他真不知情，那就是他明明知情却没有说出来。关于赫斯事件，苏联政府是相当感兴趣的，他们因此作了各种猜测，但他们的猜测与实施并不相符。三年后，我第二次访问莫斯科，对赫斯事件饶有兴致的斯大林还在在餐桌上追问我有关此事的真相。我告诉他的，就是我在书中所写的大致内容。我看得出来，斯大林认为这件事是经过策划讨论后才发生的，他觉得英德曾有共同攻打俄国的打算，但未能落实。对于这么聪明的一个人却一时变得如此不明事理，我只能说我很奇怪。当翻译员告诉我说斯大林不相信我所说的话时，我让翻译员回答斯大林说：“我根据我所知的说明了实情，我希望我的回答被人接受。”听到我这个冷漠僵硬的回答后，斯大林很和气地笑了一下，说：“即便是俄国特工人员，也不一定会把所有真相告诉我。”

我于是不再接这个话题说下去。

*　　*　　*

回顾赫斯事件的整个经过，我很高兴我对赫斯是不负有责任的，他已经得到的以及正在受到的惩罚并非由我个人决定。我的看法是，虽说他与希特勒的亲密关系可能使他难以逃脱在战争中所犯下的罪恶，但是，他的这种荒诞的出自仁慈的狂热行为已经为他赎了罪。他自己做主，策划执行了这一行动，尽管他不是带着任何命令而来的，某种程度上，他还是类似于一位特使。在看待这件事的时候，我们应该以医学角度而不是犯罪角度看待赫斯。

第四章 地中海地区的战争

马耳他岛的极度重要性——凯斯海军上将夺取班泰雷利亚岛的计划——计划延迟——我国海军和德国空军于1月10日的交战——航空母舰“光芒”号无力战斗——“索斯安普敦”号被击沉，“格洛斯特”号受创——向马耳他岛增援空军——德军进攻马耳他岛的决定——多比总督——2月9日，萨默维尔海军上将袭击热那亚——加固马耳他岛的守军力量——我方潜艇的活动与战绩——敌人一支运输船队被歼——2月6日，我军攻克班加西——完全占领昔兰尼加——艾登和迪尔的中东使命——2月12日，我致电韦维尔将军——韦维尔的复电——对外交大臣的指示——2月15日，我致电史末资将军——由我主持外交部事务——2月20日，我致电艾登先生——同一时间他发来的电报——苏伊士运河遭受水雷威胁——艾登先生2月21日的报告——他被派往雅典——他在2月22日提出的报告——希腊决心作战——它接受了英国给予军事援助的建议——战时内阁支持即刻增援希腊——前途未卜

自纳尔逊时代[①]起，马耳他岛就一直捍卫着地中海中部，它犹如一名坚守在那条狭窄的海上走廊要道上的英国士兵。它在最近这场战

---

① 指英国海上势力最强盛的时代，这个时代起于拿破仑战争之后，当时的英国海军的代表人物是霍雷肖·纳尔逊，他曾在特拉法加岬之役中击败法西联合舰队，这个时代的英国海军通常也被称为纳尔逊时代。——译注

争中表现出了比过去更重要的作用，有了它，我们才能完成战争中的首要任务，即让运输船队顺利地往埃及运送我们的大量军队，阻止敌人向的黎波里增援军队。也就是在这种情况下，德国的新式空中武器对准了马耳他岛，英国对这片海上走廊的有效控制权因此遭到了威胁。德国的这些现代化武器，大大增加了我们执行任务的难度。原来，马耳他岛是我们主力舰队的根据地，我们可以自由航行于地中海上，同时可以禁止其他国家在这片海域通行，现在情况大大改变了。敌人在意大利港口的驻军对这个岛造成了很大的威胁，该岛曾遭到敌军的多次空袭。敌人的空军可能会致使我军运输船队在航程遭受危险，因此，通过突尼斯海峡以及马耳他海峡几乎是不可行的，我们只得绕道好望角。这样一来，航程就比原来漫长很多。另一方面，若是不把敌人占据优势的空军放在眼里，为了避免损失而不出动我们的战舰，那么，我们在地中海的活动就无法开展，敌人就可以开辟一条要道，往的黎波里运送军队和战争物资。

在距离马耳他岛一百四十英里的地方，是控制着西西里岛与突尼斯之间的西部海峡的意属班泰雷利亚岛。这个岛的防御稳固，还有一个十分重要的飞机场。它是敌人从突尼斯到的黎波里的航线上的一个重要根据地，如果能占领它，我们就能在马耳他岛周围地区建立更广阔的空军掩护地带。1940 年 9 月，我想用我们新编成的突击队攻占该岛，为此我请了海军上将凯斯制订有关计划。我们的计划是，派出一支防守力强的运输船队时，让两三艘军队运输舰跟在其后，当敌人将注意力集中在前面的运输船队上时，我们让后面的几艘军队运输舰悄悄对该岛发动突然的猛烈袭击。我们称这个计划为“车间”作战计划，该计划越来越被三军参谋长所认可支持。凯斯大受鼓舞，他说他不管什么海军上将的身份，亲自带队参战。虽然我以及我的幕僚并不觉得完成此次任务会很艰难，但是，由于我们在马耳他岛的情况给我们造成了重大压力，因此我们还是有所担心。但是，不管怎样，我还是在 1940 年 12 月 28 日下达了如下指示：

首相致伊斯梅将军，转参谋长委员会

反复认真地思考了“车间”作战后，我最后的意见是，这个计划是大大有利于我们的，但是，执行这个计划前我们必须做好充分的周密的准备，此外，我们还需要等待好时机。若是计划成功，我们将会得到大大超乎我们预料的好处，届时，我们在中地中海的战略地位也将会提高。在这之后，我们的商船队和军队运输舰队就可以自由通过突尼斯海峡和马耳他海峡，这是首要的大便利。如果德国人控制了意大利，这个“车间”岛屿的控制权也会落到他们手中，借助该岛，他们不仅可以妨碍航运，还可以更好地抵抗供给，我们就会陷入困境中。所以说，该计划的执行是具有重要性和紧迫性的。

三军参谋长立刻开始研究这一计划。新年之际，我又发出了有关该计划的指示：

首相致伊斯梅将军，转参谋长委员会　　　　1941 年 1 月 13 日

1. 德国空军顺利进入西西里岛，这可能意味着地中海中部局势开始恶化了。我们的“光芒”号和两艘巡洋舰让敌人的空中战斗机给成功轰炸了，这表明，我们有必要给这类军舰装配空雷投掷器。为什么“光芒”号没安装有两个空雷投掷器呢？有关部门应该抓紧落实这方面的工作，让海军使用改进过的适合使用的空雷。另外，在这样的战斗中，高速飞机似乎也是很必要的，它们可以和敌人的俯冲轰炸机周旋。鉴于此，我们应该在“敬畏”号航空母舰进入地中海前就给它配备六架“格伦门”式战斗机。

2. 若是德国人在班泰雷利亚岛站稳了脚，他们就可以派出力量强大的俯冲轰炸机，封锁我们的海峡。我非常担心会出现这种情况。古话说，“及时缝一针，省得缝九针”，这句话很好地说明

了这一计划的必要性。

3. 现在事态更为紧急，且困难同时加大，我们有必要重新思考“车间”计划。若是等到德国进驻班泰利亚岛才行动，我们的行动就更艰难了。希望一周内将该计划修订完善，使之达到最无懈可击的程度。这样，我们就能尽早寻得落实该计划的机会，并针对行动制定计划。到底最后要不要尝试行动，这得在我们具有可行的计划和恰当的时机时才能作出决定。

4. 我依旧坚持，“车间”计划事关重大。

对此，大家也一致同意。我们原计划在 1 月底时开始行动，但是，由于其他工作的耽搁，行动未能如此进行。1 月 18 日早晨，在契克斯举行的一次会议中，第一海务大臣和其他参谋长建议将行动推迟一个月，我同意了他们的建议。我认为，在会议中，我本来能说服其他人维持原定计划不变的。之所以最终改变计划，是因为我和其他人都不得不顾及更重要的事情，另外，听说突击队的训练也没有准备好。凯斯没有参加这次会议，他听说推迟计划后非常失望。而最终，经过这么推迟后，这项计划到底还是没有执行。

德国空军早在 1 月底之前就进驻了西西里岛，这一情况使得局势大大改变。我们最终失去了执行这项计划有可能——几乎是肯定的——获得的诸多好处。如果我们在 1942 年夺下班泰雷利亚岛，我们的运输船队在驶往马耳他岛的航程中与敌人抗战时就可以避免更多的损失，另外，我们就可以干扰敌人通向的黎波里的航线。当然，我们也有可能被德国空军打败，失去优势，最终没有改变马耳他岛变得复杂的局势。我更加觉得有必要尽快攻下班泰雷利亚岛了，然而我们已经失去了机会。

摆在我们面前的问题有很多。我们最终攻下班泰利亚岛，是在 1943 年 5 月。当时，我们在突尼斯和德意联军作战，我们的主帅是艾森豪威尔，他命令一支英国登陆部队猛烈轰炸班泰雷利亚岛，最终才占领了该岛。在行动之前，我们仍认为这项任务的难度是非常大的，但是，显然，我们在这一战场投入的力量也是非常强大的。

* * *

1月10日，我方海军同德国空军进行了第一次激烈的战争。当天，我们派出的一支运输船队从西面出发，进入中地中海，另外从东面还有其他向马耳他岛运送给养的船只，以及各种小规模的运输船队正驶往希腊。这一系列行动，都是由我们的舰队来掩护的。清晨，在马耳他海峡内护送主力舰队的驱逐舰“豪侠”号触到了水雷，不久我们便发现了敌人的侦察机。下午，德国轰炸机就出动了，他们的主要目标是由博伊德上校指挥的新航空母舰“光芒”号。“光芒”号遭到了三次猛烈的空袭，在敌人的巨型炸弹的六次攻击下，它受到严重破坏并起火，我方八十三人死亡，六十人重伤。若非该舰上装有装甲甲板，它根本不能进行有效的抵抗。虽然遭受重创，但与之配备的飞机至少击毁了敌人五架飞机。晚上，敌人发动的空袭更加猛烈了，该舰的舵机还失灵了。然而，就是在这种情况下，博伊德上校把“光芒”号驶进了马耳他港口。

同一天晚上，我们的另一运输船队出发，该船队由坎宁安海军上将率领的主力舰队在马耳他岛以南护航，航程是顺利的。第二天，由于未能发现敌人从太阳直射之处派出的轰炸机，我们的巡洋舰“索斯安普敦”号和“格洛斯特”号在快要驶抵马耳他岛东岸时遭到了袭击。“格洛斯特”号被命中一次，损坏程度不大，但“索斯安普顿”号的机舱在被击中了后起火，由于无法扑灭大火，我们最终放弃了该舰，任其沉没。在安全护送运输船队到达目的地后，我们的舰队仍是付出了惨重的代价。

德国人并未就此放过“光芒”号，他们认为它受到的损伤并不严重，让它留在马耳他岛仍是会威胁到他们。然而，我们大大增强了驻在马耳他岛的空军战机。敌人对我军发动攻击的那一天，我们的空军击落了敌人十九架飞机。船坞中的“光芒”号虽被击中，但1月23日晚时，它又再次起航了。敌人发觉它离去后，曾想方设法要搜找它。两天后，该舰安全抵达亚历山大。

这时候，德国从西西里岛派出的飞机多达二百五十架以上。整个一月间，马耳他岛受到五十八次轰炸。自此后直到5月底，除了期间几次短暂的停息，敌人每天对该岛发动三四次空袭。不过，我们也增加了人力物力来应对。1941年4月到6月间，海军上将萨默维尔的H舰队曾六次护航，将为数不少的飞行小队运送到马耳他岛的航程内。当战斗进行时，我们还从西面派出了二百二十四架“旋风”式战斗机连同少数其他型号的飞机。东面运出的给养和增援部队，也安全抵达。6月，我们和敌人进行了一次激烈的战斗，最终我方成功保住了该岛。然而，1942年，真正的大难来了。

马耳他岛的杰出总督多比将军意志坚决，使得当时每个等级和阶层的军民都受到了很大的鼓舞。他的领导作战能力以及他具有的那种宗教似的热情，让人回想起戈登将军，甚至想起更早的“铁骑兵”和“严肃同盟者”。

首相致马耳他的多比将军　　　　1941年1月21日

在你的英明领导下，马耳他岛的守军和居民英勇奋战，与我们的海军，尤其是皇家空军共同抵抗德、意军队。你们在做的事业是辉煌的，这次保卫战也是令人难忘的，我代表战时内阁衷心感谢你们。当今，所有英国人，实际上是整个大英帝国的百姓，都在紧密关注着你们正在进行的马耳他岛保卫战。我们坚信，你们的努力拼搏必将换来成功与荣耀。

* * *

地中海区域的局势日益紧张，在这种情况下，我们试图将战场转移到意大利本土。听说意大利士兵的斗志衰弱，若是能在本土与他们作战，则更有可能彻底瓦解他们低落的士气，尽早击溃意大利，而这正是我们所希望的。2 月 9 日，萨默维尔海军上将出动了包括“威望”号、“马来亚”号和“谢菲尔德”号在内的 H 舰队，对热那亚的港口发动了猛烈的袭击。我军的主动攻袭持续了半个时，最终获得了成功。同时，我们还轰炸了里窝那和比萨，执行这次任务的是从“皇家方舟”号舰上起飞的轰炸机。另外，在执行该任务的同时，我们还在斯培西亚海面敷设水雷。这次攻袭，我们虽然遇到了意方在热那亚海岸炮台发动的还击，但他们火力微弱，对我们完全没有任何影响，我们最终又获得了全面的成功。不过，我们的港口设备和船舶损失很大。萨默维尔的舰队在撤退时，还须逃过在撒丁岛以西进行搜索的敌方舰队，幸而有低云层的掩护，他们最终成功撤退了。

* * *

显然，德国这时已经有意控制地中海，因此，我们有必要尽快向马耳他岛派出援军。

首相致伊斯梅将军，转参谋长委员会　　　　1941 年 2 月 6 日

虽说英军在苏达湾设立加油站后，敌人对马耳他岛的袭击难度加大了，但是，我认为我们那里的总兵力至少应该有七个营，因此我希望再派一个营过去。非洲的意大利军队已经溃不成军了，就这点来看，从埃及抽调一个营过去应该不是问题，如何安排舰队护送才是关键。对此，人们会疑问：那么，运送两个营不也是一样吗？让面包运输车只运送一个面包显然浪费人力物力，因此，如果还有可运送的面包，何不让运输车多装载点？虽说如此，但请不要纠结这个问题。此事应尽快解决。

*　　*　　*

一直以来，敌人都在为隆美尔驻在利比亚的部队运送给养。进入4月后，我们有了更充足的军力来袭击敌人的运输船舰。在这一行动中，我们派出的主力是从马耳他岛出动的英国潜艇。随着活动的开展，它们的活动范围越来越大，所得收获也越来越多。海军少校马尔科姆·汪克林是这一行动中表现突出的一位将领，他做出了伟大的业绩，我们后来给他颁发了维多利亚十字勋章。然而，就在第二年，他以及他的舰艇“支持”号在战斗中被击沉。作为一个英雄榜样，他将永远活在继承他的意志以及工作的士兵心中。

4月10日，英军派出了一支由四艘驱逐舰组成的战斗舰队驶往马耳他岛，准备再次袭击敌人的运输船队。这天的行动由麦克上校在“迦佛斯湾”号舰上担任指挥，他指挥有方，在一个星期之内就获得了巨大的成果：在一个月光充足的晚上，他们和敌军进行了一场近距离的大战，最后歼灭了敌人向南航行的五艘运输船以及护航的三艘驱逐舰。我们的“莫霍克”号驱逐舰在被鱼雷击中后沉没，幸而该舰上包括舰长在内的绝大多数官兵并没有随船沉没。我们在这次行动中收获颇丰：击沉了载着一万四千吨重要战争物资的船舶。

*　　*　　*

非洲沙漠不断传来好消息。2月6日，第六澳大利亚师早于预定日期三周，攻入了班加西。2月5日天刚明，成功越过诸多崎岖的道路后，奉命去切断海岸公路的英国第七装甲师进入了姆苏斯。当时以坦克计的兵力算为一旅，当晚，我们兵力对抗的敌军纵队有大概五千人。然而，我们的士兵早早在贝达富姆做好了埋伏，因此很快打败了敌军。自2月6日早上起，在这条公路上，我军又同敌军的几个主力纵队激

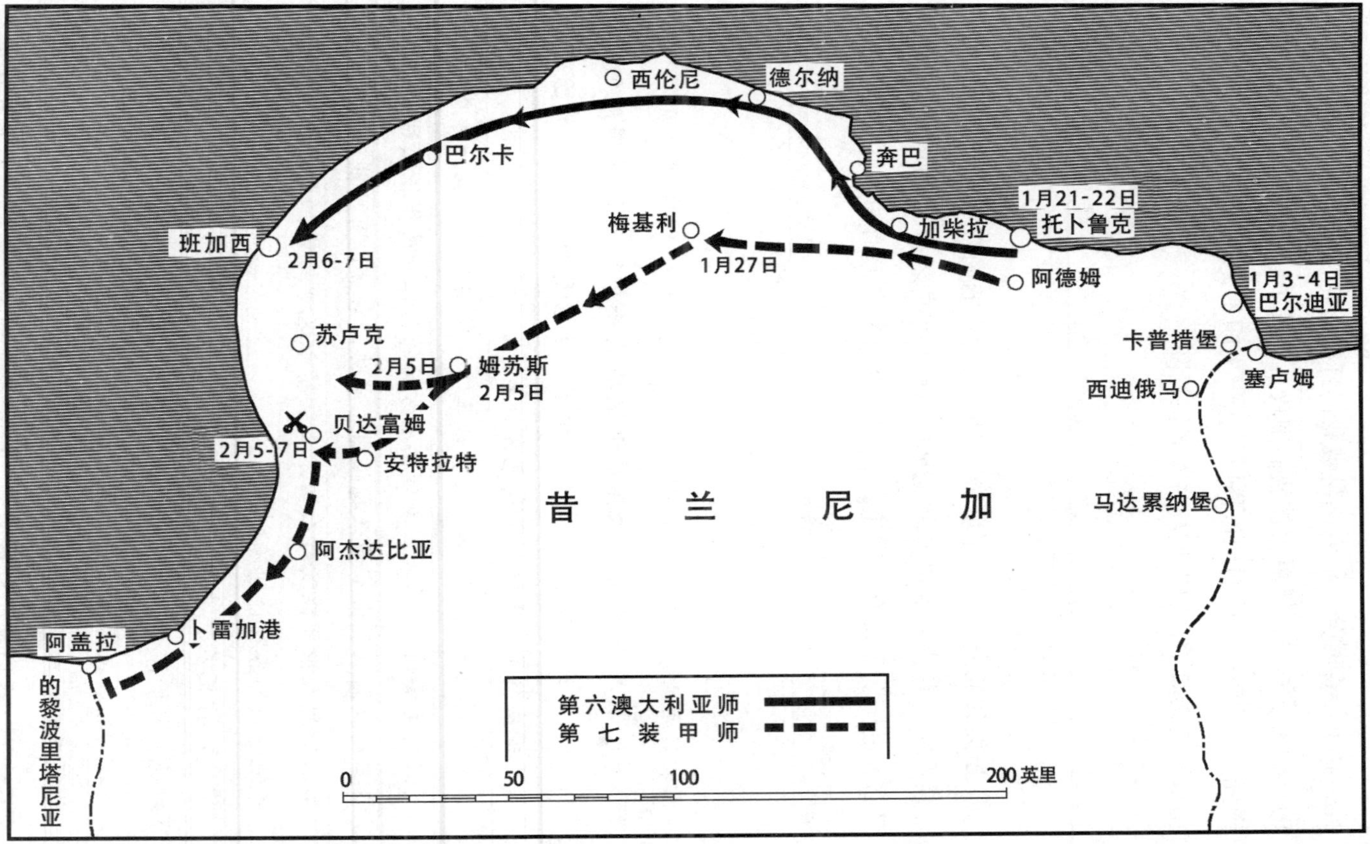
西伦尼
德尔纳
巴尔卡
奔巴
1月21-22日
托卜鲁克
加柴拉
梅基利
班加西
2月6-7日
1月27日
阿德姆
1月3-4日
巴尔迪亚
苏卢克
卡普措堡
塞卢姆
2月5日
姆苏斯
2月5日
西迪俄马
贝达富姆
2月5-7日
安特拉特
昔 兰 尼 加
马达累纳堡
阿杰达比亚
卜雷加港
阿盖拉
的黎波里塔尼亚
第六澳大利亚师
第七装甲师
0
50
100
200英里

从托卜鲁克进军

战了一整天。敌人的部队陆续前进，其中还有相当多的坦克。虽然如此，到了傍晚时分，他们仍是被我们打得落花流水，溃不成军。敌人的车辆前进不得，侧翼也被我们围攻，乱成了一条长达二十英里的溃败线。2月7日，他们想作最后一击，天明不久便出动了三十辆坦克，结果还是失败了，伯根佐利将军率部投降。

* * *

虽然我们一再获得了胜利，但是，中东的局势以及外交问题仍是非常严峻，有待韦维尔将军处理的事务也非常之多。因此，在2月11日召开的国防委员会会议上，我们最终通过了派遣迪尔将军和外交大臣前往开罗予以协助的提议。

首相致韦维尔将军　　　　1941年2月12日

1. 我衷心地祝贺你在最近这场战斗中所获得的辉煌的胜利——以让人意想不到的速度攻下了昔兰尼加。按照你的意愿，我已经嘉奖了奥康纳将军和克雷将军。

2. 昨天晚上，国防委员会认真思考了当前的局势，并总结出了三大主要情况：第一，美国供应方面的工作开展得很顺利；第二，日本对我们表现出了越来越强烈的威胁，它最近有可能进攻我们；第三，敌人很可能攻打我国本土。鉴于这种局势，我们必须将有关地中海的各种计划确定下来。

3. 你们在托卜鲁克建立了一道保卫侧翼，以确保埃及安全，对此，我们深感满意。我们此前跟你说过，你今后的首要任务是支援希腊和土耳其，或者最起码要支援其中的一个。不过，若是你能在顺利攻下班加西的同时又保证欧洲方面的安全，那是最好不过了。我们很欣慰地看到，你确实做到了，提前三星期就获得了这项计划的成功。我们此前发出的指示仍旧有效，你当下的首要任务仍是如前所说的那样。这么看来，你就不必要为攻打的黎波里进行周密的兵力部署了。不过，为了牵制敌人，仍有必要出动少部分兵力，做出佯攻的姿态。总的来说，你当前应该做的是，在班加西站稳脚后，召集所有可用的兵力到埃及三角洲去，以备调往欧洲。

4. 希腊和土耳其这两个国家认为，我们向他们提供的技术部力量有限，非但无助于解决它们的主要问题，还会引起德国的注意乃至干涉。但是，现在的形势是，德国的干涉行动日益明显且急迫。因此，我们随时可以向这两个国家派出军力。如果保加利亚得到了土耳其和南斯拉夫的通知却拒绝与它们联合起来抵抗德国的南进，那么土耳其和南斯拉夫就会直接攻打德军。德军前进受阻，就会派出更多的兵力来，它所需的军力将会远远超过它目前派驻在罗马尼亚的军力。我现在唯一担心的是，土耳其和南斯拉夫将也会像此前的敌对国家那样，根本不进行抵抗。

5. 我们必须首先考虑的是，应该是正在奋战的我们的盟国希腊。如果希腊战败或者被迫同意大利讲和，且将我们的空军及海军战略基地交给德国，那么土耳其那边的局势就会变得非常严峻。如果希腊接受支援，那么在接下来的几个月中，它就能牵制德国的进军，土耳其就有可能出现转机。

从以上情况考虑，我们目前应该设法劝服希腊人，让他们把用于保卫埃及的军队力量调到希腊去。同时，我们要制定相关的计划，准备好人力、物力的运送等各方面支援工作。

6. 对于以上提议，目前还不知道希腊是否会采取。我们也不知道，若不采取，它将如何应对德国军队通过保加利亚发起的进攻。或许他们已经在保加利亚边境建立了一条防线，并且已经制订了一个计划，准备通过阿尔巴尼亚调遣军队到那里去，或者到防守山口去。对于他们来说，即便他们能在阿尔巴尼亚取胜，也不可能不考虑敌方在他们右翼——几近于后方——造成的威胁而继续推进。但是，如果他们计划得当，我们就应该增援他们，支持他们继续突进。同时，我们还应该帮助希腊抵抗德国人，这样就有可能促使土耳其和南斯拉夫参战。我们需要为这一系列的行动制定相关计划和日程，同时要准备关于航运的各方面工作，你应立即着手此事。

7. 我们并非让你推迟攻占罗得岛的行动，无论如何，这还是你的当务之急。

8. 为了圆满完成我们在军事、外交方面的各项计划行动，以取得在巴尔干对战德国的胜利，我们决定派遣外交大臣和迪尔将军前往开罗协助你的工作。他们的出发日期是2月12日，预计2月14日或15日抵达。他们到后，将会与你一起前往雅典。当然，前提是你在开罗审察了整个形势，并督促好各项准备工作。到达雅典后，如果形势有利，你们可继续前往安卡拉。目前，我们希望以最恰当的方式尽快增援希腊，所需援军最少需要包括一个装甲师在内的四个师，另外以及不超出希腊飞机场允许范围的空军及相应的作战物资。

9. 关于到时候的具体作战部署，诸如我们会使用希腊的哪些港口，或者我们应努力据守哪一条防线，又或者应该让希腊人据守哪一条防线等各方面情况，我们都只能到希腊后同希腊统帅商量决定，因此现在还不能详细说明。

10. 还必须假设我们无法同希腊人达成协议，双方无法指定出一项行之有效的军事计划。如果是那样，我们到时就得尽可能从破损船只中回收可利用的物资。无论付出多大代价，我们一定得守住克里特岛。同时，为了在希腊获得我们的空军基地，我们必须设法占领任何一座可用的希腊岛屿。关于进军的黎波里的军事计划，我们可以重新思考商定。然而，这也不过犹如输掉赛马后获得一些奖励慰问罢了。不过，我们坚信土耳其一定会给予我们忠诚的支持。

2月12日，韦维尔将军给我回电，首先感谢我对他的祝贺。电报中他表示，他自己也早就想过援助希腊和土耳其了。关于可调用的后备军军力，他此前曾提出过一个数字，他希望可加大这个数字。他还说，更有利于我方的一个情况是，澳大利亚政府能够增加支援的人数。当澳大利亚总理孟席斯通过开罗访问伦敦时，韦维尔曾就这个问题与之谈过，并且得到了他的欣然应许。关于外交大臣和迪尔将军的访问一事，他表示相当的欢迎："我们一定不能让德国人在巴尔干的计划得逞，但是，挫败他们是非常艰难的，因为希腊和土耳其的态度犹豫，而南斯拉夫则怯懦不敢行动。当前，船只和港口方面的情况不妙，我们只能将军队分批送达。"

* * *

我草拟了一份指示，说明外交大臣此一行的使命，内阁正式批准了这份指示。

1941年2月12日

1. 在访问地中海战区期间，外交大臣将代表英王陛下的政府，负责所有有关军事、外交的事务。当必要时，他可经由首相向战时内阁汇报有关情况。

2. 他此行的目的是为了让援助希腊的行动尽快落实，因此，他将会与中东战区总司令、埃及政府以及希腊、南斯拉夫和土耳其政府接洽，共同制定出他认为必要的任何举措。当然，他应将他所了解到的各方面的情况回报给外交部。外交部和首相也将会告知他国内的相关计划的变动。

3. 帝国总参谋长有权向外交大臣提出军事意见，若两人意见不同，外交大臣务必将他的意见呈报给英国政府。

4. 以下几点，应该特别予以思考：

(1) 最少应该在利比亚和班加西的西部边境部署多少军力？要想班加西成为我们的一个重要驻防地区和空军基地，我们应该如何做？有一点非常重要，须着重指出：我们应尽早放弃陆上交通线。

(2) 我们希望墨索里尼会失去对意大利的控制权，针对这一希望，我们要想想应该在昔兰尼加如何行动，即制定什么政策。

(3)“下颌”作战计划，应尽早落实。如有必要，在保证主要行动不受影响的前提下，应使驻在开普敦的突击队做好充分准备，以便可以比敌军更早登陆。

(4) 在埃及三角洲集结有实力的精锐部队，将他们编成师或者旅，并尽早派他们到希腊去。

(5) 关于两件事情：一是结束厄立特里亚的战事以及摧毁在埃塞俄比亚的意大利阵营，二是为了完成前一件事要做的，即尽可能征用我们的人力、物力。第一件事更具急迫性，第二件也有必要执行，但前提是不能阻碍主要行动。或许，最好应该等到时机成熟再做第二件。

(6) 据悉，目前在肯尼亚作战的大军人数多达七万人以上，应该认真统计这个数字，特别是要严格检查要调往埃及的南非师数目。任何时候，最好通过首相来与史末资将军取得联系。外交大臣可同史末资将军再举行一次会谈。

(7) 外交大臣将会同帝国总参谋长、韦维尔将军或者其他官员访问雅典，届时他将有最高权力与希腊政府就当时情况进行协商解决。同时，他也要向英国政府汇报有关情况。如有问题，他可尽量争取与英政府取得联系。在事态紧迫时，他有权根据自己的意见决定采取什么样的行动。

(8) 他此行的主要目的是使得南斯拉夫与土耳其这两个国家联合作战，他将直接与这两个国家的政府官员进行洽谈，并将公文副本送至外交部。他必须倾尽全力去完成此事，为圆满完成任务，他有必要先召见驻贝尔格莱德的公使或驻土耳其的大使。他应该谨记两点：一、既然我们必须作战，那么，如有必要我们就应该与希腊并肩；二、要牢记土耳其在第二阶段中对我们的重要作用，这一重要性不亚于希腊对我们的重要性。我们目前可以派出支援部队，因此，希腊和土耳其要是向我们提出增援空军和军火的要求，是可以答应的。

(9) 外交大臣此行主要解决的问题有：让我们能够以最少的人力、物力来帮助中东的陆军和空军实现上述目标，同时，统一规划该战区的各个重要部队，使他们能够应急发挥最大的作用。

(10) 另外，考虑到各项计划的施行，他应该为每项行动选择合适的司令官。想好将要任用的人员名单后，他应通过首相向英王陛下政府呈报。关于这一方面的工作，他自然应与韦维尔将军商讨，因为韦维尔将军深得英王陛下政府的信任。这一任用事件关系重大，最后的决策应得到有关各方面领导人的赞成。

(11) 外交大臣有权根据本指示中所阐明的政策，对空军上将朗莫尔发令，朗莫尔应听从安排。如若两者意见不统一，外交大臣应通过首相向战时内阁说明空军上将的意见。中东空军的主要职责是尽可能向希腊和土耳其提供空军力量，同时它也要支援苏丹及埃塞俄比亚的战斗，确保我们在班加西的地位。这两件事并不存在冲突。

(12) 我们仍需要策划一系列的海上行动，用以支持上述各项计划的落实。至于海上行动将会如何展开，这也将由外交大臣同坎宁安海军上将讨论决策。如有需要，可请英王陛下政府派出更多的支援部队，包括运输舰、战列舰等，届时具体情况具体解决。

(13) 外交大臣所想到任何配合上述各项目的政策，凡是涉及伊拉克、巴基斯坦或阿拉伯方面的军事的，都应该呈报给英王陛下政府。他可以采取非强迫的方式，直接与这些国家和印度取得联系。使印度有关部门了解这些情况，是有必要的。

(14) 他应检查直布罗陀、马耳他岛的整个局势并向英政府提交有关报告，若是在返程中经过塔科拉迪的话，也应提交一份有关该地的报告。

(15) 总之，他此行应该帮助我们找到解决难题的着手点，并不断提出具体方法。如果事态不允许他请示国内，他大可去全权根据情况解决问题，不必有所顾忌。

* * *

我想，关于艾登肩负的任务，史末资将军应该知情，我还希望他能够参与到开罗一行中去。

首相致史末资将军　　　　1941 年 2 月 15 日

提前拿下了昔兰尼加的班加西，意味着我们在埃及的侧翼多了一个安全保障，这大大鼓舞了我们。基斯马尤被我军攻克的消息也使人大受鼓舞。现在，德国即将对爱琴海发动进攻，因此，我们应该支援希腊，从而促使土耳其抵抗德军。虽然不能保证我们在欧洲大陆上的军事行动一定会收获战利品，但是，我们仍会尽最大的力量去行动。若是行动果真无效，我们应该尽量降低惨败的程度，保住一部分岛屿。考虑到这点后，我们决定派遣外交大臣和帝国总参谋长到开罗去，他们将先后访问开罗、雅典和安卡拉，与有关方面磋商并建立最稳固的阵线。他们将会在中东待上三个星期，请你考虑是否要与他们见面洽谈。等你给他们发出电函后，请通过联合王国高级专员，将电函副本转交给我。

* * *

艾登先生出国，外交事务就由我来接管了，我的工作量加大了。事实上，自出任首相以来，我已经习惯了每天阅读重要电报和报告。草拟对外函电于我来说也不是什么难事，因为我在和罗斯福总统及其他国家的政府首脑的通讯中，练就了这一项本领。通常，我会让常务次官亚历山大·卡多根爵士和政务次官巴特勒先生接见外国大使，特殊情况下，我才会亲自出面。这个时期，外交事务已然和军事事务交融相关，无论如何，我都是要了解外交方面的情况的。如果可能，还应尽量参与筹划这方面的事务。

首相致艾登先生（在开罗） 1941年2月20日

1. 很高兴你已安全抵达目的地。在海运部和海军部的大力协助下，我要到了一些船只，如此大费周章，才成功向你运送了第五十师。你的复电让我有些迷惑。看起来，中东司令部显然不清楚这支运输船队的具体情况……希望你向该部说明情况，因为，国内和中东都应该清楚运输船队和战场的详情，这是非常重要的。

我记得，我们在中东的军队的规模是相当大的，但是缺乏秩序纪律，且许多部队并未训练成熟，像英国第六师和第七澳大利亚师就是如此，这两支部队训练已久，但还是没有达到完备的程度。请查明，是否因为缺少某些装备才使得他们的训练不能行之有效，若是如此，请告诉所缺乏的装备，以便运送过去。即便是还未训练成熟，随地抽掉一部分兵力出来作为临时援兵，也是可以的。另外，若是我们其他基础单位的部队训练有素，那说明并非一定得编制好后才能展开训练。我们获得了最近一份有关中东援兵的数据报告，该报告表明，从12月31日到1月31日间增多了五万援兵。这些援兵中难道就没有一支军队可参与作战吗?

如果情况属实，即中东的实际作战部队远少于援兵数目，且无法改变调遣这部分军力到另一战场时会出现的拖沓状况，那说明，我们在非洲大陆上的军力已经无法再增多了，整个中东的事务就得退居次要地位。

2. 我非常关心我军在克伦的受挫之事。因为，埃塞俄比亚的问题大可以日后解决，但是，厄立特里亚的局面必须澄清。在部署空军和其他军队时，应该牢记一点：必须肃清厄立特里亚的敌军。

3. 关于我军在希腊的危险行动，如果你们认为那只是挪威行动的重复，你们自然就不必认为非得执行这一行动。然而，这一行动若是成功，我们将会收获很大。这一点你应该知道。因此，请制定好计划，若有为难，请立即说明。

上述电报发出时，艾登先生的电函刚到。在电函中，艾登先生详细说明了战地有关人员作战信念，同时报告了他和迪尔在开罗与三位总司令的会晤情况，及他们最后得出的结论。

关于尽早派出最大力量来支援希腊的观点，我们的意见是一致的。我们相信，只要希腊肯接受我们的援助，我们就有机会阻止德军前进，从而保住希腊。问题是，我们的人力、物力有限，特别是空军力量不足。也就是说，希腊和土耳其这两个，我们只能对其中一个给予有效的支援。

他说，在空军力量有限的情况下，我们那条足以掩护萨洛尼卡的向前推进了的战线，可能就会无法守住。他接着说：

韦维尔将军策划的军事部署是这样的：派出训练较不完善和装备较差的一个澳大利亚师、正在训练中的印度摩托旅以及第七装甲师仅剩下的一个装甲旅团，负责起昔兰尼加的驻防任务。这个第七装甲师，从来就没有过充足的人员、装备。这一点，你或许还记得。地中海战区总司令曾报告说了一个新出现的困难：班加西的港口被毁后，暂时就不可能通过海路向该地驻防部队运送给养了，只能改通过托卜鲁克经由陆路运送物资。现在正在编的第六师，将派往罗得岛。除非取得胜利，不然我们一定要保证厄立特里亚的战斗力，不能削弱那里的力量。攻占克伦的确很困难。另外，已允许削减在肯尼亚的军队，同时已向在南非的军队发出准备撤退的命令。船只备齐后，这些军队即可调往埃及。关于这个问题以及其他事项，我希望能在归国之前与史末资商讨商讨。

综上，在最近一段时间内，韦维尔将军可用于希腊的部队首先是已经做好准备的一个装甲旅和已扩充到三个步兵旅的新西兰师，其次是波兰旅和一个澳大利亚师。如有需要，还可以多一个装甲旅和一个澳大利亚师。这些部队的运送任务是艰巨的，届时后勤的工作量必定很大，我们将需要各种临时计划。

具体落实的时间，还得在我方同希腊协商出结果后才能确定下来，此外还需要考虑船舶方面的情况。我们的估测是，起码得用五十三艘船舰才能完成调运以上部队的任务，而要获得这些舰只，我们只能想尽办法扣住抵达中东的运输船队。此外的另一个问题是，我们要解决敌军设在苏伊士运河的水雷威胁。关于这个问题，我们正在采取可行的解决办法。然而，还有一个问题，即在我们的办法行之有效地成功从国内运来物资前，这条运河通常会封闭五到七天。

我个人得出的结论是：现在，正在奋战的希腊同时遭受着威胁，因此，我们在接下来一段时间内应该尽量将我们的人力、物力用到希腊战场上。至于能够派出多少军力援助土耳其，那就只能根据各方面的情况来决定了，包括会有多少空中援军到达中东，非洲战场还会剩余多少人力、物力。迪尔将军和各位总司令也都同意我的这一结论。

我目前是这么打算的：将我们的援助计划告知希腊方面，同时督促他们在增援部队抵达后即刻接受我们的计划。当然，对他们来说，肯接受我们的援助，提前展开抵抗德国的行动，那是要冒险的。然而，如果他们肯冒这一危险，我们就有可能在希腊做好据守准备。我们现在的力量有限，考虑要给予希腊和土耳其有效的援助，我们必须集中军力，特别是不能分散空军力量。

我着重标出了这封电报中“督促”一词，但是也不必因此产生误解。使用该词时，艾登先生用以针对的事情并非是指让希腊接受英国的援助，而是指，在他们接受的前提下所需考虑的接受时间点。

我复电：

首相致艾登先生（在开罗） 1941年2月21日

我坚持认为，非常重要的一点是，你应先访问希腊再访问安卡拉。若不然，你可能在安卡拉就作出承诺，这就会导致你无法从容地援助奋战中的希腊。鉴于此，我完全赞成你提出的日程。

我又致电史末资将军：

1941年2月21日

你恐怕土耳其已受到俄国的态度的影响，最终至多只是保持中间立场。你所担心的，也正是我担心的。现在，希腊的整个局势不容忽视，我们派往开罗的使节应该对此慎重考虑。我会随时转告有关情况。

同日，艾登先生从开罗发来另一封电报。

目前，就希腊局势而言，派遣军队到欧洲大陆上抵抗德军，这无异于一场谁也不能保证会赢的赌博。即便如此，考虑到这件事时，在伦敦的我们仍是准备甘冒会输的风险。我们这里所有人一致认为，与其对希腊置之不理，不如与之患难与共。我们还考虑到了与希腊并肩作战可能会获得一个好处：阻止德军的前进，以免希腊全土沦陷。

这场赌博的赌注是非常大的，我们必须认识到这一点。然而，如果不赌一赌，我们就难以促使南斯拉夫有所行动，另外，土耳其的局势也会受影响。因此，即便可能最后会被迫付出全力，我们仍坚持必须援助希腊。当然，当双方明天进行会晤时，我们也有可能看到希腊对我们的到访竟是不欢迎的。

我和迪尔、韦维尔一起讨论了有关司令官人选一事，我们的一致看法是，这样的人物要满足两个条件，一是他是希腊人尊敬的人物，二是他能控制与之共事的那些希腊军官。当然，他还必须擅长军事谋略。最终，我们决定让昔兰尼加军事长官威尔逊担任司令官一职，他的职位就由现任巴勒斯坦司令官的尼姆接替。在希腊地区，威尔逊的声望还是很高的，一般公众和士兵都尊崇他。由他作为派往希腊的军队的指挥官，就等于向希腊人表明，我们正在全力援助他们。

* * *

2月22日，艾登先生、韦维尔将军以及约翰·迪尔爵士在其他官员的陪同下，飞到了雅典，准备与希腊国王及其政府磋商。他们是在晚上抵达的，当晚，艾登先生被邀请到位于泰托伊的王宫，开始了与希腊人的首次接触。会见他的人是希腊国王，相见后国王便问他是否要单独会见首相。他说，他希望这次的商谈是建立在纯粹的军事话题基础上，他不想让政治因素会造成干扰，因此觉得不必要单独会见首相。他强调，我们是出于军事方面的缘由才决定打算给予希腊援助的。但是，国王无论如何都坚持邀请他同希腊首相相见，他最终同意了。希腊首相科里西斯在会晤中向艾登先生宣读了一篇声明，其中提到希腊内阁在一两天举行会议时得出的讨论结果。

这篇声明决定了我们行动的方向，因此我在此要刊用它的全文。

艾登先生致首相　　1941 年 2 月 22 日

在我们今天与希腊的首次会谈中，希腊首相交给了我一篇声明摘要，其大致内容包括：

“1. 我愿意用最坚定的心意重申，作为盟国，希腊的忠诚是无可置疑的，它将倾尽全力作战到底，直到最后胜利。我们不仅决心对抗意大利，同样也会抵抗对我国作出任何侵略行为的德国。

“2. 我们在马其顿只派驻了三个师，他们目前在保加利亚边境，这就产生了一个纯属于军事层面的问题：要想成功抵抗入侵的德国军队，我们应该派出多少援军？目前，希腊政府已经掌握了在罗马尼亚境内的德国军队的情报，同时也大概知道在保加利亚军队的动员情况。但是，直到现在为止，我们只知道英国在一个月内会派给我们多少援军。另外，有关土耳其和南斯拉夫的态度，我们也不清楚。在这种情况下，阁下的到来将会澄清中东的局面，使事态转好，同时有利于大不列颠以及希腊的利益。

“3. 我想重申一遍，希腊将不顾结果，也不管在马其顿有无可能击退敌人，甚至不管会陷入孤军奋战的处境中，它也都将会作战到底，坚持保卫自己的国土。”

希腊政府的决定是他们还不确定我们会援助之前就作出的，他们希望我们能够清楚这一点。正是出于这种希望，国王在与艾登先生进行军事会谈前让他先会见了首相。所以说，这个声明摘要成为了他们会谈的前提。

他们举行了一整夜的军事会议和参谋会议，第二天又接着开了一整天的会。会后，艾登先生即刻发出了一封电报，这封电报是最重要的，电报日期为24日。

外交大臣致首相　　1941年2月24日

今日——23日，我们同希腊政府达成了有关各项问题的协议。

1. 在讨论进入尾声时，我说，英国将会派出一定数量的援军进驻希腊，并可能会对希腊提出有关军事建议，不知道希腊政府对此是否欢迎。希腊首相郑重回答说，希腊政府将会非常感激并接受我们的支援和建议，双方的参谋人员所商讨决定的所有决策以及计划，希腊政府都已予以批准。

2. 我们是在今日下午抵达的，下飞机后我们即刻与希腊国王会晤，并通过他会见了首相以及帕普哥斯将军。我们针对国际形势谈了我们的意见，主要分析了德国对巴尔干国家的意图。接着，我向他们说明了我们的那个结论，即经过伦敦各部大臣和三军参谋长们商讨决定，且得到中东战区各总司令一致同意的结论：我们应尽快地竭尽所能给希腊提供援助。在解释这个结论后，我们向对方详细说明了我们能够派出的援军情况，并且说明：这些兵力是我们目前能够提供的最多的兵力，至于将来还会有什么变化，到时还需根据整个局势以及我们的人力、物力方面的情况来决定。但是，我相信派出的这些部队将会尽到他们的责任，因为他们是的精锐部队，在装备以及作战能力方面都是可靠的。

3. 希腊首相首先重申了希腊政府坚决作战到底的态度，接着还提到，他们担心德国会因为英国对希腊的支援而对希腊发起进攻。他说，在土耳其和南斯拉夫这种犹豫不决的态度是一种潜在的威胁，因此，我们有必要分析一下希腊现有军队以及英国的援军的总实力是否足以有效抵抗德军。鉴于此，他们希望，在希腊政府承担义务前，先让军事专家根据英国能够提供的援助数据对当前局势做一番分析估测。我直接向希腊首相说明了行动的紧迫性，我说，如果畏惧德国人而延迟行动，后果不堪设想。

4. 接着，在迪尔将军、中东战区总司令和空军司令官同帕普哥斯将军举行会谈，众人一致认为，南斯拉夫当前这种举棋不定的态度给我们造成了这种局面：当前，瓦尔达尔河以西的奥林匹斯－佛利亚－埃德萨－凯马克彻兰这条线，是我们唯一可据守的战线，也是我们来得及从阿尔巴尼亚撤军以防守的一条战线。若是确定了南斯拉夫的态度，我们可以据守的战线就可以更靠近北面一点，也就是可以从内斯多斯河口到贝里斯设战线，保卫萨洛尼卡的侧翼。当然，如此设防的前提是南斯拉夫支持我们，否则难以办到。因为，我们必须考虑希腊的左侧，那里同样有可能被德军攻击。

接着，他叙述了双方经过最后协商做出的具体安排。

在大概十小时的会谈中，我们就政治、军事合作方面的问题进行了探讨……令我们感动的是，在讨论各个问题时，希腊代表都表现出了真诚、坦白、公正的态度。我相信他们是决心全力抵抗到底的，因此，我认为，我们应该不必考虑后果，无论如何都要支持他们，这是唯一妥当的举措。面对危险，我们首先必须承认危险的存在。

另一封电报中，他说：

当今事态紧急，而我们又都坚信我们采取的措施是妥当的，因此，我认为你是不会让我们错失时机的——若是还需一一向国内请示才能行动，很有可能会有这种危险。这一行动自然是非常冒险的,但是,成功的可能也是有的。我们要执行的任务困难重重，这就要求我们在人力、物力等方面，特别是战斗机方面，有充足的准备……

上述电报中的建议，既已得到了迪尔与韦维尔一致同意，内阁于是决定全部予以批准。

首相致艾登先生（在开罗）　　1941 年 2 月 24 日

你从开罗和雅典发来的电报，三军参谋长在审阅过后一致同意其中你提到的建议，我们相信它们是正确的。今天晚上，我向战时内阁提交了你的报告，呈报了所有问题。当时，孟席斯先生也在场。如你所愿，在场所有人都赞成你的建议，只是，孟席斯先生理所当然要电告他的国家。我们猜想，关于新西兰政府的军队问题，你也已同他们进行了协商并得出了结果。这两项事情存在的困难，你无需顾虑。现在，各方面的商谈既已都有了结果，我们一致命令你：“全力以赴，前进！”

* * *

至今为止，我们已在落实的事情，也只是下列几项而已：尽量在埃及三角洲筹集最大的战略后备军，作出一些安排计划，准备好船舶以便向希腊运送军队。

若是希腊采取相反的政策导致了局势改变，或者其他事态影响到了局势，那么，我们必须站在最有利的立场上来解决问题。令人欣慰的是，埃塞俄比亚、索马里以及厄立特里亚的战事在我们的艰苦奋战下终于得以结束，我们可以将该战场的强大的军队派到埃及去了，让他们与那里的“机动部队”并肩作战。当前，前途未卜：敌人的意图是什么，友邦以及保持中立的会对敌军做出什么反应，这些我们都还未知道，但也正因如此，我们也就有了多种选择的可能。虽然我们还未派出一个师，但是我们并没有在浪费时间，而是在抓紧做好准备工作。

第五章　意大利的非洲帝国的覆灭

意大利在非洲的帝国发展史——1896 年的阿杜瓦败仗——意大利于 1911 年进攻的黎波里——墨索里尼的野心——意大利殖民取得显著发展——雄壮的防御和军事力量——“五千年也难得一遇的机会”——韦维尔的新计划——肃清苏丹的措施——攻夺克伦的持久战——桑福德发动起义——埃塞俄比亚皇帝重返国土——没派上用场的肯尼亚的军队——史末资提出进攻基斯马尤——坎宁安呼吁暂停进攻——我们要求采取行动——攻下基斯马尤——发生在意属索马里的一场闪电战 ——收复英属所有索马里地区——进攻法属索马里，封锁吉布提——总统对埃塞俄比亚境内的意大利平民的关心——克伦的争夺战——向印度军队致敬——将意大利海军逐出红海——追击意大利军队——埃塞俄比亚皇帝重返首都——阿奥斯坦公爵投降——结束埃塞俄比亚的战事

1940 年，法国被迫投降后，墨索里尼即对大不列颠宣战。当时，意大利在北非和东非的帝国是相当壮丽的。意大利王国是在十九世纪兴起的，作为其中的一个后来者，它最初的工业力量和军事都是非常薄弱的。它后来加入争夺非洲的竞争，是因为人口逐渐增多，带来了许多困难。随着 1869 年苏伊士运河的通航，它向非洲扩张的意图日益明显。十六年后，它占领了马萨瓦，厄立特里亚随之成为它的领地。随后，意属索马里殖民地以及这些殖民地通向印度洋的出海口，也逐渐发展起来。

这两处殖民多属于意大利早期获得的，在这两者中间，被意大利占领的还有古老的埃塞俄比亚。对埃塞俄比亚的扩张占领，发生于十九世纪九十年代，那是帝国主义的扩张运动的兴盛年代。当时的埃塞俄比亚还是一块蛮荒之地，率领意军攻入这块土地的是克里斯皮[①]先生。意大利意图通过对埃塞俄比亚的占领，使自己变成一个欧洲大国，在欧洲事务方面有了说话的权力。1896 年，意大利惨败于阿杜瓦战役，侵略埃塞俄比亚的意军全军覆没。克里斯皮因为这次惨败而被迫下台，意大利在非洲的扩张行动也就此中断。

这次惨痛的失败让意大利人难以忘怀。1911 年，意大利卷土重来，他们的军队跨过的黎波里，开始了新一轮的扩张。当时的世界局势相当稳定，他们的举措无疑震惊了所有国家。德国对法国和英国的威胁越来越大，这两个国家需要意大利来削减这一威胁。与此同时，于 1912 年在巴尔干战役中惨败的土耳其失去了抵抗力，这就让意大利有机会在北非海岸获得了一处微薄之地，建立起根据地。在第一次大战中，意大利属于战胜国，这就使得它对的黎波里和昔兰尼加的占有权名副其实。胜利让它做起了恢复大罗马帝国的美梦，不久后，它便将这片领地改名为利比亚。占领阿拉伯沙漠地区并在那里从事殖民活动后，当地的意大利人口也日益增多。在这种情况下，塞努西教团[②]的起义对意大利成为了一种威胁挑战。

当墨索里尼借助反布尔什维主义的法西斯浪潮掌握了政权时，意大利的形势就如上所述。后来的意大利，就以一个强国的姿态，在获得非洲殖民后不断进行有计划的扩张。在北非，格拉齐亚尼[③]将军的

---

① 弗朗切斯科 · 克里斯皮（1819—1901），极力主张意大利的领土扩张行动，于 1894 年组阁策划在非洲扩张领土，攻占埃塞俄比亚。——译注

② 北非的伊斯兰教的教团，1837 年兴起于昔兰尼加，主张恢复先知教义，反对殖民侵略。——译注

③ 格拉齐亚尼（1882—1955），曾参加过第一次世界大战，1932 年晋升为中将，1935 年担任意属索马里总督，晋升为上将，指挥旗下意军攻入埃塞俄比亚。——译注

军事统治严酷无比，起义不断，但都遭到了残酷的镇压。同时，当地的意大利移民越来越多，他们开垦出了沙漠，建起了炮台和飞机场，在地中海沿岸建筑公路和铁路……意大利投入了巨大的人力物力，但是收效甚微，而在他们这一系列活动背后，是全部意大利人要雪耻阿杜瓦惨败之辱的强烈的报仇愿望。我在前面的书中说过，墨索里尼无疑是果断的，而当时的英国即便有国际联盟的支持却不敢决心做抵抗，表现出诸多顾虑。最终，墨索里尼成功使得“一个国家领导着五十个国家”的国际联盟的权威也毫无威力。我们都看到，第二次世界大战的爆发显然与这些冲突有关，也与意大利对埃塞俄比亚的征服有关。

1940 年 6 月，就在法西斯党人认为英帝国似乎就要崩坍之时——也是战败的法国似乎已经萎靡不振之时，意大利在非洲的扩张却势不可挡，利比亚、厄立特里亚、埃塞俄比亚以及索马里已经被它收入囊中。在意大利税收的哺育之下，以及在四十万多的意大利军队及土著军队的保护下，近二十五万意大利殖民者的艰苦经营下，这一大片土地日渐繁荣。意大利在红海与地中海的各个港口做好了防御，英国情报机构掌握了他们的这方面情况，并认为他们所设防的港口都算是一流的海军根据地。一旦瓦解了英帝国——当时的墨索里尼认为这是必然的结果，埃及、英属索马里和英属东非为意大利控制，届时就会形成一个真正的意大利帝国：它所囊括的土地之辽阔，是自恺撒以来从未有过的。拥有的土地，像这样的大帝国，自从恺撒以来，还没有见过。用一生坎坷的齐亚诺的话来说，这是一个“五千年也难得一遇的机会”。这个令人无限向往的海市蜃楼，如今即将顿然消失。

* * *

在东非，直到 1940 年 12 月，我们对意大利的态度都是表现出纯粹防御态度。12 月 2 日，在开罗召开的会议上，韦维尔将军制定了一个新方针。他并未打算直接派出正规军深入埃塞俄比亚，而是要将一部分意军驱出去，这部分意军是指1940年7月4日占领苏丹境内卡萨拉和加拉巴特的意军。结束这类小规模的战役后，他再让大部分军队撤到中东战场上，届时，保卫埃塞俄比亚，轰走剩余意大利人的任务，将由埃塞俄比亚内的爱国运动来执行。当然，英国军官也会出力，同时给予他们武器、金钱上的支持。

1月，由普拉特将军指挥的肃清苏丹的战斗打响了。最初，战事开展顺利。我们原先派给了普拉特第五英印师，1月时，又从西部沙漠调来第四英印师援助他——在去年12月的西部沙漠胜利战中，这第四英印师做出了很大的成绩。我们另外派出了六个空军中队，来支援这一整支军队。1月19日，遭受我军轰炸的两个意大利师撤离了卡萨拉。不久，意大利便放弃了加拉巴特，从苏丹撤军。我们从卡萨拉乘胜追击，顺利追到了位于克伦的那个非常牢固的山区阵地。然而，由于敌人占据了该阵地的地形优势，我们在2月初时的几次攻击中，都未能攻下他们防御坚固的两个常备师团。当时，普拉特所部的后勤还未到达，但他决定不再等待后勤，决心一定要在此击败敌军。他认为，即便是在准备充分的情况下，也会有不该顾虑后勤的时候。

与此同时，我们在埃塞俄比亚境内发动起义的工作也有了进展。起义力量以桑福德准将指挥的一支部队为核心，该部队规模不大，其中有一个苏丹营、一些经过选拔的英国官兵。后来建下卓越功勋的温盖特①上校，就是这些英国官兵中的一员。这支部队取得越来越大的战绩，因此，有越来越多的爱国志士加入了他们中。1月20日，埃塞俄比亚国王重返国土。之后，我们逐渐肃清了西戈贾姆大部分地区内的敌人。

---

① 奥德·温盖特（1903—1944），英国陆军上将，特种作战的先驱，被认为是非正规作战的天才指挥官，1944年3月24日，奥德·温盖特在视察敌情返回时，其所乘飞机失事，他遇难身亡。在中东、东非和缅甸，他是一个传奇人物。——译注

*　　*　　*

读过我上册书的读者或许记得，我并不满意驻扎在肯尼亚的大批军队，因为他们长期不采取行动。1940 年 11 月，访问肯尼亚过后的史末资将军催促主动出击，攻击意属港口基斯马尤。他给我发来了一封电报：

1940 年 11 月 5 日

在肯尼亚时，我视察了很多前线的情况，并同坎宁安将军及其参谋人员共同商讨了作战计划。和其他地方的一样，那里的士兵也是斗志昂扬，总的形势不错。但是，虽说他们是在沙漠地区以及邻近沙漠的地区，这种采取不行动的政策同样是具有危险性的。就目前来看，敌军的基斯马尤港口驻地对我们是一个严重威胁，会影响我们的重要基地蒙巴萨的安全。因此，对我们来说，近期内，最好以基斯马尤作为攻击目标。在攻下基斯马尤并在那里建立稳固的据守阵营后，我们便可让大部分军队穿过沙漠，向北移动，从而威胁亚的斯亚贝巴。坎宁安将军认为，攻打基斯马尤所需要的军队要超过我们原先的设想。因此，我会在船舶准备妥当后即刻从南非联邦调派一个步兵旅过去。

我们的轻机枪严重不足，此外还需要更多的车辆以便运水以及其他物资。埃塞俄比亚内部非常动荡，我们可以采取从南北两面夹击的方式，这样有可能在夏天就击溃意军，届时我们就可以腾出为数不少的军队，将他们派到更北边的那个更重要的战场上。

史末资将军的意见与我的完全符合。我们已从开普敦运出了他所说的那个步兵旅。所有行动都在准备中，为的是争取在 1 月，也就是赶在雨季到来之前就进军。我是知晓我们的情况的，因此，在看到下面一封电报时，我非常吃惊：

韦维尔将军致帝国总参谋长　　　　　　　　1940 年 11 月 23 日

坎宁安认为，在这个冬天进行冒险的战役是不可能的了，他的建议是：在 12 月中旬时，在肯尼亚北部发动一系列小规模的战斗抗击敌人。他还要求增派两个西非旅。

我们从南非高级专员那里获知了这一信息：虽然已经给肯尼亚那边派过去了第三南非联邦旅，但是，史末资将军预想的在 1 月间进攻基斯马尤的计划仍是被延迟到了 5 月，他对此非常失望。在 1940 年 11 月 25 日召开的国防委员会会议上，我也提出了质问，了解该计划推迟的原因。约翰·迪尔爵士的回答是这样的：韦维尔将军致电他说，坎宁安也将会参加不久即将召开的司令官会议，讨论今后半年内的计划。

迪尔的答复难以令我们所有人满意，因此，国防委员会请三军参谋长要求韦维尔将军亲自解释清楚这个推迟决定，写一份有关报告提交给首相。

我将以下说明交给了陆军大臣和帝国总参谋长：

1940 年 11 月 26 日

你们认为不能在 5 月之前进攻基斯马尤，我相信你们会提交给我们有关报告，说明其中的理由，并且表示你们做出最大努力，不屈服于这些原因。如果你们决意在 5 月之前不会采取行动，那么，就该派遣西非旅到西海岸去，以便替换现在驻扎在弗里敦的那个营。此事应该尽快执行，让首批的空载运输舰运送该旅。闲置该旅而不让他们参战，这种做法令人不解且遗憾。

韦维尔在 12 月 2 日召开的会议作出了如下决策：向卡萨拉的意军发起进攻，同时在埃塞俄比亚用尽一切办法号召起义。正是由于这个决策，攻打基斯马尤的计划被延迟到了5月或6月，也就是春雨过后。

*　　*　　*

我继续指责驻在肯尼亚保留如此之多的军队，却不派他们作战。

首相致韦维尔将军　　　　　　　　　　1941年1月26日

我对你21日发来的电报有很大的疑惑。我认为，按照我们从这里发出的指示，你应该在埃及三角洲集结一支强大的战略后备军。如果把各兵种都算进去的话，在肯尼亚的军队已达七万之多，而这支大部队如今依旧毫无行动。因此，没有必要再派一个南非师过去。对于这个新编师团最终会派驻到哪里，我认为暂时不宜作规定，因此也曾让史末资将军按照我的意思去做，而他也同意了。我认为，运输舰做好准备后，史末资将军可能想要派遣这个师到北方，并入尼罗河集团军。目前，我们在航运方面面临的困难是非常大的，事实上，我们运送粮食以及军火的工作已受到影响。在这种情况下，运送一个南非师比从国内运送一个师过去要少一半以上的航程，而你却似乎不想接受南非师。你难道认为我会从国内运送更多师团到中东吗？现在驻扎在肯尼亚的两个南非师，我非常希望能将他们调到埃及三角洲去，那个西非旅，我也希望能按照计划将它调到弗里敦。我们不应该让史末资将军失望，而应该按照他的计划，逐渐将南非的兵力投入主要的战场，毕竟这是个虽然冒险但却合情合理的策略。

来自国内的各种施压，终于使得韦维尔将军在春雨季节到来之前就行动。他在肯尼亚司令部做好了鼓励工作，不久之后，我们就收到了他们的汇报说：内罗毕的驻军将可能于2月10日到16日之间执行“帆布”作战计划。该计划就是进攻基斯马尤的计划。这个消息表明，东非战场上马上就要有一场真正的战役了。韦维尔将军的电报是1941年2月2日发来的，收到这个消息时我非常高兴。他在电报中还说道："我在肯尼亚批准了进攻基斯马尤的计划，该计划大概在2月中旬执行。虽然敌人占据地形优势，而我们的给养有限，但我仍相信我们成功的希望还是很大的……无论怎样，我已向普拉特和坎宁安下令，要他们在接下来的两个月中要全力攻打意属东非。"就这样，我们的计划有了进展。从结果来看，现场的司令官们高估了执行计划的困难，而我们在国内对他们的催促是正确的。

坎宁安将军计划将于2月份开始大举进攻。首先，他将会在2月10日部署四个旅团来应对据守在朱巴河——基斯马尤就在河口——的一支意大利军队，该部队由六个旅和六个就地征募的大队组成。14日，我军攻进了基斯马尤，但敌军没有做出抵抗。敌人主要在位于基斯马尤港北面的地带即朱巴河对岸的杰利布做了设防。22日，我军采取从两侧及后侧三面夹击的方式，对敌人的设防阵地发动了攻击。结果，我军大获全胜，敌人溃不成军，其中三万多人不是阵亡就是逃了或者被俘。另外，我们的南非机队对敌人的空军进行了猛烈的攻击，使得敌机无法投入战斗中。扫清障碍后，我们现在可以向北推进，进攻二百英里之外的意属索马里的主要港口了，也就是摩加迪沙港。

25日，我军摩托化部队进入了摩加迪沙港，搜获了大批器材以及粮食、服装。最重要的是，还搜获了四十余万加仑的汽油。我们在飞机场上还发现了二十一架被击毁的飞机。坎宁安将军认为，在接下来的行动中，应该不会遭到敌人的抵抗了。他的判断是正确的。虽然第一南非师只派出了一个旅给他——其他部队留待原地，等待命令前往其他战场，但是，对他来说，进攻的力量还是足够的。唯一的苦难是，战线太长。决定这次战役最后胜败的关键是，运输以及给养是否到位。坎宁安向韦维尔将军提议，下一步行动中要攻击距离摩加迪沙超过七百四十英里的季季加，韦维尔将军批准了他的建议。经过三天的休息后，坎宁安再次率领部队前进了。3月1日，他们在前进的路上只是遇到了敌人不值一提的抵抗，连敌机都很少遇见，这是因为敌人的飞机场屡次遭到我们的攻袭。3月17日，他们到达季季加。他们在这一系列的战役中都表现得非常出色。

首相致韦维尔将军　　　　　　　　　　　　　　1941年3月1日

对你们在意属索马里的战役所取得的辉煌战绩，我表示衷心的祝贺。在坎宁安将军的率领下，这支充满斗志、训练有素且有组织有纪律的军队表现出了英勇、果敢，由此也取得了一系列战役的胜利。英王陛下政府非常感激他，请你向他传达我们对他的赞赏。我们希望他的部队也知道我们对他们的嘉许，请你将贺电传达下去，如若可以，可公开宣读。

可以肯定，你与史末资将军将会在7日就战役问题进行讨论。你知道的，一直以来，我都希望能派遣南非各个师到地中海沿岸那里。

韦维尔将军致首相　　　　　　　　　　　　　　1941年3月2日

1. 谢谢你对我们的祝贺。我已将贺电转达予坎宁安将军。

2. 现在，坎宁安正率领轻装部队向约在摩加迪沙和多罗以北二百英里的费耳迈前进。如果他成功，我们将会完全占领意属索马里。考虑到给养和运输方面存在的困难，他认为，在3月21日之前向海拉尔进军是不可能的。他计划于3月7日来开罗与我们进行商讨，计划将来的行动以及如何派遣南非各师。

3. 我已经向亚丁[①]那边的部队下达指示，让他们观察柏培拉，找准时机收复该地区。

---

① 亚丁湾是位于也门和索马里之间的一片海域，其名取自也门的亚丁海港，它又是波斯湾石油输往欧洲和北美洲的重要水路。该地区海盗猖獗，因此又叫“海盗巷”。——译注

*　　*　　*

现在，我们可以从亚丁派出援军了。我们在那里派驻有四个空军中队，曾经，我们留下一部分在红海值勤，让其他人从部队驻扎的中央据点对敌人的空军基地发动袭击。通过这个方法，敌人就只能投入更少的力量，来抵抗坎宁安和普拉特。3 月 16 日，我们的两个营于柏培拉成功登陆，击溃了敌人一个旅的守军，俘获了二百名敌兵。与此同时，我们以最快的速度收复了全部英属索马里地区。这样一来，通过柏培拉港对敌军发动攻袭就更简便了，坎宁安将军可以更加顺利地向前推进。他的下一个目标是于 3 月 26 日失守的海拉尔。3 月 29 日，他率队进抵迪雷达瓦。这个地方与从法属索马里来的铁路距离很近，如若维希法国允许我们使用吉布提港①，我们的补给困难将会得到很大的解决。然而，结果并非这样。坎宁安将军的打算是直接攻占亚的斯亚贝巴，为此，他在迪雷达瓦做了停留，以便集结足够的人力、物力。整个 3 月份中，他率领第十一非洲师和第一南非旅从摩加迪沙出发，期间已经跋涉了八百五十英里。越过朱巴河后，他的部队在与敌人的战役中取得的战绩是非常辉煌的：在他们的打击下，被击毙、俘虏的敌军加上逃兵共有五万多，而他的部下的伤亡人数不到五百。

在获得诸多的成功过后，各种纠纷也随之而来。戴高乐将军和勒让蒂约姆将军认为，应该封锁吉布提港，绝不放过敌军。韦维尔将军则认为，敌军可能会因为我们的这种政策而坚决抵抗到底。他认为，更好的政策是：允许运入生活所需物品，诸如儿童需要的牛奶，确保百姓不会受苦；港中的任何部队中，若是有人想要加入自由法国军队，给他们自由，剩余的部队就要求他们撤到其他法国殖民地；为了解决

① 吉布提港（FUEL AND DIESEL OIL SAME AS JIBOUTI），埃塞俄比亚中转港。——译注

运输以及给养问题，确保他的军需得到满足，将会利用上法属索马里的铁路。

在国内，我们也有我们不同的意见。

首相致韦维尔将军　　　　1941年4月1日

1. 我们的看法是，你的任何行动，都应该尽量不违背三军参谋长于3月25日电报中作出的相关规定以及政策。若有必要做出改变，你应该事前与戴高乐将军商讨。特别要指出：一开始应该让自由法国与法属索马里取得联系，同时应该果断地执行封锁政策。至于魏刚和维希的感情，我们自有方法应对他们，你不必多虑。

2. 在这个问题及其他类似问题上，戴高乐将军都是有话语权的。他得到了英王陛下政府的郑重授权，并得到了有力的支持，有望担任自由法国运动的领袖。因此，我希望你能够重视他的意见，给予他充分的尊重。

*　　*　　*

总统曾密切关注埃塞俄比亚境内的意大利平民的处境。

前海军人员致罗斯福总统　　　　1941年4月4日

斯福尔札伯爵曾提出有关意大利非战斗人员的建议，这期间我们再次思考了他的建议。我希望你能了解我们当前存在的苦难。阿奥斯坦公爵已经决定要让出亚的斯亚贝巴，接下来，他的部队将会在山区作战几个星期，也可能是几个月。与此同时，我们的职责就是负责数万民众的安全以及环境卫生的管理。而我认为，我们是难以负起这个责任的，除非不必要再进行有组织的战斗。另外，我们甚至还未攻下吉布提港，铁路线却已被敌人切断了。当前，为了支持我们的远征部队，我们必须想办法做到不浪费任何一丁点运输力。我们肩负所有重任，然而，结果也可能正如曾经的南非战争的结果一样：在军力最集中的地方，只是一片混乱罢了。这样的结果必定令人悲叹的。

我们希望公爵退出战斗，若是他这么做，我们必会设法扭转局势，使结果尽可能圆满。你也知道，现在的一个紧迫任务是，我们必须增援利比亚。然而，在埃塞俄比亚的意大利军队如果继续抵抗，我们的增援将会被拖延。届时，敌人将会再获得很大的战争优势，我们就真的无法完成任务了。

首相致韦维尔将军　　1941 年 5 月 30 日

在最近一段时间内对吉布提港发动攻击，是恰当的做法。需要考虑的是，要用什么样的军队来击溃反抗的法军，以及能不能在保证其他方面不受影响的情况下获得这些军队。至于何时出击，自然要根据叙利亚境内的事态发展来决定。这一行动可能会导致叙利亚同维希政府决裂，也可能会导致驻扎在叙利亚境内的法军与自由法国结盟。但是，不管怎样，还是应该占领吉布提。在行动之前的这段时间内，有必要对其施行严格的封锁政策，同时，你还可以做另一手准备，即在吉布提边境内集结兵力，以便顺利落实完成计划。如果这样做，我们可能不必实际作战就能达到目的，这是最好的。行动时间最后应该与我们协商过后再决定。

* * *

在此期间，埃塞俄比亚的战役取得了进展。我们遭到了克伦守军的顽强抵抗，无法从两个侧面进行夹击，只好与敌军正面交战。要想从正面进攻，普拉特必须集中他所有的人力、物力，以及部署好他的两个师，而要做好这些准备工作，他唯有通过一条完全会暴露行动的公路。另外，铁路终点在一百五十英里之外，这会导致他得需要几个星期才能完成准备工作。因此，他根本不可能发动突袭。就在这时，我们的空军，包括从亚丁派出的空军，起到了非常重要的作用。战斗的最初阶段，意大利空军掌握了主动权。后来，我们的“旋风”式战斗机——也就是曾增援南非战斗机中队的部队——到达战场后，情况就颠倒过来了。在克伦的最后一战中，光是在准备时期，我们就多次主动出击，挫伤了意大利陆空军。不消多长时间，我们就成功压制了敌人，使他们不再干扰我军的前移。真正的战斗开始后，这些空军支援部队又给予了我军很大帮助，包括扫除路障，重创敌人的士气以鼓舞我军士气。

取得这次战役的胜利是相当艰难的，我军付出的代价是：三千人非死即伤。战争打响后的前三天，即3月15日到17日这三天过后，我们不得不暂停战事，整编军队。20日，我们收到韦维尔将军的电告，得知战斗异常激烈。敌军多次反攻，虽然他们也受到了重创，且只有一次反攻成功，但是，他们看起来还能够继续作战下去。从敌人的这种表现来看，他们显然决心无论如何要保住这个要塞之地。他们频繁地出动空军。我们在伦敦作出判断，认为这一仗似乎难分胜负，我们有必要派出援军。然而，我们最终不用派出援军。3月25日，我军再次发动猛攻，最终在两天后全面击溃意军，拿下克伦。我们乘胜追击，势如破竹，4月1日拿下了阿斯马拉，4月8日拿下了马萨瓦，俘获了一万守军。

在克伦战役中，勇猛的第四和第五英印师作出了最主要的贡献，我们应该给予他们适当的嘉许。

首相致印度总督　　　　　　　　　　　　1941年4月7日

印度师于厄立特里亚的战役中所取得的巨大成功，使整个帝国受到了莫大的鼓舞。他们在危险重重的克伦山地中所表现出的坚毅以及昂扬的斗志，以及他们最终取得成果，让我想起了多年前的发生在西北边境的战事。我曾经在战场与来自印度斯坦的印度士兵一起作战，我对此深感荣幸，现在，我就以曾是他们的战友的身份，同时代表英王陛下政府，对他们所作出的英勇业绩致以我们最真诚的敬佩和以他们为荣的骄傲，请阁下将这一点转达给他们以及整个印度军队。

我同时立即给坎宁安和普拉特将军发出电报，嘉奖他们以及他们的勇敢的部队。我说：在这次令人印象深刻的激战中，你们取得了辉

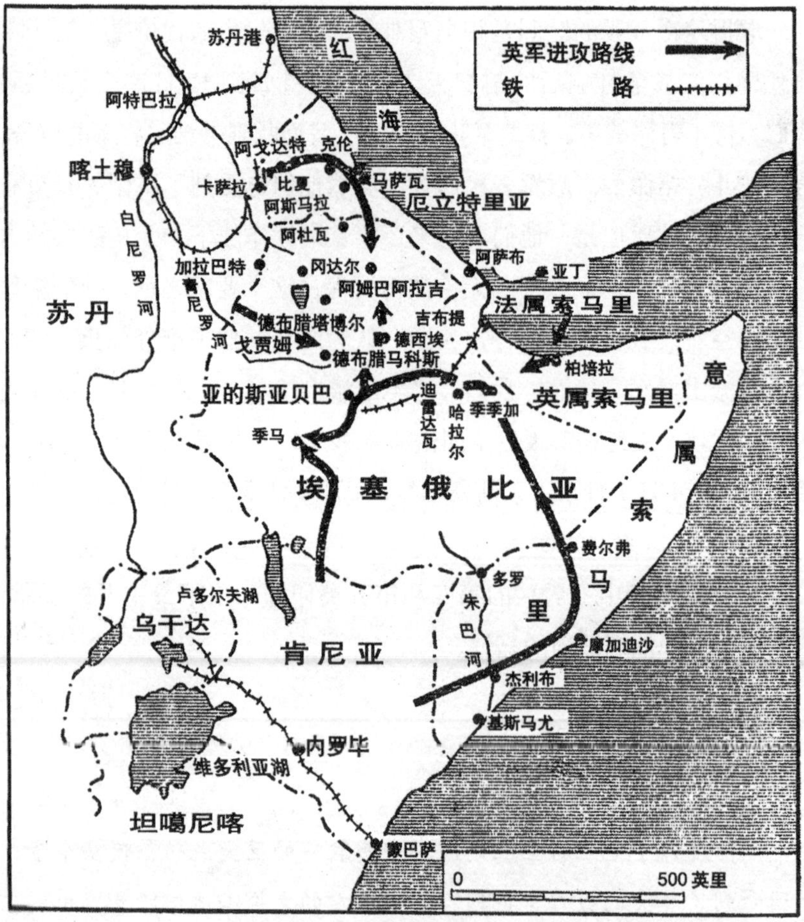

1941年的东非战役

煌的成就，这个成就是及时的、非常巨大的，我和英王陛下政府对你们表示衷心的祝贺。

我军在其他方面进行的肃清敌军的行动也取得了很大的成果。在战争还在进行时，意大利在红海部署了九艘驱逐舰、八艘潜艇以及还有很多小型船只。我们的皇家海军和海军航空队将这些舰只都击沉了。罗斯福总统在4月11日宣布了这样的消息：红海和亚丁湾已经不属于"交战水域"，美国船只可以进入这两个水域了。

从厄立特里亚战役中败下阵来的残余意军，之后向南撤退二百三十英里，穿过山区，进抵阿姆巴拉吉后进行修整。普拉特将军并没有放弃追击他们。但是这时情况有所变化：为他所用的第四印度师以及大部分支援他的空军中队，要调到埃及去——我将在下一篇文章中再讲述此事。总之，普拉特只能以给他留下来的那部分兵力应对敌人了。

亚的斯亚贝巴的飞机场上还残留着意大利空军留下的飞机，不过都已经被炸毁。坎宁安将军将在4月6日率部进抵亚的斯亚贝巴，他的计划是，派遣南非旅穿过德西埃北进，从后面包抄阿姆巴拉吉意军。被切断后路的意军是难以进行持久的抵抗，因为这时还有从北面进击的普拉特将军部队，以及爱国者的干扰行动、我空军的机关枪的袭击扫射。4月初，在戈贾姆的一万二千敌军也被驱逐到了德布腊马科斯。这次战斗中，我方主力军是温盖特的苏丹营、当地部队力量以及向埃塞俄比亚皇帝投诚的非正规部队。我军俘虏了半数敌军，剩余则向北逃到了冈达尔。5月5日，埃塞俄比亚皇帝重返国都。

* * *

我们可以做一番回顾：墨索里尼在欧洲危机中的角色作用；他进攻埃塞俄比亚导致的事态发展以及战争的爆发；他曾经如何毫不费力地成功抵抗了"一个国家领导五十个国家"的国际联盟的压力。回顾这些后我们会发现，即便当时的欧洲上空布满阴霾，但是如果我们当时态度坚决、行动果断，我们仍可以轻易解决纠纷冲突。现在，在我们同各种困难险阻作战后，这一问题终于得到了解决。想到这些旧事，我不由心绪激动，忍不住要向海尔·塞拉西致贺。

首相致埃塞俄比亚皇帝　　　　1941 年 5 月 9 日

获悉皇帝陛下重返首都亚的斯亚贝巴，埃塞俄比亚举国欢腾，我们英国及英帝国倍感欣慰。身为一个合法的君王，在法西斯——纳粹罪犯的行动开始后，陛下是被他们驱出国土的第一个人，而现在，你又是在万众欢庆中重归国土的第一人。你对协助埃塞俄比亚爱国志士的英国及英帝国的司令官、军官和士兵们的谢意，我将会及时向他们传达。意军对埃塞俄比亚的军事篡夺阴谋被粉碎了，而我们英王陛下政府则希望，在扫除这些恶势力后，埃塞俄比亚将日渐进步，并永远处于和平中。

意大利国王的堂兄弟阿奥斯坦公爵，自 1937 年起出任意属东非总督兼埃塞俄比亚总督，1939 年起，他又担任起这些属地内的意大利军队的总司令。他曾留学英国，教养不错，娶了法国公主。他为人重义气，却始终得不到墨索里尼的器重。“领袖”认为，从某些方面可以看出他过于仁慈，也不具备军事上的指挥才能。5 月 17 日，阿奥斯坦公爵率领残部投降，他自己也成为俘虏。1942 年，他死于内罗毕。

自战斗在 1 月展开之后，二十二万的敌军人马超过一半以上不是被俘就是死在了战场上。但是现在，埃塞俄比亚的要塞中，仍有几千人之多。

* * *

当我们在一些地区与敌军奋战时，东非的战役也同时在进行着，在那里，意大利帝国及其军队最终也被我们摧毁。讲述到此，关于东非战役的情况，我们可以做结尾了。之前，我们有过这样的担心：埃塞俄比亚人可能会杀戮居住在亚的斯亚贝巴的两万意大利平民。现在我们已经消除了这一顾虑。在更北边的地区的战役中，爱国志士将四千五百名意大利士兵以及意军就地征募的人员驱到了德布腊塔博尔，7 月 2 日，这些人向英国的一个骑兵营和一个连投降。

埃塞俄比亚的西南部原本还残留有敌军，第十一非洲师从亚的斯亚贝巴赶到那里后，同从肯尼亚边境向北推进的第十二师一起作战，扫清了那里的敌军势力。当然，这个过程并不顺利，他们所进行的一系列战役都遇到了很大的困难，其中地形和天气造成的困难又是非常大的。到 7 月的第一个星期，全境内的四万名敌军被肃清。进入肃清战役的最后阶段时已是夏季，在最后的阶段中，由比利时军官指挥的刚果土著军队也加入了战役中，他们从刚果出发，在非洲地区跋涉了二千英里，一路上俘获了一万五千名敌军。唯剩冈达尔还没有被拿下了，而这时又进入了雨季，最后的一击也就被推迟到雨季结束后。9 月底，我们开始了“收网”行动，11 月 27 日，战事结束，我们俘获一万一千五百名意大利军士、一万二千名当地军兵以及四十八门野战炮。墨索里尼曾幻想依靠武力建立起一个非洲帝国，同时凭借古罗马的精神，将意大利人的美梦传播到那里。如今，他的这个幻想破灭了。

第六章　决定援助希腊

埃及三角洲的后备军——必须马上做决定——我们有撤销原决议的自由——建立巴尔干阵线的希望——坎宁安海军上将讲述海军会冒什么样的危险——2月23日，我致电史末资将军——2月28日，艾登先生与土耳其人会谈——有关这次会谈的我的想法——南斯拉夫起决定性作用——德军进入保加利亚——雅典的局势变动令人忧虑——参谋长委员会的看法——我关于这个局势的看法以及我在3月6日发给艾登先生的电报——我驻雅典大使深感心痛——援助希腊还是抛弃它？——艾登先生的周密慎重的复电——史末资和三军参谋长力劝我们继续原计划——3月7日的内阁短会和最后的决定——新西兰的反应——波兰的反应——3月14日我给艾登先生的电报——3月10日我给总统的电报

迄今为止，我们对于希腊的冒险行动还没有承担起义务，我们做了的事情，无非是在埃及一直做大规模的准备，以及和雅典方面进行会谈，商定一些决策。在前面的叙述中，我谈到了这部分事情。事实上，我们的准备工作可能因一道命令就终止。况且，从实际情况来看，在埃及三角洲集结强大的战略后备军——其中要囊括四个师，这终归是件有益之事。有关雅典的协定条约，希腊人在很多方面的行动都是与之相冲的。既然如此，我们对这项协定所负的义务，也是由我们自己来决定了。我们在各方面都面临着危险，但我并不必畏惧，因为我们有一支“机动部队”。我的坦然自若，一直保持到了 3 月初。

关于是否要派遣尼罗河集团军支援希腊，现在已经到了决定时刻了。希腊形势险峻，民兵正受苦受难，从这点来说，我们是应该要给予支援的。这么做，也是为了我们可以建立起一条南斯拉夫—希腊—土耳其战线，即巴尔干地区的阵线。当我们有效地阻止了即将进攻的德国，苏俄方面就会受到影响，而这一影响的结果是难以预估的。这么说是因为，他们正面临大祸，如果苏联领导人有危险意识，那么，他们就不得不同样重视这些问题，即巴尔干地区的问题。解决这一问题，光靠我们所派遣过去的部队是不可能的，我们的希望仅限于可以号召南斯拉夫、希腊和土耳其联合行动起来。如果这一希望得以实现，那么，我们认为希特勒只能有两种选择了：暂时不顾巴尔干各国，或者坚持与我们的联合部队作战以便在这个地区建立起一条主要战线。

在对希特勒做这样的估测时，我们不知道，事实上他已经有了决定：要对俄国发动大规模的进攻。若是早知这一点，我们就会更坚信我们的政策能够取得成功，并且还能预测：希特勒可能既失去了巴尔干各国又同时与俄国交恶，而只要我们在巴尔干做出一个初步的行动，他的主要行动就会遭到阻碍。事实上，结果也如此，只是当时我们自己并不清楚。有些人或许想着我们是歪打正着，但是，至少我们去做了，而且做的比所知的多。

我们的目的是：鼓动南斯拉夫、希腊和土耳其，让他们联合起来抗敌，同时，我们尽可能援助希腊。本着这个目的，我们做了正确的部署，即派驻四个师到埃及三角洲去。

* * *

3 月 4 日，坎宁安海军上将作出了以下分析：

派遣尼罗河集团军和皇家空军到希腊的调动计划存在着诸多风险和难题：我们的海军可能会在地中海遭遇很大危险；我们往后两个月中必须忙于兵员、物资和车辆的运送，我们的驱逐舰将必须承担起艰巨的任务；我们的战斗机和高射炮的防御力在近期内将会受到削弱，届时可能无法应对德国人从保加利亚发动的空袭，我们仍在海上或者已经到达港口的运输船队就会遭到损失；我们还得考虑到，意大利舰队也有可能出动，我们的海上行动就更危险了。应付这支意军，我们可以出动驻在克里特岛苏达湾的战列舰，但这就意味着我们得削弱驱逐舰对运输船队的护航力，且会使得通往昔兰尼加的补给线完全没有了防御。

坎宁安说，如果执行调动计划，结果又将使马耳他岛的局势更加严峻。此外，在执行调动的过程中，我们还需考虑到另一个危险，敌军在苏伊士运河埋伏的磁性水雷和感音水雷可能会攻袭我们运输中的军队和船队。最后他总结，应该延迟执行所有进攻计划，包括海空军联合进攻罗得岛的计划。他说，即便会抽调走他手中所有人力物力，他仍坚信我们会执行正确的决策，而且也应该不顾这些危险。

我们非常遗憾要延期执行进攻罗得岛的行动，因为我们知道该岛的至关重要，它紧挨克里特岛，而克里特岛上的飞机场非常重要。和罗德岛具有同样作用的，还有斯卡潘托岛，它也紧邻克里特岛。往后的几年中，我们又曾多次制订了进攻罗德岛的计划。这一计划与其他重要事情的演变有着紧密的关系，而我们始终没有想到这层关系。

* * *

这时，在艾登先生的热烈邀请下，史末资先生出发前往开罗。我获知这一消息后，向他发去了如下电报：

1941年2月28日

听闻你与艾登、迪尔进行会晤，我非常高兴。我们决定支援希腊并争取建立起一条巴尔干战线，这是一项重要且又冒险的决定，我希望你在你们的会晤上发表你自己对这一决定的看法。按照我们的决策，当前务必要执行的非常非常重要的任务是，增援埃及和利比亚。因此，我希望你和韦维尔、迪尔一起商讨，如何尽早地将第一南非师——"莨菪"调运到地中海战区。船舶是个大难题，可向我提出有关需求。若是能够尽快在东非战场创下战绩，我们的其他任务将会更容易完成。几个星期前，他们认为我们在5月前不宜进攻基斯马尤，然而现在，我们已经拿下了摩加迪沙和整个地区。

* * *

关于艾登先生在安卡拉同土耳其人的会谈，从他本人的报告来看，情况并不乐观。同我们一样，土耳其也感到了当前所面临的巨大危险，但是，他们的顾虑和希腊人相同，即认为我们能够给予的援助没有多大的作用。

艾登先生致首相　　　　1941年2月28日

今早，帝国参谋总长与我，同总理、外交部长和查克麦克元帅进行了会谈。在会谈中，双方的态度都很坦率，也都表现出了友好，这是我们谈话的基础。

当我们说明我们会尽早给予希腊最大的援助这一决定时，他们表示非常欢迎我们的支援。他们一再强调他们对抗德国的决心，并表明，他们相信，德国会以土耳其作为继希腊之后的下一个攻击目标。但是他们认为，鉴于当前的土耳其军队失去了进攻力，最有利于双方的做法是，暂且不让土耳其参战，而应该等它修整好并且能够发挥最大作用后再让它投入战斗。

土耳其方面表明，若是德军来袭，土耳其人在短时间内是可以抵抗住攻击的，他们有这个自信，但是他们同时又希望我们立刻派出援军给他们……他们声称他们愿意同南斯拉夫联合起来，并且他们确实也与南斯拉夫政府联系过——在我们的请求之下，但是，南斯拉夫迄今为止表现出来的态度是：只给他们发过一封意思遮遮掩掩的复电。因此他们不得不有这样的顾虑：如果土耳其参与战争，俄国将进攻他们。

会谈的最后，土耳其方面表明，在某个阶段中，他们是一定会参战的。如果德国现在就对他们发动攻击，他们当然会即刻投入战斗。但是，如果德国人还未行动，那么他们就会充分利用这段可以修整准备的时间，等到有利于完成共同事业且真正发挥重要作用时，他们就会立刻作战。

我电复说：

首相致艾登先生（在雅典） 1941年3月1日

不难看出德国的行动计划是这样：先践踏保加利亚，接着威胁土耳其要对他们发动空袭，继而强迫希腊退出战争，之后设法使南斯拉夫屈从听命，再之后，那就由敌人根据他们自己的情况来决定是否进攻土耳其了。

当下，你的主要任务是鼓动南斯拉夫。如果南斯拉夫突然挥师向南，攻打意大利，那么整个巴尔干的局势可能将会因为意大利受到重创而扭转[①]。与此同时，如果土耳其也决定应战，那么，在接下来的几个月之内，就会出现敌人难以集结充足的军力而我

① 句子下面的着重号是我后加的。——原注

们的空军力量得以增长的局面。只要可能成功——我们必定是能够取得几个月的成功的，我就会冒险，哪怕是很大的风险。因此，当今应最快速地做好所有准备。但是，在有关希腊方面的问题上，我希望你要采取这样的措施：从各方面考虑之后，包括进攻罗德岛这一件事，如果你认为没有任何希望，你就要使希腊以及我们都各获自由行动的权力。当然，我们还有几天的时间来决定最后要怎么做，在做出最后决定之前，一切按照原计划进行。

*　　*　　*

关于我们为警告南斯拉夫所做的事情，现在就来讲述一下。因为南斯拉夫参战与否，决定了萨洛尼卡的整个防务的部署，因此我们必须弄清南斯拉夫方面的想法。3 月 2 日，我国驻贝尔格莱德大使坎贝尔先生与艾登先生会见于雅典。坎贝尔先生在会谈中说，由于惧怕德国，政治纠纷迟迟未得到解决，南斯拉夫内部现在十分动荡，但是，如果他们得知我们援助希腊的计划，则有可能也会接受我们的援助。艾登先生和希腊人都同样担心，这会被敌人发现。5 日，与外交大臣分别后，坎贝尔先生带了一封信回到贝尔格莱德。这封信是艾登先生写给摄政的，他在信中透露了这样的信息：南斯拉夫已经受德国控制了，希腊和土耳其准备在遭到攻击时即可参与战争。在这样的情况下，南斯拉夫应该也加入我们。此外，艾登先生还请坎贝尔亲口向摄政传达：英国已经决定尽最大的力量尽快地向希腊派出陆、空援军，在这种情形下，我们很欢迎南斯拉夫派遣一位参谋人员前来雅典与我们会谈。南斯拉夫的态度，决定了萨洛尼卡的防守结果。如果南斯拉夫屈从于德国，后果不言而喻。因此，它最好应该与我们英军一起作战，而我们也是如此奉劝南斯拉夫人的。我们准备向希腊支援力所能及的最大量，因此，我们有望守住希腊这条战线。

*　　*　　*

当德国陆军于3月1日攻进保加利亚时，保加利亚陆军已沿着希腊边境做好了部署。得到保加利亚协助的德军继续全面挥军南进。3月2日，自安卡拉回到雅典的艾登先生和迪尔将军又进行了军事会谈，会谈后，我们收到了艾登先生发来了的一封电报，电报中主要汇报了严峻的形势问题。

艾登先生和帝国总参谋长致首相　　　　　　　　1941年3月5日

1. 我们在抵达这里后发现局势已经大大改变了，当前的气氛与我们上次访问时感觉到的很不一样，这是一种令人担忧的局势气氛。

2. 在上次会谈中，帕普哥斯将军坚持认为，唯一合乎情理的办法是，将驻在马其顿的全部军队撤到阿利阿克蒙一线上。我们本以为他们已经开始这么行动了，没想到他们并没有，且在其他方面也没有行动。帕普哥斯给我们的解释是：在上次会谈中，双方都同意，要根据南斯拉夫表示态度的复电来决定会议中通过的一切决议。

3. 现在，帕普哥斯既认为靠近马其顿边境的那条防线只能守住一阵子，却又提议派驻四个师过去坚守。他还建议，只要保住阿尔巴尼亚战线就好了。看起来他是绝望了，实际上他也这么承认了。

4. 我们拒绝接受帕普哥斯的一个建议：等英国援军到达后即将他们分批派到马其顿边界上的战线中去——看来英军是不可能及时赶到的。我们答应派遣出军队，是有一定条件的，而这一建议根本不符合我们的条件。鉴于此，我们已致电中东总司令，邀请他来雅典与我们会谈。他是在3月3日抵达的，期间我们一直在会谈，但是，帕普哥斯坚持他的想法，不肯与我们协调，我们只好请来了希腊国王。之后的会谈依旧进行得很艰难，但是，希腊国王表现得非常冷静坚决，肯协助我们解决问题。

5. 会谈的结果是：希腊方面愿意提供给我们三个希腊师……

6. 我们现在有以下三种选择：

(1) 接受帕普哥斯的建议，分批把我们的军队派往马其顿边界的战线。

(2) 接受可用于阿利阿克蒙线的三个希腊师，在派出这支军队后再于后方集结我们的军队。但是，需要说明的是，这三个师的兵力与我们上次访问时根据那时情况所做的预测不同。按照原预测，三个师应有三十五个营，如今它们大概只等于十六到二十三个营。

(3) 完全取消我们的原计划，即不给予对方军事援助。

7. 我们的看法是一样的：第一个选择会带来更多的军事变动，第三个选择的危险性也很大……

8. 大概思考过后，我们一致同意选择第二种方法，但是我们提出了一个条件：由威尔逊将军作为阿利阿克蒙战场的指挥官，一旦他接任了这项工作就有权力指挥行动。对方接受了我们的这一附加条件。

9. 我们的军事顾问分析了这条战线的地形，他认为，地形险峻，敌人只能从少数几条路进攻，因此，在这条战线上截击进犯的德军是有希望取胜的。哪怕结果是我们处于劣势中，我们仍可以向适合打后卫战的山野一带撤退。

10. 我们都相信，在这种非常艰难的局势中，我们做出的决定是正确的。在做出这个决定后，我们最近难以形容的焦虑心情也稍微轻松了，普遍来看，希腊的氛围也明显变好了。但是，摆在眼前的事实仍是很严峻的。即将展开的战役，比我们一个星期前所作出的估测还要更危险，而包括我自治领的部队都必须投入这场危险之战中。最后，是否要向各自治领政府发出有关通知，当然是要由你来决定……

*　　*　　*

这时，在伦敦的我们却有了明显不同的想法。参谋长委员会发现，各方面事态的演变都已经表明，我们的巴尔干政策已经受到威胁，我们已不宜向希腊派出哪怕一支军队。希腊方面的改变是最主要的不利因素，他们首先指出，希腊总司令现在毫无斗志，希腊人没有按照十二天之前的计划履行起他们应尽的责任：一旦南斯拉夫不参战，就让他们的军队撤退到另一条我们的防线上。这是一条我们必须据守的防线，希腊方面本应派出三十五个营来协助我们，而现在他们最多派出二十三个，且都是没有参战过的新编营，还没有炮兵在里面。另外，我们还曾希望希腊在阿尔巴尼亚前线的几个师能回来协助我们，而现在，“帕普哥斯将军声称他无法调回这几个师，因为那里的敌人远比他们的多，且他们已经疲惫不堪”。

接着，三军参谋长分析了我们的处境及面临的困难。他们指出，他们曾一度希望能在进军希腊前攻下罗得岛，最起码这两件事可以同时进行，但是现在只能在进军希腊后才能去完成后一件事了。这样一来，我们就只能分散我们的空军去对抗德军。另外，我们须用“一定规模”的空军来攻击罗得岛，以保护我们与希腊的交通要道。最后一个困难是，苏伊士运河这时候已经布满了敌人的水雷，要想扫清这些封锁水雷，我们起码要到3月11号后才能完成这项任务。而当前，我们只把装载摩托运输工具的一半船只驶到了运河以北，所有装载士兵的船只还在运河以南，所以说，所剩时间越来越少，任务极其艰巨。

参谋长委员分析预测：到3月15日，德国在阿利阿克蒙河　线能集结到两个师，往后的一个星期，他们可以再多三个师，其中会有一个装甲师。如果希腊军队能以最快的速度把他们牵制在这条线的前方，那就意味着我们最多可用一个装甲旅和一个新西兰旅来抵御前进的两个德国师。他们的结论是：“这一行动的危险性远远比之前的大得多。”

但是，他们认为，既然现场人员还没有放弃希望，那就还不能对他们提出的军事意见表示质疑。

* * *

星期日早，战时内阁举行了讨论，总结了当今的局势发展方向。晚上，我在契克斯再次思考了该讨论会的结果以及此前参谋长委员会的报告。然后，我向已从雅典飞往开罗的艾登先生发出了一封电报。我在该电报中的语气不同于之前所用的。无论怎样，对于最后的决定，我是敢负起全部责任的。如果我完全相信参谋长委员会的结论，自然可以取消援助希腊的计划。对我来说，取消该计划远远比执行它更轻松。

首相致艾登先生（在开罗） 1941年3月6日

局势确实在恶化，当前形势非常严峻。参谋长委员会对此作出结论，这个结论稍后会提到。帕普哥斯没有按照与你在2月22日达成的协议来办事，他的军队必定要解决诸多困难，才能在阿尔巴尼亚甩开敌人；参谋长委员会指出了其他各种对我们不利的因素，诸如不得不延迟进攻罗得岛以及苏伊士运河被封锁。鉴于各方面不利情况，战时内阁已经无法相信我们还能援助希腊，改变它的命运。土耳其和南斯拉夫哪怕只有其中一个会参战，现在的形势就不会是这样，然而我们的这个希望看来不可能实现了。不管怎样，我们曾经做出了努力，意图鼓动巴尔干国家一起抵抗德国。

现在，我们可尽快提供给希腊的支援军队非常有限，因此，我们必须谨慎行事。如果希腊方面认为他们的判断是正确的，我们务必不要设法劝服，然后独自做没有希望的抵抗。你也说到，行动远比之前预测的要危险得多。如果我们派新西兰和澳大利亚部队执行这项行动，帝国必定会由此产生严重的内部问题。对于你和参谋长委员会的估测，我们一定会向自治领政府直接说明，但我们猜想他们仍是不会参战。没有任何理由能够使得我们相信这一行动会获得成功，当然，如果我们十分重视迪尔和韦维尔的意见，就不会抱有这种想法。

我们万万不可使希腊人认为他们应该拒绝德国最后的通牒。但是，如果他们自己决心投入战争中，我们必定会给予一定程度的援助。问题就在于，德国若是以迅雷不及掩耳之势发起进攻，那么，英帝国哪怕有一支再强大的部队，也可能赶不上与德军作战。

只要土耳其还保持真正的中立，失去希腊和巴尔干各国的支持对我们来说并非主要的灾难。攻取罗得岛还是可以考虑的，此外，我们还可以执行原计划进击西西里岛或者的黎波里。各方面的人士曾劝告我们说，相比于巴尔干各国向德国屈服，我们带着耻辱被希腊驱逐出来更有损于我们在西班牙和维希的威望。而事实上，从我们可提供的有限的援军来考虑，我们也从未妄想希腊及巴尔干各国会听从我们的建议，即不屈服于德国。

如果情况大致保持现状，我的以上建议可能会在明天的内阁会议就被通过了。为了让你有所精神准备，我特此先发来这封电报。

事实上，这封电报已经大致说明了参谋长委员会关于当前形势的意见看法。

* * *

在雅典的迈克尔·帕拉利特爵士读了我请予以注意的电报，他深感遗憾乃至痛心，于是致电我们的外交大臣——他已到达开罗。

1941年3月6日

1. 我刚刚读了首相致你的电报，在此我想说明：威尔逊将军如今正亲自执行帝国总参谋长和希腊总司令签订的协定，解除这个协定的结果，但无需我指出。此前，希腊总司令和帝国总参谋长已向希腊国王承诺，说一定能够成功协作。我们现在难道可以无视这个对国王的承诺吗？我觉得，若是那么做，希腊人乃至全世界都会嘲笑我们出尔反尔。我无法想象这样的事情发生。

2.“万万不可使希腊人认为他们应该拒绝德国最后的通牒”，根本不必有这样的顾虑，因为希腊人已经决意即便要单独对抗德国，他们在必要时也会采取行动的。所以，问题只是我们给予他们援助还是不管不顾他们。

同一天，他又致电艾登先生：

今日，希腊国王在空军武官面前说，他非常感谢你的到访。对于我们协定的抵抗德国的计划，他是决心要去履行贯彻的，他相信有把握取得成功。他还提到，帕普哥斯将军和他的政府持有同样的信念，他对此深感满意。他强调说，当前务必抓紧行动，特别要尽快派遣足够的空军到这里，以挫败德国空军——空袭是德军攻击的初步行动。他认为，相比于其他任何对德军的重创，挫败德国空袭最能打击德国，粉碎他们战无不胜的神话，从而使得他的国人和他一样抱有成功的信念。自你离去后，我与他还未有直接会面过。

在另一封电报中，他又说：

今早，威尔逊将军与帕普哥斯将军进行了会谈，会谈结果令人非常满意。帕普哥斯的态度不再那么僵硬，威尔逊将军对此非常高兴。他还发现，帕普哥斯是非常愿意合作的，且迫切地想通过各种可能的方法进行合作。

首相致艾登先生　　1941年3月6日

在接到你的复电前，战时内阁暂不作任何决定。

艾登先生致首相　　1941年3月6日

今日下午，帝国总参谋长与我及三位总司令进行了商讨，在再次考虑这个问题后我们仍认为我们在雅典作出的决定是恰当的。当我们一致得出这一看法时，我们深知，在我们海、空军的力量极其有限的情况下，这必定会增大我们的负担，使我们必须冒很大的危险。希腊对这一问题的意见，可从帕拉利特向开罗发来的电报中看出来。

2. 这封电报只是向你说明我们在等待内阁的指示时是如何考虑这一问题的。

他又来电说：

艾登先生致首相　　1941年3月6日

我们今天晚上同史末资将军及总司令们又进行了更深入的讨论，并作出了更加详细的对局势的估测。明天早晨，我们会将我们的估测转达。

首相致艾登先生　　1941年3月7日

1. 我会在今天就将你的经过认真思考的复电转达给内阁。在此期间，你应该尽快做好各项准备工作，计划好调遣军队的事情。

2. 你以及你的军事顾问迪尔、韦维尔——可能还有威尔逊，能够在了解当地情势及武器技术的情况后，据此权衡利弊，最终不受参谋长委员会的意见影响，依旧保持坚定的态度。这令我非常感动。

3. 有两件事情很关键，第一件是，我们万万不可劝告希腊人舍弃他们的理智判断，然后我们自己去投入这场没有希望的战斗中，因为，我们担负不起这个责任。但是，如果他们已了解我们的计划，知道我们在每个预计的日期内能派出支援他们的军队是有限的，最后还愿意坚持抵抗德军，那么我们自然就应该与他们共同作战。我在之前已经说过了这一点。也就是，切勿使他们认为我们意图仅凭有限的援助就将他们拉入战争中——你曾表示不存在这个问题。根据你的态度以及从雅典发来的电报，我认为你对此必定是很清楚的。

4. 第二件关键事情是，鉴于我们主要派新西兰军队以及澳大利亚军队——后一支预计等到3月后派出——来完成这项重大的任务，我们必须向新西兰和澳大利亚政府坦诚：我们决定进行这项虽然危险但不至于令人惧怕的任务，是因为迪尔、韦维尔和其他总司令等，有把握在这一战中取胜，而不是因为英国内阁大臣要对雅典负什么责任，也不是因为帝国总参谋长与他们签订了协定。在我看来，你对我们的质询电报给出的正面答复，也包含有我所说的上述意思。

5. 另外还有一个问题：关于这次行动的正当性，你仍未给我们充分的理由或用事实来说明，也没有向这两个自治领证明。这一点是很重要，哪怕你再忙碌，也应该要记住补充说明。在战争中，不能不做精确的军事估价。

6. 你知道，我们的心是怎样同你和你的卓越的军官们在一起。

7日，我们在伦敦收到了艾登先生原先说好要提出的有关此事的详细报告。

艾登先生致首相　　1941年3月7日

你的特使们的意见，现汇报如下：

1. 史末资将军、总司令们以及我们，再次共同检查考虑了整个局势，我们最后得出的意见是一致的，并感到我们所作决定的重大意义。因此，我们找不到任何理由来支持我们改变之前的决定。

2. 你所谓的强迫希腊舍弃他们的理智判断这一问题，是不存在的。当我们在泰托伊王宫进行首次会晤时，希腊首相一开始就交给了我一份书面声明。据这份声明，希腊将坚决抵抗意大利或者德国的进犯，哪怕是要孤身奋战，希腊也不会退缩。一直以来，希腊政府的态度都是如这份声明中所说的那样，只是，他们有时候会感到缺乏信心。但是，希腊人认识到绝对不能让意大利人或者德国人威胁到他们的国土，他们唯有不顾后果地去战斗，才能保住光荣以及维持和平，否则罗马尼亚的下场就是他们的下场。

3. 在几个月之前，我们已经在希腊展开了活动，皇家空军的八个中队、地面防务人员和高射炮兵早已开始执行有关任务，所以说，我们已经肩负起了对希腊的责任。

4. 在利比亚战役中获得的胜利，使我们可以腾出足够的军队可供调遣。这一个事实，是全世界都看到的。因此，我们应该做进一步的努力，继续干涉陆地上的敌军，拯救即将崩溃的希腊是我们义不容辞的责任。若不然，我们将会面临最大的灾难：南斯拉夫我们是守不住的；另外，如果因为我们的不抵抗而让意大利和德国得以在希腊立足，那么，接下来，我们甚至可能无法确定土耳其是否还有力量以继续保持忠诚的中间立场。被从希腊驱逐出去，必将使我们蒙受耻辱，失去威信。与其旁观希腊的局势，任凭他们被命运摆布，我们不如在希腊作战，即便失败，我们的损失也会比毫无行动要少很多……

在当前的形势下，我们仍一致坚持我们此前的意见，即给予希腊支援。

我们非常希望，此前计划要派遣过来的自治领军队，能够如计划派遣过来。另外，当前我军和敌军仍存在很大的实力差距，要想圆满完成任务，必须要拉短这一差距。在抵达此地后，我们就一再强调我们空军力量非常的薄弱，这是我们的最主要的忧患之处。德国采取内线作战的方式，如今，他们正设法从西西里岛和的黎波里、从巴尔干和多德卡尼斯群岛派出援军，欲以更强大的力量发动进攻。我们一直没有得到更多的增援，反之，已被批准调拨过来的“战斧”式战斗机，如今又被削减了数量。在此期间内，我们的皇家空军没有一天不在作战，他们在阿尔巴尼亚抵抗意大利空军，在其他地区抵抗日益增多的德国空军。

空战是这一战场上的不可避免的激烈战斗，因此，朗莫尔请求尽可能给他支援。只要充分保证他的空军力量，这次行动的困难就会得到解决，危险也将大大消除。

我们邀请三军参谋长，再次举行了战时内阁会议，在会议上，我提出了关于希腊方面的问题，以便作出最后的决策。对于这一问题的前后情况，内阁人员都是相当清楚的。我阐明了我们当前的情况：无法派出更多的飞机，只能保持已经分配及正在运输中的那些数量。对此，他们都表示同意，且没有觉得为难。他们让我觉得他们在这种问题上都是富有经验的，因为从他们的态度来看，国内政治压力显然没有影响到他们的行动决策。善于谋划的史末资从不同角度考虑这一问题，他提出的见解都很新颖。最终，我们都一致认为，我们并没有强加给希腊任何意志，没有强制性地要说服他们。的确如此，我们派出的具有最高权威的专家们对现场情况以及希腊人具有更充分的了解，因此他们完全有自主权。况且，他们也曾经历过多次冒险并最终取得了成功，他们久经考验，如今自然可以独自思考并得出一致的结论。孟席斯先生所负的责任是非常特殊的，但他却具有足够的胆量。大家都表现出了积极的斗志，主张尽早执行任务。这次会议进行得很快，但最后的决议也得出来了。

首相致艾登先生　　　　1941年3月7日

今早我们召开了内阁会议，主要根据来自雅典和开罗的你的电报做出探讨，同时参考了我的电报。最后，我们得出了最后的决定。三军参谋长的意见是，既然战地总司令们、帝国总参谋长以及有关部队的司令官等都坚持原来的意见，那么应该立即执行任务。内阁决定授权你继续完成该任务，同时表示，有关此事的一切责任将由他们来承担[①]。我们也将会按照这一指示向澳大利亚和新西兰政府传达通知。

两天后，我又以个人名义给艾登先生发出了一封电报。

首相致艾登先生　　　　1941年3月9日

1.你在电报中所述的你关于巴尔干问题的处理办法，我是完全赞成的。南斯拉夫似乎不是完全没有可能加入我方，看来，它更可能加入我们，而不是在与我方为敌。

2.你应该利用你在现场的这段时期，争取与埃及总理、法鲁克以及其他任何有关人员坦率地沟通，探讨我们提出的有关安全的需求如何解决。我请你想办法阻止这种令人难以容忍的事情发生：我们所施予援助的对象后来竟对我们如此不友好，诸如罗马尼亚公使馆让德国间谍用为根据地，苏伊士运河区内让敌人的特务自由穿梭。

3.希望你能向史末资传达：若是他就在此地附近，我们希望他能来这里，在近一个月内能像以前一样继续担任战时内阁的工作。

4.在给你发出的指示中有一点不可忽视，即务必要充分利用中东军队，使人人都能派上用场。我需要你来解决这个节约用军的问题，因此，哪怕要花几天来解决好这个问题，也是有必要的。

① 句子下面的着重号是我后加的。——原注

*　　*　　*

我们向新西兰提出了派遣一师部队的要求，对方很爽快地答应了。

首相致新西兰总理　　1941 年 3 月 12 日

你的复电让我们很感动。不管我们最后能否取胜，你的决定都将会为新西兰增添荣耀，世界将会记住新西兰历史中的这道光芒，自由人类的后代必会钦佩新西兰的作为。对你在电文末处提到的要求和设想，我们将会忠诚地争取，尽力满足。

首相致艾登先生　　1941 年 3 月 14 日

1. 我已作出决定：在中东危机的初期阶段业已成熟前，你应该一直留在中东。关于如何使所有政治及军事上的行动能够协调起来，我已在给你的指示中说明。我们仍可以寄希望于南斯拉夫，因此，你可能随时需要前往与他们会谈。随着局势的改变，土耳其需要人们给他们以鼓励及相关意见。在你的坚持下，我们最终作出了关于此事的重大决策，所以说，如今也只有你能够全盘掌握该政策的落实，故此我希望，你能作为战时内阁在当地的一位代表留在那里。

2. 在我今早与西科尔斯基的会谈中，我请求他派遣波兰旅过去，他慷慨允诺，同时提出了一个要求：请我们不要轻易舍弃这个旅或者任凭命运摆布它，因为它是为数不多的可以表明波兰民族存在的象征。我答应了他，说一定会给这个旅配备完善的设备，绝不会让它比我们的血肉之躯承受更多的危险。他说："你们的军队几百万计，我们的部队也就这些。"我们对这些勇敢的国家所提出的请求，我希望你以及韦维尔将军都能够了解并牢记。

3. 我深切地意识到我们还没有派出一个英国师团，我因此决定派遣第五十师，但不将特派一支运输舰队来护送，因为那也只能早到一星期而已，况且我们也没有可调用的额外运输舰，因此该师团将于4月22日随同W.S.第八号运输船队启程前往。

4. 我们还没有收到韦维尔的有关通知，不知道“格伦”式运输舰①是否已驶过苏伊士运河，我认为此事紧迫。有情报表明，德国已经预想到英国准备攻占罗得岛，他们正准备从该岛撤军。这一情况，你也是知道的。进攻罗得岛的计划应抓紧执行，你不该总是将该计划延期。无论进攻罗得岛是否能获胜，我们届时都必须调走英国第六师。我们万万不让别人这样谴责：他们只会让别人的军队去冒险。因此，应该着力督促在月底前落实攻击行动，我们希望你们能够取得成功。

5. 帕普哥斯为何不从阿尔巴尼亚调回三四个师来加强他的右方前线呢？我们希望知道其中的原因，你能够告知吗？听说意军最近士气不佳，德军还未开始继续推进，可见帕普哥斯是有时间从阿尔巴尼亚撤军的。就目前的情况而言，我认为希腊军队的战略部署最有危险性。但帕普哥斯这么做必定有他充足的理由，如若你知情，请务必告之。

6. 如果南斯拉夫站在我们一边，希腊在阿尔巴尼亚用兵自然就是正确之举。但是，南斯拉夫的态度目前还未确定。南斯拉夫是否有可能在阿尔巴尼亚向意军发动攻击呢？我认为，你与迪尔已谨慎考虑过这一问题。他们若是在那里作战，将会得到在其他地方作战所没有的好处。届时，他们将可以获得最大的胜利，还可以获得许多装备，以用来维持他们的独立。

7. 务必尽力阻止德军占领利姆诺斯岛以便用作他们的空军基地。

① 三艘快速运输舰，专为军事行动准备。本书第二卷第410页（原书页面——译注）提到过。——原注

8. 看来，在克伦取得决定性的胜利前，我们不应从那里撤回空军中队。

9. 你提到朗莫尔的不满的那封电报，没有将运输途中的飞机考虑在内。

在详细说明了空军方面的增援情况后，我又说：

我之所以希望你和迪尔能留在那里，是因为朗莫尔和波特尔都认为你应取道拉各斯回国。若不是出于这个主要原因，我是不会这么坚持的，当然，还包括我在第一节中谈到那个重要理由。若不然，你们回到伦敦，就无法在至关重要的七天中发挥作用，也不能在现场做点有用的事情。在此期间，各项事情都相当顺利。我们的空军在月夜与敌机战斗中，已经开始有所收获：成功击落了德国战机。愿保佑你们。

我认为应该将我们的计划致电告知总统，以下，就以我对总统的致电来结束这令人不安的一章。

前海军人员致罗斯福总统　　1941 年 3 月 10 日

我们针对希腊问题作出的决定，我认为现在该告知你了。显然，从班加西向的黎波里推进这种做法让人很想一试，而如果要执行这个行动，我们的军队数量也是足够的。但是，我们最后还是认为应该与希腊人患难与共。他们曾向我们声明他们抵抗德国的决心，并且表示，即便他们要孤身奋战也会在所不惜。我们的韦维尔将军、迪尔将军以及艾登先生，曾一起前往开罗，与希腊方面磋商此事。两位将军后来与我们坦诚讨论，他们相信这一战值得打。因此，我们正往希腊派遣我们的大部分尼罗河集团军，同时在设法增加空军援军。另外，史末资也正将南非军调到三角洲。

总统先生，你可据此估测我们的风险大小。

这种情形下，南斯拉夫的行动将会产生决定性的影响。它是第一个遇到这种军事上起到关键作用的好机会的国家，他们若是参战，在阿尔巴尼亚攻袭意军后方，那么，谁也难说在接下来几个星期内会将会发生什么。整个局势可能会好转，土耳其最终采取的行动必将有利于我们。俄国至少可以重申本国对土耳其的承诺，即不在高加索对它施压，也不在黑海对抗它。虽然这么做是因为俄国有所畏惧，但是，人们认为俄国是可以这么做的。不用我说，有一点是确定无疑的：当下，在土耳其、俄国以及南斯拉夫的俄国大使——后者尤为重要，将会产生至关重要的作用，带来无可估量的价值，继而，局势也将可能变得可观。

在促进局势改善这件事情上，你的部下多诺万凭借他能够鼓舞人的积极、温暖心态，在巴尔干和中东的长期逗留中做了许多卓越的事情。对此，我要向你表示真诚的感谢。

第七章　大西洋战役之西部海口地区

1941 年

极度的焦虑——德国潜艇与飞机的联合战术——西部海口地区的紧张形势——我们的对策——一场生死攸关的战争——能运到岸上的物资减少了一半——船舶的损失和港口的拥塞问题——进口管理委员会于 1 月成立——枢密院长主持委员会的工作——我发于 1 月 28 日的备忘录——2 月 22 日的备忘录——2 月 17 日，西部海口地区司令部由普利茅斯迁往利物浦——我们的旧船只被暴风雨重创——希特勒在 1 月 30 日发出威胁——海军部打捞处——德国出动巡洋舰——“希尔”号在南大西洋——突然出动“沙恩霍斯特”号和“格奈森诺”号——我们在 3 月 15、16 日两天被击沉的船舶有八万吨——3 月 22 日，德国攻击式舰艇隐藏在布雷斯特——希特勒的错误——大西洋战役——大西洋战役委员会——我在 3 月 6 日下达的指示——德国潜艇联合成“狼群”——战术问题——通过了租借法案——3 月 26 日通过了进口预算案——与美国的紧密——“敦刻尔克”号事件——罗斯福总统对维希施压

各种难题接踵而至，然而，最令我们焦虑不安的一个难题是，我们必须保住我们的远洋航线。能否控制住这条航线，事关行动的成败，战争的最终胜负。这条航线决定了我们的船只能否自由驶入我们的港口，我们的全部力量都是掌握在这一命脉中。也就是说，这一问题关系到我们能否继续战斗，甚至可以说关系到我们的生死存亡。

在前一册书中，我曾谈到我们面临的一个威胁是，北起北角[①]南至比利牛斯山脉的欧洲海岸线可能会被德军占领。一旦德军占领了这条长长的海岸线，他们就可以从那里的港口或者海湾出动他们具有速度优势的潜艇——这些潜艇在续航力和活动半径方面都有了改进。届时，我们的海上运输将会受到袭击，所运粮食物资等都将遭受损失。目前，敌军的潜艇数量在不断增加。他们在1941年的第一季度每月生产十艘，后来增加到十八艘。潜艇的类型有两种，分别是载重五百吨和七百四十吨，前一种的巡航航程为一万一千英里，后一种高达一万五千英里。

除了敌军潜艇的威胁外，我们遇到的另一个威胁是他们的远程飞机。这些飞机在远洋地区活动，对我们发动袭击。其中，威力最大最可怕的一种是“福柯乌尔夫200”式飞机，它被称为兀鹰。不过，幸好的是，这类飞机在一开始的时候数量有限。兀鹰机可从布雷斯特或波尔多起飞，在不列颠岛上空盘旋巡视一番后飞往挪威加油，第二天返航。由于缺乏护航舰，我们不得不一次就出动四五十艘船只运输物资，船队规模非常大。敌机居高俯瞰，完全可以看到我们启程的或者返航的运输船队，然后可以采取用炸弹进行毁灭性的袭击，也可以找准方位，伺机而动，截击我们。鉴于上述提到的危险，我们在12月时就开始做好了防范措施，这也是我们最后可用的方法：在自默尔西河口及克莱德河河口到爱尔兰西北六百英尺深的水域内，我们埋伏好了水中爆炸网[②]。

这时，我们下达了一个指示：扩充空军海防总队并重新做部署，要最先给驾驶员以及飞机提供物资。我们预计，到1941年的6月，要

---

① 在挪威马格吕岛。——译注

② 虽建议过设置水雷屏，但从未落实。见本书第二卷第三十章第536—537页。——原注

使海防总队的飞机达到十五个中队。4月底时，我们会收到的五十七架美国“卡塔丽娜”式水上飞机，这些飞机也预计用来派给空军海防总部。我们向南爱尔兰提出予以便利的请求，对方没有答应，我们的计划大大受到了影响，为此，我们只得在北爱尔兰、苏格兰以及赫布里底群岛这几个地方抓紧建造新的飞机场。

以上各种危险因素还存在着，有的造成的威胁还越来越大。得益于英国的科学及技术方面的成就，我们得到了大量的各种样式的新仪器。二万名工作人员在上千艘小艇上不辞辛劳地在工作，使得这些新仪器能够充分利用上，由此，敌人的磁性水雷对我们造成的威胁才有所减弱，我们不至于让敌人紧紧围困住。

我们沿着不列颠东海岸进行海上运输时，经常受到德国轻型轰炸机或者战斗机的威胁，海运量被削减，数量极其有限。在第一次世界大战中，伦敦港被认为大大关系到我们的生死存亡，这个港口如今的吞吐量比原来少了四分之三。英吉利海峡是实际作战的水域，而我们可利用的贸易港口已不多。更糟糕的是，在敌人对默尔西河、克莱德河和布里斯托尔的空袭之下，这些为数不多的港口也遭到了严重的破坏。至于爱尔兰海峡以及布里斯托尔海峡，不是遭到敌人的封锁就是被他们设置了诸多障碍。我们在一年前面临着上述各种难题，若是当时让任何一位权威专家来判断，他们必定都会毫不犹豫地宣告，在这样的处境中是没有获胜的希望的。这场战争，事关生死。

我们所采取的保护措施，都是大规模的且具有精细的要求的。我们会考虑到护航、航线的变动以及消磁电缆、扫雷的使用问题等，此外，我们要避免不走地中海航线等等。在这种情况下，大多数船只就不可避免地要延长航行时间以及航程。在启程之时，为了避免轰炸以及灯火带来的危险，我们的船只还要拖延，等待最好的时机。总之，各种不利的因素使得我们的运输工作的效率大大降低，由此造成的损失远远超过我们实际遭受的损失。一开始，海军部首要考虑的是，务必让船只能够安全抵达。也就是说，当时我们认为，被敌人击沉的船只越少，意味着我们的工作成就越大。然而现在，这种衡量标准已经不适宜了。我们都认识到，我们能从目的地港口安全运进多少物资，才真正关系到我们国家的生存以及战斗的胜负。2月份中旬时，我向第一海务大臣发去简短电信："据我了解，今年1月份能够起岸①的载货船只，都没有去年1月份的一半多。"

我们制造的新船远远弥补不了损失的船只，压力越来越大。美国的资源虽然丰富，但它们发挥作用是循序渐进的一个过程。我们已不能指望会有什么意外的大收获来补充我们的船只数量，比如像1940年春季那样：敌人占领挪威、丹麦、荷兰及比利时后，我们获得了许多船舶。另外一个严峻的问题是，我们有许多船只遭到敌人的重创，而我们根本无法修复它们。同时，我们的港口越来越拥挤，各种工作使我们焦头烂额。3月初，所有受创船只共有二百六十万吨位的损伤，我们在修理其中的九十三万吨位时还一边抓紧装货，剩下的近一百七十万吨位只能修理好后才能使用。这些严峻的问题都能得到解决，即便我们在军事上的行动危险重重，受到阻碍，我们也能够以一种更轻松的心态投入战斗中。当前，我们需要用图表、数据等来估测我们可能会遇到的诸多危险，而相对于承受这种难以预估的危险，我更宁愿进行一场大规模的攻击战！

* * *

早在1941年1月，我们就成立了以进口部门为主要部门的进口管理委员会，另外同时成立了该委员会的并行机构即生产管理委员会，这两个委员会分别由军需大臣和劳工大臣担领导负责人。进口管理委员会的主要职责是针对进口形势作出恰当决策，包括改良船舶，提高

① 起岸：将船上货物搬到岸上。——译注

运输工作效率以及解决港口的诸多问题，诸如劳工与组织的协作情况等。这两个委员会都握有大权，须紧密合作，磋商一些问题，而我也必须经常与其保持沟通，确保它们的行动是统一的。

首相致海运大臣　　1941 年 1 月 4 日

考虑到进口形势发展的重要性，我们才成立了进口管理委员会，因此，该委员会的主要工作，应是研究进口的整个形势。我会亲自过问该委员会的工作，尽可能与相关负责人保持紧密联系，同时要求对方作出某些不容置疑的决定。我希望他们作出有效的规划，充分利用我们的船舶、船舶周转时间，挖掘港口与劳工的潜能，争取将可用吨位提升到比你预估的三千三百万吨更高的一个数据。与进口管理委员的工作息息相关的海运部、运输部以及劳工部这三个部门，应该保持积极的合作态度，而进口委员会也应该使这些部门之间能够协调合作。另外，当前，船舶修理工作可以说比建造新商船的工作更重要，因此，我们将要求海运部们进一步抓紧前一项工作，哪怕这意味着后一项工作会受到影响。援助我们的美军还未到，我们殷切盼望他们的到来。在此期间，昼长夜短的季节的到来将有利于我们，且我们已经开始了护航行动。我们但愿在这种情况下我们运输船队能够得到更多的安全保障。

首相致进口管理委员会　　1941 年 1 月 23 日

1. 虽然海运部对船舶损失数据提出了预估，但是请你们不要受该估测的限制，也不要将该估测数据作为将来计算的依据。海运部的估算是从法国被击败时算起的，估测结果是每年有五百二十五万吨的船舶容量损失，其中包括我们从挪威及法国撤军时的意外损失。按照月平均来算的话，1940 年一整年的损失共计四百二十五万吨，这种计算方法比较恰当。此外，我们还可以用另一种方法：从战争开始后算起，用总共的损失减掉撤军时遭受的异常损失，这样我们就得出我们每年的损失量在三百七十五万吨到四百万吨之间。

2. 保守谨慎的估算的话，可设想接下来我们仍旧保持这样的损失率。但是，我们毕竟改进了方法措施，而且也在我们的舰队中增加了驱逐舰，所以说，我们的损失数据按理说应该会有所降低。从这点考虑的话，我认为，最恰当的算法是，按月均算开战以来所蒙受的损失。

1941 年发生的事情证明了我的估算是正确的。

*　　*　　*

今年年初，枢密院长约翰·安德森爵士受我之托，开始落实一项特殊任务——制订一项计划，将国家的所有经济资源纳入战时体制，同时要推行计划中的政策。

首相致枢密院长　　　　1941 年 1 月 28 日

如今，我们分别设置了进口管理委员会和生产管理委员会来应对属它们业务范围内的各项实际问题。经济政策方面的工作应由你负责的委员会，特别是由你来负责处理，这是很重要的一项工作，它能够让我们更加了解公众在各方面事务上的大致意向。所以说，你应该立即着手此事，做好规划。你可以召见凯恩斯之类的经济学家，让他们直接对你提出建议。如若需要任何助手或者工作人员，你也可以直接提出，当然，这应由统计处核算一下。林德曼教授及其主持的机构将会予以你帮助，当然，是按照你希望的方式。你那边的情况，也将由林德曼教授传达给我。我希望你每周最少要在这个委员会内部召开一次会议，希望你能做好领导工作。

请与爱德华·布瑞奇斯爵士商讨我以上提出的事项，然后将你的补充意见电告于我。

安德森曾担任国内文官以及驻孟加拉总督，他对政府部门级公务制度非常了解，具有卓越的行政才能，他全身心地投入这项工作中，并提出了许多值得肯定的见解。他不用多长时间便赢得了他内阁同僚们的信任，在他的主持下，这个委员会还成为了协调各部的有力部门，使得各部门的计划都能够符合整个战时的经济政策。战时内阁赋予了该委员会很大的权利，后来，它不仅能在执行战时经济政策方面，在其他方面也都代表战时内阁执行政策的裁决。安德森强有力地规划好经济政策，同时能够控制好国内战线的各项问题，这使得能够以更多的精力专注于军事方面的工作。

*　　*　　*

首相致军需大臣安德鲁·邓肯爵士　　　　　　1941 年 2 月 22 日

在此所附信件和示意图的指示，首相希望你能传达给进口管理委员会，请他们予以注意。这些由首相亲自予以指导，由林德曼教授编订而成的指示文件，揭露了一种如不纠正必定会危及不列颠生存的危险的事态倾向。虽然至今还难以解释它是一种什么倾向，但可以肯定，若不解决这种倾向，我们的作战活动必将崩溃。

虽说我们的船舶被击沉的情况还很严重，但沉没数目比原来少了，另外，抛开航线不谈，我们的吨位总数也并没有多大的下降。然而，令首相不解的是，为何在这种情况下，我们的进口物资却在飞速削减呢？幸而，在过去的两周内情况有了很大的好转。首相因此很高兴，他希望这表明进口管理委员会取得了初步的成果。首相想知道进口管理委员会能够进一步采取哪些措施，以防止那种可能会给我们带来重大灾难的危险，为此，他希望能在星期二下午五时与该委员会成员们举行一场讨论会。

*　　*　　*

我在 1940 年 8 月 4 日就已经向海军部提出，要将驻在普利茅斯毛的西部海口地区指挥中心迁到克莱德河[①]。当时，我的建议遭到反对。1941 年 2 月，在事态演变的压力之下，海军部才赞成了这一建议，其他部门也一致同意北移。我们以默尔西河代替了克莱德，这一措施被证明是正确的。西部海口地区总司令由诺布尔海军上将于 2 月 17 日在利物浦就任，他将会与空军海防总队司令鲍希尔空军上将紧密合作。新成立的联合司令部的工作很快就展开了，在海军部的指挥下，自 4 月 15 日起，完美协作的这两个司令部变成了我们的有力武器。

*　　*　　*

新年之初，受到不断侵袭的暴风雨的打击，我们的那些旧船只损伤惨重。虽然这些经年使用的船只已经不牢固，但它们还是我们进行远洋运输的不可缺少的力量。不久——1941 年 1 月 30 日，希特勒在柏林发表了威胁性的演说，他满怀信心地指出，他一定会让我们陷入绝境，跪地求降，目前，他们派出的海空联合作战部队，正以四面夹击的方式对我们展开围攻。他说："我们将会在春天的时候在海洋上发起潜艇进攻，届时他们将会发现我们并不是躺在床上睡懒觉（全场欢呼鼓掌）。空战也会展开。在我们所有武装力量的威胁下，他们将不得不作出某种决定来。"

首相致进口管理委员会　　　　1941 年 2 月 25 日

据了解，海军部打捞处在保持我们船舶数量方面所取得的成就是巨大的，与新建船舶这方面的工作成就齐平。在 1940 年的最

① 见本书第二卷第三十章第 531 页。——原注

后五个月，他们打捞的船舶总吨数有三十七万吨，比新建船舶吨数还多了三万吨，而他们正在打捞的船只数还在迅速增长中。八月份时，这个数据是十艘，如今增长到了大概三十艘。

对于打捞处所作出的重大成就，我们在此给予真诚的祝贺。我相信，进口管理委员会一定会设法协助他们，给予他们设备上的支持，以及帮助他们物色适当的指挥军官。

遗憾的是，我们的修理能力有限，当前还不能充分利用打捞处所取得的成果。关于这个问题，我相信你所主持的委员会正在解决。有一些船只在得到修理之前还是能够出航一次的，我也相信你们会充分利用这些船只。

* * *

我们这时候遭到了敌人的潜艇战攻击以及威猛的巡洋舰攻击，损失惨重。1940 年 11 月间，我方著名的“迦佛斯湾”号被敌人的“希尔”号击沉，敌人本来是预计袭击另一支运输船队的。关于此事，我在之前讲述过。“希尔”号在 1 月出发，航行于南大西洋上，目的地是印度洋，就在此前的三个月内，它击毁了我们十艘船，共计六万吨。之后，“希尔”于 1941 年 4 月 1 日成功返回到德国。当时，我们没能够采取跟一年前那样的应对措施——派出一支强大的舰队，追踪敌人的“斯佩伯爵”号。

曾在 1940 年 12 月初派往大西洋的敌人的巡洋舰“西佩尔”号，此时隐匿于布雷斯特。1 月底，他们同时派出了这艘巡洋舰以及在挪威战役时受创的战斗巡洋舰“沙恩霍斯特”号和“格奈森诺”号。“西佩尔”号被派去侵扰始于塞拉利昂[①]的航线，后两艘船舰被修理好后即被派往北大西洋。两艘战斗巡洋舰由海军上将卢金斯指挥试航，在

① 位于西非大西洋岸的一个国家，北部及东部被几内亚包围，东南与利比里亚接壤，首都是弗里敦。——译注

它们试航驶出时，遭到了英国的本土舰队的袭击。若是没有浓密的大雾的掩护，它们早已被我方击毁。2月3日，它们成功通过了丹麦海峡，没有被我们发现。与此同时，“西佩尔”号已从布雷斯特起航南下。

2月8日，在哈利法克斯航线上的“沙恩霍斯特”号和“格奈森诺”号，远远发现了一支英国运输船队正在驶过来。卢金斯立即分开它们，以便从不同角度袭击我方。我们的运输船队是由战列舰“拉米伊”号护航的，当卢金斯突然发现这一点后，他便撤走了。这是因为，他所受到的命令指示中有一个基本要点：当双方船舰的力量相当时要避免交锋。他认为，按照这个基本训令，当英国的战舰装有十五英寸口径的大炮时就是势均力敌。他的小心翼翼让他得到了回报。2月22日，他击沉了我们掉队的五艘运输船。之后，他恐怕我们会反击，于是命令战舰驶到更南的海域去。3月8日，他又遇到了一支我们的运输船队。该船队从弗里敦出发，其中为其护航的战舰中有一艘“马来亚”号战列舰。为此，卢金斯只好召集所有的潜艇来应对我方。从这一海域离开后，他又回到了西大西洋，并在那里取得了最大的战果。

3月15日，卢金斯发现了我们的六艘空油船——它们同样是掉队船只，最终它们不是被他击沉就是被掳走了。第二天，他又击沉了我们十艘船只，其中大部分与这六艘空油船同属于一支运输船队。仅仅两天，卢金斯便击毁或掳走了我们八万吨以上的船舶。然而这还没有结束，接下来，他又发现了我们的“罗德尼”号——它正护送从哈利法克斯港出航的一支运输船队。已经具有了丰富的冒险经验的卢金斯海军上将，这回大施拳脚，于3月22日清晨率战舰驶进了布雷斯特港。“沙恩霍斯特”号和“格奈森诺”号在两个月的巡航中的成果是：击沉或掳获了我们二十二只船，共计十一万五千吨吨位。

“西佩尔”号在亚速尔群岛附近巡航时碰上了我方从塞拉利昂返航的一支运输船队，经过一小时的激战后，我们十九只船有七只被击沉。对方不管幸存船员的死活，两日后驶还布雷斯特港。

我们不仅是在潜艇战中蒙受损失，还有以上之类的附加损失。另外，我们还不得不将我们每一艘都足以作战的主力舰用来护航，以应对这些威猛的敌舰。曾在某个时期，我们本土舰队总司令手下只剩一艘战列舰可用。

“俾斯麦”号还没有入编，我们猜想该舰以及它的僚舰“提尔皮茨”号都还没有竣工。等德军这两艘战列舰完工后，希特勒要想最大限度发挥它们的用处，最好的方法就是让它们于波罗的海中待命，同时不断造谣说即将出击。这样的话，他就可以坐等时机，不必时刻紧张备战。对方想选择出击时机的便利，而我们却只得尽量将我们的新战舰集中在斯科帕湾或其附近一带。定期的船舶检查和修理，使得我们力量有限，难以维持海军优势。而任何突发的严峻事件，都可能会让我们失去这种仅有的力量。

* * *

这一严峻的让人一想到就害怕的问题，使我日夜难安。我唯一能指望的，就是我们能够一直战斗下去，直到我们的空中优势获得某个具有决定性的取胜时机，此外还有其他强国加入我方的可能。然而，当看到我们的生命线遭到危险时，我仍难免焦虑不安。3 月的时候，战时内阁就曾收到了庞德海军上将有关船舶沉没的报告。情况非常糟糕，我看到有关数据后，即将庞德招来。在下院的首相办公室，我对他说："我们必须把这件事当成最重要的事情，我要给它命名为'大西洋战役'。"正如九个月之前我们有"不列颠战役"一样，之所以如此命名，是为了让所有人以及有关部门重视起这个潜艇战。

之后，我还设立了大西洋作战委员会，这是为了便于提醒我自己要最高度地关注这个问题，及时下达命令，好为有关部门扫清困难，使之能够有效工作。该委员会每周举行一次会议，会议时间一般说来会在两个半小时以上，出席人员包括高级官员、该委员会的有关大臣以及军方相关人员和文官，会议内容是检查整个局势，深入讨论每一个问题，不让问题悬而未决。从该委员会所举行的会议次数，可以看出1941年大西洋战役进行的大致步骤。自3月19日到5月8日间，虽然每周所开会议越来越少，但从未间断过，一开始是每周一次，有一段时期是每两周一次，再然后就更少了，最后一次会议在10月22日召开。

受我们指挥的作战机构有很多，总共有几千名精干的工作人员。在这些工作人员的协调的配合下，我们可以从许多不同的角度看待这一方面的战事，我们所处的局面也焕然一新。前一章中提到过，3月6日的时候，我们还未确定是否要对希腊进行支援，那一天的形势相当紧迫。然而，我所拟定的名为“大西洋战役”的指令，就是在要做出决定的3月6日前就已经写了。1941年6月25日，我在下院秘密会议上宣读了这一指令。以下将该指令文件刊载出来，以便讲述好这段历史。

大西洋战役

国防大臣指令

1941年3月6日

从德国的各项声明来看，我们不得不认为大西洋战役已经开始了。

我们应在往后四个月中想尽一切办法，阻止敌人意图切断我方粮食供应的行动及其阻挠我们同美国联系的行动。为保证做到这一点，我们应即从以下几个方面去应对：

1. 我们应尽可能地利用一切机会，主动出击，攻打德国潜艇以及他们的“福柯乌尔夫”式轰炸机。具体的做法是：在海上搜索德国潜艇，轰炸他们的造船厂或船坞中的潜艇，以空袭击毁他们船舶的“福柯乌尔夫”式轰炸机及其他轰炸机，或者在飞机上搜索并击毁它们。

2. 应该在一星期内着力想办法完成这件事：将飞机弹射机装在船舶上，或者设法发射战斗机，以防止我们的船舶被敌人的轰炸机炸毁。

3. 下列工作也应该抓紧落实：关于集中空军海防空军的主力以用到西北海口地区的各项措施——包括经批准的以及正在准备中的，要尽快落实；关于派出战斗机队和轰炸机队来协助控制东海岸的措施，要尽快落实。进入昼长夜短的季节后，以及采用新航线之后，我们接下来要面对的德国潜艇的威胁将会削弱，届时我们特别要设法对付敌方的“福柯乌尔夫”式轰炸机和或许出现的“容克 88”式轰炸机。

4. 我们迫切需要大量的驱逐舰用于护航，从这点考虑的话，应该想想，是否有必要让现已服役的美国驱逐舰队在这个新战役的紧张阶段结束之前就入坞进行第二阶段的改装。

5. 关于从运输船队中撤掉时速在十二到十三海里的船只这一问题，海军部将会与海运部一起商讨，他们应重新考虑一种可能：让这类船只试航一个时期。

6. 海军部有权优先申请短射程高射炮以及能够在商船上的其他武器，以便应付他们往返于危险海域中时可能遭到的袭击。我们已对英国防空部队及有关工厂下令，让它们提供二百门“博福斯”式高射炮或者具有一样功效的其他型式高射炮。然而，这还远远满足不了海军部的需求，因此，仍应该不断向该部门提供高射炮以及炮手。这一项供应工作应制订具体计划，执行三个月。

7. 对我们来说尤其重要的几个港口——默尔西河、克莱德河及布里斯托尔海峡，我们必须随时做好防范准备，应对敌人随时可能发动的袭击。因此，有必要使得这些港口的防卫能力提高到最强的程度。关于防卫部署的落实，应在一周内提出有关报告。

8. 目前，我们的港口有许多受损的船舶，各有关部门应协力合作，抓紧处理这些船舶，争取在6月底时，对这批船舶所做的修复所导致的减少的净吨数在四十万吨以上。为完成这个目标，可以暂时只顾眼前需要，将商船和海军舰艇的建造工作稍微搁置。应该立即停止1941年9月之前无法竣工的新建商船的工作，而将人力投入到修理船舶的工作上。海军部已经答应要尽快去落实这一人员调派工作，他们将会从军舰建造或军舰修理的工作人员抽调五千名出来，另从长期的商船建造任务中抽调五千名工作人员。

9. 英国港口船舶周转非常缓慢，应该设法改进这一情况。哪怕有危险性，也要尝试各种方法，包括各种简化方法以及加速修理的工作，装置消磁电缆等。如若争取能够使得船舶进出港口的时间缩短十五天，我们的进口物资量就等于增加了五百万吨，或者说等于增加一百二十五万吨的进口船舶。海军部已对驻在各港口的军官下达指示，让他们尽力协助改进这一状况，包括推进修理工作。该部门应该随时跟进这项改善工作，还要让驻在港口的军官报告有关工作情况，并让他们提出建议。或许，还有必要召开港口官员的会议，以便随时了解工作中出现的困难以及他们各自的意见。

10. 劳工大臣曾举行过一次会议，劳资双方都参加了这次大会，会议通过了有关港口劳工互相交流的问题的协定。这对增加我们的劳动力是有确实作用的。我们务必要尽早调派工作人员到船舶修理以及造船、修补船坞的工作中，至少应抽调四万人。为了使得所有有关工作人员认识到这些工作的重要性，还应该在港口和造船厂内进行有力的宣传。但是，利用当地报纸或者无线电广播来宣传鼓励我们的工作人员确实是不恰当的，因为这会让敌人也抓紧做好他们的备战工作。

11. 应该保证码头运输工作的畅通，因此，运输部应该及时运走所有起岸的货物。为了保证码头不会有堆积拥塞，运输大臣如有需要，可让进口管理委员会予以所需的帮助。同时，他每个星期须向进口管理委员会汇报港口的改进情况。为了改善港口的拥堵现象，我们从其他港口运送过来了起重机等工具，应该主要运用这些工具来解决问题。此外，关于为较小的港口增设新设施的进展情况，以及能否进一步发挥驳船的效用以提高装卸速度这一问题，运输大臣也应该向进口管理委员会汇报说明。

12. 由海军部运输处、海运部和运输部的代表组成的常设委员会，每天都将会召开会议，讨论进口管理委员会主席在工作中遇到的困难并提出报告。进口管理委员会应该根据报告中的指示来采取相应措施，使工作协调一致，此外，还应每周提交一份落实报告给我，由我请求内阁授权，以便采取进一步的措施。

13. 不仅要通过在国内采用的那些方法，我们还应该想尽其他所有办法，尽力确保我们船舶在海外港口的周转时间也会缩短。应该就这一点向各有关部门发出特别指示，同时要求他们提出报告，说明他们在落实工作中遇到的困难。

*　*　*

3 月 6 日是非常忙碌的一天，我根据所知的进口情况，又写了一份有关陆军兵力的报告。这份报告见本卷附录[①]。

*　*　*

德国潜艇在发动攻袭的时候，采取由几艘潜艇同时从不同方向袭击的方式,这一新战术别称为“狼群”战术。他们通常在晚上发动攻击，进攻的时候潜艇驾驶非常快，唯有距离较近时才能发现它们。要想应对敌方的潜艇袭击，我们唯有使用能追得上它们的驱逐舰。

---

① 见本卷附录（4）。——原注

在之后的一两年中，“狼群”战术是敌人最常用的战术。这种战术给我们带来了两个难题：

第一，这种夜间袭击太突然了，我们必须设法保护我们的运输船队免遭突袭。在这种袭击下，舰艇探测器根本起不到作用。我们能做的，就是投入更多的快速护航舰艇。当然，这时候，我们还更需依赖发展运用起来的雷达。但是，要想不会遭到不堪想象的损失，我们还必须找到能够彻底解决这一难题的方法。在以前与德军潜艇作战时，我们曾在一些小规模的战役中取得了一定的成功，这使得我们产生了一种不应该有的安全感。如今，大规模的战役开始了，而我们的科学设备却跟不上。为了解决这一问题，我们的科学家以及海军、空军人员共同协作，奋力研究，逐渐取得了成就。然而，研究的成果如何，需要经过一个过程来慢慢显露。在它还未显露出来的这种时候，形势仍令人担忧，我们还将承受很大的损失。

第二，对升到水面的潜艇，我们可以发动空袭。虽然我们了解敌人的弱点，但是，要想确保在长期作战中会获胜，我们还必须确认自己能掌控时间，使我们能够放心诱敌。基于这个道理，我们还需要做好各方面的准备，包括准备充足的空中武器以及训练海、空军使用这种武器的时间。

当我们最终解决上面两个问题后，德国潜艇只得回到水中作战了，而我们也可以用牢靠有效的老方法来对付它们。但是，直到两年后，我们才在敌我双方的潜艇战役中获得了喘息。

新的“狼群”战术是由曾在第一次世界大战中充任潜艇艇长的邓尼茨发起，他既是德国海军上将，同时是德国潜艇舰队总司令。真正施用这一战术的人，则是凶悍的普里恩以及其他卓越的德国潜艇舰队司令。这些人，很快就遭到了报应。3 月 8 日，我们的驱逐舰“狼獾”号击沉了普里恩的第四十七号潜艇，他本人以及潜艇上其他敌兵也一起沉没。九天后，他们的第九十九号和第一百号潜艇联合袭击我方一支运输船队，结果也都被我们击沉。这两艘潜艇的海军军官也如普里恩一样优秀，消灭敌方的这三个能人后，战役的进展有了明显的改变。事实证明，德国已经没有了比这三个人更凶悍威猛的潜艇司令官。同在3月间，我方后来于西部海口地区又击沉了敌人五艘潜艇。

在潜艇战中，我们损失的船舶共计二十四万三千吨，受到空袭而损失的船舶有十一万三千吨。虽然我们的损失也很惨重，但总的来说，在大西洋战役的第一回合中，我方算是与敌方打平手了。

* * *

这时的大西洋彼岸有一件绝顶重要的大事将要发生。在此期间，我一直与霍普金斯保持联系。此前，我针对“一批二十五万支来福枪和弹药已安全运到”一事，致电感谢了他，2月28日，我又给他发了一封电报。

西北海口地区的船舶损失率还在增高，能够安全运达英国的船舶吨位仍在减少。自你我上次会晤过后，这一情况越来越严重，这使我日渐焦虑。请告诉我“租借”法案会在什么时候通过。在此期间，形势一天比一天严峻。

不久，我们就收到了美国方面的好消息，说的是在3月11日已由总统迅速地批准了“租借”法案。霍普金斯第一时间内就通知了这一消息，这让人倍感欣慰和鼓舞。我们所需要的物资马上就会到了，只要挺过这一刻，情况就会好转。

首相致霍普金斯先生　　　　1941年3月9日

听到好消息，无限感谢上帝。形势日渐严峻。向你致以诚挚的谢意。

前海军人员致罗斯福总统　　　　　　　　　　　1941年3月9日

在这样艰难的处境中，你们的援助无异于雪中送炭，整个大英帝国感谢并祝福你以及所有美国人。

我曾于2月9日的广播演说中这样说："只要给我们武器，我们就会完成任务。"这种说法是暂时性的，因为我们所缺少的东西还很多，需要努力去补充。

* * *

财政大臣需要编制财政预算，现在，我们也必须编制1941年即德国发动潜艇战这一年的进口预算。根据3月底之前完成的所有汇报情况，关于我们的海陆空三军的规模和性质以及应当争取的进口物资的数量和性质，都可以大致知道，我也可以向战时内阁提出我的最后的建议。

首相关于进口计划建议的备忘录

1. 我们应要假设1941年的进口额会在三千一百万吨以上，以这个数据为基础，那么，粮食的进口就必须多于一千五百万吨，贸易部的进口额则需一百万吨。这样的话，我们就可以分配一千五百万吨的物资给军需部——他们原估算的进口物资为三千五百万吨，从中分配得到的为一千九百万吨。军需部的进口额削减了四百万吨，他们应该据此修订原计划。依我之见，能削减的主要物资是黑色金属、木材以及纸浆之类。至于钢材，我们现在可以随时从美国购入，因此不必认为一定要保留现在所有的全部钢铁工业。所需物资应该集中进口，航线选择上应该采用最快捷的航线。同样，在进口粮食方面，也应该采用同一种方法。

2. 进口总额可能会下降到三千一百万吨以下，如若发生这种情况，就应该核算后适当削减粮食部和军需部的进口额，以便平衡我们的不足。当然，这种削减是暂时性的，此外，削减应该按照粮食一吨则军需品就二吨的比例进行。反之，如若进口额超过三千一百万吨，超出部分也按上述比例来分配。应等到实际收成确知后，也就是秋季时，再重新检察形势。

3. 陆军部曾用三个星期来考虑我提出的有关陆军规模的建议，最后才做了回复，我已收到他们的复文①。我此前提出的各项建议都没有考虑到 1942 年之后的事情，但是，理应根据事态的演变来重新考虑问题。另外，关于我提出的"约二百万(人)"这一数字，若从陆军部的意愿解释的话，也可具体为"二百一十九万五千"。事实上，他们已经按照具体后的数字作了准备。我拟定要有十五个装甲师，陆军部建议用十二个装甲师和九个陆军坦克旅来代替他们，可以批准该提案。此外，也可以同意陆军部的另一提议：到 1942 年 3 月时，能使帝国陆军总额达到五十九又三分之一个"标准师"。不过，事实上，我们从现在到 1942 年末可节省的人力会有四十七万五千人之多。这部分的节省之外，我们还可以削减步兵与炮兵，增强装甲部队的实力。如此一来，军需部在营房、服装和子弹方面的供应问题，也会得到部分解决。

4. 我在 1 月的时候向罗斯福总统传达了珀维斯计划，以便说明我国陆军的总实力。现在，可根据军需部的意愿来更改这项计划，明确某些方面的数据。在重新修正的过程中，如果没有什么困难阻挠的话，应该将装甲部队所占比例的改变也纳入其中。但是，有一点尤其要注意：美国可能会提供给我们的且是我们所需的那

---

① 见本卷附录 (4)。——原注

部分物资，一律不能修改削减，特别是那额外的十个师的装备。

5. 我们的海军计划中包含有和进口有关的事项，该计划会在另一处中提及，但是在此可以大致说一下进口方面的问题。

仍有三艘“英王乔治五世”号级战列舰没有竣工，应该全力抓紧时间完成这项工作，尤其要全速建造能在 1943 年竣工“先锋”号，因为它是唯一能完成于 1945 年之前的主力舰。浅水炮舰还缺少一艘。当前，其他重型军舰的建造对我们来说是不恰当的。甚至在之后的半年内，我们也都无法提供装甲板给海军，新建装甲板工厂也不可能。等到 9 月 1 日时，这一方面的情况会有变化，到时可根据大西洋战役和美国的参战情况，来重新审时度势。

关于海军部对装甲板的需求，1941 年度规定为一万六千五百吨，1942 年度规定为二万五千吨，海军部应该将需求量保持在这两个数据以下。若是该部门能够做到这点，军需部便可按照计划，生产更多的坦克。

6. 已计划 1941 年的进口额为一千五百万吨，粮食部和农业部应当从这个数据出发，联合制订接下来 18 个月的计划。如有必要，可将我们的牲畜列入今后六个月内的肉类储备计划中。不过，我们的军队在战争中所需的各种食物，应该尽量通过进口来解决。计划所涉时间跨度为长长的十八个月，这样可避免政策的突然变更导致的问题，同时有利于我们灵活地调动分配物资。

7. 在以上限制下，英国空军是最先被考虑到拨给物资的部门，该部当下享有使用人力、物力的优先权，从这点考虑，它应该设法最大地发挥所得物资及人力物力的作用。

战时内阁同意了以上各项明确的指示，其他有关部门对此也没有任何异议，一律按照指示来办事。

* * *

自“租借”法案通过之后，我们与美国保持了越来越密切的关系。我们给他们施压，迫使他们对维希法国的态度变得不那么友好了。从德国战斗巡洋舰在最近的劫掠行动中的表现来看，它们具有相当强大的威力以及严重的危害性，而不久之后，“俾斯麦”号还会增援这些威猛的军舰。另外，我们还唯恐法国舰队可能会被德军控制，这样的话，那艘速度飞快的战列舰“敦刻尔克”号将会为他们所用。

我致电总统：

前海军人员致罗斯福总统　　　　1941 年 4 月 2 日

1. 根据绝对可靠的消息，得到停战委员会“许可”的维希政府将会“解除武装”：会动用所有“斯特拉斯堡”分队，把战列舰“敦刻尔克”号从奥兰送到土伦。

2. 可以看出，维希政府这次行动的目的在于修理军舰。我们理所当然要假设他们是受了德国的指示才这么做的。

3. 不用说你也知道这个行动将会使我们遭受什么样的严重危险。德国海上军舰给我们带来的威胁，已经是一个严峻的难题。给他们的攻击舰队增派这么一艘军舰，我们的处境就是雪上加霜。若是达尔朗海军上将言而有信，我们希望他将会采取最后的措施，从法国本土港口上派出所有能用的海军舰艇。问题是，如果“敦刻尔克”号已经进入船坞中等待修理，那么，德国人就还有时间发动攻击，以占有这艘军舰。

4. 从这种不详的情况来看，我恐怕我对达尔朗的怀疑是正确的。

5. 你曾让驻维希的大使向法国政府传达说，若能让法国本土港口内的所有法国军舰都调派到北非的大西洋沿岸港口，那么，关于向法国非占领区域内提供粮食的谈判，将会更加顺利。然而，如今，达尔朗没有遵照你的指示，故意与你作对。

6. 达尔朗若是顽固执行这一行动，他的国家将不再会得到接济，美国最后也将不再同情他们。关于这一点，我迫切希望你立即向贝当元帅说清楚。我们自己已置于这种险境中，理所当然不会再给法国提供粮食救助。但是，只要贝当元帅能够阻止达尔朗，希望还是有的。若不然，受到达尔朗这种严重危及我们利益的行动影响，我们可能会不计后果，势必要击沉这艘军舰。这是一项很重要的事情，我希望能够确认你对此是有同感的。

7. 最为重要的一件事是：我们一定不能让法国人以及控制他们的主人注意到，我们或许会采取那个激烈的应对方法——在第六节中提到过这个方法。

不管事态再如何紧迫，我都打算等到知道总统的想法意见了再作出行动。

首相致首席海务大臣　　　　1941 年 4 月 3 日

1. 必须得到确认罗斯福总统不反对之后，才可攻击“敦刻尔克”号战列舰。若是他的复电中没有提到这件事，可视为他默认我们进行攻击。

2. 接到罗斯福总统的复电后，无需我的指示，首席海务大臣在有可能的情况下应与掌玺大臣商讨，作出决定。

3. 我们要攻击的是一艘有驱逐舰护卫的军舰，成功的把握大概只有十分之一。虽然无法保证成功，但就我个人而言，我是非常赞成发动这一攻击的。

4. 在我看来，维希方面也知道我们发现了他们正在干的讨好德国人的勾当，因此我认为，他们对我们的攻击行动不会有什么大的反应。他们将可能会通过广播一再向法国人解释说，他们这么做也是逼不得已的，如果不将这艘军舰移交给德国的话，那么等到德军对他们发动袭击时，法国舰队中也只有能够出海的那些能够驶离土伦船坞，而它只能束手就擒。

* * *

第二天，我们收到了总统的复电，得知在接下来的十天内“敦刻尔克”号都仍会留在奥兰，因此我们可以等几天后再作出决定。4月6日，我们又接到总统的电告，了解到美国派驻维希的顾问马修斯先生已经急速召见贝当元帅，要求他前来会谈，而且贝当元帅也已答应了会谈要求。不过，他显然不知道马修斯所说的“敦刻尔克”号问题是什么情况，于是召来了达尔朗。达尔朗是这么对贝当元帅解释的：这种消息自然是英国人传出的，因为英国意图使得只有英国舰队能够在地中海上穿行，他之所以把这艘战列舰调到土伦，是因为在奥兰无法修理它，而他也没想过要将它留在那儿。

贝当和达尔朗都曾以个人名誉保证不会让德国人夺去法国军舰，因此，达尔朗再次保证说，不会立即将“敦刻尔克”号调离奥兰——在接下来十天乃至更长的一段时期内，也不可能做好准备工作。美国驻维希的大使馆人员相信了他们所说的话，而且认为，即便这艘战列舰转到土伦，它在8月底之前也无法用于战争中。另外，在会谈中达尔朗多次说出了反英的话。贝当元帅对马修斯先生说之后会给他一份正式的答复。总统表示，显然，贝当元帅显然不是一个过于依赖记忆力的人，而是一个注重用文字来表达正确意思的人。所以，他可能过后会深思熟虑一番，才说出我们所要求的保证。

我复电感谢罗斯福总统，并表示我仍保留对此事的关注。

前海军人员致罗斯福总统　　　　1941年4月6日

1. 我非常感谢你在“敦刻尔克”号问题上所做的积极的干预。不可否认，即便是在土伦，在三个月乃至半年内也无法修复这艘军舰。既然如此，他们为何让我们牢记这个问题呢？达尔朗虽然以个人名誉担保不会让德国人夺去这艘军舰，但是，他的名誉的基础本身就不值得信任。因此，在德国人进攻土伦之前，很难设想有一只船坞中的或大修中的舰只不会被他们劫掠，特别是在现场一直有德国军官和特务坚守的情况下。可以回顾我们当初在朴茨茅斯和普利茅斯夺取法国船舶的情形，那真是太简单了。所以，我们坚持我们原来的要求：凡是属德国控制的海域或者可能已被他们控制的法国港口，都不能作为调遣法国船舰的目的地，反之，应该将船舰调到相反方向的港口去。试想，既然达尔朗可以将“敦刻尔克”号调到土伦，那么他完全也可能调动分别停泊在卡萨布兰卡和达喀尔的“让·巴尔”号、“黎歇留”号。

当前，最牢靠的措施，就是毫不留情地继续对他们施加压力，所以请你们继续这么做。我们已经确知“敦刻尔克”号军舰将会在4月的某个早上离开，现在他们已经做好了所有准备工作。实际上，贝当了解的情况很少，卑鄙无耻的达尔朗隐瞒了一半以上的实情。我们希望你能阻止达尔朗的行动，特别希望你的阻止能够有效，这样的话，我们就不必冒险采取激烈的措施了。毕竟，走这一步更不利于双方。

2. 我认为应该公布我将于星期三在下院发表的以下讲话，只是不知道公布这一消息是否能够有效制止达尔朗，也不知道你是否介意我这么做：

“一直以来都会对我们造成威胁的一个事情是：达尔朗有可能将‘敦刻尔克’号从奥兰调到土伦，以便发挥它的功用。如果他这么做，全世界海军力量的平衡将会遭到破坏，我们自己的利益以及美国的利益都将会受到影响。美国政府已经通过贝当元帅，抗议这种事情的发生，维希政府也应该从中看出，若是走这一步，法国的利益也必将受到损害。对于这一威胁行动，英王陛下政府自然只能视之为受希特勒威逼利诱的结果，同时认为，这是达尔朗海军上将为了获得德国人的信任而采取的阴谋措施之一，而他这么做的目的就是能够成为受德国控制的法国代理人。鉴于此，英王陛下政府将保留适当的权力，以便在该舰于航行中或在土伦港进行修理时，能够自由采取行动应对可能发生的任何情况。如果形势真发展到这种地步，英王陛下政府也只能表示深深的遗憾。因此，自始至终，英国对法国都是没有任何企图的，英王陛下政府所唯一希望的，就是法国不被德国牵制，帮助法国维持自由完整。”

希望你能告知我你对我的上述演讲的意见，以及你能否暗中主导、解决这件事。

4月9日，我在下院做了上述发言。最终，在总统施加的压力之下，维希政府屈服了，“敦刻尔克”号事件由此得到了解决。两天后，总统将一份法国正式复文的抄件转交给我。

1941年4月11日

4月4日，贝当元帅收到美国顾问的一份信件，其中有一则要他予以注意的消息：得到“威斯巴登停战委员会”的授权许可后，法国政府正准备将奥兰的“敦刻尔克”号调往土伦。这一行动与美国政府在同一时间内希望法国海军做出的行动相违背。该信件中提到，“维希政府一面希望美国政府能够给法国非占领区域提供必要的支援，一方面却做出这一行动来，显然，如果它进行这样的调动，将会促使美国政府停止支援，其他任何合作方式也是不可能的了”。

以元帅为领导人的政府以一种很轻松的态度坦诚说：

他们不久之后将“敦刻尔克”号调到土伦属实，这是为了有效备战，这种行动只是在充分行使主权，是出于技术上的考虑才这么做的，没有受到其他国家的施压。关于“敦刻尔克”的受创，美国政府非常清楚：1940年7月，法国遭到恶意攻击，不仅该战舰严重受创，许多法国人也因此丧命。虽说该舰现已能够使用，但是，它还需要最后的修理，而这最后一步需要在没有水的船坞中进行，当前，只有土伦才能满足这一修理条件，北非或法国非占领区都没有足以容纳该舰的兵工厂。正是也仅是出于这个原因，他们才想到要转移“敦刻尔克”号，他们认为有必要这么做。

不过，美国政府好像认为这一战舰的转移工作关系到政治，鉴于此，法国政府就允诺，在关于这个问题的协议达成之前，不会落实转移该舰的工作。同时，法国政府希望，美国方面可以由此看出法国真切地想要尽力履行此前的协定，以确保法属非洲和法国非占领区物资的需求得到基本的满足。

另一方面，该军舰是法国最珍贵的军舰之一，答应延迟修理它，不仅挫伤了法国政府的自尊心，同时，由于该舰是法国海上运输重要的保卫手段，便会牵连影响到法兰西帝国自我保卫能力以及相关利益。从这些损失考虑，法国政府希望美国政府能在伦敦出面，替法国争取获得英国政府这样的承诺：在“敦刻尔克”号仍于北非停留期间，英国不会再劫掠在法属殖民地、法属非洲及法国非占领区之间的法国合法商船。

法国如今正在受饥荒威胁，对于这样一个国家来说，如果它得到相关的承诺无效，本应受保护的商船仍被袭击，夺取，那么，它自然会想到自我保卫，要求它放弃这种保卫是不可能的。当然，我们还没有得到英国的这种承诺。

在罗斯福总统此次强有力的干涉下，我们同维希法国的关系有所缓和，彼此间的敌视少了些。

第八章　大西洋战役之美国的干涉

1941年

美国的军事援助——在华盛顿秘密召开的参谋人员会议——美国海军基地的发展——德国潜艇向西转移——冰岛的重要作用——哈利法克斯航线——皇家加拿大海军的成长——设在纽芬兰圣约翰斯的护航舰前哨基地——损失越来越惨重——三个月内被击沉的船舶达八十万吨以上——美国加大支援力度——安全区域在4月11日扩大——美国的海上边疆——亚速尔群岛——我发于4月24日的电报——海军部同戈姆利海军上将举行会谈——5月27日，美国总统宣布国家进入无限期紧急状态——希特勒畏惧和美国交战——德国潜艇遇到困难——敌人强大的联合战术被破了——我方自6月起占据优势——我们需要更多更快的护航舰——还有远程飞机——及性能良好的雷达——从船上发射战斗机以抗击“福柯乌尔夫”式轰炸机——停止每周公布沉没船只数字——我们设在利物浦的联合司令部取得的成就——7月7日，美国占领了冰岛——布雷斯特造成的威胁——作战机构统一指挥——我们的损失和紧迫的努力——莱瑟斯勋爵的任命——刘易斯·道格拉斯先生——改善了清理港口堆积货物的办法

潜艇战的进展此时有了很大演变。继我们在整个3月灭掉德国的三个海上“王牌”后，我们同时改进了自己的防御措施，潜艇战术由此受到了很大的影响。

当发现西部海口地区的战斗太激烈后，敌人将他们的潜艇转移了到西面更远的海域中。南爱尔兰不准许我们使用它的港口，只允许我们的少数小型舰队的护航舰进入附近海港，但是，我们在那里也无法给予这些舰只空中掩护。另外，从联合王国海军基地出发的我们的护航舰，也不能全程掩护我们走哈利法克斯航线的运输船队，而只需有效掩护其中四分之一的航程。

4 月初，我方一支运输船队在西经 28 度的航海线上，遭到了敌方的“狼群”袭击，当时我们的护航舰还在后头。久战之后，我方二十二只船中被击沉了十只，一艘德国潜艇被击毁。不管用什么方法，我们必须得扩大我们的控制范围，否则只能数日子等被击溃的那天的到来。然而，迄今为止，我们能够从大西洋彼岸得到的援助，仅是在物资方面而已。好在总统能够凭借他作为三军统帅所享有的、通过美国宪法反映出来的各项权利，在当下这种日益严峻的形势下开始给予我们武装援助。他绝不允许德国侵犯美国，德国的潜艇以及为了袭击我们的舰艇而进行的战争，都必须远离美国海岸。此外，他还要求，必须保证他给不列颠运送的军火起码能走一半以上的航程。

在 1940 年 7 月时，由总统派遣到英国的一个海陆军使团，就曾与我们进行了“探索性的会谈”。通过观察不久之后的战斗，美国海军观察员戈姆利[①]海军上将满意地发现，不列颠抗战的决心是坚定的，抵抗进逼眼前的威胁的能力也是充足的。他和英国海军部共同承担的任务，是思考如何更好地运用美国力量。事实上，运用这一力量也只能通过两种方式，一是按照协定，如现在一样，将这部分力量用于“非

① 罗伯特·李·戈姆利（Robert Lee Ghormley，1883—1958），1940—1942 年任派驻伦敦的海军特别观察员，在现场观察不列颠之战，1941 年晋升海军中将。——译注

参战之外的各种援助”，二是等到美国也参战时，和英国武装部队一起并肩作战。

两大英语国家联合防御大西洋战役的计划，在最初的时候便已经广泛形成了。1941 年 1 月召开的参谋人员秘密会议，就针对整个战局形势，制定了一个结成同盟的世界战略。当时决定，如果美洲和太平洋也被卷入战火中，那么，大西洋和欧洲即会被视为具有决定意义的战场。美国军事首脑赞成这一决议，同时也同意届时必须先打败希特勒。正是以上述决议为基础，美国才在大西洋战役中提供了必要的援助。现在，我们已经着手准备各项工作，以便满足在大西洋中航行的联合远洋运输船队的需要。

美国支援的运输船队和空军有必要在英国选择一个总基地，为此，1941 年 3 月，美国军官访问了大不列颠。之后，建筑基地的工程便展开了。事实上，美国在西大西洋英国领土内发展基地的工作，在 1940 年便开始了。自访问之后的这段时间内，这项工作取得了飞速的进展。美国在北大西洋的运输船队，到达英国后以纽芬兰的阿根夏为最重要的基地。通过这一基地和联合王国的港口，美国武装部队可以发挥他们的最大作用——或者说，通过这样的规划，他们的作用能够发挥到最大，从而为大西洋战役奉献他们的力量。

位于加拿大和大不列颠之间的纽芬兰、格陵兰以及冰岛这些岛屿，紧挨着哈利法克斯港与苏格兰之间那条航线——呈弧形的最短的一条航线。美国的武装部队有了这些岛屿作为“踏脚石”，就可以施行分段控制，最终控制整条航线。虽说格陵兰几乎没什么资源，但是，其他两个岛不用担心这个问题，我们可以利用后者弥补前者的不足。曾有人说：“占领了冰岛的人，等于是拿着一把手枪对准了英国、美国和加拿大。”正是以这句话为真理，在 1940 年丹麦受到践踏时，我们才占领了该岛——得到了冰岛人民的允许。1941 年 4 月，我们在该岛设立了我们护航舰分队和飞机的基地，以便更好地对付德国潜艇。如今，该岛成为我们一个独立的指挥区。以这个岛为中心，我们扩大了海上护航舰的活动范围，将其延伸之西经35度。不过，这个范围还是无法弥补在西面的一个危险的缺口。5月的时候，我们从哈利法克斯港口启程的一支运输船队，在西经41度的海域遭到了敌人的猛烈攻击。由于我们的反潜艇护航舰未能及时赶到，我们损失了九艘船只。

此时，我们的造船厂生产出了许多新式护航快艇，皇家加拿大海军的力量得以增长，并准备投入这种生死攸关的战斗中，承担起重要的任务。于哈利法克斯港口起航的那只运输船队被袭击后，我们很清楚地看到，唯有走从加拿大到不列颠的全线，我们的护航舰才有可能起到真正的护航作用。因此，我们必须争取能够得到纽芬兰的圣约翰斯，以之作为我们联合护航舰队的前哨基地。5月23日，英国海军部向加拿大和纽芬兰政府提出了这一请求，并得到了它们的同意。月底，我们终于可以进行全线的护航。自此之后，皇家加拿大海军便倾尽他们的全力，扛起了那条远洋航线西段的护航责任。至于其他航线上的运输船舰，则由我们以大不列颠和冰岛为基地给予保护。

虽然做到了这一步，但是，由于我们能用的舰艇数目有限，护航的任务还是很难理想地完成。我们的损失依旧越来越惨重。自三月到五月之间，我们的一百四十二只船只被德国潜艇击沉，损失共计八十一万八千吨，其中属于英国的船只九十九只，大概六十万吨损失。德国下了狠劲，势必要阻挠我们的运输，他们在北大西洋的潜艇，总能保持在十二艘左右，此外还在弗里敦对我们发动攻击。在弗里敦附近的海域，我们在前五个月的某个月中，有三十二艘船只被他们的六艘潜艇击沉。

* * *

美国总统与我们的关系越来越密切。他的强有力的干涉是具有决定性的作用的，这一点不久便得到了证明。在我们看到设立冰岛基地的必要性时，同月中，他也下令在格陵兰设立一个航空基地，供美军使用。据我们了解，德国人已经在正对着冰岛的格陵兰东海岸建立了气象站。所以说，总统的这一指示行动是非常及时的。按照其他的决策，我们还可以使用美国的船厂，修理我们在地中海或其他海域的战斗中受损的商船、军舰。这一便利，非常必要地缓和了我们国内紧张的人力物力。4月4日的总统电报，证实了这一决策的可行性。另外，总统还提到，他已下拨经费，要求另建五十八处下水场地及新建二百艘船舶。

前海军人员致罗斯福总统　　　　　　　　　　1941年4月4日

1. 美国大使刚才给我转达了有关船舶情况的你的电报，我在此对你表示无限的谢意。

2. 我们在我国西北海口地区加大了护航力度，并在过去的几周内给了德国潜艇有力的打击，它们现已转移到了更偏西的海域中。但是，在4月3日的早晨，于西经29度的海域内，敌方又击沉了我方四艘船舶——我们的护航舰队在悲剧发生后的第二天才赶到。只要有驱逐舰和护航舰，击败敌方潜艇并不是难题，只是，我们这些舰艇数量有限，无法顾及全局，奔忙作战使得我们如今疲惫不堪。若是你们能够派十艘快艇以及相关人员过来，我们将安排他们在冰岛驻扎，他们可在冰岛附近有效区域内掩护我们的运输船队。他们可行动的半径，与我们驻英国的护航舰的控制范围是衔接的。远程飞机是我们在西北海口地区作战的另一个关键，这种飞机的运送工作正在落实。我们并没有因当前日益惨重的损失而失去信心，而是仍希望在之后的一个月或者六个星期中，能够借助我们的相当数量的“旋风”式战斗机，削弱这种威胁。这些能够从商船上起飞的飞机，可以在危险水域中充分发挥巡航以及护航的作用。

一个星期后的4月11日，我接到了总统的一个重大消息。他在给我电报中说，美国政府有这么一个计划：扩大战争初期划定的安全地带和巡逻区域，扩展后的安全线以内将囊括西经26度左右以西全部北大西洋水域。

为了落实这一计划，总统提议，凡是从格陵兰、纽芬兰、新斯科舍、美国、百慕大群岛和西印度群岛——甚至之后还可能包括巴西在内——出动的飞机与海军舰艇，都要充分加以利用。他还说，“敌国的战舰以及飞机有的是在安全地带的新线以西出动的，为了使得我们的巡逻舰能够发现这些舰只飞机”，美国有必要知道我们的运输船队的行动，为此他催促我们秘密告知有关情况。他还提到，如果美国武装部队在他们的巡逻区域内发现敌方的任何舰只或飞机的话，必定会立即向我们汇报它们的位置。总统最后说：“我可能不会就此事发表特别声明，而是下达命令，让海军作出行动，以证实这个新的巡逻区域是存在的。”

我向海军部转达了总统的电报，心里的石头总算落了地。

前海军人员致罗斯福总统　　1941年4月16日

收到你的有关大西洋的重要电报后，我本打算详细复电给你的。你带来的消息让我们海军部非常高兴，也很满意，他们还拟定了一份有关技术和意见的报告。得知戈姆利海军上将在大概两日后到达，他们就想着，是不是应该先同他商讨过后再决定是否要发出这份报告。他们非常迫切地要知道该如何做，因为如今事态紧迫，关系重大。我不知道戈姆利是否知晓此事。当下，西经30度的海域内出现敌方十五艘潜艇，显然，最有效的打击，就是派出驻扎在格陵兰的美国水上飞机。

电报发出两天后，即4月18日，针对总统于4月11日的电报中提到事情——重新规划一条分界线，划分东西两半球安全区域——美国政府发表了正式声明。于是，在这之后，美国的实际海域边界就是那条沿着西经 26 度划定的界线了。如此规划之后，英国在美洲的领土及附近领土、格陵兰和亚速尔群岛，都成为了美国领土的一部分，待向东扩展之后，冰岛也将被列入其中。按照这项声明，美国将会派出军舰在西半球的海域，一旦发现此区域内有敌人就会通知我们。不过，美国此时还不能直接支援护卫我们的运输船队，因为他们仍没有正式参战。这意味着，英国还需自己承担起全线为运输船队护航的重大责任。

同一时段中，亚速尔群岛的局势成了英国和美国的海军首脑共同担心的事情，双方都怀疑敌人正在预谋攻占此地，以作为潜艇和飞机基地。这些岛屿紧邻北大西洋中心，与我方在南面行驶的运输船队靠近。若让敌人夺取了这些岛屿，我们将会面临很大的威胁，这威胁正如冰岛在北面对我们造成的威胁一样。英国政府当然不允许这样的威胁出现。同时，葡萄牙政府也看到了这一威胁，并发出了紧迫的求助呼吁。英国正准备编成一支远征军，阻止德国攻占亚速尔群岛，同时算作对葡萄牙呼吁的回复。我们已做好了打算：若希特勒进攻西班牙，我们就趁机夺取加那利群岛和佛得角群岛。但是，这一计划最终因为希特勒将目标转向俄国而流产。

前海军人员致罗斯福总统　　　　　　　　1941 年 4 月 24 日

1. 本打算尽早详细答复你的 4 月 11 日的来电，之所以推迟到现在，是因为一直在等待戈姆利海军上将的到来。然而，他前往英国的日期迟迟不定。在同戈姆利深入探讨过后，我们的首席海务大臣根据他们讨论的结果，向我提出了几点意见。

2. 事实上，我们在大西洋战役中面临的问题有三个，一个是在我们海岸周边活动的敌机所造成的威胁，另外两个分别有关德国潜艇和舰艇。

3. 我们曾非常成功地挫败过德国潜艇，当时的交战区域是西北海口地区西经 22 度一带。可能是因为被我们制服后有所畏惧，也可能是出于其他原因，它们如今转移到了西经30度一带活动。

4.好在得到美国支援的驱逐舰能够在冰岛为护航舰加油之后，我们的护航舰队的实力得到了增强。

5.敌人的下一步行动是可以设想的：让潜艇转移到更西的海域去。若是这么做,他们的潜艇将要航行的路程也不会比现在更远，因为这些潜艇的很大一部分不是以洛里昂就是以波尔多为基地。

6.如此设想后可见，我们下一个有危险的海域应该是在西经35度以西，格陵兰以南。对我们来说，这是一个很难应对敌人的海域。但是，如果格陵兰基地的飞机在侦察时也巡视这一片海域，那将大大帮助到我们。届时，一旦发现敌人潜艇的位置，我们便可以通过信号来指挥，使运输船队改变航线，脱离危险。

7.“弗里敦—佛得角群岛—亚速尔群岛”这片海域，是又一个难以应对敌人的海域。这是因为，走这条航线的我们的船只的续航力有限，不能绕到西面过远的区域中。实际上，这些船只都是靠减少运货数量及带上更多的燃料，才能走这条航线的。我们正设法派出数量恰当的护航舰，保护为该航线上的船只，但是能派出的护航舰也有限。所以说，如果能够得到一艘美国航空母舰的协助，使之在进行空中侦察时为我们运输船队监控前方一段距离的海域，我们的困难将会有很大一部分得到解决。

8.我们可以将我们运输船队的行踪告知美国海军当局。

9.德国人的舰艇对我们威胁最大的地方是在纽芬兰附近的海域，我们在那里的护航舰只不足，而敌方的“沙恩霍斯特”号和“格奈森诺”号又经常在那里伺机而动。若能够继续从纽芬兰或新斯科舍[①]为我们进行远程的空中侦察，我们的困难同样会得到很大的解决。

10.我们想要派驻一艘威猛的主力舰到新斯科舍或纽芬兰去，

① 加拿大东部一省，由新斯科舍半岛和布雷顿角岛组成。——译注

借助我们所知的有关敌人舰艇活动的情报，它可以更好地应对敌人的袭击舰艇。

11. 西经26度西面的我们的船舶所经的海域内，有一部分地区也有可能会出现敌人。在南大西洋和北大西洋的我们贸易航线的附近，我们就曾发现过敌人的舰只，敌人通过这些舰只来给他们的舰艇添加燃料。我们无法派出额外的舰只来搜索这些海域，因此，迄今为止，我们也就没有行动。一旦我们能够落实计划，我们将会在要侦查的海域附近部署好舰艇，以便对付敌人的袭击舰艇。若是能够这么做，敌人必定会因为我们的空中侦察而费神，再加上你们的船舰的情报，我们必定能够狠狠地打击他们。

12. 据悉，英美双方已经商量决定了军舰之间互相转告秘密消息的方案。

13. 以下我提出一个供你参考的建议，其中会涉及与上述问题密切相关的一个问题，该问题越来越让我以及海军参谋部感到焦虑。西班牙和葡萄牙这两个国家，可能会在德国越来越强大的压力下屈从，这样会导致我们的船只无法在直布罗陀下碇停泊。当前，只要那里的可以袭击停泊港口的炮台被德军占领，那么，他们无须派遣大批军队穿过西班牙，而只需派几千名炮兵和技术人员驻扎在炮台，就可以让葡萄牙和西班牙投降。事实上，他们已经展开了行动，以他们一贯的手段逐渐侵入丹吉尔，他们的炮兵专部不久之后可能就会成功攻占直布罗陀海峡的两岸。

14. 我们当然会做好准备。我们的两支远征军就是为了预防这种情况的发生而编制的，一旦西班牙遭到攻击或者屈服，我们将立马派出它们。届时，其中的一支军队将会从不列颠出发，先后进驻亚速尔群岛，占领其中两个岛屿。另一支则以同样的方式去到佛得角群岛做好准备。从他们接到展开行动的信号起，他们将需要八天才能完成这些行动。但是，德国人也有可能提前做好准备，来个先发制人。当前，我们的海军方面资源有限，无法提供额外的监视这一行动的部队。若是你能尽快派出一支美国分舰队在这一片海域巡航，将会大大帮助到我们。这还可能会震慑到纳粹的袭击舰艇，让他们闻风而逃，如此一来，我们就可以在这一带海域经常走动，并获得更多珍贵的情报。

15. 此前，我与福雷斯特尔先生进行过很长时间的讨论。明天晚上，我还将与他以及哈里曼共同探讨默尔西河区域的局势，这个问题与西北海口地区的局势有着很重要的关系。

* * *

这段时间内，海军部同戈姆利海军上将的会谈有了结果，我们与美国方面根据该结果一起商定了详细的计划，确定美国在大西洋方面的援助行动。

前海军人员致罗斯福总统　　　　1941 年 4 月 24 日

1. 你们制订的“防御西半球的海军计划第二号”，使我高兴万分。我给你们发出的电报——与美国官方电报同时发出的那封——中提到的各个观点，都可以在该计划中找到。你们的行动如此迅速，让人不胜感激、感动。我们刚刚接到消息，说在百慕大东南约三百英里的海域内，发现了敌人的一艘在海面行动的袭击舰。关于我们运输船队的行踪以及其他方面的消息，我们都会想方设法告知美国舰队总司令。现在，戈姆利海军上将正与我们海军部进行频繁的沟通交流，商讨有关参谋人员的安排事项，相信不久就会有个结果。

2. 原本，我们会根据德国潜艇的活动情况，来决定来往于好望角的船舶是否要转移。但是我们现在决定只用西经 26 度以西的一条航线，在将来的一段时间内，若是没什么意外的话我们仍将继续利用该航线。

3. 美国海军在西北海口地区即将采取的各项步骤，将会发生很大的效用，使我们能够获得大西洋战役的胜利，因此，我们非常欢迎你们的行动。

关于你们的一切行动，我们自然会保密。不过，我相信你能理解我们的这种心情：我们希望，你能通过任何什么你愿意的方式向外界透露这方面的情况，因为这样做有可能在关键时刻使得土耳其和西班牙的态度发生转变。

总统的政策产生的影响是很重大的。我们的皇家加拿大海军和美国海军共同承担起了艰巨的任务，我们继续在战斗中保持高昂的斗志。美国要参战的倾向越来越趋于成真，“俾斯麦”号于5月底闯入大西洋的行动，使这一倾向更是加速成为敲定的事实。在恰当的时候，我再来讲述这一世界潮流加速发展的过程。

“俾斯麦”号被击沉的那一天，即5月27日，总统做了演讲，我们从广播中听到了他是这么说的：“战火正向西半球的边缘蔓延……大西洋战役最初是在寒冷的北极地带进行，现在已经伸展到了南极的冰封大陆。”“如果不做出行动，坐等敌人来到我们面前，那等于是自杀……因此，我们的巡逻也要伸展到南大西洋和北大西洋。”结束的时候，他郑重宣布：“国家已经进入了无限期的紧迫状态中。”

* * *

大量的事实表明，美国扩大巡逻范围后，德国人焦虑不安了。雷德尔海军上将与邓尼茨海军上将曾请求希特勒允许德国潜艇在美国海岸活动，同时可以对一部分美国舰只发动袭击——包括编入运输船队中的，以及在夜间行驶但没有照明的。希特勒果断拒绝了这一要求更多自由的请求，他认为，德国的武装部队应尽量避免挑衅美国。一直以来，希特勒都害怕会与美国交战。

*　　*　　*

随着作战范围的扩展，敌人也进行了军力方面的调整。进入 6 月后，他们部署在海上的潜艇共有三十五艘，其中不包括进行训练的那些潜艇。有的潜艇是新下水的，配备这些潜艇的人员中，也是新手多过有经验的老成员，它们尤其缺乏经验老道的艇长。新潜艇的新艇员“能力弱”、年轻、无实战经验，他们渐渐失去毅力，技巧战术一天不如一天。此外，很多德国飞机缺乏装备或者训练，是无法在海上作战的。而如今，战场转移到了更远的海洋区域中，它们的潜艇就无法与飞机联合作战了。虽说敌人无法再使用这种可怕的联合袭击的方式了，但是，在六月份之前的三个月中，我们的损失仍然惨重：一百七十九艘船只被敌机击沉，共计损失五十四万吨。这些损失主要发生在沿海地区，其中有四万吨损失是在五月初造成的——在前一章详细提到过，那次敌人对利物浦船坞发动了两次猛烈的空袭。值得庆幸的是，德国人后来放过了这个严重受创的港口。埋伏在我们沿岸一代的敌人的磁性水雷，是一直存在的威胁。虽说威胁一旦发生便难以设防，但是我们还是能够采取措施来避免危险的。事实上，它们取得的成功有时候并不大。到 1941 年时，被这些水雷击沉的我方的船只数量减少了很多。

得益于加拿大和美国两方的支援，到了 6 月，我们在本国领海以及大西洋上能做的防御部署更全面有力了。我们将这一方面的工作放到了整个作战活动的重中之重的位置，目前，我们仍在设法组织好护航舰只，以期能使它们在护航中发挥最大的作用。此外，还充分发展利用新武器以及新装备，让它们为护航舰只效力。目前，我们的护航舰只还很缺乏，特别是那种更快速的、燃料更耐使用的舰只。远程飞机以及性能优秀的雷达，也是我们紧缺的物资。仅用以海岸为基地的飞机远远不足以护航，事实上，每一支运输船队都需要配备一架能从船上起飞的飞机。这些飞机可以在夜间进行侦察，若是在袭击距离内有敌方的潜艇，这些潜艇会被迫潜入水中，也就难以发动袭击或者发出召集其他潜艇前来的信号。不过，在这一阶段中，这些海上空军力量也只能作为侦察方面的力量使用而已：只能够发现潜艇并逼使它们潜入水中，不能发动对它们的攻击。此外，在夜间的时候,这些飞机的能力发挥受到了很大的限制。在潜艇战中，空军的威力不足以击毁敌方的潜艇，而我们空军还没有发挥出这种威力。

不过，在与敌人的"福柯乌尔夫"式敌机交战中，我们的空中武器很快发挥了它们的作用。我们在普通商船以及配备有海军人员的改装船舰上，装置了飞机弹射机，利用飞机弹射机发射出战斗机，不消多久便挫败了敌机的袭击。想想，一开始的时候，我们的战斗机驾驶员得靠一艘在海中打捞的护航舰，才能保全性命，而现在，我们的战斗机如雄鹰一样直接对它的猎物发动袭击。显然,如今的"福柯乌尔夫"式轰炸机已由猎人变成了猎物，不可能再像之前那样援助它们的潜艇了，只能被我们派出的空中劲敌俘获。

* * *

在这几个月中，我们由于敌人的袭击而不幸受到的损失如下，从这些损失数据可看出这场斗争是何等的生死攸关：

月份	总吨数（吨）
1月	320 000
2月	402 000
3月	537 000
4月	654 000
5月	500 000
6月	431 000

4月份的数字包括在希腊附近作战时所受的额外损失。

*　　*　　*

我时刻关注着船舶损失的情况。

首相致新闻大臣　　　　　　　　　　　　　1941年4月14日

即日起，不应再公布每周被击沉的船舶数据。也就是说，下星期二不应该公布。若是被新闻报纸问及原因，可答复说以后不再每周公布，而是每月公布。如果有人因此发表评论，说我们是想要“隐瞒近期的船舶损失数据”——引用你的举例，你可回答说：“没错，我们就是想隐瞒。”交战双方都会对事情做出各自的解释，我们让事实来说话好了。最近一段时间内，我们不仅要面对这种谴责评论，还得要面对许多比它尴尬的事情。

我将在下院亲自答复有关此事的任何质询。

首相致爱德华·布瑞奇斯爵士、伊斯梅将军
及大西洋委员会其他有关成员　　　　　　　　1941年4月28日

1. 所有装有飞机弹射机的船只，我们一律不打算当作普通货船使用；虽说这类船只以前曾有二百艘，但是，现在，我们无论在什么情况下都不能预设会达到以前的数量。

2. 当前，我们装有飞机弹射机的五艘巡逻船，正如“飞马”号一样展开行动。装上飞机弹射机的第一批商船——十艘，应该尽早加入这一行动中。等到它们联合行动后，我们就应该为十五艘船只建立常规的巡逻制度。建立这样的制度后，我们就能够更加有效地控制敌人的“福柯乌尔夫”式轰炸机的活动海域，或者能够保卫我们在这样的海域中的运输船队。

3. 以上提到的商船中有一部分的规模大、速度快，就实用价值来说，用来从事巡逻工作是大材小用了。因此，海运部应该尽早拨出一些小船只来代替这些商船。其他船只既已代替了这些装配有飞机弹射机的大船，那么，这些大船便可派到弗里敦到不列颠的航线上巡逻。在这条航线中有两个海域是比较危险的，届时，由弹射机射出的“旋风”式战斗机将有机会大显身手。

4. 如果事实证明将这十五艘船舰投入西北海口地区巡逻是正确的，我们有必要再增加投入数量，可立即提出建议。同时，就应该将现在执行巡逻任务的“勇敢”式战斗机归还给战斗机司令部，以便他们在夜间战斗时使用它们。

* * *

在加拿大和冰岛发展扩大基地，是我们一直以来都抓紧落实的事项之一。根据这方面工作的新情况，我们会对护航工作做重新部署。一些比较旧的驱逐舰在得到更多的燃料后，活动半径也扩大了。在这场战争中发挥重要作用的，还有我们在利物浦新成立的联合司令部。在得到更多的护航舰以及操作人员的经验更丰富之后，诺布尔海军上将将护航舰编为了永久性分队，每个分队由分队司令指挥。这样的安排，有利于团队合作精神的培养，同时可以使得司令官的指示得以更好地向下传达，让士兵们在作战中更加同心协力。我们的护航舰舰队的作战能力越来越高，成效显著，而敌人潜艇却在逐渐丧失战斗力。

总统在 6 月的时候提出在冰岛设立一个基地，后来双方还一致同意由美国部队替换那里的英国守军。7 月 7 日，美国部队抵达了冰岛，这个岛屿也就正式被列入西半球防御体系中。在这之后，虽说美国还没有正式参战，但他们的部队在护送本国运输船队到雷克雅未克时，也经常为外国的运输船只提供护航。

* * *

最近几个月的事态对敌人来说是相当严峻的，但是，他们一直没有出动停泊在布雷斯特港口的那两艘德国战斗巡洋舰。由此可见，这两艘战斗舰随时有可能重入大西洋，袭击我们的船舰。这段时期内，有赖于我们的皇家空军，它们才不敢有动作：空军曾在对这两艘敌舰的多次轰炸中取得了相当大的成功，震慑了它们，让它们不敢离开港口。之后不久，敌人想要让它们起航回国，不过，直到1942年，他们的这一计划才得以落实成功。

我们的空中部队急迫需要休息一下，这时，希特勒制定了侵俄计划。制定该冒险计划后，德国需重新部署空军力量，于是进入5月之后便减少了攻袭我方船舶的力度，我们的空军由此得以稍作喘息。

* * *

针对在大西洋战役中能够发挥作用的所有可知因素，我们做了深入的研究。讲述到这里，我们应该谈一下我们在研究中所获得的一些成果。其中有一项因素是非常重要有利的：在商讨决策很多事情的时候，我们在整个过程中都齐心协力。此外，我的同僚授予了我充分的权力，让作为首相的我得以在很广的行政范围内进行统一指挥。这种权限的授予是非常必要的，它使得以我这个国防大臣为主席的作战机构，能够准确无误地执行任何决议。

6月底，海军部提交的报告表明：在北大西洋中被敌人轰炸机击沉的英国船舶数字已经有了显著的下降。我向下院报告了这一情况。

月份	吨数（吨）
2月	86 000 吨
3月	69 000 吨
4月	59 000 吨
5月	21 000 吨
6月（截止到当日）	18 000 吨①
6月	431 000

我曾在3月6日的指示中表明，我们仍未修理的不能使用的船舶有一百七十万吨，打算到7月1日为止修复其中的四十万吨。我们之后有了更大的目标，预计在同一期限内修复七十五万吨。最后我们完成了七十万吨的修复，而这个成果是在五月初就取得了——当时我们正在默尔西河与克莱德河遭到敌人接连不断的空袭。之前，我们已经放弃了很多被击沉的船舶，但是，我们的打捞部以他们优秀的能力将它们打捞了起来，我们现在便决定要修理它们了。意外增多出的这批船舶，是我们另一可喜的收获。采取这一措施后，我们提高了船舶周转的效率。每天在这一项工作中所节省的时间如果可被加以利用的话，我们每年可运入二十五万吨的物资。

但是，实际工作中存在的问题是复杂的。我们的安排总是难以周全，很多船只无法在最方便卸货的港口起岸。由于一艘船上往往有多种物资，它也就得在几个港口卸货，增加了船只的行程，也就更有被轰炸或者航行时触雷的威胁。此外，在这种时候，我们的港口，尤其

① 根据当前的数据，在1941年的下面五个月中，包括盟国和中立国以及希腊的损失在内的话，敌人的空袭给我们造成的损失总数如下：——原注

月份	英国	盟国	中立国	总数
2月	51 865	34 243	3197	89 305
3月	70 266	36 780	5731	112 777
4月	122 503	164 006	9909	296 418
5月	115 131	21 004	125	136 260
6月	39 301	18 449	3664	61 414
总数	399 066	274 482	22 626	696 174

是东海岸的那些港口，随时都可能因受到袭击而暂时作废。规模最大的伦敦港口就是如此。考虑到从该港口派遣大型舰只到东海岸去时，有可能被敌人的飞机、快速鱼雷艇和水雷袭击，我们现已基本上停止使用它了。东海岸口的港口已然不能正常使用，我们只得将本由它们所负的责任的大部分，转移给利物浦、克莱德河和布里斯托尔海峡这些西部港口。不过，由于我们的各种努力，在苦难时期，伦敦港、恒伯河和东海岸更靠北的港口都能肩负承担起它们的任务，一直对沿海船舶和一部分远洋船舶开放。

*　　*　　*

在这场战役进行到高潮阶段时，我对一个人做出了任命，这是我在战时任期中所做的最重要也是最有价值的任命。

1930 年，我不在政府任职，接受了一个公司的分支机构的董事一职，那是我第一次也是唯一一次接受这样的职位。那个公司由奇卡普勋爵开办，该公司在伊比利亚半岛以及东方航线都设有分支机构。在职的八年中，我努力尽到自己的责任，很少缺席每月举行的董事会议。我通过这些会议注意到有一个人非常优秀，这个人主持有三十乃至四十家公司，其中包括我所属的那一家——它只是他所主持的其中一个小公司。我很快便发现了，这个人——弗雷德里克·莱瑟斯，正是这个联合大企业的主心骨。他掌握全局，获得充分、绝对的信任。底层的我禁不住时刻密切关注他，我在内心说：“一旦再次发生战争，将会出现一个优秀的人物——像我 1917、1918 年领导下为军火部效力的那些商业领袖一样，发挥出卓越的领导才干。”

1939 年，战争爆发，莱瑟斯主动申请调到海运部，担任一个专门的职务。当时我在海军部，与他所属部门不同，因此俩人不常来往。当时间走到 1941 年的今天这种时候，大西洋战役正进行到高潮处，我们非常有必要做一件事：航运管理要联合铁路及公路运输，从遭到袭击的港口运输物资。就是在这种形势下，我想到了他，且越发感觉到他的重要性。我在5月8日拜访了他，和他商讨过后，决定合并海运部和运输部，并由他担任这一联合机构的领导者。我专门为他设置了军事运输大臣一职，以便给他必要的权力。如果我授权的对象是下院多年内都没有提到过的一个人，我很难果断地向下院提请授予他高职。因此，我直接向国王提请授予莱瑟斯爵位。

自作为运输大臣起，莱瑟斯勋爵肩负起了统筹军事运输方面的任务，一直到战争结束为止。在此期间的四年中，他的声誉越来越大。在国内，三军参谋及其他各部门都非常信任他。通过他所处的这一关系重大的领域，他还结识了美国的重要人物，且与他们相处得十分融洽。曾在美国海运部任职后来被派驻伦敦的大使刘易士·道格拉斯先生，是与莱瑟斯相处最融洽的一个重要人物。

莱瑟斯对我的帮助也很大，他帮助我解决了很多作战事务的难题，比如调运额外的一个师、把一个师从英国舰只转移到美国舰只上之类。在其他方面的紧急事务上，当我们所有有关部门及人员都想不到办法的时候，只要请他出面，难题就奇迹般地解决了。这样的事情，发生过好几次。

* * *

6月25日，我在下院秘密会议中又作了有关港口堆积物资的清理情况的汇报，汇报内容让人感到有所欣慰。

关于解决港口的拥塞一事，我向来不允许拿任何借口来推托。虽然要解决的困难很多，但是，我们实际需处理并将要处理的总量，不过是战前运输量的一半上下。我们正在尽全力去完成这件事情。国会特别委员会认为，容易受到空袭的码头是最先需清理的，他们建议在内陆建筑分类仓库，来储存这些码头中的堆积货物。当前，我们正在修建该委员会所说的仓库，在建中的有六个，它们主要用来储存西海岸各处港口的堆积物资。9月的时候，可以部分使用第一个将建成的仓库。

我们目前在做的另一件事情是，为新港到塞文河隧道之间的铁路铺设双轨。这项工作的完成，将有利于我们使用南威尔士各处港口。现在，这条双轨线的一部分已投入使用。由于承担了超过预设的负重，我国西部的内地铁路交叉点出现了交通堵塞的现象，接下来的一项工作就是疏通这些拥塞点。在合适的停泊处采用在船边卸货的方式，这么做的确减轻了运输负担，另外，也可以作为一种替代方法，应对敌人猛烈袭击我们的情况。这一方面的事情，也取得了非常大的进展。

新建的紧急港口需要有关装备，因此，我们正在大量增加起重设备。其中一部分也会投入到现有的港口中，以便这些港口在遭到空袭时，其设施能有更大的伸缩余地。光是在5月之中，我们就扩充了一百三十架活动式起重机，它们有的是英国工厂供应，有的是美国运过来。平均算来，过去四个月的月均供应量是五十架。

正是从以上各种情况出发，我认为，每周公布我们的船舶吨位损失数据会有利于敌人，因此我请求下院批准（此前已发出了命令）停止每周的公布。至于报界和国会，我认为，它们只是过于猜想这些数字的重要性了。如前文所述，我在4月的时候就下达了包含有这层意思的命令。我说："我相信，这样做必定不止引起德国人的纷纷议论，也会让我国某些好意的爱国者喷口水。让他们喷去吧。我们不能不顾及我们的水兵和商船水手们，不能不管我们同胞死活、国家的存亡。当前，这些人正处于极度的危险之中。"

听到我的各种解释后，下院似乎非常放心了，极力支持我的做法。我说：

今年秋天之时，我们如果成功抵御住入侵的敌人，再凭借美国现在承担了一部分义务这一优势,我们就能有望跨过这1941年。我们希望在1942年的战役中能够获得空中优势,狠狠地打击德军。此前，由于德国人控制了欧洲大西洋各港口，我们的战略处境是十分不利的。如果获得空中优势，我们就能扭转这一不利的局面。若能使得敌人所占领的大西洋港口和飞机场都形同虚设，或者尽可能使他们难以利用这些资源，那么，熬过了1941年，进入武器充足的1942年后，我们那时要忍受的苦难必定会轻于现在所受的苦难——届时我们完全可以这么说。

因此，我是这么结束我的发言的：

我最后补充一句：我们要知道，敌人也会遇到困难，有的是很明显的，有的则是他们自己比我们清楚；历史上任何一场激烈的战斗中，获胜的一方无不是在不顾敌众我寡或者势均力敌的情况下浴血奋战，最终凭借坚强的毅力获得胜利。

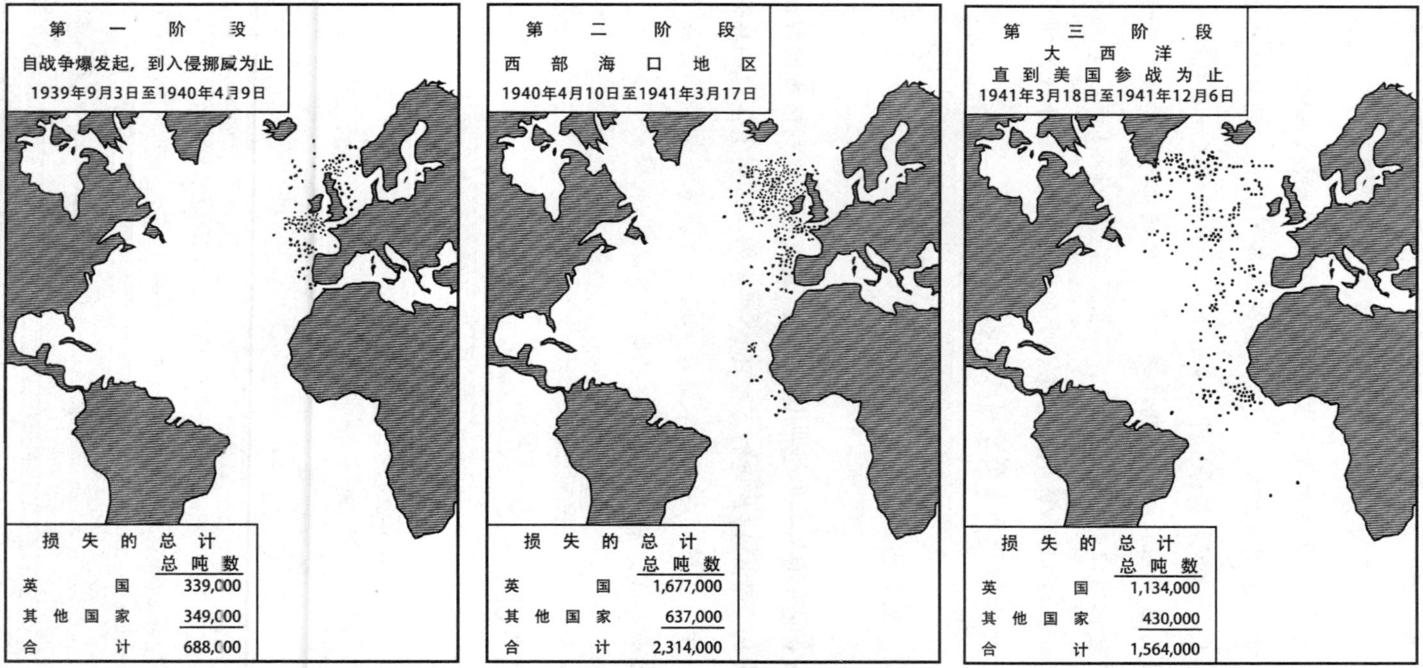

大西洋战役：在大西洋被德国潜艇击沉的商船

第九章　南斯拉夫

南斯拉夫面临的危险——德国收紧布下的罗网——1941年1月，多诺万上校奉命赴贝尔格莱德——希特勒在2月14日提出的建议——保加利亚依附三国同盟条约——3月4日，保罗亲王到达贝希特斯加登——南斯拉夫人的抗议——继续鼓舞南斯拉夫人——3月25日同德国签订的秘密协定——我发于3月26日的电报——3月27日，贝尔格莱德发生不流血的革命——保罗亲王被迫辞职——公众热情激昂——希特勒愤怒了——他决定毁灭南斯拉夫——他下令摧毁贝尔格莱德——他致墨索里尼的电报——德国的计划被打乱——巴尔干联盟未能成立——希特勒威胁匈牙利——匈牙利总参谋长叛变——艾登先生发出警告—— 4月2日，泰来基伯爵自杀——我对南斯拉夫的希望——对土耳其的希望——3月30日，我致电澳大利亚——南斯拉夫在阿尔巴尼亚的机会——迪尔赴贝尔格莱德的使命——混乱与崩塌——迪尔发于4月4日的报告——我的呼吁和警告——苏联的态度——4月6日至 8日的“惩罚”——迷茫的熊

我在前文中提到过，1934年10月，南斯拉夫国王亚历山大在马赛中被刺杀死亡。这一件事之后，南斯拉夫便进入了分裂动荡的时期，它在欧洲的独立地位也开始下降。由于在政治上遭到法西斯意大利的敌视，以及希特勒对东南欧的经济入侵，它更加快速地失去了作为一个独立国家的影响力。内部的分裂动乱、塞尔维亚人和克罗地亚人之间的仇视对立，以及文雅的保罗亲王的执政政策，又使得这一南欧国

家元气大伤，日渐失去声威。同时，在农民党领袖麦契克博士的坚持下，克罗地亚坚持不与贝尔格莱德政府合作。而以意大利和匈牙利为靠山的克罗地亚中的极端分子则意图在海外谋划，将克罗地亚从南斯拉夫中分离出来。

另一方面，贝尔格莱德政府认为，与轴心国和解才是“现实”之策，因此，它不再与巴尔干小协约国家合作。斯托亚丁诺维奇先生是贝尔格莱德政府的“现实”之策的拥护者，他曾在1937年3月25日签订了意大利南斯拉夫协定。他对这一政策的拥护态度，从一年后发生在慕尼黑的事件来看似乎是正确的。塞尔维亚反对党唯恐同德国、意大利建立密切关系有害无利，该党与克罗地亚农民结成了联盟，斯托亚丁诺维奇因此逐渐在国内失去了地位，在选举失败后，于1939年2月被迫下台。

之后，茨维特科维奇任新首相，他和他的外交大臣马科维奇试图维护国内的主要膨胀势力。1939年8月，他与克罗地亚人签署了有关协议，之后，麦契克加入了贝尔格莱德政府。德国苏联签订协议的消息，在同月中传到了南斯拉夫。虽然塞尔维亚人和南斯拉夫人有着不同的意识形态，但是，前者受到后者的天性影响，一贯是倾向俄国的。他们曾因为苏联在慕尼黑会议上表现出的态度，而一度希望东欧的团结不会被破坏。但是，现在看来，这项协定似乎已经决定了他们以及巴尔干各国的命运：将会受到轴心国的控制。

自法国于1940年6月被攻陷后，南斯拉夫人便失去了一贯保护他们的友邦。俄国人夺取罗马尼亚的阴谋显露了，而此时，比萨利比亚和布科维纳已被它收入囊中。在1940年8月于维也纳召开的德意两国会议上，特兰西瓦尼亚被划归给匈牙利。这张在南斯拉夫布下的天罗地网在收紧了。1940年11月，首次暗中前往贝希特斯加登的马科维奇安全返回。他没有同轴心国家签订有关义务承担的协定，不过，在不久之后的12月12日，他却与轴心国的小盟友匈牙利签订了友好协定。

*　*　*

与上述事情相似的事情变得多起来，引起了我们的关注。在这样的形势下，保罗亲王担心，德国人可能会被南斯拉夫或其邻国的行动刺激到，继而向南攻如巴尔干半岛。因此，他尽可能做到保持中立。

首相致外交大臣　　1941 年 1 月 14 日

今天，内阁应讨论的事项，是从贝尔格莱德政府发来的电报中所提到的保罗亲王的观点。这些电报没有改变我的意见。我始终认为，应该让希腊人说明他们对韦维尔访问雅典一事的看法，也应该让他们判断德国人的反应。

德国人根本不必找什么借口就可以南进，而就目前来看，他们的确在落实这一经过慎重思考后所作出的计划。我们不应该认为，他们会因为我们做了什么无关痛痒的行动，就加速或者延迟执行这项计划。从我们获悉的有关德国人行动的事实来看，他们采取这一行动是无可置疑的。在证据面前，保罗亲王所表现的态度无异于：不幸被关进老虎笼子里的一个人妄想自己不惹到老虎就不会被老虎吃，他没有意识到老虎饿了。

在形势越发令人焦虑的这段日子中发生了两件事：

第一件是，1941 年 1 月底，美国政府派罗斯福总统的朋友多诺万上校访问贝尔格莱德，打听东南欧的舆论情况。然而，没有人敢说出内心的真实想法，大臣们和政界中的主要人物都畏惧万分。

第二件是，艾登先生曾提出对保罗亲王进行访问，但被谢绝了。不过，在武装部队军官团中的西莫维奇却是个例外。他是一位空军将领，在部队中是民族主义分子的代表，他的空军司令部设于与贝尔格莱德隔一条河的泽蒙。进入 12 月后，他的部队基地变成了反对力量的一个秘密基地，他们反对的是德军对巴尔干的入侵以及南斯拉夫的因循守旧、使事情恶化。

2 月 14 日，被邀请到希特斯加登的茨维特科维奇和马科维奇，与希特勒进行了会谈。会谈中，希特勒的发言谈到了德国的威猛及他们必定会获胜，他着重讲述了柏林和莫斯科具有密切的关系。希特勒说，如果南斯拉夫同意三国同盟条约的各个协定，当德军进击希腊的时候就不会从南斯拉夫穿行，而只是借用它的公路铁路运送军资。茨维特科维奇和马科维奇的内心都十分复杂、焦虑：加入轴心国，塞尔维亚人可能会怒而暴起；对抗德国会让克罗地亚人觉得他们不忠，当地可能会因此产生矛盾冲突；希腊是巴尔干半岛地区的唯一有可能是盟友的国家，这个国家如今正处于对抗二十多万意军的战争中，同时面临着德国即将发动的攻击威胁；英国至多只会给予象征性的支援，这个国家好像也不可靠。就是在这种沉重的状态下，这两位大臣回到了贝尔格莱德。

希特勒想要南斯拉夫尽快按照他的意愿来作出决定，为此，他已经开始了对南斯拉夫进行战略性的包围。3 月 1 日，保加利亚屈从了三国同盟，夜晚，德国的摩托化部队进入了塞尔维亚边境。为了避免卷入战争，南斯拉夫那个时候还没有动员其军队，现在它必须做出决定了。保罗亲王于 3 月 4 日离开贝尔格莱德，秘密前往希特斯加登。在重压之下，他口头承诺说，南斯拉夫做出了跟保加利亚一样的选择。返回本国后，在一次王室会议以及分别与军政首脑进行的多次谈话中，他发现有人反对他做出的抉择。他以及他的同僚进行了激烈的辩论。然而，现实是，德国已经下了最后通牒。保罗亲王召见了西莫维奇将军，俩人会谈的地点是保罗亲王的白宫，即能够俯瞰贝尔格莱德的山上别墅。西莫维奇将军坚决反对投降。塞尔维亚不会屈从的，那样做可能会导致王朝覆灭。然而，保罗亲王已经让他的国家从行动上陷入了确确实实的屈从境地中了。

*　　*　　*

在伦敦的我，仍想方设法劝说南斯拉夫对抗德国。3月22日，我给南斯拉夫首相茨维特科维奇博士发出了一封电报。

1941年3月22日

阁下：可以肯定，希特勒和墨索里尼最后必将被击溃。任何一个深思熟虑的具有高明见识的人，都不会怀疑这一点。在这一点上，英国与美国这两个民主国家也都宣告了各自的决心。

德国人虽然凶悍残暴，但他们的军兵也就六千五百万，而且，他们的大部分军力都消耗在了压制反抗它的民族这件事情上，这些民族包括奥地利人、捷克斯洛伐克人、波兰人以及当前正备受他们摧残的其他许多历史悠久的民族。

英美这两个国家的本国力量加上英属自治领地的力量，能达到近两亿人。我们控制了海域，这是一个无法抗衡的优势。此外，我们还有美国的援助。用不了多久，我们就会获得同样具有决定性的空中优势。在财富以及技术方面，英美帝国也占据优势，就钢产量来说，世界上其他国家的产量总和都不如这两个国家的多。当前，这几个罪大恶极的独裁者中的一个已经被我们彻底击溃，不可能再站起来了。我们决心要继续制止剩余恶势力的行动，绝不让他们践踏自由，使世界倒退回去。

我们相信，为了争取国家的自由独立与完整，所有具有赤子之心的塞尔维亚人、克罗地亚人以及斯洛文尼亚人都会奋起反抗。而且，和英语世界的百姓一样，他们也都在憧憬着未来。在这种时候，南斯拉夫若是甘愿重蹈罗马尼亚的覆辙，或者像保加利亚一样做出罪恶的选择，它就是在与恶势力合谋伤害希腊，它的结果必定只能是不可挽救的灭亡。这样的选择只是能让它推迟遭受战争的苦难而已，它终将还是会卷入其中。届时，它的勇猛的军队将会被重重包围，没有任何援助，只能在绝望中独自抗争。反之，如果南斯拉夫军队抓住时机，那么，这一抉择时刻对它来说就会成为一个在战争史上罕见的良机：届时，南斯拉夫与希腊联合作战，而英国将会尽力给予援助，它就可以免遭德国人带来的灾难，同时，我们也将会获得像上次大战一样的最后的胜利。我相信，阁下具有审时度势的远见。

结果，南斯拉夫政府最终决定投降，这个决策是在他们 3 月 20 日晚上的一次内阁会议上做出的，这一决策促使三位大臣辞职。3 月 24 日，茨维特科维奇和马科维奇秘密离开贝尔格莱德，在郊区一个火车站乘坐开往维也纳的火车。第二天，他们在维也纳与希特勒签订协约。贝尔格莱德电台广播了这次签约仪式，随后，整个城市都在谈论即将到来的灾难，谣言在咖啡馆中、私人谈话中传播开来。

这种情况下，我向我们驻贝尔格莱德的公使坎贝尔先生发出了以下指示。

你要保持冷静，切勿与保罗亲王或各位大臣起冲突。应继续软磨硬泡、追问不放，提请接见会谈，不让他们以“不”作为答复。对他们死缠烂打，告诉他们德国人已认定这个国家必亡。我们没有时间谴责他们，也无法得体地抽身而退了。但是，既然我们此时已经认识到这个政府顽固不化以至使我们不得不采取其他措施，那么，我们就应该重视那些措施了。我十分认可你此前所做的各项工作，希望你再想办法，继续争取。

* * *

西莫维奇身边的几个军官在最近几个月中都在谋划讨论一件事：如果政府向德国投降，他们就采取直接行动，这个行动也就是他们周密策划的革命行动。他们打算让南斯拉夫空军司令博拉·米尔科维奇将军担任起义首领，届时将会有几百名爱国者给予他支持帮助，其中就包括陆军军官克尼兹维奇少校及其弟弟。少校的弟弟是位教授，在塞尔维亚民主党内具有一定地位，并通过这个影响与各方面建立了政治联系。只有少数可信任的军官知道这个计划，且这些军官的军阶很少有高于上校的。

革命行动的联络网点不仅在贝尔格莱德设有，如萨格勒布、斯科普里和萨拉热窝之类的主要驻防城市也都设有，网线遍布全国。在贝尔格莱德，谋反人员掌握的部队有王室近卫军两个团——不包括团长、卫戍部队的一个营、一个连的王宫内值勤宪兵、首都高射炮师的部分人员、驻泽蒙的受西莫维奇指挥的空军司令部以及一些士官学校、炮兵和工兵部队。

3 月 26 日，贝尔格莱德全城都在散播这个消息：南斯拉夫首相在维也纳签了协定回来了。谋反者于是开始行动，他们在内部发出密令：在 3 月 27 日天亮前控制贝尔格莱德的重要地点和各个王室府第，以及年轻的国王彼得二世。指挥军官们勇猛果断，谋反部队很快占领了首都郊区外的王宫，而那个时候，完全蒙在鼓里或者说对此事了如指掌的保罗亲王，正在开往萨格勒布的火车上。这场没有流血的革命进行得非常顺利，它是历史上罕有的。

革命者逮捕了一些高级军官。警察将茨维特科维奇带到西莫维奇的司令部，他不得已提出辞职。在首都，机关枪和大炮都放置好了。抵达萨格勒布的保罗亲王听到了消息：西莫维奇借国王彼得二世之名控制了政府，摄政会议已被他解散。萨格勒布的陆军司令官要求亲王即刻返回贝尔格莱德，亲王抵达首都后即被带到西莫维奇将军的司令部，其他两位摄政正在那里等着他，他们同时在退位书上签字。他被允许用几小时来做好收拾离开的准备，他以及他的家人在当夜离开，前往希腊去了。

塞尔维亚民族主义的军官们是这一计划的制订者和实践者，他们出于共同的心情以及对舆论的真切感受，秘密结合起来，领导了这场革命。公众们受到他们的影响，爆发了心中的热烈情感。塞尔维亚人在贝尔格莱德街头上聚集起来，一起不停地呐喊着："宁可打仗也不投降，宁可战死也不为奴。"人们在广场跳舞，随处都插有英国和法国的国旗，赤手空拳的群众团结在一起，激情高昂而又充满愤怒地唱起了塞尔维亚国歌。那位年轻的国王想要摆脱摄政的监护，他从楼上沿着一根雨水管道爬了下来，成功后，他在 3 月 28 日于贝尔格莱德大教堂宣誓，场面相当热烈。群众向德国公使的汽车吐口水，毫无畏惧地侮辱他。

这个国家因为军队的作为和成果而变得生机勃勃起来。这个民族，原本是一个长期受暴政之苦的、被压迫、难以成就大事的、由于害怕而不敢得罪人的民族，现在，他们的暴君和征服者相互勾结且力量最强盛的时候，它却变成了一个勇敢地奋起反抗的民族。

* * *

感到痛彻心扉的希特勒震怒了，这种震怒经常会让他失去冲动，有时候则使他做出最恐怖的事情。他在一个月后才平息了自己的痛恨和愤怒，在心情有所恢复后，他曾与舒伦堡进行过一次谈话，当时他说："南斯拉夫的革命来得太突然，太让我震惊了，我在 27 日早晨听到消息的时候还以为那是个玩笑。"然而，事实上，他还是有怒气的。也是在这一时候，他召见了德国最高统帅部的将领，包括戈林、凯特尔和约得尔以及后到的里宾特洛甫。这次的会议记录可在纽伦堡档案中找到。他们主要的议题是南斯拉夫政变后的局势。希特勒说，南斯拉夫这个不安定的因素，不仅会影响到日后的"马瑞塔"计划即对希腊的军事行动计划，而且会影响到对俄国的"巴巴罗萨"作战计划，且在后一个行动中，它是更不可靠的。他说，所幸的是，南斯拉夫的捉摸不定的本性是在施行"巴巴罗萨"之前就暴露了。

元首决定做好准备，不等南斯拉夫新政府可能向他投诚，就对南斯拉夫采取毁灭性的军事进攻，让它不复有国家之名。外交上的打探也不必了，甚至不必下最后通牒。当对南斯拉夫提出保证后，要“注意”贯彻它们，虽然它们在将来终归不太可信。只要军队以及恰当的措施都已经准备就绪，便可即刻进攻。

进攻南斯拉夫时需要意大利、匈牙利的军事支援，保加利亚也需要在某些方面援助我们，向这些国家提出这一要求。还得防范俄国，这个任务就交给罗马尼亚。已经向匈牙利和保加利亚的大使转告了这件事。今日会致电墨索里尼。

站在政治立场看的话，尤其重要的一点是，一定要以一种毁灭性的、闪电式的攻击来摧毁南斯拉夫。如此，我们就能够大大震慑住土耳其，同时对我们将来攻打希腊也有起到帮助。不难设想，届时，克罗地亚人将会倾向于站在我们这边，而我们也将会以适当的政治待遇回报他们，让他们将来可以享有自治权。意大利、匈牙利以及保加利亚必定会欢迎我们攻打南斯拉夫，因为它们也都将会有所回报：意大利可得到亚得里亚海沿岸，匈牙利可得到巴纳特地区，保加利亚则将获得马其顿。

依这个计划，我们应该抓紧做好准备，争取出动足够强大的兵力，使得南斯拉夫最快速地被我们摧毁……至于空军，他们接下来的主要任务，是采取波状进攻的方式，轰炸南斯拉夫的地面设备以及首都贝尔格莱德。

希特勒在同一天签发了“第25号指令”：

我打算让我们的军队采取这样的进攻方式进入南斯拉夫：由阜姆和索非亚地区攻入，快速地向贝尔格莱德以及更南的地区突破。这种方式的目的在于保证绝对击溃南斯拉夫的军队，将南斯拉夫南部隔绝起来，作为德意军队的基地，以便我们进一步攻打希腊。

我命令采取以下几项措施：

(1) 在军队准备充足且天气有利时，即刻不论日夜地对南斯拉夫发动空袭，摧毁其地面设备和首都贝尔格莱德。

(2) 在条件允许的情况下，可同时执行“马瑞塔”计划——但绝不可能提前执行。萨洛尼卡港和蒂奥斯山区是该计划的初步目标，我们的初步行动也只能做到夺取这两个地区。

同时，他致电墨索里尼说：领袖，事态突发演变，我不得不用最快速的通讯方式与你联络，在这封电报中，我主要就当前局势以及它可能引发的后果，向你说明我的估测。

1. 我在最初的时候就认识到，南斯拉夫是我们解决希腊问题的一个棘手障碍。完全站在军事立场来看，当南斯拉夫的态度还未明确，且它在前线上的部队还威胁着我们前进部队的左侧时，德国就绝不应该加入到色雷斯的战斗中。

2. 正是出于这种考虑，我曾尝试各种方法，争取使南斯拉夫站在以互惠互利为根基的我们这一边。然而，虽然我百般努力并非常真诚提出请求，最终还是失败了。这可能是因为我们的行动太迟了。今天获悉的情报已经证实，南斯拉夫很突然地改变了外交策略。

3. 当前这种局势，我认为还不至于称得上大灾难，但它的确给我们带来困难。我们这边认为，从全局考虑，若是不想受到这种局势的威胁，则务必要防范任何一种错误。

4. 领袖，我在此诚挚地要求：在今后几天内，你千万不要在阿尔巴尼亚进一步采取军事行动。

当前，南斯拉夫有一个足以击溃意军的良机。希特勒和我们一样，很清晰地看到了这一点。

依我看，你现在应该做的是：派出所有能用的部队去控制从南斯拉夫通往阿尔巴尼亚的最重要的山口。这一措施虽不能作为长久之计，但可以防止在接下来的至少两三个星期内发生危机。

另外，我同样认为，领袖你应该利用一切可行的办法，尽快加强你在意南前线上的军队战斗力。

……领袖，我相信，若是采取上述措施后，还是没有什么动静传来，那么，我们将会赢得胜利，胜利的成果不会比挪威之战的少。这是我坚定不移的信念。

这天，将军们通宵起草作战计和命令。凯特尔的说辞表明，我们认为“从后头攻打意大利军队”是对德军最大的威胁，是对的。约得尔证实说：“事件的突发性还可以从我在总理官邸通宵工作看出来。我于28日上午四时交给雷特伦将军一份备忘录，他是我们与意大利总参谋部之间的联络官。”凯特尔的说辞是这样的：“自决定进攻南斯拉夫那一刻起，我们的所有军事调遣和计划都彻底被打乱了。需要对所有事情做出临时计划。‘马瑞塔’计划需要调整。必须通过匈牙利从北方调派新部队过来。”

* * *

慕尼黑会议时，德国牺牲了捷克斯洛伐克和罗马尼亚，匈牙利在外交上获胜。自此之后，匈牙利就凭借着这一胜利扩张它在1920年之后的边疆，同时还努力在国际范围内使得自己能够成为一个中立国家。争取不会成为轴心国的战时盟国，不必对它们承当什么义务，这是匈牙利施行的外交政策。虽然维也纳会议过后，它便开始依附于三国同盟条约之下，不过，它和罗马尼亚一样，都不用对轴心国承担具体的责任。希特勒和墨索里尼一致期望巴尔干各国之间能够和平相处，这样他们就可以同时控制它们。为此，他们制定了有关解决特兰西瓦尼亚的方针政策，并强迫匈牙利和罗马尼亚接受该方案。在希特勒持不赞成态度的情况下，墨索里尼还是攻进了希腊。意大利的这一行动，有可能会导致英国干涉东南欧。希特勒正是出于这种疑虑，才对南斯拉夫施压，意图使其步匈牙利和罗马尼亚的后尘，同样依附三国同盟。于是，他将南斯拉夫首相和外交大臣召到了维也纳。这时，看起来问题都已经解决掉了。然而，这一想要使巴尔干各国团结一致地加入轴心国集团的希望，在3月27日因为贝尔格莱德发生的戏剧性的事件而破灭了。

事态的演变很快影响到了匈牙利。这是因为，罗马尼亚只能作为德军主要的进军力量借用的道路。德国要想攻打桀骜勇猛的南斯拉夫部队，将会在匈牙利领土上设置所有的交通线。贝尔格莱德事件发生后，德国政府的第一反应几乎可以说是：用飞机将匈牙利驻柏林公使送达布达佩斯，让他亲自交给匈牙利摄政霍尔蒂海军上将一份紧急公文文件，这份文件的内容是这样的：

> 南斯拉夫最近公然放弃与轴心国家的友好政策，它离灭亡不远了。德国的大部分军队必须借助匈牙利的领土，但是，我们不会在匈牙利边境进行主要的攻击战。不过，匈牙利军队届时应该加入战斗。作为对匈牙利肯合作的报酬，将允许它收复它此前被迫割让给南斯拉夫的领土。事态紧急，请即刻给出正面回答[①]。

1940年12月时，匈牙利与南斯拉夫签订了友好条约，此后，匈牙利一直受到该条约的束缚。然而，德军马上就会展开军事行动，若直接拒绝德国的要求，匈牙利就被德国占领。但是，收复失地的确是个诱惑，因为匈牙利曾在特里亚农[②]条约中将南部边境领土割让给了

① 乌莱因·雷维丘著：《德国的战争：俄国的和平》，第89页。——原注

② 特里亚农是法国凡尔赛宫的花园内一座建筑物，匈牙利于1920年6月在凡尔赛宫与协约国签订了有关条约。——译注

南斯拉夫。匈牙利总理泰来基伯爵一贯奉行的政策之一，就是努力使国家能够保持一定的行动自由。此外，他完全不相信德国会获胜。签订三国同盟条约时，他就怀疑作为轴心国同盟之一的意大利能够保持独立和具有行动自由。希特勒下了最后通牒，要求匈牙利泰来基总理撕毁其亲手签订的与南斯拉夫的协约。就在这时，匈牙利总参谋长却从总理手中夺走了主动权。事实上,具有德国血统的总参谋长韦特将军，已经暗中同德国最高统帅作出了行动安排，制定了让军队穿越匈牙利边境的具体方针。泰来基当即谴责韦特叛国。

1941 年 4 月 2 日晚，泰来基收到了匈牙利驻伦敦公使的一封电报。公使在电报中说,英国外交部正式对他宣称,若是匈牙利站在德国一边，以任何行动帮助德国攻打南斯拉夫，那么，匈牙利就不得不设想大不列颠不久就会对它宣战。匈牙利面临两种选择：或者公然拒绝德国军队过境，或者公然与盟友对立，出卖南斯拉夫。它现在必须作出选择。身处这种进退两难的处境中的泰来基伯爵，只有通过一种方法来挽救他的名声。九点钟过后不久，他从匈牙利外交部离开，回到了桑多尔宫的官邸。在官邸接过一个电话不久，他开枪自杀了。这个电话带给他的一个消息是，德国军队已经穿过了匈牙利边境。

让德国军队穿过匈牙利边境以攻打南斯拉夫，这一做法让泰来基伯爵以及他的人民都蒙上了罪名。他的自杀是为匈牙利的这一罪恶行动作出的自我牺牲，是为他自己以及他的人民赎罪。然而，这虽然能够让他避免在历史上留下罪名，却不能制止德军的行动及其导致的后果。

* * *

我们当然非常满意贝尔格莱德发生了革命。曾经，我们想尽各种方法以建立一条巴尔干同盟国战线，保护这些国家，使它们免遭希特勒的魔鬼般的践踏。可以说，这场革命至少算是我们努力的一个确切的结果。有关革命消息的电报的最早一封，是在我将要首次以保守党领袖的身份向党中央委员会发表讲话之前的半小时，传到我手中的。我在那次讲话中的末尾是这么说的：

接下来，我要通报一个重大的消息给你们以及全国所有人。今日早上，贝尔格莱德爆发了革命，南斯拉夫民族重获新生。电报中称，昨天在协约上签字，出卖国家荣誉与自由的首相和大臣已经被抓起来了。骁勇善战的南斯拉夫人，被软弱的国家统治者以及阴狠狡诈轴心国家激怒了，他们绝不允许这些人出卖他们的国家，因此爆发出了自己的满腔愤怒，发起了这场爱国革命。

根据我所获悉的情况，我们可以希望南斯拉夫将成为一个绝对会保持它的自由与完整的国家，这样一个国家的政府，在它进行勇猛的抗争时，必将会得到大英帝国的尽力而为的所有可能的支援。我们还相信，它自然也将会以它的方式，争取获得美国同样的支援。英帝国及其同盟国，将会与南斯拉夫民族患难与共，并肩作战。我们将齐心协力，奋勇前进，直到获得最后的胜利。

* * *

我接到贝尔格莱德革命的消息时，艾登先生正在归国途中，且已经到了马耳他岛。我认为他应该改变行程，与迪尔和韦维尔将军等人留在现场。

首相致艾登先生　　1941 年 3 月 27 日

鉴于塞尔维亚的军事政变，你们二人最好还是留在开罗，如此可以就事态的发展进行讨论。现在的形势非常有利于将土耳其拉入我们一边，同时建立起巴尔干联盟战线。你能在塞浦路斯岛或雅典召集所有有关人员进行讨论吗？在掌握形势后，你能到贝尔格莱德一趟吗？我们同时也会继续再接再厉。

我给土耳其总统发出了如下电报：

总统阁下　　　　　　　　　　　　　　　　　1941 年 3 月 27 日

当前，贝尔格莱德及南斯拉夫全国发生了戏剧性的变革，这可能会大大影响到德国入侵巴尔干半岛的行动。所以说，现在的确是个好机会，且也是时候了：我们应该成立一个联合战线，制止德国进攻巴尔干半岛。我已致电罗斯福总统，请求他将物资也支援给东欧所有对抗德国的国家。至于采取什么可能的措施来保证共同安全问题，我已经请艾登先生和迪尔将军就此事进行协商。

艾登先生已经到了雅典，我今天草拟一份给他的电报，电报如下。

1941 年 3 月 28 日

1. 我们必须好好思考，明确我们在巴尔干的需求以及土耳其的要求，并以这个目标为导向，结合事态的发展来做出努力。

2. 在这个战场上，南斯拉夫、希腊、土耳其和我们自己已集结了共计七十个师的部队，而德国还没有集结够三十个师，我们完全可以对德国说："你们攻打我们之中的任何一个，就等于是与我们全体为敌。"也就是说，德国只有两种进攻可能：在力量悬殊的情况下，从交通极为不便的山区进攻；从国内调遣数量众多的援军过来。然而，不管怎么做，他们的困难都是解决不了的。其一，这个战场本身交通困难，通往战场的交通线尤其需要改善，且这必定是一个较长的过程，而如果跳过这个环节的话，他们就无法将大批的军队调运过来。其二，将大批增援部队运到战场上也需要几个月。所以说，若是巴尔干三国能够联合起来协商对策，巴尔干地区就有可能获得和平，最起码会使得德国人不得不一直拖延等待，以致错过了季节。在接下来几个月之内，他们可能都无法进攻，而英国就可以趁机派出增援部队并调运英美的支援物资。

如此一来，同盟国军队的抵抗力便会大大增强。土耳其希望看到的应该就是这样的：三个同盟国联合起来，让德国不敢南侵。

3. 对土耳其来说，这是它能够避免战争的一个好机会。否则，另一种结果就是这样的：德国人在看到这三个国家仍然各顾各后，就会盘算着不如暂时不进攻希腊和南斯拉夫，而是在色雷斯迅速集中所有攻击力，先拿下土耳其。从我们获悉的各方面的情报看来，这种可能是有的。可见，土耳其的消极不行动，将会使它面临最大的威胁，也就是须独自面对兵力集中的敌人。可以肯定，到时候，土耳其必定在战乱中溃败，它在色雷斯的大量土耳其军队将会被赶回查塔尔查防线和博斯普鲁斯海峡。至于南斯拉夫以及希腊，届时它们却没有任何义务或者说机会去帮助土耳其进行反击，延长战线，消除压力。

4. 任何一个掌权者此时应该做的是：如前面说的那样，发布将会联合起来的外交声明，并称此举不受干涉；同时，将在色雷斯的大部分土耳其军队撤至查塔尔查和亚洲海岸，仅留下强大的掩护部队和后卫部队。第一步是表示坚定的联合，第二步是部署战略性的撤退方案。两个步骤相结合后，德国就将不可能在色雷斯取得决定性的胜利，土耳其则无需发动任何进攻。德国也可能不会就此撤军，那样的话，他们就只能在“查塔尔查防线—鲁博尔—拿斯托战区的塞尔维亚北部前线”这条漫长的战线上消耗元气，最终陷入僵局。这种局面甚至可能不会持续太久，但是，敌人是非常讲究速战速决的，他们必定会认为这样太危险了。

所以说，若是能够做到上述所说的，土耳其是非常受益的。因此，不管他们如何表现出不合作的态度，我们都应该争取让他们认识到这一点。在色雷斯自行集结大部队这种做法，对他们来说反倒最危险。

5. 怎样使得以上所说的各点同时符合英国的利益呢？若是德国一意孤行，在联盟国家的反对下还进攻巴尔干，那么，我们就要尽可能地派出我们现有的可用部队了。如果它采取相反措施，即保证不会在巴尔干地区进行军事行动，从此不再管南斯拉夫和土耳其，那么，我们就可以将我们的军队转移到中地中海战场上，包括的黎波里、西西里岛以及意大利这只“靴子”①的“脚趾”区，并在夏秋两季时展开发动强大的攻势。我们一方面应该凭借我们右手中的坚硬的盾牌，保卫我们在中东的利益，另一方面应该用左手在地中海区域展开中等规模的猛烈的军事攻势。

6. 若是成功建立了巴尔干半岛联合战线，德国也可能会改变计划，将目标转移到俄国上。我们接到的电报中有很多都透露出

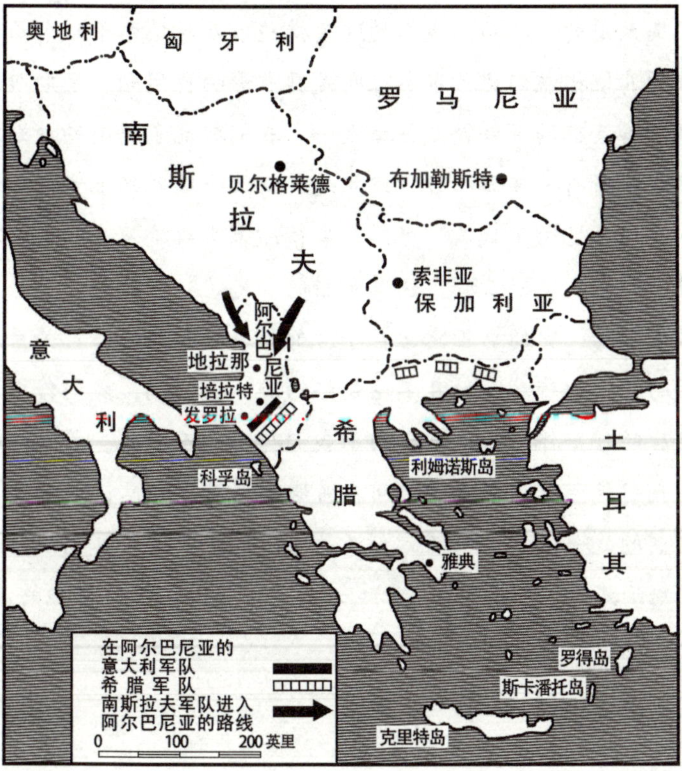

巴尔干半岛

① 意大利的版图成靴子形状。——译注

相同的信息，说德国已在波兰集结军队，同时在瑞典与芬兰展开各种阴谋活动。从这个信息来看，德国要转而对俄国下手不是有可能的吗？

7. 请你仔细想想我的上述意见的可用性。

我还给澳大利亚联邦代理总理法丁先生也发去了一封电报。

1941年3月30日

我们曾在一个月前决定给希腊派出援军，并由一个官职高、肩上任务重的人来指挥行动。当时，这个军事行动看上去是既冒险而又无用的。然而，我们的这项措施以及对巴尔干整个局势所采取的其他措施，已被事实证明是具有影响作用的。星期四发生在贝尔格莱德的事件就是证据之一。我们打乱了德国的计划，并有希望重新与土耳其结盟，建立起包括四个国家约七十个师的同盟军在内的巴尔干战线。当然，事情还未去确定下来。不过，从现在的形势也可以看到，进军希腊的“光芒”行动并非一个孤立的军事行动，它的真正意义在于，作为一种原动力，它关系到大规模的计划和行动。姑且不论最终结局，最起码，我们作出这个决定后的每一件事情，都证明了我们行动的正确性。若是延迟行动，我们就可以有更多的时间在希腊前线集中部队，如此就可避免零星的战斗方式。虽然结局还是未知的，但是，可以确定，我们的危险减少了，而胜利会增加。我与孟席斯一直保持密切的沟通，也希望能与你磋商上述问题。

*　*　*

已经作出决定了：艾登留在雅典，和土耳其人沟通；迪尔将军前往贝尔格莱德；谁都可以看清南斯拉夫的处境：唯有所有有关国家立即建立起联盟战线，它才有望摆脱困局；此外，它还有如前面所述的一个好机会，也就是：鉴于意大利军队现在的混乱，他们可以在阿尔巴尼亚发动猛烈的攻击，一举摧毁意军薄弱的后方部队。如今，他们国家的北方正在被践踏，所以说这个军事行动非常重要，但他们必须及时行动才有可能获得成功。我们可以援助他们大量的军火及设备，加强他们的力量，使他们能够在山区进行游击战。这既是他们唯一的希望，也是有可能扭转整个巴尔干局势的非常厉害的一个措施。在伦敦的，我与我所在的这个圈子中的人，都非常清楚地看到了这一点。关于我们认为可采取的军事行动，见于第 151 页[①]的插图[②]。

我给已经到达贝尔格莱德的迪尔将军发出了如下电报：

1941 年 4 月 1 日

我们所掌握的各种详细情况表明，德国正迅速调整军队部署，准备进攻南斯拉夫。要争分夺秒地对付德国，就没有很多时间、精力来应对意大利。因此，南斯拉夫应该倾尽全力，尽早召集足够的部队以攻打意大利。唯有采取这个措施，他们才有可能获得大量的装备，继而取得更大的成就。

多年的错误终究难以在一时之间纠正过来。在贝尔格莱德，当人们的激昂情绪平复下来后，他们开始意识到大难和死亡在逼近，而他们无力拯救自己。最高统帅部仍想要保持这种内部团结的假象，他们认为必须派军队到斯洛文尼亚和克罗地亚驻守。现在，军队已经成功被他们动员起来了，但是，他们完全不知道接下来要做什么，怎么做。4 月 1 日，迪尔向艾登先生致电汇报，“即便已经尽全力了”，他在贝尔格莱德看到只是一个国家的混乱和坍塌。又说，“我无法说服首相让

---

① 英文原书页码。——译注

② P189，巴尔干半岛行动图。——译注

你近期内拜访这里。他曾直言，南斯拉夫为避免影响内部局势，不会采取任何可能会被德国人认为是挑衅的行动。”就在这时，德国已经集结好了所有可用的兵力，并全力猛扑向他们。

4月4日，我们收到了迪尔将军的报告。报告详细叙述了他的贝尔格莱德之行，并表明，在大难当头之际，南斯拉夫的大臣们仍是毫无作为。他们的情绪、心态让人认为，他们还有好几个月的时间来作出最终决定——是要抵抗德国还是与德国讲和。然而，事实上，七十二个小时之后，德国将会向他们进行猛烈攻击。

迪尔写道：

贝尔格莱德访问之行很不理想，在很多方面，结果令人失望。看来，我们是很难让西莫维奇将军和我们签订协定的。但是，南斯拉夫领袖们令我十分感动，他们决心反抗，无论德国进攻南斯拉夫还是萨洛尼卡，他们都会作战。今日，参谋人员将会举行会谈，互相交换意见，这次会谈是有好处的。我希望，通过这次会谈，双方能够在意外事件发生时更顺利地协调配合，作出一致的决定和计划。这些计划不会给双方造成约束，不过，却让我们有希望看到，到时候南斯拉夫会做好准备去行动。

西莫维奇基聪明、果断，是一个卓越的领袖，却又不是一个独裁者。他有责任要使得其内阁团结一致，这是个重担，因此，他不敢建议他们与我们签订任何协定。当然，他更不敢在不告知内阁并获得他们的同意的情况下，就擅自签订这类协定。不过，他似乎是有作战决心的，另外一个同样具有这一决心的，是那位勇而无谋的陆军大臣伊利茨……

南斯拉夫的军队尚未做好战争的准备，西莫维奇则想抓紧做好动员工作，集结军队。出于内部政治的原因，在德国有所行动之前，他是不敢先采取挑衅行动启动战争的。他希望德国先暂时不管希腊，转而从保加利亚攻入南斯拉夫南部……届时，南斯拉夫的军队将会在阿尔巴尼亚协作抗战——不过，那也是等到德国会侵犯到南斯拉夫的重要利益之后，在此之前，南斯拉夫的军队也不会率先发动攻势。

这时，我对西莫维奇将军发出了呼吁：

首相致西莫维奇将军　　　　　　　　　　　1941年4月4日

从我获得的各方面的消息来看，德国正迅速集结包括地面部队和空军在内的大批军队，向你的国家推进。我们驻法国的情报人员也在报告中称，德国正在调遣大批空军。而我们非洲陆军情报处则表明，德军在的黎波里的轰炸机已经被转移了。而我却听说，你们正在争取时间。对此，我表示非常不理解。当前，在阿尔巴尼亚率先发动攻势，获取决定性的胜利后收集敌人的装备，这才是获得最终胜利和保障你们安全的最佳方案。你们的总参谋长曾报告称，有四个德国山地师正在迪洛尔区乘坐火车。当这批德国军队抵达阿尔巴尼亚之后，你们也将会遇到士气低落的意军，届时你们将会进行一场非常特殊的战斗。

这是我有幸第一次致电阁下，我诚挚地为你的政府所取得的成就，为你领导下的由你来主导其命运的这个勇敢的国家，为它的安全和独立，祝福，祈愿。

* * *

克里姆林宫的寡头政治是允许掺杂一点感情的，我们现在就该来讲讲有关这一点的唯一例子。

贝尔格莱德的民族革命属于自发的起义，与南斯拉夫共产党的活动没有任何关系，后一个组织的人员少，属于非法的，但是得到苏联的支持、扶植。在一个星期的等待过后，斯大林决定采取点什么行动。

他派出了官员去与南斯拉夫的有关人员——南斯拉夫驻派莫斯科的公使加弗里罗维基先生以及贝尔格莱德方面在革命后派到莫斯科的一个使团——进行会谈。然而，他们并没有谈出个结果。4 月 5 日到 6 日的晚上，这些南斯拉夫人突然又被召见。他们在克里姆林宫见到了斯大林，斯大林亲手交给他们一份已经拟定好的、只待他们签字的条约。签约仪式很快就完成了。俄国同意尊重“南斯拉夫的独立、主权和领土完整”，并表示，当南斯拉夫受到侵袭之时，“基于友好的关系”，俄国将会采取友善的态度。之后，加弗里罗维基独自留下来，与斯大林通宵讨论军需品的供应问题。当他们结束讨论时，德国发动了进攻。

* * *

4 月 6 日，德国从他们占领的罗马尼亚飞机场分批派出轰炸机，清晨，这些轰炸机出现在贝尔格莱德的上空，开始了三天的狂轰滥炸。在这批无情的空军的摧残下，南斯拉夫首都几近毁灭。敌人的飞机丝毫不担心会遭到反击，疯狂地擦过这个城市的各个屋顶。这个行动，就是他们所谓的“惩罚”作战计划。4 月 8 日，这场持久的烟火冲天的噩梦终于结束了，贝尔格莱德恢复了平静。但是，街头以及瓦砾堆中，是一万七千条死去的生命。动物园中的动物从被炸毁的笼子中跑出来，脸上写满恐惧。一只受伤的鹳鸟蹒跚地走过还在燃烧中的那家最大的旅馆，一只笨重的慢吞吞的熊，目光茫然地在这个犹如地狱的城市移动着，向多瑙河走去。它并非是仅剩的一只茫然无措的熊。

“惩罚”作战计划完成了。

第十章 日本特使

从远东传来的消息让人心忧——关于增援香港——日本大使馆中的骚乱——2 月 15 日和 20 日，我发给总统的电报——日本大使于 2 月 24 日来访——3 月 4 日再次来访——德国担心日本与美国发生纠纷——东京的三项决议——松冈洋右的使命——3 月 27 日，他会见了里宾特洛甫——又会见希特勒——“精神上的共产主义”——4 月 2 日我致电松冈洋右——他访问罗马——他在莫斯科逗留——千钧一发的生死时刻——斯大林的慰问——近卫文公爵愿意同美国达成谅解——松冈洋右给我的复函——日本内阁决定采取中间办法——松冈洋右辞职——日本希望获得解决问题的办法——三个老奸巨猾的帝国的失算

新年初，从远东传来的消息让人心忧。在印度支那南部沿海区域，日本海军的活动越来越频繁；在西贡港和暹罗湾发现了日本军舰。据悉，日本政府在 1 月 31 日成功调节了维希法国与暹罗之间的矛盾，双方协定停战。各地都在传谣说，东南亚边界矛盾的解决，意味着日本将要参战。为了打击英国，德国对日本施加更大的压力，要求它攻打新加坡。在纽伦堡受审时，里宾特洛甫说：“我们既不能与英国媾和，又不知道要采取什么军事措施才能达到目的，就只能努力唆使日本进攻新加坡了。我就是按照元首的指示去做的，设法从外交方面着手削弱英国的地位，以使它和我们媾和。我们相信，让日本攻打英国在东亚的根据地是最好的办法。”

*　　*　　*

差不多与此同时，我不断接到驻远东总司令催促我们增援香港的来电，然而我关于这点的看法不同。

首相致伊斯梅将军　　1941年1月7日

假如日本向我们宣战，我们根本不可能去守住或支援香港，那样做反倒会使我们在那里遭受损失，因此这是个非常不理智的完全错误的建议。事实上，我们不但不应那么做，还应减少那里的兵力，将它只保持在象征性的程度上，且应等战争过后，再通过和会处理那里发生的任何纠纷。也就说，我们不应在那些很难守住的根据地上消耗我们的兵力。况且，日本应该是经过深思熟虑的谋划之后才决定对英帝国宣战的，香港有两个营还是有六个营都不会影响到它的决定。虽然我想要减少那里的驻军，但是却不能抽调那里的任何军队，因为这种惹人注目的做法必定会带来危险。

之后发生的事情表明，我并没有固执己见，我派了两个加拿大营去援助。

*　　*　　*

2月的第二个星期到来时，我发现了一个情况：在伦敦的日本大使馆和日侨居住区的日本人变得骚动起来了，他们无比兴奋地、毫无顾忌地交谈着。我们派人观察那里的情况，打探消息，几天后我收到他们递交的报告。从报告来看，日本政府已经对那里的人传达了通知，要求他们尽快收拾行李。这样一群通常很少言语的人现在如此骚动不安，这让我觉得日本或许不久之后就会对我们发动突然袭击。在这种形势下，我认为最好告知总统我所担心的事情。

前海军人员致罗斯福总统　　　　　　　　1941年2月15日

从各种迹象来看，在今后数星期或者数月内，日本可能会对我们发起战争，或者设法让我们对它宣战。我个人认为，那将不会是一种目的在于掩饰日本对暹罗和印度支那的侵略的神经战。如果日本出动海军对付我们，我们的海军必定会陷入困境。我认为应该让你认识到这一点。我还认为，日本不会派遣一支强大的军队远征进攻新加坡。日本早就想占有属荷兰领地的东印度及其附近的据点和油田，它一定会攻占这片区域，如果它成功了，那它大举进攻新加坡就更容易了。另外，澳大利亚和新西兰的港口、海岸，也会成为日本人的目标，而这些地区所属的自治领地已经将它们的精锐部队都派到了中东地区，日本人的攻击必定会让它们不安。

最令我担忧的，是他们准备在太平洋和印度洋的我们的贸易航线上对我们发动的袭击。他们可能会出动包括战斗巡洋舰在内的袭击舰，届时，我们可以牺牲其他方面的需要，调遣几艘实力强大的军舰来应对他们，但是，这就意味着：我们只能用运输船队来担负起所有贸易的任务，那样只能断断续续地完成运输工作了。这样一来，他们就等于大大地限制了我国的整个战时经济乃至使之陷入混乱。此外，我们的有关从澳大利亚和印度抽调部队的计划也会被打断，中东部队的增援也就无法实现了。

如果澳大利亚或新西兰遭受到猛烈攻势的威胁，我们就只能撤退我们在东地中海的舰队，那一片区域就可能会有危险，而土耳其为了它与德国的贸易往来以及石油供应，也就会采取通融的政策。也就说，只要日本干涉东洋方面的战事，它派出的战斗巡洋舰以及十二艘装有八英寸口径大炮的巡洋舰，就足以大大影响到我们的战略活动。这一点，想必总统先生你是知道的。若是日本发动猛烈的攻势，威胁南太平洋那两个澳洲民主国家，我们的力量将会被更严重地削弱。一些人认为，从当前日本的动静来看，在不久的将来，它一定会果断要同时与大不列颠和美国为敌。虽然我个人认为日本肯定不会占据优势，但是这是不敢保证的。现在，只要你能做出行动，使日本不敢对两国作战，这种危险就可以消除。日本如果只以我国为目标，而我们又是独自与之对抗，后果更加不堪设想，难以形容。

在伦敦的那场突然的日本人的骚动，又突然戛然而止，他们又变回了原来的样子，保持东方人特有的谨慎沉默。

前海军人员致罗斯福总统　　　　　　　　1941年2月20日

我得到了有关日本方面的好消息：可以确定，松冈洋右最近会对柏林、罗马和莫斯科进行访问。日本可能暂时不对大不列颠采取行动，故此用这种外交手段来掩饰。如果的确如此的话，他们八成是因为畏惧美国才暂时不发动原本一触即发的进攻。虽说利用他们的这种畏惧心理非常有利于我们，但是，我也理解，在我们期望的租借法案通过之前你们所遇到的难处。日本如果进攻大不列颠，我们的海军必定会受到影响，在上次的“私人密电”中我曾谈到我对这一影响的估测。我认为，无论在什么情况下，我的估测都是有效的。

*　*　*

2月24日，我与拜访我的日本大使重光葵先生进行了会谈。关于这次会谈，是有记录的。

我在会谈中详谈了几点：日本和英国长久以来都保持友好关系；我自1902年的英日建立同盟以来对日本的感情；我们双方都非常希望两国友好关系继续保持。当然，对于日本正在中国进行的活动，我们是不赞成的，日本也不该有那样的期望。不过，我们在这件事情上保持中立。曾经，在日本对俄的作战中，我们帮助过日本。但是，这次我们的中立大大不同于那一次。对于日本，我们唯一希望的就是它能够在和平中日益发展，我们根本没有想过进攻日本。我说，如今日本正忙于和中国进行的战争，我们不愿意看到它又和大不列颠及美国作战。

日本大使称，日本也没有想过攻打我们或者美国，也不想参与到我们两国中任何一方的战争中。至于新加坡和澳大利亚，它也没有攻打这两个国家的打算。他一再重申，日本人也没有企图要在荷属东印度建立据点或者发动攻势。他表示，唯一让日本人感到愤怒的，是我们鼓励中国的态度，它说这是给日本设置障碍……日本曾与轴心国家签订三国同盟条约，我对这件事一直难以释怀，此刻，我认为有必要提醒他这一点。人们多半会怀疑，那些看起来只有利于德国而完全无益于日本的条约中，一定还有其他秘密协定。况且，不管怎么说，我们都已经抱有这种怀疑了：一旦发生意外，日本将会设法解释这一条约。日本大使则回答说，日本人已经作出了解释，他们的目的就是使冲突缩减到一个小范围内，当然还有其他目的。我对他说，与轴心国签约是日本犯下的一个大错误，这个错误损害了日本和美国的关系，加强了大不列颠和美国的关系。

我又向他保证我们对日本的友好态度，他的态度自始至终也都是友好和善的，我们当然也理解他所处的立场。

我是在3月4日才记述重光葵先生对我的第二次访问的，那时，料想他已经向东京方面报告了我们的会谈经过。

日本大使今天来访，他委婉地表明，日本并不想卷入战争中，以及他们极度不愿意与大不列颠断交。他认为三国同盟条约是维护和平的一种条约，日本是为了减少冲突才依附这个条约的。我很清楚直接地质询他：这个条约是否授予了日本相关权利，让它可以解释任何特定的局势，以及，该条约是否规定了日本具有参战职责？对于我的提问，他没有表示异议，算是默认了。同时，他也向我做出了保证。我真诚地接受他的保证，并让他将我的感谢转达给日本外交首相。我认为，日本若要攻打我们，也将会等到它确认我们会战败的那个时候。如果美国站在我们这边，我怀疑日本或许就不会站在轴心国那一边了。因为，它那样做是很愚蠢的。如果美国没有站在我们这边，那日本参与到战争的做法还是可以理解的。

虽然原因各不相同，但这个观点也同样是德国人的看法：德国和日本都有着一个共同的目标，即迫切地想要攻克以及瓜分英国，只是它们在实践中采取了不同的角度。德国最高统帅部认为，美国在太平洋的基地以及在该基地侧翼部署的主力舰队不会造成什么威胁，日本人应该将部队派遣到马来西亚和荷属东印度地区。因此，德国人在2月和3月间一直催促日本政府进攻马来西亚和新加坡，不要顾虑美国。希特勒在各方面的容忍，是美国至今没有参战的原因。事实上，我们也看到，他所容忍的美国的诸多行动都是可以成为战争爆发的理由的。一直让希特勒和里宾特洛甫念念不忘的目标是“英格兰”这个国家，他们最想要的就是经由日本攻打我们，而他们一直尽力避免的，就是不让自己与美国发生矛盾冲突。他们力劝日本大举攻入马来西亚和荷属东印度，并向东京方面担保说美国不会干涉日本的行动。然而，日本海陆军将领是不会相信这种承诺的，又或者，他们对此根本没有兴趣。在他们看来，要在东南亚进行战争的话，必须在此之前袭击美国的基地，或者在外交上同美国达成协定。

就在这种时候，日本复杂的政局内部似乎制定了三个决策。第一，让外相松冈洋右拜访欧洲，考察德国对欧洲的控制实情，尤其要探出德国到底会在什么时候进攻英国。此外，还要探究英国是不是一直将武装力量部署在海上防御这方面，所以才会使得日本在进攻英国的东方属地时总难以派遣增援部队。曾在美国留学的松冈是个极端反美主义者，他无限佩服纳粹运动和战争中的威猛的德国，对希特勒钦仰至极，为之疯狂。或许，他有时候也意识到了，自己在日本所扮演的角色正类似于他的偶像。第二，日本政府决定要给他们海、陆军充分的自由，让他们策划针对美国珍珠港基地以及菲律宾、荷属东印度与马来西亚的军事行动。第三，决定派遣“自由主义”政治家野村海军上将到华盛顿去与美国会谈，争取就与美国协商解决太平洋问题。这么做是一种掩饰，但也有可能获得和平解决该问题的机会。于是，日本内阁的互相冲突的意见也得到了一致的和解。

* * *

3 月 12 日，松冈奉命起程，25 日，他经过莫斯科，与斯大林、莫洛托夫进行了两个小时的会谈。他对德国大使舒伦堡说，有关这次会谈的详情，他一定亲自向里宾特洛甫详细讲述。

然而，后来，美国缴获了有关松冈的使命以及德国人的心绪、想法的文件，美国公务员公布文件后，日本和德国人也被暴露了。3 月 27 日，松冈在柏林受到了与他志趣相投的德国外交部长里宾特洛甫的热烈欢迎。里宾特洛浦极力夸赞日本实力。

德国现在正处于即将进攻英国的最后阶段中，元首在去年冬天的时候已经做好了所有准备，德国现在可以在任意一个地方与英国交战。由元首部署的这批部队包括一百八十六个一流突击师，二十四个装甲师，它是有史以来最强大的一支军事力量。德国空军已经得到了很大的改善，并且拥有了新型飞机，我们的空中优势足以和英美两国的相抗衡，甚至可以说比它们更具优势。虽说德国海军在战争初期拥有的战列舰比较少，但是，我们已建造完成了许多新的战列舰，最后完成的那艘在不久之后也可以投入使用。第一次世界大战时，德国海军是在港口内等待应对敌人的时机的，但是这次不同，他们从开战的第一天起就上战场了。从过去几周内你所得到的情报，你或许也已知道，英国和美国间的供应线，已经被我们大规模的战列舰截断了①。

迄今为止，我们投入使用的潜艇还是很少的，每一次最多出动八九艘。虽然潜艇数目少，但因为有空军的协助配合，所以在1月和2月，我们平均每月击沉的敌人的船舶就达七十五万吨。任何时候，德国都可以给出有关这个数据的证明。我们的流动水雷和磁性水雷给英国船只造成的损失也非常巨大，而这部分损失还没有包括在前面提到的数据内。4月初时，我们将增加八到十倍的潜艇数目，这就意味着，到时会有六十到八十艘的潜艇用以应敌。元首采用的战术是这样的：在初步阶段使用少量潜艇，其他潜艇主要用来训练人员，以供一支较大的潜艇舰队使用并给予敌人致命的一击。由此可以设想，德国潜艇在将来会取得比现在更大的战果，也就是击沉更多的船舶吨数。可以说，仅凭我们的潜艇，就足以给敌人毁灭性的打击。

在欧洲大陆上基本没有什么足以抗衡德国的敌人了，留在希腊的少数英军算是一部分，不过，德国是不会允许英国留在希腊的，它将阻止英国在欧洲登陆或者占据某个基地。虽说希腊问题不是主要问题，但为了可以在东地中海区域据守，以那里为进一步作

① 指“沙恩霍斯特”号和“格奈森诺”号在2月和3月在大西洋展开的袭击活动。——原注

战的主要据点，我们就得进击希腊，这件事情或许还是必需的。

意大利军队没有掌握现代化坦克技术，也没有做好反坦克防御的准备，他们最近几个月内在非洲的战事进行得并不顺利，这使得英国的装甲师轻易就攻下了一些没有多少重要性的意大利军队据点。不过，英国任何一条继续向前推进的道路，已经被堵塞了。我们最精干的军官之一隆美尔将军，已被元首任命为前往的黎波里的一支大部队的统帅。我们此前希望韦维尔将军发起攻击，英军也曾在一个前哨据点与我们进行过几次小规模的战斗，但是，英军之后就没有继续进攻了，我们的希望也就落空了。事实上，若是他们不经意地再次袭击的黎波里的塔尼亚[①]，我们必定会在那里全部歼灭他们。如果他们偶然企图对的黎波里塔尼亚发动另一次进攻，他们将会全军覆没。在此地，不久的一天，敌我的优劣之势将会发生逆转，届时，英军将会在北非消失，他们消失的速度会比他们来时要快得多。

在地中海区域，近两个月来，德国空军取得了卓越的战绩，重创了坚持出航的英国船只。过去，苏伊士运河一直都处于堵塞状态中，它还会继续如此。英国在地中海的坚持，已经不会带来什么乐趣了。

现在，我们可以对欧洲的军事局势作这样的总结：轴心国已经取得了对欧洲大陆的军事控制权。德国有一支整装待发的大规模军队，它随时可以听凭元首的指挥，并可以派上任何战场。

谈过军事局势后，里宾特洛甫又谈政治局势：

他可以向松冈透露一个秘密信息：就目前来看，与俄国之间保持的关系算是恰当的，但称不上友好。莫洛托夫来访时，我们

① 指利比亚西北部地区，又称“泰拉布鲁斯”。——译注

建议俄国人依附三国同盟条约，但是他们提出的条件让人无法接受，诸如让德国舍弃它在芬兰的利益，允许俄国在达达尼尔海峡建立根据地，又如在巴尔干各国特别是保加利亚方面，允许苏联施加更大的影响。元首认为，对于俄国提出的这些条件，俄国是不可能给予永久的支持的，于是没有同意他们。巴尔干半岛是德国经济第一不能缺少的要素，德国不想让俄国支配这一地区。也正是因此，德国还曾给了罗马尼亚一个承诺。正是这个最后的做法，引起了俄国人最大的不满。为了在保加利亚设立更有利的据点，好将英国驱逐出希腊，德国于是又得加强它与保加利亚的关系。若是不采取这样的策略，德国就无法在这一战役中展开活动。俄国人非常不满意的，也正是这点。

当前的情况就是这样：我们同俄国的关系从表面看来是正常的、恰当的，实际上，在某些时期内，俄国人逮着机会就会不友好地对待德国。几天前，他们对土耳其发表的声明，就是这样的例子。德国已经很确切地认识到了，自从斯塔福德·克里普斯爵士出任驻莫斯科大使以来……俄国一直在暗中——甚至可以说是公开地与英国保持联系。德国正在密切注视着它们的举动。

里宾特洛甫接着说道：

他私底下认识斯大林，并不认为后者会做冒险的事情，不过，这也难说。在东欧的德国军队可随时动用，如果有一天，俄国的立场被认为是会对德国造成威胁，那么，元首就会进击消灭俄国。德国和俄国一旦交战，结果必定是德国大获全胜，俄国军队溃败，国家灭亡。对此，德国是深信不疑的，元首也是如此，他相信，若是进攻苏联，俄国在几个月后之后就会被摧毁。事实上，元首希望的不仅是与俄国签订条约，还希望能借助俄国的国防部队。

但是，现在我们必须看到，苏联根本不顾任何反对意见，仍坚持在国外宣传共产主义。它不仅企图在俄国，还企图在法国、荷兰及比利时的沦陷区内继续开展这种误导性的宣传活动。这种互动自然不能对德国构成威胁，但是，它将会在其他国家产生什么不好的影响，想必你也知道这一点。接着，德国外交部长以波罗的海国家①为例：在被俄国占领一年后，这些国家的所有知识分子都被消灭了，到处都是恐怖的景象。德国正在做好防备，绝不允许俄国带来任何这种危害。

另外一个事实是：德国必须保卫它的后方，才能放心和英国决战胜负。来自俄国的任何威胁，特别是变得严重的那些，都是德国不能容忍的。德国不想与英国的决战被任何事情耽误，它想要速速解决掉英国。

在当时，德国外交部长就是以这种严肃认真的字眼来说明情况的，因此，松冈根本无法抱怨说他不知晓内情。里宾特洛甫随后又重申：

可以确定，胜利最终必定属于轴心国家的，它无论如何都不会失败的。英国必定失败，迟早英国人也会承认这一点。当然，他还不能保证英国会在何时承认。也许很快就会了，这要取决于今后三个月或者四个月之内的事态发展。不过，这是非常有可能的：英国将在这一年内投降。

最后，他谈到了美国。

毫无疑问，如果罗斯福没有给丘吉尔希望，英国早就放弃了。很难说罗斯福的目的到底是什么。美国虽然给予了英国军事援助，但是，援助见效还要等很长的时间。此外，到那时，美国派出的

① 指位于波罗的海最东边的沿岸国家，包括立陶宛、拉脱维亚和爱沙尼亚三个国家，它们都建于1917年，俄罗斯联邦外的独立共和国。——译注

飞机的质量也是值得怀疑的。一个远在战争之外的国家，不可能造出最高质量的飞机来。德国飞行员将他们目前为止所遇到的敌机都称为“垃圾”。

他说，三国同盟条约的首要目的，就在于使美国畏惧乃至不敢参战。但是，英国才是主要与新秩序对抗的敌人，它同时也是日本和轴心国的敌人。

里宾特洛甫继续说，元首认真思考过后认为，日本对抗英国是有好处的，因此日本应该尽快下此决心。如果日本能够在对方始料不及的情况突袭新加坡，这就足以起到决定性的作用，加速毁灭英国。此外，如果能对新加坡发动这一突袭的话，俄罗斯也会因此陷入困境中。俄国应该会猜想到，如果届时它对日本宣战，那么，菲律宾的问题将会得到解决，且结果是有利于日本的。他必定要经过长时间的反复权衡，才能做出会严重损伤美国的威望的这一决定。而与此同时，攻克了新加坡的日本，必将在东亚地区内获得绝对的优势。这时，它也才真正地做到了“快刀斩乱麻”。

* * *

在午餐之后的希特勒与松冈的会谈中，希特勒讲述了德国所取得的军事胜利。打进入战争开始，德国已将六十个波兰师、六个挪威师、十八个荷兰师、二十二个比利时师以及一百三十八个法国师，还有十二三个英国师从欧洲大陆驱逐出去了。敌人根本已经失去了与轴心国对抗的决心和毅力。接着，他谈到英国船舶吨位的损失，并说明，真正的潜艇战才拉开序幕。他说，英国船舶的损失在本月以及未来几个月中将会赶超现在的损失程度。空战方面，虽然英国人总是大谈特谈他们成绩斐然，实际上，德国才处于绝对的上风。在未来几个月中，德国空军将会大力加强空袭的力度。此外，由于德国卓有成效的封锁，英国的粮食配给已经出现了困难，比德国的还要严重。在接下来的战争中，德国将对英国发动最后的致命的一击。

听完希特勒夸夸其谈的一番言论后，松冈表示，他非常感谢德国元首的真诚接待，并称，他大致上赞成希特勒所说的。他又说，和其他国家一样，在日本，也唯有让一位精干强悍的人来领导，才能管治住一些知识分子。若是日本有所觉察却不当机立断行动，那它就会失去这千年难得的机会。不过，日本当局必定会迅速作出决定，采取行动。他曾经向日本皇族的两位亲王说明，冒险是不可避免的，因为准备工作不可能做到事无巨细的完美无缺。日本当然会采取进攻行动，这只是时间的问题。在日本，的确有一些政治家优柔寡断，延迟决定行动，这些人在某种程度上是亲英的或者亲美的。但是，他个人是希望尽快发动进攻的。遗憾的是，这些人才能决定日本的行动，他自己是没有决定权的。不过，他会尽力说服这些人，让他们改变观点。他相信有一天会说服他们成功，但是，当前，他本人仍不能代表日本政府说必定会发起进攻。回国后，他将仍会密切关注这些问题。他不能做出明确的承诺，但是他本人将会全力去做。这些都是重要的保留意见。

接着，松冈讲述他在莫斯科与斯大林的会谈详情。他一开始只是想礼节性地拜访一下莫洛托夫，但是，俄国政府建议他与斯大林进行会谈。把必要的翻译用语也算进去的话，他同莫洛托夫与斯大林的会谈分别进行了十分钟左右以及二十五分钟。在与斯大林的谈话中，他说，他本人并不认为政治和经济上有共产主义，不过，日本人在精神上是共产主义的。只是，在西方的自由主义、个人主义和利己主义的侵蚀下，日本人的精神上的共产主义理想也已经荡然无存了。在日本，虽然意识形态的斗争非常苦难，但是，那些意图恢复旧理想的斗士相信他们最终必胜。他对斯大林说，在对抗“新秩序”的人中，盎格鲁—撒克逊人是代表，等到英帝国失败，日本与俄国的矛盾解决之后，这类人将是日本、德国与苏俄的共同敌人。斯大林想了想，回答道，苏俄和大不列颠从没有和睦相处过，将来也不可能融洽地相处。

*　*　*

3月28日和29日这两日进行的柏林会谈，仍坚持：第一，德国全力劝日本攻打英国；第二，他们承认不可能与俄国建立确切可靠的关系；第三，他们坦承希特勒想避免与美国起纠纷的强烈愿望。

两个重要的问题：德国是否应同以前那样在不列颠登陆？现在，日本如何看待苏德关系？松冈都没有对它们作出明确回答。他倒是提问：当他回国经过莫斯科时，应该浅显地讨论政治问题还是深入地讨论？里宾特洛甫让翻译转告说："你最好只是礼节性地访问。[①]"

*　*　*

柏林会谈内容属于机密，我并不清楚它的实质，不过，我深刻感觉到它非常重要。就在这时，松冈将日本大使召到欧洲大陆，我觉得应该让大使带给他的首相一些反面意见。如果重光葵先生仇恨英国和美国，且一心想要和我们作战的话，那么，他应该很会说谎。对于我拜托带信一事，他表现得相当有礼地接受了。但是，他的出行计划泡汤了。我便给我们驻莫斯科的大使发去了与那封信同内容的电报，让他在松冈先生经由西伯利亚铁路返回日本时交给松冈这封电报。

丘吉尔先生致松冈洋右先生　　　　1941年4月2日

我认为日本政府以及人民应该重视几个问题，在此我冒昧提出。

1．既没有制海权也无法日夜都控制英国上空的德国，难道可以在1941年冬天之前的某个季节就进攻乃至征服大不列颠吗？德

① 科尔特《幻想与现实》第301页。——原注

国会冒险这么做吗？等到这些问题的答案确定之后日本再采取行动，不是更能保证日本的利益吗？

2. 当前，大不列颠和美国的全部工业都是围绕着战时需求来开展的，在这种情况下，德国对英国船舶的攻袭哪怕再猛烈，有可能阻止美国援军抵达英国海岸吗？

3. 日本依附于三国同盟这件事情，究竟是让美国更可能参战还是更不可能？

4. 如果美国站在大不列颠一边而日本站在轴心国一边，结果难道不是这样的吗：我们两个英语国家凭借海军优势先拿下欧洲轴心国，继而联合起来，全力打败日本？

5. 意大利到底会增强德国的实力还是会给德国造成负担？他们的舰队的威力真有那么厉害吗？它是不是比以前更浪得虚名？

6. 英国空军有无可能在 1941 年年底前赶超德国？在 1942 年年底前又是否超出很多？

7. 受到德国军队和秘密警察压制的那些诸多国家，会越来越喜欢德国人还是相反？

8.1941 年，美国的钢产量七千五百万吨的产量，大不列颠约计一千二百五十万吨的钢产量，两者一共将近九千万吨。这个情况可靠吗？日本的年钢产量只有七百万吨，如果德国像上次大战一样战败，日本仅凭这点钢产量能够独自应战吗？

通过思考这些问题，日本可以做出决定了，决定正确的话，它将可以避免一场大灾难，同时改进它与西方两大海军强国的关系。

写上面一封信的时候，我的心情相当好，我现在也不管它到底写得如何了。

* * *

与此同时，松冈前往罗马，见到了墨索里尼和教皇。回到柏林后，他于 4 月 4 日又会见了希特勒。关于他当时与希特勒的会谈记录，本由德国保存，现在为我们所有。松冈说，墨索里尼向他讲述了希腊、南斯拉夫和北非的战况，并提到意大利在这些战役中充当的角色。接着，“领袖”谈到苏俄和美国方面的问题，他说，一个人必须弄清他的敌人的重要性。美国才是首要的敌人，苏俄只能排第二。

墨索里尼旨在向松冈表明，必须谨慎防范美国这个“头号敌人”，绝不能触犯到它。同时，应该做好全面的准备应对不测情况。松冈表示同意“领袖”的看法。

* * *

松冈曾在莫斯科停留了一个星期，才取道西伯利亚铁路返回日本。在此期间，他与斯大林及莫洛托夫进行了几次长时间的会谈。我们从德国大使舒伦堡那里，得到了这几次会谈的记录，这也是我们得到的唯一一份。不过，记录的内容也仅限于俄国和日本人让舒伦堡知道的事情。从我们了解到的信息来看，松冈也没有相信关于德国威力的所有陈述——它或许是真实的也可能是夸张的。在德国与美国之间的冲突这一问题上，德国领袖们表现出的谨慎，让松冈的内心产生了顾虑。事实上，通过里宾特洛甫的言语，他已经发现苏德之间的关系正在加剧恶化，变得越来越危险。不过，我们并不知道，他在这一问题上跟他的新东道主谈的具体内容。即便如此，我们可以肯定：

松冈会站在一个特殊的、有利的角度上来观察形势，我让斯塔福德·克里普斯爵士转交给他的那封提出了诸多问题的电报，也会对他产生影响，他在读过信之后可能会认为，相比于里宾特洛甫，他更倾向于亲近莫洛托夫。这个强国正面临生死成败的千钧一发的时刻：它被德国要求采取果断的绝不回头的进攻措施，去向英国乃至英语世界宣战，而俄国则对它说别着急，先等着。很明显，松冈不认为英国已经完蛋了，他也不确定俄国和法国之间的关系接下来会有什么样的发展。他既没有权力，也不想让他的国家采取贸然的果断行动。站在他的立场，他倒是可以签订一个可以争取时间的中立条约。这样的话，可以等到那些难以预料的事情露出水面后再决定。事实上,用不了多久，这些事情一定会露出眉目。

正是出于这种考虑，当 4 月 13 日在莫斯科将要与舒伦堡告别时，松冈以一种非常不礼貌的语气说，在会谈的最后时刻，日本和苏联之间已经敲定了将要签订中立条约一事,并且“在今天下午当地时间 2 时，双方很有可能就签订”。在萨哈林岛屿的问题上，虽然双方有不同的意见，但是彼此都作了让步。松冈向德国大使保证说，三国同盟条约不会受到这项新条约的任何影响。他又说，他的莫斯科之行，曾被英国和美国的记者报道说是完全失败的，现在看来，他们必须承认日本的政策获得了很大的成功，并将影响到英国和美国。

松冈离开莫斯科返回日本时，斯大林还在火车站做了安排，以显现出两国的友好。舒伦堡也对这件事作了记录。日本人和德国人没有想到的是，火车因为鸣放礼炮和举行仪式耽误了一小时。这时，斯大林和莫洛托夫出现了，他们非常友好地向松冈和其他日本人致意并祝后者旅途愉快。接着,斯大林在大庭广众下寻找德国大使。舒伦堡说:“发现我之后他就搂住我的肩膀，说‘我们一定继续友好相处下去。你应该想方设法维持我们之间的关系。’”随后,斯大林又寻找德国陆军武官,确认找对人之后，他说:“我们无论何时都是你们的朋友。”舒伦堡说:“显然，斯大林是为了吸引在场之人的注意，才故意同克雷布斯上校和我打招呼的。”

斯大林根本就是在表演作态。他从他所得到的情报中，一定知道了有关德国军队在俄国所有边境做了大规模部署这件事。事实上，英国的情报员对此都是有所觉察的。这个时候，距离希特勒对俄国发动恐怖袭击，仅有十个星期了。如果不是因为希腊和南斯拉夫的战争，那就仅剩下五个星期。

*　　*　　*

4 月底，松冈的欧洲之行结束，他回到了东京，在机场受到首相近卫文公爵的迎接。近卫告诉松冈，日本当局在同一天考虑了与美国在太平洋问题上达成和解的可能性。这个做法与松冈的意见是相违背的。尽管他内心有许多疑惑，但大致说来，他还是相信德国最终会获胜。他想着，既有三国同盟条约，又能与俄国签订中立条约，有着两方面的支持，还有必要与美国妥协吗？他认为，美国绝不可能同时分别于大西洋和太平洋对抗德国和日本。这位日本外相此时发现，政府人员和他已经“道不同”了。他提出了自己的强烈反对意见，但是，日本坚持将要瞒着德国在华盛顿与美国进行谈判。

此前，美国曾送交给日本一份文件，其中主要提到美国将会着手调停日本和中国的纠纷，继而全面解决太平洋问题。5 月 4 日，松冈亲自将这份文件转给了德国大使。阻碍这项提议达成的一点就是，美国要求日本军队撤出中国。

*　　*　　*

松冈在莫斯科时就收到了我的那封信，他给我的回信写于他回国的西伯利亚的火车上，发于东京。他的复函没有什么实质内容。

松冈先生致温斯顿·丘吉尔先生　　1941 年 4 月 22 日

阁下：

我刚结束了我的旅程。我迫切要说的是，在这个月的 12 日晚上，在莫斯科，我就收到了斯塔福德·克里普斯爵士交给我的一份文件。他告诉我，这封信是另一封的抄本，原件于 1941 年 4 月 2 日发自伦敦，它现已寄往东京。

贵国政府曾设法给我们要前往欧洲大陆的特使提供给各种便利，我对此很感谢，同时也很遗憾他最终不能成行。日本必定会客观公正地考察一切事情真相，非常谨慎地权衡它面临的局势中的所有因素后，才做出有关外交政策的。请阁下务必相信这点。日本的理想是要实现日本人所追求的“八纮一宇”的普遍和平，在这种和平中，所有民族都不会被侵犯、压迫或者剥削。这是日本民族的伟大目的和愿望，也是日本政府始终为之奋斗的目标。我认为，不用我陈述，阁下也知道，一旦我们制订了这一政策，必将坚决果断地执行到底，当然，我们必定同时保持异常谨慎的态度，并根据形势变化来作出每一细节的安排。

阁下的忠实仆人　松冈洋右

*　　*　　*

不久之后，松冈和他在日本政府中的同僚就面临“公正的审查”了，事情是这样的：在希特勒攻打俄国一个星期后，即 6 月 28 日，日本内阁和皇室官员召开了一次会议。松冈由于事前并不知道希特勒有攻打俄国的打算，因此在这次会议中“丢脸”了，然后他发现他的地位被削弱了，挽救也挽救不了。他主张日本政府站在德国一边，但是遭到了大多数人的反对。最后，日本政府决定采取中间政策，并做了一系列决定：扩充军备；援用三国同盟条约第五款，根据这一款规定，这个条约对俄国是无效的；同时把日本将要对“亚洲的布尔什维主义”作战的消息秘密通知德国，并说明它不参与德苏战争的理由是根据它与俄国缔结的中立条约；另外，决定继续向南洋推进，企图全部占领印度支那南部。松冈完全不赞成以上任何一个决定，他想要说服人们赞成他的意见，于是将他的一篇演说印成小册子，打算散发给广大群众。他的行动遭到了日本政府的禁止，他在 7 月 16 日便辞职了。

虽然日本政府无意追随德国的政策，但是他们的政策也不代表温和派在日本公共生活中占据更强的优势。日本政府正在落实攻打英国和荷兰在东南亚殖民地的准备工作，表现为它正在抓紧增强它的武装部队，打算在印度支那南部设立基地。我们获知的证据表明，日本政策的决策人坚持认为：对于他们计划中的向南推进的政策，美国或者英国都不会进行任何有力的抵抗。我们可从中看到，当这场世界性的戏剧继续向前演绎时，在这种时候，这三个精于深思的、具有长远眼光的三个帝国却是如何犯下了大错，使得它们陷入不利于计划实行的境地中，乃至危及了它们自身的安全。让希特勒最终遭到毁灭性的打击的，正是他对俄作战的决议。而另一方面，对于即将降落到自己国家的灾难，斯大林一直蒙在鼓里或者他虽然有所预料却低估了它的程度，这导致了俄国后来遭受了巨大的痛苦。若说日本有过实现其美梦的机会，那它现在却是真正切切地失去了这一机会。

第十一章　沙漠侧翼　隆美尔　托卜鲁克

事关重大的沙漠侧翼——韦维尔的部署——他在3月2日对局势作出的估计——2月12日，隆美尔抵达的黎波里——他决心进攻——一位优秀的将领——阿盖拉是个门户——我们缺乏实力——韦维尔和迪尔于3月17日亲自去视察——3月26日，我致电韦维尔——他的复电——昔兰尼加的局势——3月31日，隆美尔进攻阿盖拉——我方装甲部队失败——我发于4月2日的电报——德军兵力出乎意料——从班加西撤退——尼姆将军和奥康纳将军被俘——守住托卜鲁克的重要性——韦维尔的决定——德军获得制空权——我发于4月14日的指示——4月16日，我致电总统——韦维尔的解释

我们为建立一条巴尔干战线所做的一切努力，都建立在一个前提上，即保证北非的沙漠侧翼，因为这个侧翼是我们在巴尔干地区行动的基础。我们或许应该将这一侧翼设在托卜鲁克，但是，韦维尔迅速西进，攻下了班加西，这时整个昔兰尼加都被我们占领了。从这一片地区走出去就是阿盖拉的海域，虽然只是大海的一个小角落，但是，伦敦和开罗的有关当局都认为，我们当前的首要军事任务，就是要不顾一切地守住阿盖拉。昔兰尼加的所有意大利部队都被消灭了，敌人必须经过漫长的跋涉才能将新部队调运过来，在这种情况下，韦维尔便认为，在往后一段时间内，这个重要的西翼只需少量军队据守就可，他想要那些训练不足的军队去顶替他那支长期作战的部队。沙漠侧翼事关全局的胜负成败，无论如何，我们都不希望它会由于希腊或巴尔干方面的局势而受到威胁或损失。

2 月底，撤到埃及的英国第七装甲师进行了重整。这支曾立下大功的著名部队，如今它的大部分坦克由于久经使用已经老化了，它的兵员也在战争中减少，不过它的核心力量还在。组成这部分力量的，都是一些在战场上经过无数次厮杀且习惯沙漠作战的士兵，他们是很难得的。我们应该保留这支核心力量，还要从英国派遣有斗志的精锐部队过来给它，将我们所能提供的最优良的新坦克和配件给它，以增强它的实力，让第七装甲师继续作为一只强大的部队存在。如果不这样做，我们只能很遗憾地失去这支部队。

后来的几个星期中，我们做出了一系列重大决定，然后我发现，第七装甲师在保护我们的重要的沙漠侧翼方面的作用已经被其他部队所代替：一个装甲旅和第二装甲师的支援部队代替它做了防务工作，第九澳大利亚师代替了第六澳大利亚师。这些代替部队都没有受过充分的训练，更要命的是，这些部队还被抽走了许多装备和运输工具，去充实即将开往希腊的几个师，使之达到编制标准。缺乏运输工具是个问题，另外，部队的部署和机动性也是个问题。在这种情况下，继续前进就会出现供给困难。目前，受到这个困难的阻碍，一个澳大利亚旅已经撤到了托卜鲁克。在托卜鲁克，还有一个摩托化旅，它此前是一个印度骑兵旅，最近才改编并在训练中。

* * *

这时，三军参谋长们注意到了我们情报人员提交的报告。2 月 27 日，他们向韦维尔发出了一封警告电报：“德国装甲部队和空军已经进驻的黎波里塔尼亚了，我们已经考虑有关埃及和昔兰尼加的防务问题。请回电告知你的大概意见。”复电显然是经过深思熟虑的，它的大致内容如下：

1941年3月2日

1. 根据最近的情报，在最近抵达的黎波里塔尼亚的援军包括两个意大利步兵师、两个意大利摩托化炮兵团和最多为一个装甲旅团的德国装甲部队。从还未发现其他汽车运输队的登陆迹象这一点来看，敌方的运输工具是不足的。不过，我们的空中侦察机最近发现，在的黎波里到锡尔特的公路上出现越来越多的机动车辆。

2. 阿盖拉和班加西距离的黎波里分别是四百七十英里和六百四十六英里，只有一条公路是贯通这三个地方的，但是，这条公路距的黎波里四百一十英里以上的那部分线路是缺水地区。水源不足会限制敌人的行动，运输工具的缺乏同样也会牵制敌人，减少他们带来的威胁。在三个星期内，敌人沿着这条海岸公路，至多只能维持一个步兵师和一个装甲旅。不过，他们也是有可能袭击我们的侧翼的。如果他们能够调来另外一个装甲旅，他们就可能派出这一旅经由洪和马拉达穿过沙漠以对付我们。

3. 敌人或许会派兵在阿盖拉巡逻并择机发动攻击，以试探我们的兵力，若是发现我们兵力较弱，他们就会向阿杰达比亚[①]前进，以此推进他们的前哨登陆地点。我认为，他们如此用兵的意图不在于夺回班加西。

4. 敌人可能会在最后才发动大规模的进攻，届时他们可能会出动两个德国师。若是经由的黎波里调运部队，他们最多能用的部队，就是这支加上另外一个或者两个步兵师。在夏天结束之前，敌人恐怕是不会发动这样大规模的进攻的，因为他们必须考虑到航运的危险、陆地运输的困难以及酷暑带来的问题。若是我们一边干扰他们的海上运输，一边从空中干扰他们在的黎波里的行动，那么，我们就可能使他们的行动再向后延期…… 目前，意大利空

① 位于的黎波里南部。——译注

军对昔兰尼加的威胁是无关紧要的。但是，德军在中地中海区域已经站稳脚这一情况……德国伞兵部队也许会在我们的交通线降落，然后联合他们的装甲部队一起行动。设想敌人最近可能发动的进攻，我认为他们应该还用不上伞兵，但是，他们日后发动大规模的进攻时可能让伞兵配合作战。

* * *

这时，一位新人物登台了，他就是将在德国军事史写上重要一笔的武士埃尔温·隆美尔。隆美尔于1891年11月出生于符腾堡省的海登海姆，其童年时代身体孱弱，一直在家里接受教育，直到九岁才入当地的公立学校就读。这所学校的校长就是他的父亲。1910年，他在符腾堡团中任见习军官。他曾在但泽军官学校受训，当时他被他的教官们评论说“身小力大，智力一般”。

在第一次世界大战时，隆美尔在阿尔贡地区、罗马尼亚和意大利三个地区作战，受过两次伤并因此获得最高级的铁十字勋章和战功勋章。在两次大战之间，他在参谋部任职，担任团级军官。第二次世界大战爆发后，他参加波兰战役，先任元首行营的司令官，后任绰号“鬼怪”的第十五军第七装甲师的司令。在马斯河战役中，这个师是德军的先锋。1940年5月21日，英军在阿拉斯发动反击，隆美尔差点被俘。之后，他率领他的部队穿过拉巴西，前往利尔。只要德军在这次突击中再创战绩，或者只要当时德国最高统帅不下令限制推进行动，那么，他们就可能切断大部分英军，甚至包括蒙哥马利将军所指挥的第三师在内。当时，隆美尔指挥的这一师非常厉害，他们曾越过松姆河，沿着塞纳河，试图直接攻占鲁昂，他们还曾成功摧毁了法军的左翼，然后在圣梵勒利附近俘获许多英法军队。这一师率先进抵英吉利海峡，然后占据了这个港口，并接受法国三万俘虏的投降，当时，我们最后的一批军队刚刚撤退并进入瑟堡。

由于屡建战功，隆美尔在1941年初被任命为德国派往利比亚的军队的司令。2月12日，他率领部下抵达的黎波里，与盟国的部队组成联合军。这个盟国，就是他曾经与之作战并建立了特殊功勋的那个国家[①]。当时，意军只希望占据的黎波里塔尼亚，隆美尔的任务是指挥由意军司令统率的人员越来越多的德国分遣队。他试图立即发起进攻，4月初时，他被意军总司令警告说，唯有得到总司令的批准，德国的非洲军团才能前进。当时，隆美尔抗议说，身为一名德国将领，他必须根据形势变化来下达命令。他认为，因供应问题而提出任何保留是“没有根据的”，他要求获得行动的完全自由权，最终他如愿以偿。

在非洲战役中，隆美尔给人的印象就是他非常善于率领机动部队作战，尤其擅长迅速整编刚从战场上下来的部队，让他们再次取胜。他能够掌控供应问题，不把遇到的各种战争困难放在眼里。可以说，他是一位出色的军事赌博家。德国最高统帅一开始任由他按照自己的意见行事，后来震惊于他所打下的战绩，便有意识地要限制他的行动了。这么一个热爱打仗的、总是勇往直前的人，让我们遭到了很大的打击。不过，他着实令我由衷称赞。1942年1月时，我在下院这样称赞他：“我们遇到了一个骁勇善战的敌人，若是抛开战争的灾难不谈，我认为他是一位卓越的将领。”由于给予他这样的评价，我遭到了公众的谴责。

虽然隆美尔是一位忠诚的德国军人，但他是值得我们尊敬的。在战争的后一时期，他出于对希特勒及其作为的憎恶以及拯救德国的愿望，参与了1944年的密谋，企图除掉这个疯狂的暴君。他在这次行动中牺牲了。当战争的政治背景是现代民主政治时，正义的行为很难得到重视。大规模的残酷屠杀和群众意见，会埋没所有公平的意见。尽管我对隆美尔的高度评价被视为不合时宜，但我不后悔自己的做法，也不打算收回我对他的敬意。

---

① 指意大利，第一次世界大战时，隆美尔曾在意大利作战。——译注

* * *

韦维尔于 3 月 2 日发的电报，是在伦敦的我们安排所有事项的基础。阿盖拉隘路是整个局势的关键，如果阿杰达比亚被敌人攻破，班加西以及托卜鲁克以西的所有据点就会受到很大的威胁。他们有两种行进方式，一是通过班加西的那条顺畅的沿海公路，二是走小路，这些小路直通梅基利与托卜鲁克，切断了二百英里长、一百英里宽的沙漠突出部分。2 月的时候，数千的意大利部队通过班加西撤退，我们当时就通过第二种方式切断并俘获了这部分意军。所以，不难想到隆美尔也有可能走这条沙漠路线，用相同的办法欺骗我们。但是，我们是可以防止他们采取这种欺骗方式来对付我们的，做法就是守住在阿盖拉的门户。托卜鲁克向外运输量的任务过重，另外，班加西的港口据检验说还不能使用，这两个因素在某种程度上使得那里的地形虽好却比较难布防。

对地形的熟悉程度，以及对沙漠作战的条件是否了解，都会影响到这一战役的成败。然而，我们在此时并没有掌握好相关的战略要领。因为，在此前，我们的前进太快了，胜利也来得太容易了。不过，即便真失掉那个门户，我们只要保证装甲和质量方面的优势——而不是人数方面，且保证在空军方面能够抗衡敌人，那么，凭借我们的这支具有活力的精锐部队，我们仍可以在这一场沙漠战争中取胜。然而，这些条件中的任何一个，我们都没有满足。我们感到，装甲部队非常不足——之后再说明理由，空军方面也不如敌人，此外，我们在托卜鲁克以西的军队缺乏训练和装备。韦维尔将军和迪尔将军曾于 3 月 17 日亲自到昔兰尼加视察，当他们乘坐的汽车在安特拉特到阿盖拉之间的要道上行使时，迪尔便觉察到，防卫阿盖拉和班加西之间的大片沙漠地区是一大困难。3 月 18 日，他从开罗发出了一封电报给国内的副总参谋长。他说，很显然，在阿盖拉和班加西以东的那些夹在盐田间的空旷沙漠，非常适宜装甲车辆的行驶。所以，如果其他条件一样的话，在那里，步兵将发挥不了作用，而较之更强大的装甲部队将会获胜。当然，在这片空旷的沙漠地带，给养方面仍是个问题，且守方完全拥有这方面的便利的。他说，关于防守方面的各种苦难，韦维尔正在着手解决。据说，这位帝国总参谋长曾路遇莫沙黑德将军手下的澳大利亚参谋人员，他当时对他们说，军队最近会“遭到惨重的打击”，且“不光是在这一处战场”[①]——这一句与他对我们所说的话不符。

*　　*　　*

自进入 3 月后，越来越多的迹象表明德国军队正从的黎波里向阿盖拉进发。3 月 20 日，韦维尔发来电报说，敌军好像准备发动一次节制性的进攻，他非常担心昔兰尼加边境的局势。这一地区的地形平坦空旷，若是我们的前哨部队被打败，不得不从他们现在的阵地撤退，那么，我们在班加西以南就没有任何据点可抵挡敌军了。不过，敌人受制于后勤困难，只能发动一次有节制的进攻。

我给他发出了如下一封电报：

首相致韦维尔将军　　　　1941 年 3 月 26 日

对于德军急速向阿盖拉进军一事，我们自然是关心的。他们一向是这样的：没有遭到抵抗就向前进攻。我估计你现在是：拿着一把刀等这只乌龟把头伸长，好给它来一刀。我也认为，非常有必要尽快让他们知道我们的厉害。第七装甲师现在是什么情况，在什么地方？请务必告知你的估测。你向史末资将军提出从第一南非师中抽调一个旅，对于你的这个请求，我是非常赞成的。有关第二南非师的调遣一事，必须抓紧落实。英国第五十师在 22 日时起程了……

---

① 科林斯少将著《韦维尔勋爵》，第 355 页。——原注

韦维尔立即复电如下：

1941年3月27日

1. 还未发现在阿盖拉有大批德军的任何迹象；有的话可能是意军，德军只是增多了一点点。

2. 我必须承认，在攻克班加西之后，我们在昔兰尼加做了具有很大冒险性的行动，以便尽可能地给予希腊援助。我当时的估测是：不理会在的黎波里塔尼亚的意军，德军看到意大利海军无用武之地，应该不会冒险往非洲输送大批装甲部队。因此，我安排只留少数装甲部队和一个训练不足的澳大利亚师在昔兰尼加。

3. 德军向的黎波里增援的行动，是在我们对希腊承担义务之后展开的，且有越来越多的证据可证明这点。在他们进行增援的同时，他们也对马耳他岛发动空袭，这是为了阻止我们从马耳他岛轰炸的黎波里。此前，我对这样的轰炸抱有很大希望。然而，由于班加西也同时遭到德军的空袭，我们的供应船只就无法使用班加西港口，我们的困难也就加大了。

4. 但是，目前的情况是，我方在昔兰尼加的兵力非常薄弱，又无法获得更多的装甲部队——这是我们最需要的。第二装甲师已有两个旅分别派驻在昔兰尼加和希腊，而正开回开罗的第七装甲师缺乏备用坦克，还需要费时修理。虽说我们今后一两个月的形势堪忧，但是敌人有很大的难题。我确信敌军力量夸大了，但是，我现在也不敢随便使用我们的少数装甲部队。现在，我们正想办法增援昔兰尼加……就我来说，我认为运输方面是主要难题。

他又作了以下补充，从他最后的这些话，我们可以看出来他关心的是多方面的问题：

我刚从克伦前线回来。克伦战役的胜利，印度师立下了很大的功劳，他们的损失也非常惨重，但他们非常高兴。普拉特将尽快向阿斯马拉推进，坎宁安已得我令，从海拉尔继续向亚的斯亚贝巴挺进。昨日，海拉尔投降了。

* * *

3 月 31 日，隆美尔开始攻打阿盖拉。尼姆将军奉令先与进逼的敌人打一场拖延战，然后退至班加西附近以便掩护那里的港口。他得到的命令是，能掩护多久就多久，但在不得已时就破坏港口后撤退。就这样，我们在阿盖拉的装甲师——也就一个装甲旅和该师的支援军队——在之后的两天中就慢慢地撤退了。虽说意大利空军根本不值一提，但是，敌人的空军实力的确比我们强多了，因为德国出动了一百架战斗机、一百架轰炸机和俯冲轰炸机。4 月 2 日，韦维尔将军发来报告说，德国一个殖民地装甲师攻击了我方昔兰尼加的前哨部队。“我们的几个前哨据点在昨天遭到了袭击破坏，虽说就目前来看，损失不算严重，但是被毁车辆不少，尼姆非常担心装甲旅的车辆情况。接下来的至少三个星期内，我是无法抽调装甲部队过来的。我于是提醒尼姆必须要保存三个旅，哪怕这意味着要撤退大部分军队，乃至要从班加西撤退。”

韦维尔将军之前曾作过估测，根据他的估测，我仍认为敌人的潜在力量是有限度的。

首相致韦维尔将军　　　　1941 年 4 月 2 日

若是能使德军受到挫折，我们的威望就会产生很大的影响力。由此看来，非常有必要切断德军对昔兰尼加的推进。放弃对阵地的据守以便实现策略上的目标，这是绝对可以的，但是，从班加西撤退让人难以接受。敌军在这条漫长的海岸公路行进了那么久，且一路缺水，他们怎能还保持很强大的力量？我难以想象他们是如何做到的，我认为，在攻打昔兰尼加后，他们不可能还有一支雄厚的兵力。只要你能消灭掉进攻你的一小部分敌军，在之后的一段长时间内，你就无需有忧虑了。反之，只要敌人仍旧可以继续推进，在他们的进逼之下，你的胜利成果就会逐渐被他们夺去。你身边有谁能够像奥康纳或克雷那样会应付这种边境问题吗？

4月2日，我们在阿杰达比亚的第二装甲师的支援部队，被敌人五十辆坦克驱逐后，向东北撤退三十五英里，进入了安特拉特境内。第二装甲师则奉命撤到了班加西附近。受到德军打击的我们的装甲部队没有了作战秩序，损失很大。

电讯最后报告：“已下令毁坏班加西港口”。韦维尔将军在3号亲自飞往前线视察，回来报告说，德国装甲部队占据优势，袭击了我们大部分装甲旅。我方惨败，这意味着班加西以东以及东北的第九澳大利亚师的左侧将失去掩护。他又说，“他们也许是有必要撤退的”，因为在利比亚的敌军力量很强大，不可能让第七澳大利亚师前往希腊，而只能派它到西部沙漠区。英国第六师还在装备中，只能作为后备军使用了。“因此只得推迟进攻罗得岛了。”结果，我们的沙漠侧翼，这个关系到我们所有决定的基础，就因为这一击便崩溃了——几乎是在一天中就崩溃了。不仅如此，我们原本派往希腊的那支实力单薄的部队，也遭到了重创。我方空军在爱琴海的作战计划中，攻占罗得岛是很重要的一部分，如今也无法实现了。

已经下令从班加西撤退了。那支支援部队奉命向北部转移，掩护从月初便开始撤退如今还在撤退中的第九澳大利亚师。敌人有可能发动进攻，阻挠我们的撤退，为了防范这部分敌军，我们同时让第三装甲旅开往梅基利，又从托卜鲁克调派印度摩托化骑兵旅的两个团，以便给予增援。

*　　*　　*

形势太出乎我的意料了，我坐立不安，于是在同一天便给还在雅典的艾登先生发出了一封电报。

首相致艾登先生　　1941 年 4 月 3 日

1. 从班加西撤退后，当前的形势非常不利于我们：只要德军能够占据那里的飞机场，我们就被他们阻挠而难以使用托卜鲁克港。应从战略及战术上想办法切断敌军。将奉命撤退到什么据点？第九澳大利亚师如何撤退的，又撤多远？请你告知我详情。韦维尔在他 3 月 2 日的电报中曾说他的西侧是安全牢固的，他提出的诸多有力论点是什么？

2. 失去了阵地不算什么，必须警惕的是这样的思想：德军一上场就会把我们逼退十英里，我们不能和他们对抗。这样的思想或许会使得整个巴尔干和土耳其都产生最坏的影响。请务必返回开罗，调查清楚所有事情。和德国佬的一战，迟早都是要进行的，这是无法避免的，所以应该做的是尽量制订好调动部队的计划。从海上进攻他们的后方，以便切断沿海公路，这个方案可行吗？若是可行，即便意味着要放弃攻打罗得岛，也是要去做的。

艾登先生从开罗发来的复电：

1941 年 4 月 5 日

我和迪尔在今晚抵达开罗后便同韦维尔及特德进行了深入的探讨，在苏丹的朗莫尔没有参加我们的讨论。我们最后得出了一致结论：德意军队在昔兰尼加的行动目的在于牵制我们，为的是之后更好地进攻巴尔干。但是，我们预想敌人必定会尽可能利用他们已经取得的胜利继续前进，因此，即便结论是这样的，埃及受到严重威胁的事实仍然不可忽视。没想到德军初次出击就获得了超过预期的成就，且的确在前进……

*　　*　　*

韦维尔去前线的任务，是要让奥康纳接任司令一职。由于还处于恢复期中，这位军官向总司令表示，在战争进行到一半时，最好还是保留尼姆的司令一职，他自己在旁边利用自己的当地知识来协助作战好了。韦维尔同意了他的意见。但是，他们最终商定的办法并未得到执行，或者说执行的时间很短。我们大批军队在6日晚上从班加西撤退，第九澳大利亚师沿着海岸公路向东撤退。为避免行军拥堵，尼姆将军和奥康纳将军两人乘坐一辆汽车从下路走，他们没有带任何护卫，在黑暗中被一队德国巡逻兵截住了。面对车窗外拿着手枪对准他们的敌人，他们只能投降就义。我们失去了两位勇敢的陆军中将：曾获得维多利亚勋章的尼姆以及从在各方面都十分优秀地做出了最大成绩的沙漠地区司令官奥康纳。这是一个深深打击我们，让我们倍感遗憾的伤痛。

韦维尔、艾登、迪尔、朗莫尔和坎宁安于4月6日下午在开罗召开了会议，讨论下一步在哪里据守。韦维尔决定选择一个在可能范围内的地点据守托卜鲁克，他向来行动迅速，于8日早晨便协同澳大利亚的莱维拉克将军飞到了这个地方。莱维拉克是他暂时任用的司令官。艾登和迪尔则飞回了国内，战时内阁正等着他们带回在雅典和开罗搜集到军情。

从韦维尔将军的报告来看，第九澳大利亚师的撤退非常顺利，但是他们无法带回二千四百名意大利俘虏，只好将他们留在了巴尔卡。同一天，他又发来电报说，西部沙漠的局势已严重恶化；敌人穿过沙漠，向梅基利前进了；第二装甲师的一些机件毁坏了，在被空袭之后又有损失了部分车辆；第三装甲旅如同失去了效用。我给他发出了下面一封电报：

1941 年 4 月 7 日

你肯定能据守托卜鲁克，因为那里有意大利军队筑起的永久性防御工事。我认为，除非敌人以强大的炮队对你发起进攻，你才有可能无法据守那里，也就是说你至少要据守到那个时候。真难以相信敌人在几个星期内就取得了如此的成就，但是，接下来，他们必须得冒很大的危险才有可能攻下托卜鲁克并向埃及挺进。这么说是因为我们能够从海上派出援兵，干扰他们的交通线。如此看来，我们似乎应该无论如何也要守住托卜鲁克，绝不想着要从那里撤退。希望告知你的意见。

4 月 8 日，韦维尔将军飞到了托卜鲁克，下令要守住这一重要的根据地。他于傍晚时返回开罗，途中因飞机引擎损坏而不得不在黑暗中降落。飞机在茫茫沙漠中着陆后被撞坏了，他们走出飞机后也不知道自己身处何处。韦维尔决定烧毁他的秘密文件。在等待好久之后，他们发现了有辆车的灯光，向他们走近的一群人看起来很凶狠，然而很庆幸，那是一队英国巡逻兵。韦维尔失踪的六小时里，在开罗的人员焦灼不安，这是自然的。回到开罗后，韦维尔立即回电给他们。他详细说明了部队情况，然后说："完成了初步行动的敌人显然已经很疲惫了，但是，我认为我们能够休息的时间也不会很长，我依然很担心。据守托卜鲁克不是一件容易的事情，因为它的后方的漫长的交通线几乎是裸露的，交通也没有秩序。"

从他的电报中的最后一句来看，我们并不清楚他是否会据守托卜鲁克，因此，在与三军参谋长秘密讨论过后，我草拟了如下一封回电：

首相及参谋长委员会致韦维尔将军　　　　1941 年 4 月 10 日

我们在等你对战局作出一个整体的估测。在这个时期内，我们对这一方面的意见如何，你也应该知道。我们认为，即便要放弃托卜鲁克也应该是在做持久的抵抗而失败之后，否则难以想象。我们的海上交通线是安全的，敌人的防线虽然很长，但是如果没有一个稳妥的安排布置，那也是脆弱不堪的。我们守住托卜鲁克的好处是，届时，哪怕我们能够出动的装甲车辆很少，我们也能够袭击来侵犯的敌人，而敌人只有一次突然袭击的机会。无论如何，你都是要应对敌人这唯一一次突袭的。即便放弃了托卜鲁克，在撤退二百六十英里至马特鲁港时，你也要与敌人作战，难道不是这样的吗？我们坚信你应该在托卜鲁克坚持进行抵抗。

然而，未等我们散会，我们便得知韦维尔已作出最后决定——据守托卜鲁克。他说："我建议据守托卜鲁克；需要派驻一支部队守住巴尔迪亚和塞卢姆之间的地区，还应该尽可能提高机动性，这样可以保护我们的交通线，还可以从侧翼或者后方袭击进攻托卜鲁克的敌军；至于马特鲁港地区，应该按照原计划布防。应该分散兵力，牵制敌人，避免被敌人逐个击破。但是，具体如何分散是个较难的计算问题。我的实力不足，在机动、装甲部队、反坦克炮及高射炮方面尤其缺乏。成败如何，就看与时间竞赛的结果了。"

我们最后没有发出那封电报，而是发出了以下的一封：

首相致韦维尔将军　　1941 年 4 月 10 日

我们极力赞成你据守托卜鲁克的决定，并将尽力援助你。

*　*　*

沿着海岸公路，我军顺利撤至了托卜鲁克。但是，内地的撤退进行得并不顺利，与其他部队失去联系的第二装甲师司令部抵达了梅基利，它是唯一抵达的一支部队。4 月 6 日，这支部队和两个印度摩托化团被敌人包围，幸亏他们有所发觉，击退了进攻的敌人。敌人两次给他们发出招降的最后通牒，其中一次是由隆美尔发出的，但都被他们拒绝了。很多士兵冲出了敌军的包围，他们还俘获了一百名德国士兵，但最后被迫退回兵营并投降的士兵也很多。当前，失去联系的第三装甲旅只剩十二辆坦克，据悉，由于汽油不足，他们将开往德尔纳。这个旅于4月6日晚上在德尔纳附近被埋伏的敌人袭击，最终覆灭。在这几场交战中，德国空军都维持着较强的空军力量，这也是敌人能够获得成功的主要原因之一。

我们的澳大利亚部队在8号晚上进抵托卜鲁克，同时，它还得到了第七澳大利亚师一个旅的援助，这个师从埃及出发，经由海路而来。4月12日，由德国第五轻装甲师的部分士兵、一个意大利装甲师以及一个意大利步兵师组成的敌军先头部队攻占了巴尔迪亚，但是，他们之后并不打算突破埃及边境的防线。敌人一边派出重型装甲车和摩托化步兵向托卜鲁克迅速推进，一边让其他部队袭击托卜鲁克的防御工事，同时，还有其他部队向巴尔迪亚和塞卢姆挺进。我方守军由第九澳大利亚师、第七澳大利亚师的一个旅团和少数装甲部队组成，他们曾两次击退敌人，摧毁他们的部分坦克。

看到形势转变，将领被俘，韦维尔将军只好重新安排指挥部的人员：莫沙黑德将军负责托卜鲁克要塞，贝雷斯福德·皮尔斯将军负责西部沙漠，马歇尔·康沃尔将军负责埃及地区，戈德温·奥斯汀将军负责巴勒斯坦。这位总司令说："若是时间允许我实行以上编制，我们将要陷入的局势跟去年秋天时的就很相似了，唯一的区别就是多了托卜鲁克这个累赘。另外，我们的地面部队所面临的压力会更大，如果空军仍是起不到什么作用的话，我们恐怕会遭到如去年冬天时意军发动的那种攻击。依我看，要想打破敌人对托卜鲁克的包围圈并非易事，至少在几个月内不可能……接下来，我们无疑得担心埃及的态度会是什么样的。哪怕不谈希腊可能发生的事情，我们在今后几个月内也将是困难重重。"

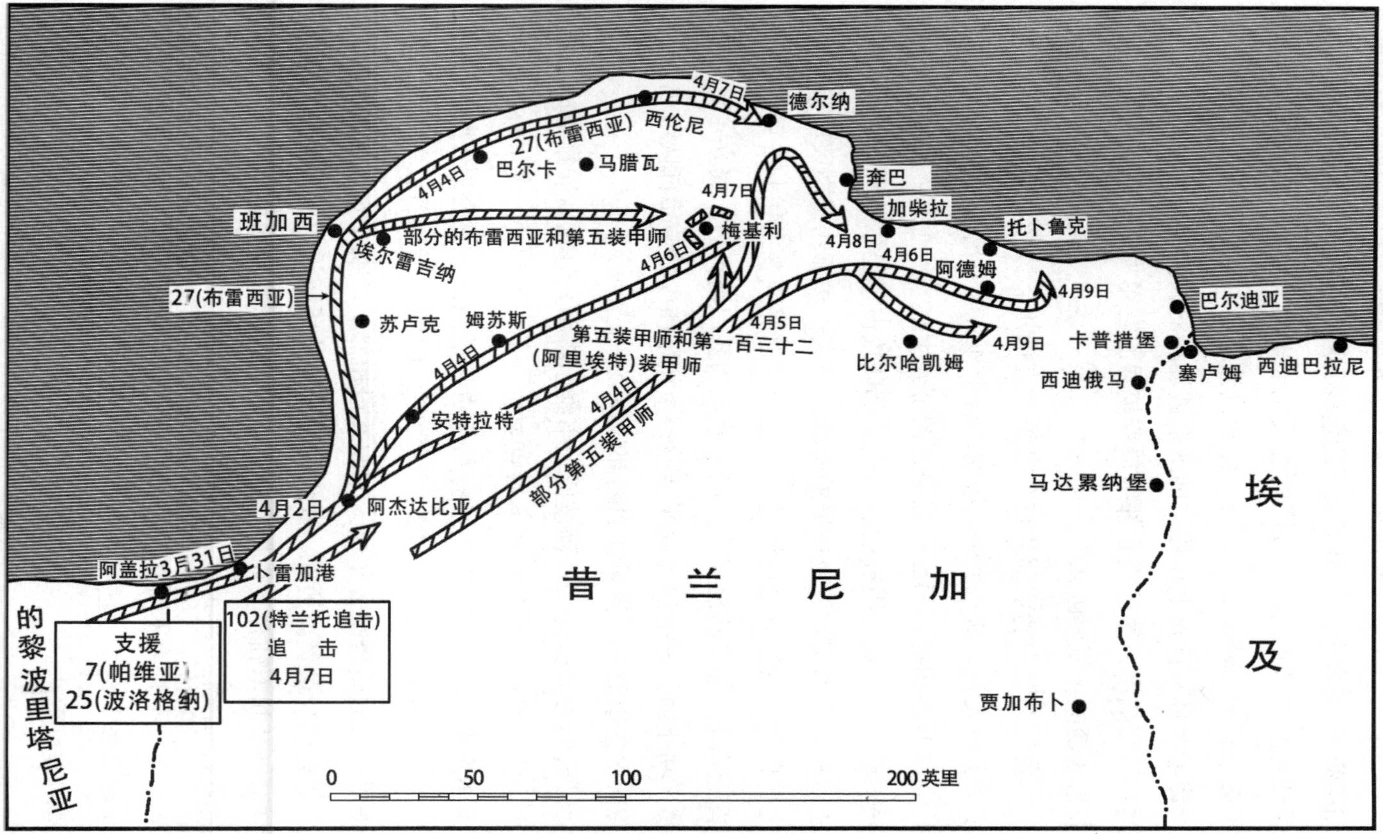

隆美尔的反攻，1941年4月

*　*　*

前海军人员致罗斯福总统　　1941 年 4 月 13 日

保护尼罗河流域是我们义不容辞的事情，我们自然会尽全力，除此之外，不可能还有其他合乎情理的选择。我们派往这一地区的军力有五十万人之多，部分可能还在派遣途中，另外，我们用在这一地区的军资也是十分充足的。我们是不计一切代价地要保卫该地区的。托卜鲁克是我们必守之地，但我们不是将它看作一个防守阵地来守的，而是将它看作一个非常重要的最前线的防御堡垒来守的，这样可以阻止敌人从小道大举进攻埃及。横跨地中海的敌人的交通线是我们必须要切断或者进行干扰的，必须出动海空军执行这一任务。这一仗得经过些时日才会有个明确的结果。敌人的陆地交通线长达八百多英里，他们至少需准备几个月才能发起大举进攻的，短时间内是不可能的。我们有其他已经建成的作战阵地，即便我们在托卜鲁克的守军被迫从我们能够控制的海域撤退，那也不必担心。我个人认为，我们仍可以控制当前的局面，甚至可以说我们是有希望取胜的。刚返回到国内的迪尔和艾登也抱有同样的看法。

这时，从托卜鲁克传来了喜讯：我军第一次明显挫伤了顽劣威猛的敌军。

韦维尔将军致陆军部　　1941 年 4 月 14 日

利比亚。4 月 14 早晨，我们在托卜鲁克俘获了二三百名德国战俘。这些俘虏说，我军的炮火将他们打得屁滚尿流，他们没有食物，也没有水，在被击退时哭了，根本没有士气。

他们哭，也有可能是因为他们太过于傲慢了呢！

首相致韦维尔将军　　　　1941 年 4 月 14 日

战时内阁非常高兴你们取得这次大胜利，请将我们最衷心的祝贺转达给所有参加此次战斗的人。打得漂亮，托卜鲁克！应当把托卜鲁克看作一个出击港口，请勿把它看成一个“累赘”，我们认为这是极其重要的一点。你能否找到一些缺乏运输工具的精锐部队去协助据守外围？这样，即使腾不出两个澳大利亚旅团，至少也可以腾出一个来作为要塞的总后备队和潜在的打击力量。

*　　*　　*

埃及边境和托卜鲁克的局势这时貌似暂时稳定下来了，我对整个形势作出思考后对参谋长委员会发出了如下指示：

关于地中海战争的首相兼国防大臣的指令
地中海战争问题

1941 年 4 月 14 日

1. 如果德国人攻打昔兰尼加和埃及的军队，并能够继续得到通过的黎波里港和沿海公路运送的物资，那么，他们的装甲部队必定占据优势，我们一定遭到惨重的打击。相反，若是能够切断他们从意大利与西西里岛通往的黎波里的交通线，并不断干扰的黎波里与阿盖拉之间的沿海公路的交通线，他们就一定会惨败。

2. 当前，由坎宁安海军上将指挥的英国地中海舰队的主要任务就在于，阻止敌人在意大利和非洲之间的所有海上交通。除了可以利用海面舰艇之外，他们应尽量用飞机和潜艇来完成这一任务。完成这项任务的过程中我们可能会损失很多战列舰、巡洋舰和驱逐舰，我们必须接受这一结果。必须摧毁的黎波里的港口，可能是用轮番轰击的方法或者封锁兼布雷的方法——也可能两者都用，但须注意，不能让布雷干扰到封锁或炮轰。敌方来往于非洲的敌运输船队也是攻击目标，由我方巡洋舰、驱逐舰与潜艇去执行这项任务，但应有海军航空队与皇家空军的协助。应该不放过敌人任何一支运输船队，让一支漏网就等于我们海军的一次惨败。皇家海军的威望如何,就看它是否能阻止这条航线上的运输了。

3. 应该加强坎宁安海军上将的舰队实力，以确保完成上述任务。德国若是出动俯冲轰炸机,可以用我们的“纳尔逊”号和“罗德尼”号进行抵御,因为它们的装甲板很厚,适宜这样的战斗。因此,我们也不必太过于畏惧这类轰炸机。另外，若时机有利，应可随时从西地中海调遣援军部队，包括布雷舰、驱逐舰和其他巡洋舰。无论如何都要封锁的黎波里港，应立即讨论是否用“百人首领”号来封锁。如果有必要用一艘现役的战列舰，那我们也是不遗余力地去做的。

4. 在给坎宁安的舰队给予增援后，他应该能将人员分成两支分舰队，轮番炮轰的黎波里港。在确知港口内停泊有船舶或运输船队的时候，尤其要作出这样的轰击。

5. 应该派一定的海军驻扎在马耳他岛，另让该岛上的空军掩护海军，这样可以有效地控制横跨地中海的海上交通。为使得空军能够保持最大实力，应该根据马耳他飞机场的容纳量，尽可能利用最新式、最优秀的战斗机。在使用的时候，应该优先考虑如何掩护马耳他岛的海军，再考虑用轰炸机袭击的黎波里。

6. 应该尽量守住马耳他港口，我们在逐步改进的火箭推进武器以及比之前更快速的空雷，都可以利用起来，特别是后者。

7. 在的黎波里和阿盖拉之间有一条长达四百英里的沿海公路，这条公路的重要性仅次于的黎波里港，它同样是我们应不断给予骚扰的目标。执行该任务的，应该是从“格伦”式战舰换乘特制登陆艇而登陆的那些部队。在埃及的突击队和其他部队也应该派去执行这一任务，且要放手去做，以实现干扰敌人这条交通线的目的。此外，应该好好研究如何从海上登陆，以便尽快行动，夺取一个特别的据点，最好选个有利于我军快速行动的据点。为了达到最终目的，我们也必须接受会造成的损失。不过，进行这种骚扰性的出击，出动小股部队也是可以的。届时如有可能，可以过阵子再把他们调回来。还可以将少数轻型坦克或中型坦克运到岸上，让它们沿着公路扫荡，打击敌人的汽车队。敌人的这些部队的价值远远大于其本身，能够迅速击毁他们的意义十分重大。因此，我们应该不顾一切必须要付出的代价，而尽可能用每一种确切可行的方法去不断干扰这段公路线。

8. 当务之急，必须完成以上各点提到的任务。敌人的空军日益强大，形势越发严峻，若是他们能如预期一样，成功攻打希腊和南斯拉夫的话，我们的处境就更堪忧了，因此，必须尽快落实上述所有事项。也因此，坎宁安海军上将应该迅速行动，而不是坐等增援的战列舰。此外，扣留“格伦”式军舰也是不应该的，即便它是为了攻打罗得岛。

9. 我们决心要倾尽所有力量去守住托卜鲁克，但是，我们不应该把这一任务当作一种防御性的任务，我们应该把托卜鲁克看作一个非常重要的最前线的防御堡垒，它是我们袭击敌人的一个重要据点。从这点来说，若是有需要，我们就应该给予托卜鲁克增援，使之能够利用充足的步兵和装甲战车，不断地袭击干扰敌人的侧翼与后方。若是可以让没有运输工具的军队防守一部分外围防线，我们就可能得腾出军力，组成后备军，这样既可以保卫这一要塞，还可以攻打敌人的机动部队。现在，对于我方来说，一个很有利的机会是：引诱刺激敌人，使他们发动类似围攻托卜鲁克的进击，然后不得不运送重炮部队以及该部队必需的给养。

10. 在战斗力方面，韦维尔将军曾经是占据优势的。当前，尤其必要的一点就是他应该恢复这一优势，摧毁总是骚扰我们的敌方小股突击部队。他应该不放过任何一次可以袭击敌人的巡逻队的时机，而且要大胆出动我们自己的巡逻队。保卫不列颠的计划中有一条说，即便是乘坐装甲车或摩托车的小队英国兵或者步兵，当他们遇到敌人的个别坦克时，也要果断地发动袭击，利用炸弹或者炮击的方法打击敌人。也就是说，即便是跟敌人进行小小的交锋的机会，我们也要充分利用，这样可以消耗敌人的弹药，加重他们弹药供应的困难。这一点是很重要的。

11. 应该派出皇家空军，去袭击敌人交通线或他们的战车集中地点。这一事项的重要意义，不必我说你也该知道。

这一切，说是容易，但做起来就难了。

* * *

我将所有情况，详细传达给了总统。

前海军人员致罗斯福总统　　1941 年 4 月 16 日

希腊接下来的形势会是怎样，我难以断定。德国在欧洲大陆的军事力量是非常强大的，我们从来没有低估过他们。

至于利比亚和埃及的局势，我本人倒是比较放心的。据我们的估测，在这个地区内的德国军队包括一个殖民地装甲师以及六百到六百五十辆坦克，也许还包括一个普通装甲师的全部兵力。不过，他们的坦克有很多已经被击毁了。在昔兰尼加，他们只有几个营，其中包括德国装甲师在内，但没有步兵。至于包括给养方面，据我们从战俘的口中得知，他们是相当紧张的，汽油、食物、饮水和弹药都比较缺乏。此前，当敌人来袭时，我们装甲部队的大多数车辆还在维修中。当前，我们必须要想办法利用上它们了，另外，我们正从中东各地调遣援军到埃及。在中东，我们估计能拥有五十万人的兵力。我把托卜鲁克当作一座非常重要的桥头堡或出击港口。我们的空军力量日益加强，因此，我们并不觉得敌人的空军已经完全占据了上风。此外，我们正在大力支援地中海舰队，使之能够全力切断敌人的海面和海岸交通线。当然，我们不止是在攻打德军，还包括意军。我们认为，德国正从西西里岛调遣或企图调遣第三个装甲师。

我认为，我们在14日和15日的夜间击退袭击托卜鲁克的德军，是相当重大的胜利。这场战斗的规模虽小，但却十分激烈，我们的收获也非常大：总的来说，敌人的伤亡人数以及在坦克、飞机方面的损失，要远远大于我们。让敌人遭到这次挫败之后，相信接下来他们也不会能够打得能有多出色了。在此期间，我们还顺利于中地中海切断了敌人的给养线，这也是一个不错的胜利。今天——16号凌晨，我们从马耳他岛出发的四艘驱逐舰发现了敌军的一支运输船队，它包括五艘大型船只，其中有德国的也有意大利的士兵。这支船队主要是运输军火和机动车辆的，有三艘意大利驱逐舰为它护航。一番交战过后，我们以一艘驱逐舰的损失，击沉了这支运输船队和它的所有护航舰。

我们当前还在保密我们的实力。

* * *

事情出乎意料。当我们正在希腊全面开展计划中的冒险行动时，我们的沙漠侧翼失守了。这是一个非常严重的灾难。在一段时期内，我仍是没有搞清这个灾难发生的原因。因此，我认为，当能够在战事中稍有喘息机会时，便有必要让韦维尔将军对此事的经过作出有关解释。直到4月24日，我才得以向他提出了这个对他来说会有压力的要求。

我们还在观察阿盖拉和梅基利方面的战事，等待结果。在这几场战斗中，我们显然遭到了很严重的惨败：失去了第三装甲旅和一个摩托化骑兵旅，它们可是我们的精锐。事情的原因经过是怎样的呢？我认为有必要了解清楚，这样才能知道你的困难在哪里以及我们的困难又是什么。是因为我们的兵力不如敌人，在战略战术方面也不如敌人吗？听说，破坏汽油库的时间太提前了也是原因，是这样的吗？那些幸存下来的士兵的意见，综合起来一定能够给出一个完整的总结报告，让我们看到这场关键性战斗的始末。若是你不报告说明此事的话，我就无法再支援你了……

韦维尔在25日电复，他说他必须谨慎对待此事，以免不公正地怪罪于在这场战斗中的高级军官——他们几乎都失踪了，他无法找到他们了解他们作战时的行动和动机。他平时性格就是如此，也因此他承担了这次惨败的责任。同一天，他发来了有关这次战斗的总结报告。

在电报中，韦维尔说他曾发现第二装甲师司令部和第三装甲旅对沙漠的熟悉不足，它们理应经过一定时间后才能做到在沙漠中自如应战。为此，他曾希望这两支部队至少能有一个时间来熟悉情况。他计划先让他们在边境上与敌人进行小规模的交锋，等他们适应了当地的环境，届时就不用怕敌人的大举进攻了。然而，未等他们做好安排，敌人就开始进攻了，而且进攻的日期比他的参谋人员根据各方面情况估测的日期还提前了两个星期。不过，敌人的兵力跟他们估测的大致一样。他此前料想敌人会在一定范围内向阿杰达比亚挺进，从缴获的敌方文件和战俘的供词来看，他的预料是正确的。但是，我们现在也看到了，敌人取得了同样出乎他们意料的初步成就。正是因为我们的第三装甲旅不幸早早就被击溃，他们才能够乘胜进击。他们临时编成了部队，从阿杰达比亚继续推进。我们可以找到的证据说明他们是在匆忙之中改变计划的。这支临时部队包括八支小纵队，其中有德兵也有意大利士兵。在行军时，其中几支纵队与后方供应拉得太远，只好用飞机派送物资。

我们临时编成了一支部队，它包括机械装备差的一个巡逻坦克团、一个轻型坦克团以及一个中型坦克团——该团装备是从意军那里缴获得来的。这个临时部队是我们的第三装甲旅，它很可能成为在希腊战场上的一支最精锐的部队。我是在参考了从昔兰尼加战役结束时我们装甲战车的情况之后才这么说的，当然还有一个前提：即将派往希腊的军队能够配备上装甲力量。要是这个旅的实力足够，且能够作为一支战斗部队保持较长时期的稳定使用，那么我们足以用它来应对任何预测中的敌人的进攻。

我们主要依赖的那个巡逻坦克团的机械装备，实际上是非常糟糕的。但是，我直到德军进攻前不久才知道这一情况。在到达前线之前，这个团的部分坦克就坏掉了，其他的大部分坦克则很多存在缺陷，因此在战斗的开始阶段中就被摧毁了。相同的情况似乎还存在于第二装甲师的另外一个巡逻坦克团中，这个团即将开往希腊。德国的坦克全部都装有大炮，仅凭我们的轻型坦克根本对付不了他们，而那个用意大利坦克装备起来的团还没有时间进行训练，不能熟练使用那类坦克。

我对装甲师发出了这样的指示：在交锋时，如果敌军占据优势，那么就逐渐撤退，保存实力，等待敌人的实力由于供应苦难而有所削弱时，我们再找时机进行反击。但是我发现，这个战略是错的。立即反攻的话起码可以严重打击敌人，牵制他们的行动甚至可能完全阻止他们。当时，我第三装甲旅因机械装备在撤退时损坏，且无法取得供应，因此几乎没有发挥效力便崩溃了；至于第二装甲师，其司令部由于缺乏作战经验，看起来已经完全处于被动中。另外的原因是，我们的信号人员没有经验……

开战后第一日，我就视察了前线，我认为我们需要一位熟悉沙漠作战的指挥官，因此致电奥康纳，让他前来协助尼姆。这两位将军在撤退时被一支突入德尔纳的巡逻敌兵袭击，最后被俘。

以上就是这一悲惨之战的概述，我是负有主要责任的。很明显，在撤退中，我们对第二装甲师司令部和第三装甲旅的指挥有误，但是我们不想过早做论断。他们的处境相当困难，我希望，在主要相关人员提出这次作战行动的详细报告以及失败理由时，再进行分析报告。

可以说，虽然撤退时我军陷入了混乱，但是他们依然保持高昂的斗志，表现非凡，有许多冷静的抗战事例可证明。

我复电说：

首相致韦维尔将军　　　　1941 年 4 月 28 日

谢谢你关于西部边境战事的大概汇报。看起来我们欠缺好运气。我希望今后的战绩能够弥补今日的损失。祝一切顺利。

第十二章　希腊战役

3月28日，我海军部队在马塔潘角附近海面战胜敌人——我们向希腊派出援军——帕普哥斯将军传来的消息令人失望——皇家空军飞机在数量上输给敌人——德军进攻——4月6日，德军对比雷埃夫斯港发动致命袭击——南斯拉夫被践踏——然后投降——我们左翼的危险——帕普哥斯将军建议我们撤退——向德摩比勒撤军——4月17日，我致电韦维尔——希腊首相自杀——我发于4月18日的指示——敌军受到截击——仍要对德摩比勒阵地的战役抱希望——4月21日决定撤兵——4月24日，希腊投降——重演纳姆索斯一幕——发生于纳夫普利昂的灾祸——皇家海军的战绩——救出我军五分之四人员——希腊人仍有好战精神——总统的大气估计——5月4日，我给他的复电——我于5月3日的广播

将近3月底时，有明显的迹象表明意军将会出动大规模的舰队，他们的目的地可能是爱琴海。坎宁安海军上将决定让我们的运输船队暂时躲避一阵子，至于他自己，则将于3月27日天黑后乘“沃斯派特”号离开亚历山大港，紧随“沃斯派特”号的还有“勇敢”号、“巴勒姆”号、航空母舰“敬畏”号和九艘驱逐舰。克里特岛的海军中将普里德姆·威佩尔，将会在第二天指挥他的一支部队——包括四艘巡洋舰和四艘驱逐舰的轻舰队，前往该岛南侧与总司令汇合。

28日天刚亮，我们一架从“敬畏”号航空母舰起飞的飞机发来情报说，发现敌人四艘巡洋舰和六艘驱逐舰正驶往东南方。我们的巡洋舰队“猎户座”在七点四十五分时也发现了这些敌舰。这是一支意大利舰队，他们的三艘巡洋舰装有口径达八英寸的大炮，而我们所有的巡洋舰所装配的大炮口径只有六英寸。不过，我们与敌人战斗了半小时，依旧难分胜负，敌人撤舰而退，我们的英国巡洋舰紧追其后。两个小时后，“猎户座”号发现了敌人的“维多利奥·威尼托”号战列舰，该舰距离“猎户座”有十六英里。这次，敌军没有退缩，向我方开炮，我方倒是撤退了。当“猎户座”号率领它的巡洋舰退向英国主力舰队所在的位置时，在大概七十英里之外的英国作战舰队正全速开向他们。我们的一支飞机部队同时从“敬畏”号航空母舰起飞，去到现场给予支援。意大利战列舰被我飞机袭击后，立即向西北方向退去。

这时，在我们前进舰队的北侧大概一百英里处，我方侦察机发现了敌人另外一支舰队，该舰队包括五艘巡洋舰和五艘驱逐舰。敌人的“维多利奥·维尼托”号战列舰除了受到我方“敬畏”号的袭击，还受到起飞于希腊和克里特岛沿岸的飞机的袭击，它明显被击伤了，航速已经在十五海里之下。到了晚上，我们展开了第三轮攻势，再次从“敬畏”号航空母舰起飞的飞机发现，所有敌舰都在保护受创的“维多利奥·维尼托”号，它们不断发射高射炮来抵御我们的袭击。我们的飞机没有打算跟敌人火拼，不过还是击中了重型巡洋舰“波拉”号，该舰之后退出战斗，不再行进。夜深时，坎宁安海军上将决定派出驱逐舰，彻底击毁敌人受创的战列舰和巡洋舰。他之所以如此决定，是为了防止这些敌舰队会逃入较安全的地带中，即可以得到从本国海岸起飞的飞机的掩护的海域。为了达到这一目的，坎宁安甚至让我主力舰队冒险在夜间战斗。他率舰队在黑暗中行进，然后向意大利的“阜姆”号巡洋舰和“扎拉”号巡洋舰发动了突袭。这两艘船舰是派来援助“波拉”号的，它们都装置有八英寸口径的大炮。我们的“沃斯派特”号和“勇敢”号战舰装有十五英寸口径大炮，在近距离内，它发出偏舷齐射的炮火，击沉了“阜姆”号。另外，我方三艘战舰一起围攻“扎拉”号，不消多久，该舰也被我们击中而烧毁。

为了不至于将友舰误认作为敌舰，坎宁安将军之后就命令舰队撤退了，不过还留下了驱逐舰，以便继续袭击那艘受创的巡洋舰和护卫该舰的两艘驱逐舰。最终，那艘受创的“波拉”号也被我方击沉。英国舰队在这次夜战中完好无损，这是很幸运的。我们的飞机在早上的时候也没有找到“维多利奥·威尼托”号，我方舰队便撤回亚历山大港了。在马塔潘角附近海面的这场战争的胜利，于这种紧要关头对我们来说无疑是及时的、可喜可贺的，在这之后，英国在东地中海的制海权就稳固了，无人再敢向我们挑战。

* * *

我们派遣开往希腊的部队，按照登船次序分别是英国第一装甲师、新西兰旅和第六澳大利亚师，这些部队占用了中东其他部队的武器，才得以武装起来。再之后，即 3 月 5 日，我们又派出了波兰旅和第七澳大利亚师前往希腊。我们计划让这些部队据守阿利阿克蒙防线，也就是从阿利阿克蒙河口起，穿过佛利亚和埃德萨，直达南斯拉夫边境的防线。希腊军队已经在这条防线上据守了，其中包括第十二希腊师及第二十希腊师——每师有六个营和三四个炮兵连，以及人数不足且还缺乏训练的第十九摩托化师、来自于色雷斯的大约六个营。我们的军队将会与他们会合，组成一支名义上有七个师的军队，届时将会由威尔逊将军指挥。

帕普哥斯将军原来承诺会派出五个精锐的希腊师，从现在所有的这些希腊部队来看，实际上是少得多的[①]。我们向希腊派遣部队的时候，

---

① 帕普哥斯在过后坚持说，一开始的时候，他是以能够澄清与南斯拉夫政府之间的局势为前提，才同意据守阿利阿克蒙防线的，结果局势一直维持原样。——原注

大部分希腊军——约有十五个师，正在阿尔巴尼亚的培拉特和发罗拉与敌人对峙。3 月 9 日，他们击退了意大利军队发动的一次攻袭。希腊的另一小部分军队大概有三个师以及一些边防军，当时他们在马其顿，帕普哥斯将军不肯召回他们。德军发动进攻后，只用了四天，便将希腊军队击溃了。第十九摩托化师是随后派去的，同样也被击败了，士兵死的死，散的散。

3 月间，我们只有七个中队驻扎在希腊，他们能使用的飞机只有八十架，缺乏着陆点以及信号不好又加大了他们执行行动的困难。4 月间我们向那里增援了少数飞机，但是，这远远不足以拉平皇家空军和敌人的力量。这七个中队其中有两个还在阿尔巴尼亚前线作战，其余五个须应对所有战场的需要，它们会得到从埃及调来参与夜战的两个“韦林顿”式轰炸机中队的支援，共同对付一支拥有八百余架作战飞机的德国空军。在南部南斯拉夫和希腊，我们要对付的是拥有十五个师的德国第十二集团军，这支军队包括四个装甲师，其中的三个和另外两个师负责进攻雅典。如果德军从南部南斯拉夫前进，阿利阿克蒙阵地的左翼就会被他们包围。我们和南斯拉夫参谋部的沟通很少，不知道他们有什么防御计划以及准备得如何，希腊人也不知道。不过，我们希望，南斯拉夫军队在敌人决议穿越那个危险地带时至少可以进行抵抗，哪怕只能牵制住敌人一段时间。后来发生的事情证明我们的这一希望没有任何根据。帕普哥斯将军认为，若是敌人采取这种包抄行动，我们不可能从阿尔巴尼亚撤兵来进行抵抗，因为这样做会严重影响到部队的斗志。另外，由于希腊军队的运输工具严重不足，交通相当不便，在敌人兵临城下时不可能作这样大规模的撤退。他既已这么想，若过后想改变决定，也肯定来不及了。就是在这种情况下，3 月 27 日，我们的第一装甲旅开往前方了，几天后新西兰师也过去了。

* * *

4月6日凌晨，希腊和南斯拉夫遭到了德军的攻击，比雷埃夫斯港同时受到猛烈空袭，当时我方派遣军的运输船队正在卸货。装有二百吨烈性炸药的英国“弗雷泽氏族”号在港口被击中，发生爆炸，几乎摧毁了整个港口。这次不幸发生之后，我们只得在其他港口停泊卸货，有时候还得用一些小港口。仅在敌人发动的这次攻袭中，我们和希腊就损失了十一艘船舶，共计四万三千吨。自此之后，敌人发动的空袭越来越猛烈。在这种形势下，盟军仍继续通过海路运输军队给养，只是根本无法有效抵御敌人的空袭。控制敌人在罗得岛的空军基地，是解决这一海上困难的关键，而我们根本无法抽调出足够的部队来，因此也就无法避免在此期间会损失大量船舶。幸好我军在马塔潘角海面战役狠狠打击了意大利舰队，如坎宁安海军上将在捷报中说的一样，这会使得敌人在今年内都不敢出动了。如果意大利舰队在这时仍能够斗志昂扬地参与战斗，我海军就不可能在希腊有所作为。

德军一边对贝尔格莱德发动猛烈的轰炸，一边在边境上集结军队然后分路攻打南斯拉夫。南斯拉夫参谋部认为一定要守住克罗地亚和斯洛文尼亚，他们仍试图保卫整个边界线，而不打算集中兵力给予意军致命一击。在南斯拉夫北部的四个军团撞上了德国装甲纵队和向萨格勒布挺进的德意军队，他们未做抵抗便迅速撤退。这支德国装甲纵队还有已越过多瑙河的匈牙利军的协助。南斯拉夫的主力军只得狼狈向南退去。4月13日，德军就侵入了贝尔格莱德。这时，由利斯特将军召集在保加利亚的德国第十二集团军出动了。他们向塞尔维亚和马其顿开去。于10日进入了莫纳斯提尔和亚尼那。南斯拉夫军和希腊军被敌军切断，失去了联系，南部的南斯拉夫军队被敌人击溃。

*　　　*　　　*

在南斯拉夫已完全无力抵抗时，我驻贝尔格莱德公使坎贝尔先生随同守军离开了首都，同时请求予以指示，我给他发了如下电报：

首相致英国派驻南斯拉夫公使　　　　　　1941年4月13日

1. 我们无论什么时候都不可能再派遣英国军舰在亚得里亚海北面航行，英国或美国的商船、运输船只也不可以。之所以这么说是因为我们的空军没有起到作用，就上次战役来说，我们实则等于没有空军——他们根本无法有效护卫我们的船只，只能任由它们被敌军击沉。我们给南斯拉夫战场增援的飞机已是我们能拨调得到的全部，这些飞机都经由空军中将多比亚克交给了南斯拉夫参谋部。事实上，南斯拉夫并没有想让我们支援他们，它拒绝和我们共同合作。这一点，你应该还记得。不过，现在抱怨这点也无补于事。你应该想想如何向他们表明现在的糟糕情况。

2. 国王或者说政府放弃他们的国土这件事，我们是想不通的。自己的祖国如此辽阔且多山，他们还有那么多的士兵。虽说德国坦克必定会从公路或小路开来，但是，他们若不出动步兵是无法战胜塞尔维亚军队的，可见还是有机会干掉他们的。年轻的国王及其大臣们不应该毫无作为。不过，若是国王及其少数随从人员是在迫不得已的情况下离开国境，而又苦于没有飞机，英国无论何时都愿意提供帮助，可派遣一艘潜艇到科托尔或与之邻近的其他地方去接应。

3. 任何一支塞维尔亚军队要想通过陆路获得我们的军用物资，唯一的方法就是在有效守卫山区的同时，穿过莫纳斯提尔，然后与驻在阿尔巴尼亚的希腊军队联系。也就说，与我们共同保卫希腊，他们就能从中分享共同的救济。若是所有行动都失败的话，就应该尽力把部队全部撤到附近岛屿或者埃及。

4. 你应当继续给予南斯拉夫政府和军队鼓励，使他们提高斗志，可以用上次战争中的塞尔维亚战事化险为夷的事例激励他们。

不过，南斯拉夫打游击战是之后的事了。4 月 17 日，南斯拉夫投降了[①]。

* * *

希腊人的最大希望因为这次突发的崩溃而坍塌了。这一实例又一次证明了敌方“各个击破”的战略。我们曾经极力促成联合对抗的行动，但是没有成功，而错误完全不在于我们。在这种时候，我们只觉得前途充满危险。

德军攻入希腊时，英国第一装甲师已经抵达了瓦尔达尔河。当时，在阿利阿克蒙河一带的是新西兰师，希腊第十二师和第二十师则在新西兰师左侧。第六澳大利亚师的主力部队正在进军中。南部南斯拉夫军队的抵抗陷入崩溃的迹象，在 4 月 8 日的时候就已经显露出来了。南部逐步沦陷，这意味着阿利阿克蒙阵地的左翼将会有危险。我们曾先后命令一个澳大利亚旅团和第一装甲旅迅速出发，堵住敌人从莫纳斯提尔进发的要道，以此确保阿利阿克蒙阵地左侧。敌人的公路被破坏，我皇家空军又对他们发动空袭，且取得了几次成功，这些因素导致了他们的行动曾被短暂拖延。不过，他们在 4 月 10 日开始攻打我

① 国王彼得是从科托尔撤退，载他的飞机是英国皇家空军的一架“森德兰”式水上飞机。罗纳德·坎贝尔先生与他的随从行至亚得里亚海岸，他们于 4 月 18 日被意军抓获，我们曾试图救出他们。一星期后，我们命令英国潜艇“摄政”号前往科托尔湾，然后发现科托尔已被意军占领。意军派了一名军官来到我们的潜艇做人质，同时，我们派出一位军官与对方就释放英国外交团一事进行谈判。就在这时候，我们的“摄政”号被突如其来的三架“斯图卡”式俯冲轰炸机攻袭，在敌人的炸弹及机枪的猛攻下，我们的艇长艇员都受伤了。我们的潜艇穿过敌人从海岸发射的大炮，逃出了布雷区。英国外交官员及其随从被带到意大利，拘留了一段时间。6 月，我们与意大利政府进行交涉，他们得以按照国际惯例被遣回英国。——原注

方侧翼部队。双方在恶劣天气激烈搏战了两天，我方最终阻止了敌人的进攻。鉴于更西边只有一个希腊骑兵师可以与驻在阿尔巴尼亚的部队保持联系，威尔逊将军决定让他背负巨大压力的左翼撤退到科扎尼和革拉文那。4 月 13 日，他完成了这一撤退行动。不过，第十二和第二十希腊师在此期间已开始崩溃，无法发挥任何效用了。我们派遣出的部队自此只能孤军奋战了。4 月 14 日，为守卫奥林匹斯山北边那个山口要塞，新西兰师也撤退了，它的一个旅同时在掩护通往拉里萨的大道。虽然敌人发动的几次猛攻都失败了，但威尔逊的左翼受到的威胁还在，因此他决定率部撤至德摩比勒，他和帕普哥斯就此事进行协商。帕普哥斯赞成威尔逊的决定，而且他在此期间亦已经建议英军撤出希腊。

首相致威尔逊将军（在雅典）　　1941 年 4 月 13 日

听闻希腊第二十师和骑兵师将会加入战斗，以填充你的部队和希腊西部军队之间的空缺。这是个让人高兴的好消息。若是让德军通过这个缺口向南挺进，你的阿利阿克蒙阵地无疑将会被他们包围，而且，届时，他们包抄驻在阿尔巴尼亚的全部希腊军队并取胜的把握会更大。然而，为何希腊西部军还未果断撤回希腊呢？我对此非常纳闷。帝国总参谋长称他曾经不止一次地向希腊方面提出这一行动建议，但是对方没有听取。此时此刻令人难忘，唯有祝你一切顺利。

又听说国王日前不会离开希腊，这同样令我高兴。他很有可能因此而留名青史。不过，若是他或者某部分希腊军队被迫逃出希腊国境的话，我们将尽力将他们送到塞浦路斯岛并进一步帮助他们。克里特岛的给养可以通过海路得到，考虑到这一点，若是能派驻一支精锐的希腊军队在该岛的话，将是非常有利的。

最后的结果就由之后的几天来决定了。16 日，韦维尔发来电报说，在与威尔逊将军的一次会谈上，帕普哥斯将军曾表明希腊军队的压力非常大，空袭使得后勤工作进行得很艰难，因此他同意撤退到德摩比勒阵地。撤退行动已经展开了。帕普哥斯再次建议我们的英军撤走，以免加重希腊所受的破坏。威尔逊的看法是，应在占领新阵地后才立马开始撤退。韦维尔给威尔逊的指示是：在希腊军队仍能抵抗时绝不抛弃他们，不过，若有必要可以继续撤退。我们已经下令所有开往希腊的船只即刻返回，同时命令任何船只都不能装载人员、物资，已有的或者正在装载的必须撤下来。他料想在我们的军队登船撤退之前就会受到希腊政府关于此事的确认通知，同时认为可以守得住克里特岛。

我立即给他回电，提醒他这是一个事关重要的但却是可在意料之内的消息。

首相致韦维尔将军　　1941 年 4 月 17 日

1. 我们没有收到你关于帝国军队在希腊前线的情况的报告。

2. 希腊军总司令既然让我们撤出希腊，我们就应该听从他的愿望，以免使得他的国家遭受战争之苦。在帕普哥斯向威尔逊或帕拉利特[①]表明这一愿望后，后者应该向希腊政府求证，确认帕普哥斯的这一请求是得到政府认可的。在确认之后，他们应该立即撤退，但是，我军与希腊军队联合撤至德摩比勒阵地的行动不应受到影响。你理所当然应当想办法让我们的物资损失降到最少程度。

3. 最好能守住克里特岛，为此，你在重新部署部队时应该有所准备。这个岛应该是希腊的精锐部队以及他们的国王、政府能够立足脚跟的根据地，我们将会尽力保证它的防御。

① 英国驻希腊公使。——译注

威尔逊将军于17日从提佛乘车前往泰托伊王宫，他和国王、帕普哥斯将军以及我们的大使在宫内进行了会谈，主要讨论了撤退的战略以及先后顺序。与会人员都赞成唯一可行的方法就是撤至德摩比勒一线，此外，希腊政府表示，他们离开也是要等到一星期之后。

我在前面提到过的希腊首相，即在梅塔克萨斯逝世后被任命的科里西斯先生，是个生活清廉、没有任何污点的人，此外，他还有坚不可摧的明确信念。他之所以被选为继任者，就是凭借着这些品质而不是其他。在无力拯救国家与为难之时，又或者在无法尽到自己的重大职责之时，他选择了和匈牙利的泰来基伯爵一样的做法。18日，他自杀赎罪。他的做法，应使得后人在想起他时有所敬意。

* * *

局势动荡不安之时，各项工作的执行更应该有条不紊，应该根据它们的重要性来做好安排。空军中将朗莫尔这时请求给予他指示，说明如何使用他的极度有限的空军力量。我向三军参谋长发出了一份关于此事的意见，得到了他们的一致赞成，我于是将原文电传给中东各位司令。

参谋长委员会致各位总司令　　1941年4月8日

以下是首相兼国防大臣的指示。

1．我们的所有方面的工作都是必须，不可完全弃之不顾任何一项，因此，我们也不可能在这些工作中分出孰轻孰重，孰先孰后。以下提到的各点，可作为参考。当前，整个帝国都在想着如何从希腊救出新西兰、澳大利亚和英国军队，这是非常重要的。

2．鉴于托卜鲁克的军姿还足够使用两个月之久，我们对托卜鲁克的补充给养行动，应该可以在希腊撤军的紧张阶段开始之前或者之后展开。

3. 掩护撤退的行动和支持利比亚战役的行动，应该分开，独立进行。不过，若是两项行动不可避免——兴许也可以避免——地发生冲突，那么，应该先考虑在利比亚取胜。

4. 伊拉克方面的情况看似不错，目前不必为之担忧。

5. 在一开始的时候，克里特岛的用途只能是收纳从希腊救出的各种物资。因此，日后再去思考如何在该岛实施全面防务。在此期间，为了预防敌军的空袭，该岛上所有部队应该采取游击战术的方法，一旦发现伞兵或从空运飞机遣送下来的敌兵，便以刺刀与他们拼搏。

6. 从以上所谈情况来看，首要任务应该是确保在利比亚获胜，其次是希腊撤军的事宜。关于托卜鲁克的航运一事，若不能确保获胜，就应该在方便的情况下随时做出安排。不必理会伊拉克问题，至于克里特岛的防务问题，可在日后再解决。

* * *

由于敌人在坦波谷、奥林匹斯山口以及其他地点堵截我们，我们的所有部队只能通过狭窄的拉里萨撤到德摩比勒，因此，这次撤退行动是相当艰难的。威尔逊猜想最不安全的是他的西侧，为应对这一最危险的威胁，他在卡拉巴卡部署了一个旅团。然而，实际上却是在东面即坦波谷和奥林匹斯山口会有危险。第五新西兰旅守了这个山口三天，这三天是非常必要的。坦波谷是德军前往拉里萨的最短路线，因此这个地点面临的威胁更大。一开始的时候，我们只派了第二十一新西兰营去据守，后来又派出了一个澳大利亚旅。在这支部队据守该地的三天里，我们的所有部队刚好通过了狭窄的拉里萨。

虽然敌人的空中力量算来是我军的十倍，但是，受到恶劣天气的影响，他们在 4 月 13 日之前无法充分利用这部分力量。我们没想到，15 日黎明时分，他们对拉里萨附近的飞机场发动了猛攻，我们残存在那里的许多飞机被炸毁了。由于从那里到雅典之间没有着陆地点，没被炸毁的其余飞机直接飞回了雅典。16、17日是阴天，敌人的空军没有出动，天气转晴后他们就大肆出动了，不断袭击我们连绵不绝地开往德摩比勒的部队。当然，我们的军队也进行了抵抗，在雅典附近，我们击落了敌人二十二架飞机，付出的代价是五架“旋风”式战斗机。

在这几场后卫战中，我军的战略是非常得当的，部队的表现也很顽强。因此，虽然德军从各个面对我军发动猛攻，但他们都没有得逞，且反倒遭受了惨重的损失。占领德摩比勒阵地的任务，最终完成于4月20日。在这个阵地的正面抵抗敌人的部队非常坚强，他们的任务也是很艰巨的，他们一方面要防守海岸公路，以防敌人从优卑亚岛[①]侵入，另一方要防止敌军向德尔法移动——这是最重要的。所以他们的任务是十分紧张的。所幸的是，由于德军的行动缓慢，这一阵地至今未受到严重的威胁。同是在4月20日，在阿尔巴尼亚前线的希腊部队投降了。尽管如此，我还是希望我军最后能在德摩比勒阵地站稳脚跟。距离古时候的著名战役[②]已有千百年，现在难道不能再现一次不朽的辉煌？

首相致外交大臣　　　　　　　　　　　　　1941年4月20日

如果在德摩比勒阵地现场指挥的将领们认为可据守该阵地两三个星期，同时能够确保希腊部队仍坚持作战或者说能确保希腊军队的力量充足，那么，我们便可在取得有关自治领地允许后继续给予那些将领们支持，让他们据守下去。我越想越相

① 仅次于克里特岛的希腊第二大岛，又译为埃维亚岛，与西北方的斯基罗斯岛组成埃维亚州。——译注

② 德摩比勒是由希腊北部进入中部必经之路，历史上有过几次著名战役就是在这里进行的，如公元前480年希腊人抵抗波斯人进攻的战役，公元前279年希腊人抵抗高卢人入侵的战役。——译注

信，如果这一“如果”成立，我们确实会那么做。我完全不认为，在敌人损失惨重的情况下我军的撤退反倒会更加艰难，我反倒相信，若能在希腊牵制住敌人的空军，那么利比亚的局势就会稳定，我们便可以往托卜鲁克运送更多的坦克。如果能够这么做并守住托卜鲁克阵地，我们甚至可以希冀在埃及获得充足的力量并进行增援。从希腊撤出我军是我所不希望的。这个问题若是只涉及英国部队，且仅从军事角度来考虑便可作出决定，我的意见就是：只要威尔逊觉得能继续打，我便督促他勇猛地抗战下去。明天的内阁会议将讨论这一问题，然后正式将它提交给各自治领地。不管怎样，我们要等到这一步之后才能作出答应撤军的决定。当然，我们部队抵达新的重要阵地时是什么情况，我是不知情的。

韦维尔将军在21日向希腊国王了解希腊军队的情况，并询问他希腊军队是否可以立即援助德摩比勒的左翼。国王的回答是：在敌人进攻之前，已经没有时间派出任何有组织的希腊部队支援英军的左翼。韦维尔将军说，他认为在这种情况下自己有责任立即采取行动，以便让他能救出的英国军队可以登船撤离。国王看来早有此意，他表示完全赞成韦维尔将军。另外，他还表示，他很遗憾让英军陷入了这种处境中。韦维尔将军嘱咐国王一定要绝对保密这一行动，同时设法使英军能够成功登船——例如要做好以下措施：维持雅典城内秩序；尽可能延迟国王和政府迁往克里特岛的行动；不可撤离在埃皮鲁斯的希腊军队，同时要防止敌人伺机从西面沿着科林斯湾北岸前进。国王满口答应下来，然而这不过是一张空头支票罢了。4月24日，希腊迫于德国排山倒海而来的攻势而彻底投降。

* * *

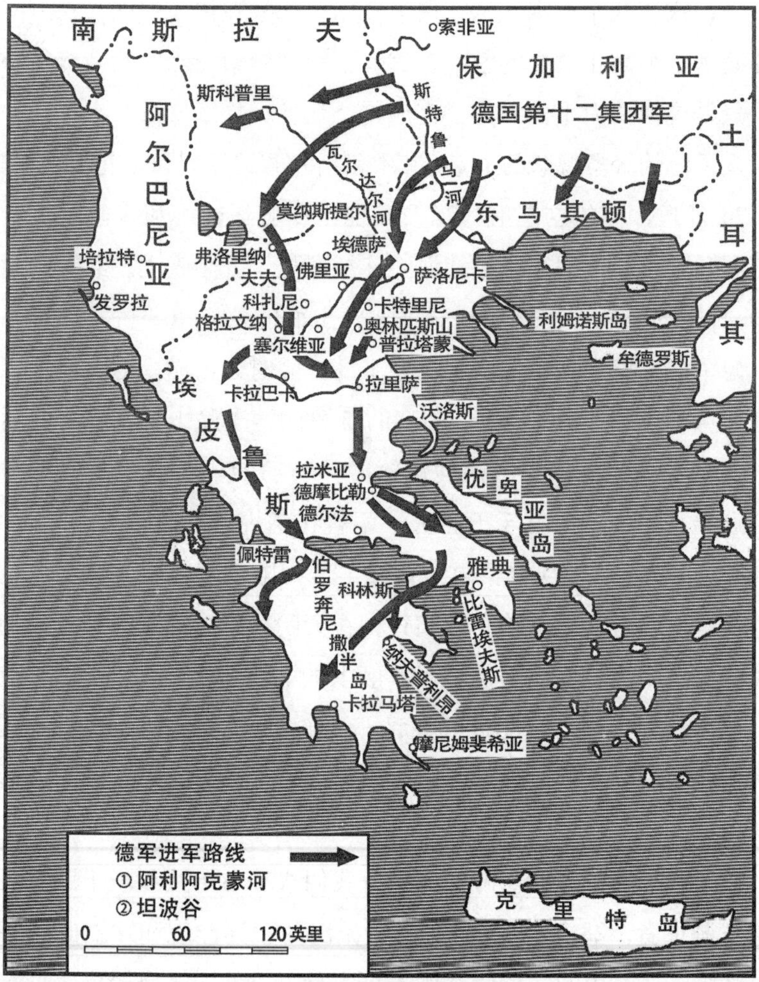

德军进攻希腊

我们现在的处境跟 1940 年要从海上撤退时一样。理论上，根本不可能从希腊有组织地撤退五万多士兵。然而，我皇家海军还是圆满完成了这一行动。普里德姆 · 威佩尔海军中将在船上指挥，贝利 · 格罗曼海军少将在岸上指挥，两人又与陆军司令部紧密配合。总的看来，我们在敦刻尔克战役中是有制空权的，而在希腊战役中则是德军完全占据了空中优势。他们几乎是不停地袭击我们的港口以及撤退中的军队，致使我军根本无法在白天登船。如果在白天的话，在海滩附近的我军必须防止敌机的空袭。这一幕跟纳姆索斯当时的情况是一样的，只是规模要大十倍。为了完成这一任务，坎宁安海军上将几乎全部投入了他的轻型舰队的力量，其中包括六艘巡洋舰和十九艘驱逐舰。4 月 24 日晚，他的这些舰只以及其他十一艘运输舰和袭击舰在希腊南部展开救援，他们在小港和海滩连续奋战了五个晚上。敌方的伞兵在 26 日发动空袭，占领了科林斯运河上面的那座重要桥梁。自此之后，德军便大肆侵入了伯罗奔尼撒半岛，同时袭击向南部海滩艰难行进的疲惫不堪的我方士兵。24 日和 25 日的两个晚上，我军一共运出了一万七千人，但损失了两艘运输舰。26 日夜间，我们从五处登船地点运出了大概一万九千五百人，不料在纳夫普利昂湾遭遇了不测。“斯拉马特”号运输舰很英勇地装载了最大限度的人数，然而这是错误的英勇。它过久地停泊了一整夜，在天明后将要离岸时被敌人的俯冲轰炸机袭击。该舰只被炸沉了，舰上的七百名士兵大部分被“金刚石”驱逐舰号和“25”号驱逐舰救起——几个小时后，敌人又发动空袭，击沉了这两艘驱逐舰。最后，三艘舰只上的士兵只有不到五十人活了下来。

在卡拉马塔附近的海滩上，还有我们八千名士兵和一千四百名南斯拉夫避难者。28 日和 29 日，我们派出两艘巡洋舰和六舰驱逐舰去营救这些人。其中的一艘驱逐舰奉令先行，以便安排登船事宜，它到达后发现那个地带已经被敌人占领了，且有几处在着火，我们因此只好放弃了大部分的救援行动。在这个镇上，德军受到我们一次成功的反攻后退出了该镇。虽然如此，我们四艘驱逐舰也没救出多少人。从舰上派出的小艇在东面海滩进行营救，只带离了大概四百五十人。同一天晚上，“阿加克斯”号和三艘驱逐舰在莫尼姆菲西亚展开营救，救出了四千三百人。

在这几项任务后，我们主要的撤退工作也几乎完成了。之后的两天，零散在各处岛屿或者海面的小艇中的小股部队也得到了营救。而在接下来的几个月中，我们得到了希腊人不顾危险的帮助，一千四百名官兵得以从各地独自回到埃及。

* * *

下表表明陆军最后撤退数字：

军队	当敌人进攻时我军驻在希腊的人数（人）	向克里特岛撤退的人数（人）	撤到克里特岛后再往埃及撤的人数（人）	包括伤员在内的直接向埃及撤退的人数（人）
联合国军队	19206	5299	3200	4101
澳大利亚军队	17125	6451	2500	5206
新西兰军队	16720	7100	1300	6054
总数	53051	18850	70000	15361

以下是损失数据：

军队	损失人数（人）	所占总损失的百分比（%）
联合国军队	6606	55.8
澳大利亚军队	2968	25.1
新西兰军队	2266	19.1
总数	11840	100

包括皇家空军人员和数千名塞浦路斯人、巴勒斯坦人、希腊人和南斯拉夫人在内，我们成功营救出的总人数相当于原来派往希腊部队人数的80%，共计五万零六百六十二人。若非我皇家和盟国的商船队船员们的勇敢和巧妙的安排，我们不可能取得这样的成绩。在他们进行这项工作的时候，敌人对他们进行了残酷的攻击，然而他们毫无畏惧，

所以说这些成绩是他们的功劳。我们是从4月21日开始撤退的，在撤退期间敌人不断地对我们发动空袭，直到撤退结束，我们一共丧失了二十六艘船舶，其中包括二十一艘希腊船只以及五艘医疗救护船，其他的是英国与荷兰的船只。皇家空军和从克里特岛出动的一支海军航空队协力合作，试图阻挠敌人，但是，由于敌人占据了空中优势，他们的抵抗完全无效。不过，我们从11月起派往希腊的极少数的空军中队却取得了辉煌的战绩。它们以损失二百零九架飞机为代价——其中七十二架是在空战中损失的，击毁了二百三十一架敌机并投掷了五百吨炸弹。虽然损失惨重，但是它们却是可以作为榜样的。就在这个时候，英国接管了希腊那一支小规模但却十分精锐的海军部队。4月25日，一艘巡洋舰、六艘现代化驱逐舰和四艘潜艇向亚历山大港逃去。在这之后，在我地中海的战役中，希腊海军又多次做出了辉煌的战绩。

* * *

在讲述完这篇悲剧性的故事后，读者可能会觉得，作为我们盟军的希腊并没有给予我们英帝国及我们的军队有效的军事援助。但是，我要提醒：在4月间的三个星期中，希腊军队不顾自己力量远远不如敌人，坚持抵抗敌方。在与意大利交战的五个月中，这三个星期是他们最艰难的一段日子，他们的实力几乎为此消耗殆尽，以至于全国范围内都无法再提供新生力量了。10月，他们遭到了兵力是他们两倍的敌兵的突袭，一开始他们击退了敌人，在进行反攻时又将敌人击退了四十英里，最终将他们赶回阿尔巴尼亚境内。整个寒冷的冬天，他们都是在山区同敌人进行较量的，敌方的数量总是比他们多，装备也比他们好。驻在西北部的希腊军队既无交通工具也无公路可走，而在他们的侧翼和后方有着德军的巨大威胁，然而，他们无法快速行军，也就无法在最后时刻抵抗敌人发动的猛烈的进攻。在这一场长久的保家卫国的战斗中，他们勇猛奋战，如今几乎已经没有什么力量了。

我们没有埋怨希腊人，希腊人同样也没有埋怨我们。自始至终，希腊人都是非常诚恳地帮助我们的部队。无论是雅典人还是其他撤退地点的希腊人，相对于关心他们自己的生命安全，他们似乎更关心可能会在将来拯救他们的人的性命。希腊人仍像以前一样尚武、勇猛，闪耀着高尚的光芒。

*　　*　　*

截止到这里的叙述，我们说明了我们在希腊所做的所有重要的冒险行动。若要在某些事情上采取立场，人们往往是在事情发生之后才容易遵照正确的精神以及道义上去做出必须做的选择。我按照真实的事件以及采取行动的真实过程，写下了这篇记述。要对它作出判断，应该是在将来弄清各方面的情况之后。在我们离开人世后，我相信，历史最后也会作出客观公正的且具有深远意义的最后判断。

可以确定的是，美国人民，特别是他们那位伟大优秀的领导人，也被希特勒与墨索里尼糟蹋希腊的罪行刺痛了，同时感动于我们英勇的抵抗。我们为了从强暴手中抢救出人民、士兵以及物资等所作的一切努力，深深打动了他们。我在这时与总统互通过一次电报，这次沟通是可喜的。总统说了很多，在谈到东地中海地区时，他的意见是：

> 你在希腊所做的一切勇猛行动是十分有益的，另外，德军必定会因为大规模地集结军队而遭受人力、物力方面的巨大损失，这样就可以大大弥补你们所遭受的领土损失。我认为你可以打这一场十分必要的持久战，因为你在此之前已经将努力节省出来的士兵和武器装备运到了希腊。我还认为，包括北非和近东在内的东地中海其他地区的战役，用这种打法也是可以的。另外，在现阶段中，如果还需从其他地方撤军也是可以的，它在我们的计划中，这样既可以缩短英国战线而延长轴心国战线，还可以大大消耗敌

人的人力以及装备。

你或许仍需从东地中海区域再撤出一点，但是你不会让大规模的崩溃或投降这样的事情发生。再说了，你们的海军能够控制印度洋和大西洋，因此你们最后还是会取胜的。我相信这一点，而且也很高兴地感觉到，包括英国在内的公众在此期间也日渐意识到这一点。

总统的来电尽显他博大的胸怀，我的复电则不是如此。我感到自己太过于顾虑当前的形势，同时又清楚美国人的情绪日益高涨，因此我主要谈到了未来的情况。

前海军人员致罗斯福总统　　　　　　　　　　1941 年 5 月 4 日

你在来电中表示的友好让我坚信你就是坚决支持我们，以使我们获得最后胜利的，而且，你的决心绝不受到任何一时的、哪怕很严重的挫败的影响……

但是，我们还是应该有所忧虑。失去埃及和中东有可能会带来严重后果。因为我们在大西洋和太平洋会因此遭到更大的危险，战争也会因此延长，如此一来就不难免可能会发生各种灾难以及军事危险。当然，无论如何，我们都会奋战到底。但是，有一点不要忘了：这一场战役的结果可能会最终决定西班牙、维希以及土耳其、日本的态度。我不认为失去埃及和中东只是为了做好铺垫，以便顺利展开一场海洋上的持久战争。欧洲全部国家以及亚洲、非洲的大部分地区有可能会被敌人征服，被迫成为轴心国的一部分，如果这样的事情发生了，那就意味着只能由英伦三岛、美国、加拿大以及大西洋这几个地区的人来对抗敌人这个庞大的体系了，届时战争必定是艰苦的、长久的，而取胜的希望却是渺茫的。所以，你有需要在当下或者最近就采取更积极的措施，否则我们将处于非常不利的处境中，毕竟敌人各方面的力量都远远强于我们。

总统先生，我相信我可以跟你坦白说我心里的话，而你不会因此有所误会。当前，土耳其、近东以及西班牙地区表现得越来越消极，我认为，美国若是能够即刻加入我方，参与到战争中，那么，这些地区的这种局面就很有可能会好转。若是你会那么做，我可以保证，在你们的武装力量支配全局之前，我们仍可以坚持下去，保证地中海区域的局势稳定。

为了保护埃及还有它的前哨据点托卜鲁克和克里特岛，我们曾做出了很多冒险行动。现在，我们仍决心继续奋战下去，哪怕要拼到最后一滴血流尽，或者守不住最后一寸土地。我认为，哪怕再用坦克和飞机进行增援的行动比较困难，胜利最终还属于我们。不过，我仍要请你重视失去中东的严重性。在这个地区的每一个前哨据点都关系到我们的胜败，我们承受不起再丧失更多的这样的据点了。

至于维希，我们迫切希望你能做个榜样，在打击他们的同时拉拢他们，且尽可能从他们那里得到益处。能够阻止德军进入摩洛哥的只有你了。若是让他们稳妥地占据了这个地区，他们就不用从陆地进攻了，然后不久他们就会向达喀尔空运物资。你即将通过广播发表的那篇新演说，可能会带来重大的改变，我迫切等待你的发表。最后，真诚地感谢你所做的一切，包括你在船舶和油船方面给我们的重要支援以及你在其他方面提供的所有无私的果敢的援助，这些帮助无疑有利于我们以及这项共同的人类事业。

*　　*　　*

我在前一天晚上发表了一篇广播演说，演说的内容一方面试图传达英语世界人们的共同感想，一方面要说明有哪些事实在主宰着我们的命运。

看看当前在欧洲和非洲发生的各种事情，以及想想将可能在亚洲发生的事件，我们不免内心忐忑，有各种忧虑。尽管如此，我们一定要保证自己的判断力，千万不要让自己被悲观吞没或者陷入慌乱无措的地步。虽然我们当前面临的困难诸多，但是，只要保持冷静，同时回想我们过去已经克服了许多困难，我们就可以重新找回自信。现在的局势再怎么严峻，但没有任何一个苦难能够与我们去年所经历的危险相比。另外，东方可能要发生的事情再怎么严重也是次于当前正发生在西方世界上的。上一次在你们面前发表演说时，我曾引用罗斯福总统给我的来信中亲笔所写的朗费罗的诗句。现在，我想起同属于这首诗的没有那么著名的另外几句。这几句很适合在今天晚上说出来，因为它们恰恰说明了我们的命运。我相信，它所表达的意思是任何说英语的人现在心中所想的，也是任何向往自由的国家的人所想的。

“独自冲向岸边的浪花已疲惫，
好像再也无法前进。
远处的细流，绕过小河小湾，
悄悄地汇聚成一片汪洋。

当晨光冉冉浮现，
光亮的东窗后面，
还有徐徐上升的太阳，
如此缓慢！
然而此时的西边，
大地光亮耀眼。”

第十三章　的黎波里与“老虎”计划

从沙漠到海面——坎宁安海军上将的忧虑——我们有必要袭击的黎波里——代替炮轰困难的另一个办法——第一海务大臣的强烈建议——坎宁安海军上将的复电——4 月 21 日的没有流血的成功行动——坎宁安海军上将的强烈想法——大家都有功劳——我向坎宁安海军上将作出解释——美国的援助——韦维尔传来的令人焦虑的消息——我发于 4 月 20 日的电函——国防委员会同意通过地中海运送三百辆坦克——我在 4 月 22 日严厉批评了托卜鲁克守军——隆美尔的援军抵达——“老虎”运到——辉煌的战绩——运送坦克到克里特岛——我希望继续执行“老虎”计划——韦维尔未曾极力请求

我在前面已经讲述了我们沙漠侧翼的崩溃在非洲引起的后果。它另外还有可能导致我们无法占领罗得岛，而这个岛卡在我们和希腊之间，阻碍我们的行动。我们在希腊进行的军事行动本来就非常危险，虽说这一行动也不可能取得成功，但是这一后果进一步影响到了它的开展。现在，我们就叙述沙漠事件是如何发生的，并说说同时发生在海面上的一些事情。

由于要派遣军队到希腊，我们东地中海舰队承受了巨大的压力，这一事实是有目共睹的。但是，在局势动乱的时期中，这一方面的压力只是他们要承受的之一而已。隆美尔气势狂妄地指挥装甲部队突然挺进，坎宁安海军上将早在 4 月 10 日的时候就觉得这会严重危及到他的处境。他警告我们说：

> 如果德军能够做到这一步：在下个月穿越地中海，向北非运送充足的军队，然后至少控制直到马特鲁港的地区，那么，我们就很难说亚历山大港是否还能作为舰队基地了，因为敌人具有战斗机护航的轰炸机必定会对它发动空袭。德军很有可能会让这成为现实，要想阻止他们，我们只能摧毁的黎波里港。我认为不宜用炮击的方法，因为这会让作战舰队冒极大的风险，且从这种方法是否奏效也是一个问题。我觉得，进行接连不断的空袭是切实可行的……因此，我认为当务之急是落实这一行动，应派出任何干扰，立即派遣远程轰炸机飞往埃及。我们很可能要在这一任务上花一段时间，但是它的结果将会决定我们能否守住东地中海区域。我想再强调一遍：时间因素事关重大。

在几个星期以内在埃及建立一支远程轰炸机队，还必须使它能够有效地摧毁的黎波里。上帝啊，这可是相当艰难的一个任务。从海面炮击的方法可行，且经济有效，它也是我们当前可采用的不超出能力范围的方法。我也认为，虽然当时我们的舰队在希腊战役中已承担了重任，但是他们仍可以在保卫埃及的这一任务中大大发挥作用。

* * *

在袭击的黎波里这一事上，海军部与坎宁安海军上将进行了激烈的辩论。第一海务大臣非常清楚总统会给予援助，于是向地中海舰队总司令提出了一个方法来解决飞机轰炸的困难。他建议让他的舰队到最危险的海域内，不顾一切地炮击的黎波里。在我海军史上，这件事是很特殊的。

海军部致电地中海舰队总司令　　1941 年 4 月 15 日

当前显然必须采取果断的措施来稳定中东的局势，我们在经过透彻的分析后认为，仅凭空袭的黎波里可能还无法阻止敌人通过该港向利比亚进行增援。我们应使敌人在较长时间内都无法运用这一交通要道，所以必须设法严重破坏的黎波里港。非常有效的一个方法是在该港及通往该港的航道尽可能多地布水雷，但是，这一措施收效得等，而我们不能再等了，因此必须尽快采取其他方法。我们可以进行炮击或者设法封锁该港，你认为炮击未必有效，海军部各位长官也是这么想的。鉴于我们甚至不能期望暂时使敌人的增援频率大大降低，我们最终决定同时采用封锁和炮击相配合的方法。当我们试图封锁的敌船驶进港口时在我们的直射范围内，我们便可进行炮击。谨慎考虑可执行这一任务的舰只类型后，我们决定派出“巴勒姆”号和一艘“C”级巡洋舰。出动“巴勒姆”号执行这项任务一定还会让你非常遗憾，但是，我们认为，与其牺牲几艘舰只换来令人非常失望的结果，不如牺牲一艘军舰以取得一些显著的有效战绩。

之所以发出这项命令，是为了使勇敢的坎宁安相信我们在白厅的人对事态规模的预见，以及我们确信在这种危急时刻我们应该全力以赴，抛开所有顾虑。坎宁安海军上将不肯牺牲像“巴勒姆”号这样的一级战列舰，他强烈抗议我们的建议。

地中海舰队总司令致海军部　　1941 年 4 月 15 日

我非常清楚，海军部各位长官和英王陛下政府是在经过慎重考虑后，才决定要牺牲一艘战列舰以取得摧毁的黎波里这项任务的胜利。但是，我认为，唯有满足以下几个条件才值得我们付出这样的代价。第一，要有一定的成功把握；第二，在成功之后能够取得有效结果。而我认为，我们都没有满足这两个条件。

关于成功问题，我认为，即便让这艘巨型战舰驶到合适的地点，也难保证我们有十分之一的成功可能。即便取得成功，我们却也损失了一艘一级战舰，而这个损失必定会大大助长意大利海军的气势。另外，敌人仅从我们的这一行动就可以猜到我们的想法——我们认为昔兰尼加的局势非常严峻。若是这一行动只是取得了部分成功或者完全失败了，以上提到不利影响就会更严重。而且，届时我们只得抽调在大西洋战役中的另一艘战舰来继续执行该任务。对比之下，行动成功带给我们的好处不过是敌人无法使用这一港口了，但用它来卸货仍是可以，而且，他们大可以改使用其他法属港口。

在这一行动中将会有近千名官兵在两艘军舰上执行任务，我所考虑的这些损失中，还没包括这些人的必然损失。他们贸然地就被派到了任务中，对任务的目的却一无所知，而我没看到可让他们及时撤离的希望①。使用"巴勒姆"号既是没有任何掩护的情况下进行的，且成功的希望又非常之小。鉴于此，我宁愿派遣全部作战舰队来冒险执行这一任务。出于以上各项考虑，我觉得应提出我的疑问。我迫切希望，海军部各位长官能够根据我的上述论点，再考虑此前的决定。

获知舰队将炮轰的黎波里的消息时，我们感到十分宽慰。海军部立即同意进行炮击的请求，并表示他们虽然远在伦敦，但同样会承担坎宁安将军的责任。4 月 21 日黎明时，他率领战列舰"沃斯派特"号、"巴勒姆"号、"勇敢"号以及"格洛斯特"号巡洋舰和其他驱逐舰出发，在的黎波里附近海面对它的港口进行了长达四十分钟的

① 用作封锁船或纵火船的舰只在驶近目标时只留少数基干船员在船上。——原注

炮轰。敌人完全预料不到我们的这次行动，在炮轰开始的二十分钟内，他们的海岸大炮和空军都没有进行任何还击。这是彻彻底底的突袭，它造成了敌人在船只、港口以及港口设备方面的惨重损失。一座汽油库被击中，燃烧的大火蔓延至它周围的房屋。英国舰队毫发未损，安全撤离。

坎宁安海军上将来电汇报："今日（星期一）上午五时，在距离的黎波里港一万一千码到一万四千码之间的距离内，我舰队对该港进行了四十二分钟的炮击。我完全没有想到我们成功完成了这次突袭，我猜想德军空军可能被派到其他战区执行任务了……我在之后再致电汇报我关于这次炮击策略的想法。"

这位总司令很快就发来了第二封电报，激动地表述他关于这次行动的感想。

地中海舰队总司令致海军部　　1941 年 4 月 23 日

我们发现，我们执行当前所承担的任务的能力是不足的。我仍想清楚地说明，我坚决反对派地中海舰队炮击的黎波里这一策略。德国空军被其他地区事务缠住，是我们幸运脱险的缘故。为了完成这次奇袭，全部地中海舰队耗费了五天的时间，对比而言，从埃及派遣一支重型轰炸机队，兴许用几个小时就够了。我认为，我们舰队不值得如此冒险做这样的行动。况且，我们还得暂时不顾其他非常急迫的任务……

我没发现可以抽调出在大西洋的"纳尔逊"号和"罗德尼"号，让它们加入地中海舰队。以我之见，空军部是在推卸责任给海军，它们本应按照履行职责，协同海军作战，但是他们没有来支援我们。

我的看法却是这样的：这件事表明了双方高级海军将领所做出的辉煌战绩，将来，人们可以在读海军历史的时候看到，我们在这一危急关头时所需承受的执行任务的巨大压力。我真诚地希望促成这一行动，海军部在我的压力下迫使他们的总司令去做了。他们或许冒了不必要的危险，但事实是他们未遭任何损失，不过，这一事实也不能就此证明他们是有功无过的。另一方面，有权权衡这种世界性的战事的轻重缓急的，只有在国内的我们这些人，而我们也是承担最后责任的人。我仍然相信第一海务大臣具有正确的行动力，并认为我应该给地中海舰队总司令一个最详细的解释，向他说明从亚历山大港可看到的更长远的战争形势。

首相致地中海舰队总司令　　　　　　　　1941 年 4 月 24 日

1. 绝不可更改的一个原则是，地中海舰队的首要任务是切断意大利与非洲之间的所有交通。

2. 你想采取飞机袭击的方法，并因此不同意对的黎波里进行炮击。对于你的想法，我是非常遗憾的。我们应该早就预知你会这样，不过现在也无后悔可言，因为我们已获得了确实的成功，而且未损失任何舰只和人员。这一毫发未损的结果，在我的意料之中。在非洲主要根据地上的敌人的炮台虽属德军控制，但是，从他们在二十分钟后才还击这一事实来看，敌人的防备有时候也会松懈。我因此猜想我们一定可以实行封锁计划。

3. 至于空中支援问题，你应该先弄清情况再下定论。空军参谋长跟我说，要投掷的炸弹需达五百三十吨，跟你们在四十二分钟内向的黎波里发射的炮弹同等，此外还有两点：若从马耳他岛派遣一个“韦林顿”式轰炸机中队，可能需近十一个星期；若从埃及派遣一个“斯特林”式轰炸机中队则需要三十个星期。

……

5. 部署各战区之间的兵力这一项重要事情，是由我主持的国防委员会负责的，空军部无权决定，他们不过是执行我们的决议而已。我自 11 月份开始就一直在设法将飞机运到中东，我们为此冒了很大的危险并付出了巨大的代价。我们派遣飞往马耳他岛的一支战斗机中队损失了三分之二的飞机，而“狂野”号本来在大西洋有任务，它还是被抽调出来，三次往返于塔科拉迪。在此期间，我一直在尽力设法援助你，并赞扬你所取得的成就。因此，我真诚地希望你也要相信在中枢指挥的我们，相信我们在面临诸多困难的情况下作出的决定是正确且勇敢的。

……

7. 对于我从大西洋抽调“纳尔逊”号和“罗德尼”号地中海舰队，你表示不理解。我之所以这么做，是因为这两艘军舰装有甲板，特别适合用来应对敌人可能的俯冲轰炸机的袭击。当然，我是不会随便抽调它们的，而是根据大西洋的形势。鉴于你是位高级将领，我在此可以向你透露，我和罗斯福总统保持了很长一段时间的频繁联系。现在，西经 26 度以西的很大一部分海域的安全，就是由美国负责的。美国大西洋舰队可以使用大量的水上飞机，他们自 4 月 24 日深夜起已经开始执行该任务。在第一阶段中，他们的军舰将沿着我护航队的航线巡逻，一旦发现袭击舰和潜艇便跟在它们后面——用他们的说法就是“跟踪”。同时，每隔四小时，他们就会用明码将它们的方位广播到全世界。如有必要，还可以进行更频繁地广播。这件事不宜突然宣布给世人，而应让它在发展中逐渐被人知晓。所以，我将它透露给你也是非常秘密的。美国的支援大大减轻了我们海军部的负担并提供了诸多便利，它也极可能会促成某些具有决定性事件。不管怎样，你目前不必太过于担心大西洋的状况，大可将我们正在设法加强的你的所有力量用于切断敌人同非洲之间的交通——包括通过的黎波里以及通过昔兰尼加的交通。这项任务关系到埃及战役。

8. 我之所以如此详细地向你说明所有情况，是因为看到你有那么多的顾虑，而我又理解你在不得已的情况下还下令让舰队冒险的处境，同时，我佩服你在战斗中所打下的战绩，且知道你所承担的责任十分重大。

* * *

我的最终愿望还是想要获得西部沙漠战役的胜利，我们必须在隆美尔的军力过分强盛之前，在他们凶狠的新装甲师全部到达沙漠之前，击毁他的势力。在这场崩溃之后，无论如何我们都要挽救在埃及的地位。正是因为这样，我必须详细地插入一段说明，以此表明我比往常承担有更直接的战争责任。在这一场沙漠侧翼战中，韦维尔几乎损失了他的所有装甲车辆。4 月 20 日（星期天），我在迪奇莱度周末。当我坐在床上办公时收到了韦维尔将军致帝国总参谋长的一封电报，他在电报中说明了他非常困难的处境。

虽说昔兰尼加的局势有所好转，但当预想未来的情况时，我不免仍有些担心，且这种担心在一段时期内都是必需的，这是因为想到我在坦克方面尤其是巡逻坦克方面的力量太薄弱了。你也知道，装甲部队的力量是决定这场沙漠战役的成败的重要因素……在昔兰尼加的战线上，敌人的坦克数量最少也有一百五十辆，且其中一半是中型坦克。当前，这些坦克的大部分被部署在巴尔迪亚—塞卢姆地区。如果敌人的供应困难解决了的话，他们也许还正在准备向前推进。我在托卜鲁克有一支装甲部队，它是由巡逻坦克、步兵坦克和轻型坦克组成的，实力微弱；此外，我在马特鲁地区有一个巡逻坦克中队……本月底时，我们最多能出动一个巡逻坦克团和一个步兵坦克团，来协助马特鲁地区防务的装甲部队，而出动的这两个团都缺一个中队。我在 5 月间的时候或许可再从工厂得到三十辆到四十辆巡逻坦克，此外还有少量步兵坦克。巡逻坦克可用来再组建一支力量薄弱的新部队，步兵坦克或许得派到亚历山大港的附近去，以防敌人发动的突袭。我不敢期望能从希腊收回任何坦克，并觉得，在一段时期内，也不可能获得更多的坦克。

他又补充道：

有最新消息。我刚接到一个危险情报：我们发现了另一个德国殖民地师的部分人员，而我本预料这个师是在本月底才会上战场的。而我刚才得到的情报还表明，这是一个装甲师而不是一个殖民地师。一个装甲师拥有包括一百三十八辆中型坦克在内的四百辆坦克。所以说，如果情报属实，那意味着局势更加严重了。此外，如若敌人的供应困难解决了，我们的困难就更大了。请允许我分析这一令人不安的情报后再继续致电报告①。

同日，韦维尔将军发来了另一封电报，详细说明了他的坦克的情况。

我们可预知，我们到5月底最多只能提供两个巡逻坦克团给埃及，以及我们缺乏可以代替被击毁的坦克的后备坦克。而另一方面，当前，我们在埃及有充足的训练过的士兵，他们足以编成六个坦克团。我认为，由于步兵坦克的速度和活动半径不够，所以，除步兵坦克之外，我们还十分需要巡逻坦克。请帝国总参谋长设法帮助解决这一问题。

这几封电报令我十分震惊，读过它们之后，我便决定不顾海军部的反对意见，直接派遣一支运输船队——装载有韦维尔将军所需的全

① 后来证明关于出现情况的估测夸张了。——原注

部坦克，穿过地中海，径直前往亚历山大港。我们的一支将绕道好望角的运输船队就要起航了，我决定让该船队中装载有坦克的快速舰只在直布罗陀时岔到近路上前行，如此可以赶早近四十天。当时，正在附近的伊斯梅将军在中午的时候拜访了我，我便以个人名义写了一份电函，让伊斯梅将军转交给三军参谋长。我请他马上带电函去到伦敦，我并向三军参谋长们说明我非常重视要采取的这一步骤。电函内容是这样的：

首相致伊斯梅将军，转参谋长委员会　　　　　1941 年 4 月 20 日

1. 请看一看韦维尔将军近日发来的电报。中东战事的进展是顺是逆，我们能否守住苏伊士运河以及我们在埃及组建的庞大军队是否会被击溃或者陷入混乱，还有美国是否会通过红海与我们合作——所有这些事情都可能要由几百辆装甲车来决定。因此，若有可能，必须不遗余力地将这些装甲车辆运来。

2. 我应该会在明天——21 日，星期日——中午召开一次会议，届时三军参谋长以及海、陆、空军的各总司令都会到场，我们将会马上做出行动并搜集情报。

3. 要想实现这一目的，唯一可行的做法就是出动 W.S. 第七号运输船队中能够运输车辆的快速舰艇，让他们通过地中海驶往亚历山大港。韦维尔将军在电报中指出，人力并非他急需的，坦克才是。我们必须冒险，不能顾及会损失全部后者部分的这些车辆。即便只有一半能运达，局面就有望得到扭转。届时，通过那五艘车辆运输舰派送出去的坦克将会有二百五十辆，其中只有十四辆不是步兵坦克。在这次运送中，巡逻坦克的数量不足，应尽可能地增多这类型的坦克。我听说，如能让船只的停留时间二十四小时左右，那么便可让它多运载二十辆坦克。因此，这些运输车辆的船舰将会在 4 月 23 日的早晨起航。

4. 装载人员的船舰原计划是绕道好望角前进，不过，如果帝

国总参谋长临时更改航线，它们就应遵照命令，改变航程。

5. 我已下令海运部要抛开其他顾虑，设法在上面所提的起航日前找到额外两艘具有相同速率的车辆运输舰，找到后便从国内最精锐的装甲师中抽调出一百辆巡逻坦克。这些坦克预计还是会用于适宜它们的热带战场，当然，我们也不奢想它们会有“适于沙漠作战的”特殊装置。

6. 为了能够让这支事关重要的运输船队穿过地中海，海军和空军部应该商讨策略并作出计划。我们虽不敢保证一定会成功，但是，无论如何都会冒险一试。只是，马耳他岛在那个时候想必已经得到了增援——由蒙巴顿指挥的驱逐舰和其他给予增援的海军——他们也可能和运输船队同时起航。敌人的俯冲轰炸机不知道我们的船队运送的是什么，而且，它们还得盯住其他许多目标。

7. 此事一天也不能耽搁，时间是很紧迫的。如可能，请交上一份制定好的日程安排。从起航那天起，若按照时速十六海里来算，总航程应该是八天，可算为十天。如此算来，我们给韦维尔将军的实际增援可在5月的第一个星期实现。保密这一行动是最重要的，关于运输船队中的部分舰只会在直布罗陀宫开航行的行动，只能让高级军官知道，其他任何人都不可知，应该让运输船队上的所有人都觉得他们是绕好望角航行的。

伊斯梅到伦敦时，三军参谋长正在开会讨论我的电报，他们的会议进行到了深夜。一开始的时候，他们并不同意我的建议。他们认为，在这些车辆运输舰进入海峡前一天以及从通过马耳他岛后的早晨，它们一定会被敌人的俯冲轰炸机攻击，而由于这些海域无法得到我们驻扎在海岸基地的战斗机的保护，所以，不大可能让这些车辆运输安全通过地中海。有人在会议上指出：在国内严重缺乏坦克乃至到了危险程度的情况下，若是用于海外战场的坦克也遭到严重损失，那么本土的坦克力量只能在海外部队的要求下再分派出去。

不过，在第二天国防委员会的会议上，庞德海军上将却同意我关于让运输船队通过地中海的建议。我很高兴他对我的支持。空军参谋长波特尔空军中将说，他会想办法在马耳他岛安排一个“勇敢”式战斗机中队，以加强护卫工作。之后，我又向委员会提出一个建议：让这支运输船队多运一百辆巡逻坦克——为此再推迟两天让船队起航，我也是愿意的。迪尔将军反对追加这部分坦克，他说本土本就缺乏防御坦克。1940 年 7 月，我们也曾通过好望角，往中东运送我们少数坦克中的一半。那时，迪尔将军持赞成意见。不过，这件事到底是在十个月之前发生的。想到这一点，我也无法说他的反对并非没有理由。

如读者所知，我认为由于我们做了巧妙的准备，所以并不用担心 1941 年 4 月敌人的入侵有多么危险。现在可知我的看法是正确的。正因此，会议最终执行我命名为“老虎”计划的行动。为了能够运送六十七辆第六型号的巡逻坦克，还应增加一艘船只到运输船队中，使运输船只达六艘。然而，不管我们怎么努力，这第六艘船到底还是无法及时装好物资，与运输船队同时出发。

* * *

我迫不及待地将这则好消息通知韦维尔。

首相致韦维尔将军　　　　1941 年 4 月 22 日

1. 我在过去的几天一直努力将增援物资运送给你；我们正在做的事情是，将最精锐的三百零七辆坦克送到你那里去，它们将会穿过地中海。这批坦克大概会在 5 月 10 日抵达。我相信你得知这个消息后一定会很高兴。这批坦克包括九十九辆第四型号和第六型号的巡逻坦克，此外还有第六型号巡逻坦克的一些必需零件及一百八十辆步兵坦克。

2. 你 4 月 18 日发来的电报中说，你所拥有的受过坦克训练的人员足以编成六个团，我们因此走最方便的航线，为你输送车辆。至于运送给你的人员，将会按照此前的计划绕道好望角，不过临时可能会有改变。

3. 此外你还会收到两样东西：一是关于正在运送给你的那些坦克和配件——配件适用于你此前收到过的坦克——的使用说明书；二是关于那些必须安装到坦克以使它们适用于沙漠作战的各种配件的详细说明书。你将会通过跟以前一样的途径收到这两样东西，希望你马上做接收的准备工作，以便扎实牢靠地逐步执行该项任务，同时使克雷指挥的著名第七装甲师——该师的溃散出乎我们的意料——能够再创佳绩，获得战争的胜利。

4. 你应该在收到详细通知后便尽早制定出如何使用这些车辆的计划，然后交予我们。这批车辆如果能够克服航程中的各种困难——当然，我们无法保证——那么，它们以后将会取得什么样的成果就取决于你了。我认为，六月底的时候应该已将昔兰尼加的德军全部驱逐出去。

5. 在你安排部署将这批车辆投入战斗中时，应该放出谣言说它们还在绕好望角的航程中。关于此事，只有几个人知道，所以非常重要的一点就是保密。如此一来，你在收到这批坦克后就可以进行发动突袭，获得胜利。祝你一切顺利。

* * *

当所有事情都在进展中时，我们仍十分担心托卜鲁克的情况。韦维尔 24 日的报告表明，很严重的一个问题是空军战斗机。派往希腊的“旋风”式战斗机已经一架也不剩了，敌人最近对托卜鲁克的空袭还造成了该地的大部分“旋风”式战斗机非毁即伤。空军中将朗莫尔认为不宜再增派一个战斗机中队到托卜鲁克市区内，因为那样只会增加损失。所以说，在我们建立起新的战斗机队前，敌人一定会享有托卜鲁克的绝对制空权。不过，我必须严厉批评这种现象：当我们守军在今早击退了敌人的一次进攻，并击伤了很多敌人，俘获一百五十人的情况下，人们仍是抱着焦虑的消极悲观的心情。

首相致帝国总参谋长　　　　　　　　　　　　1941年4月22日

被围困的部队的力量是进行围攻的部队的力量的三四倍，我们必须谨记这一点。我们不反对他们想要更舒服一点，但是，他们一定不能被一支较小的部队打败，以至于不敢袭击敌人的交通线。敌方四千五百名士兵穿过七百英里的路途来到这里，我们希望，我们的二万五千名士兵——他们还拥有一百门大炮和足够的军需物资——能够守住这一防御稳固的地区。即便来的是德国士兵我们也不用怕，更何况包围托卜鲁克的军队中有的并非德兵。我在此用的是陆军部给的数字。我想说明的是，和敌人对比时自己看轻自己这种事，我们一定不要做。

* * *

韦维尔将军在前不久传来消息说，隆美尔的援军即将抵达。这个消息使人们更加忧心忡忡了。在穿过地中海有所损失的德国第十五装甲师，可能在4月21日之前就全部登陆了。我军在托卜鲁克对面或者是卡普措堡地区，已经认出了敌人的几支登陆部队。俘获的敌兵说，这一师仍然缺少运载物资的车辆。从我们获悉的抵达的黎波里的船只情况来看，应该还需运来二十一船的物资——平均每艘船上装在五六千吨的东西，这一装甲师的配备才完整。该师深入东部地区后，将需要通过班加西和昔兰尼加的其他的小港口来解决给养问题。我们发现敌人经常使用班加西港口。如要完成物资的全部运输，他们至少得用十五天。按照这种假设，在六月中旬之后，他们将会出动第十五装甲师、第五轻摩托师、爱利尔特师以及特兰托师[①]。我们此前估计他们的进军行动是7月之后的，现在看来他们提前了两个星期。

韦维尔又补充了两点：他应承认，德军的行动往往难以预料；他不敢保证说敌军的实力是在他的估测范围之内。他举例说，我们本估测，敌人在那种供应情况下很难以从塞卢姆地区进军，然而昨晚他们就那么行动了。

班加西在我们手里的时候没有被我们作为有用的基地使用，而德军拿下它后就发挥了它的这种重要作用。我们在国内的人很难满意这样的事情。

* * *

在之后的两个星期，我都以一种急切而又焦虑的心情关注并担心着“老虎”计划。第一海务大臣所冒的风险在其后的两个星期中，我的急切的注意力和焦躁不安的心情都集中到“老虎”计划的命运上了。我很清楚第一海务大臣要冒的风险是很大的，并且知道海军部也很担忧这件事。

这支有五艘时速十五海里的船只在内的运输船队在5月6日时驶过了直布罗陀，它由H舰队护卫，该舰队包括“威望”号、“马来亚”号、“皇家方舟”号和“谢菲尔德”号，指挥舰队的统帅是萨默维尔海军上将。与该船队同行的还有包括“伊丽莎白女王”号和巡洋舰“水神”号、“斐济”号在内，它们出发的目的是为了增援地中海舰队。我军在5月8日的时候击退了多次发动空袭的敌机，七架敌机被击毁，我军未收到任何损失。不过，当晚，运输船队中的两艘船只——“帝国颂歌”号和“新西兰之星”号在靠近突尼斯海峡时触雷，前者爆炸起火后沉没，后者继续跟着运输船队航行。

① 后两个是意大利部队。——原注

在到达斯可基海峡入口处后，萨默维尔海军上将脱离了运输船队，返回直布罗陀。他另外派遣了六艘驱逐舰以及“格洛斯特”号巡洋舰去为运输船队护航。9 日下午，坎宁安海军上将充分利用机会，往马耳他岛运送一支运输船队，这支船队将会在该岛南面五十英里处与“老虎”运输船队汇合。之后，他的所有船舰驶向亚历山大港，航程很顺利，它们最终安全抵达。在展开这些行动的过程中，他们还趁机利用轻型舰队，于 5 月 7 日和 10 日的晚上炮轰班加西。

我对这支船队寄托了重要的希望，当得知它已经安全驶过突尼斯海峡，被经过强化的地中海舰队倾力保护时，我感到非常宽慰。这件事的最终结果还未得知，不过此时，我的注意力又转移到了克里特岛的战场上，我们收到确切的消息表明，德国将会以空降攻袭的方式，对该岛发动猛烈进攻。如果他们成功了，且利用上该岛的飞机场，那么，他们的力量将会得到的无限的增援。我意识到，我们哪怕能够出动十几辆步兵坦克，就大有可能阻止德国人侵占该岛。因此，我向三军参谋长提议：让“老虎”运输船队中的一只船在中途转向克里特岛，在那里卸下几辆步兵坦克。我的那些有经验的同僚，赞成我的想法，也认为坦克对保卫克里特岛起到决定性的作用，但是他们同时感到，如此改变航程是不恰当的，因为那样等于冒失船上其他贵重物资的风险。5 月 9 日，我又向他们提议说：“如果说让‘拉蒙特氏族’号驶入苏达湾太冒险了，那么，这艘船在亚历山大港卸货后就应该立即将十二辆坦克运出去或者让其他船只运走。”我的建议最终被采纳，命令传下去了。

韦维尔在 5 月 10 日回电报告说，他已经设法将六辆步兵坦克和十五辆轻型坦克送到克里特岛去，“如果顺利的话，应该会在几天后就到”。

* * *

我理所当然很希望“老虎”计划能够再创战绩。事实上，在当时，这项计划使各方面的压力都变大了。虽然我对这一计划承担有主要责任，却可能没有觉察到这点。原因可能是，我相信自己对取道地中海的危险的预测最终会被证明是对的。而我的海军界的朋友们则认为，这多亏了我们运气好以及难得遇上好天气。当然，海军部不想因为这次的成功而使得他们以后都要不断进行这种冒险行动。我因此遇到了阻力，而我认为这阻力是非常大的。韦维尔将军非但不支持这一点且反倒持反对意见，而我不应该因为他的这种态度就没有向内阁提出裁决的请求。我因为韦维尔的态度而踌躇了。因此，我们的五十辆巡逻坦克和五十辆步兵坦克是由之后的另一支运输船队运到的，这支船队同样绕航好望角航行，它于 7 月 15 日才到达苏伊士并停泊在那里。

到这个时候，已经发生了太多的事情，但并非都是不顺心的。

第十四章　伊拉克的反叛

1930 年的英国与伊拉克的条约——“黄金方阵”——来自印度的援军——攻打哈巴尼亚——航空学校竭力帮助——韦维尔不想派出部队——他顾虑很多——国内的态度坚定——来自哈巴尼亚的好信息——伊拉克军队的溃败与逃亡——我在 5 月 9 日给韦维尔的电报——他的回复电报——“哈巴尼亚部队”到达——希特勒 5 月 23 日下达的命令迟了一步——进军巴格达——拉希德·阿里逃跑——实际占领伊拉克——摄政王返回巴格达——用较小的代价勉强扭转了危机的形势——伦敦和开罗之间的意见不一致。

1930 年，英国和伊拉克缔结了一项条约：我们在和平年代中享有适当的权利，可以在巴士拉附近和哈巴尼亚建立空军基地，并可以随时运送军队军资。在发生战争的时期，我们则可以使用对方的铁路、水路、港口以及飞机场等各种交通渠道，以便运送武装力量。

伊拉克在战争爆发后便切断了与德国的外交，不过还没有宣战。但是，意大利也参战后，伊拉克政府却没有同意大利断绝外交。于是，轴心国便把意大利驻巴格达的公使馆当作一个基地了，他们在那里策划宣传，煽动反英情绪。在他们的活动开展中，耶路撒冷中那些负责诠释伊斯兰教法典的官员给了他们协助。这些官员是从巴勒斯坦逃亡过来到巴格达的，他们从原居住地逃出时战争还未发生。

法国失陷以及轴心国停战委员抵达叙利亚后，英国就失去了以前的威望，我们为此焦虑不安。在这种局势下，我们的部队还在其他地区作战，因此无力去执行任何军事行动，只能尽力应付好所面临的局势。

1941年3月，局势越来越糟糕。新任总理拉希德·阿里和德国狼狈为奸，他与三名重要的伊拉克军官组成“黄金方阵”，暗中谋划。摄政阿布杜尔·伊拉属于亲英派，他在3月底的时候从巴格达逃了出来。现在，我们比以往任何时候都更需要确保位于波斯湾、属于伊拉克的巴士拉港口的安全。鉴于此，我给印度事务大臣发去了以下一封电报：

首相致印度事务大臣　　1941年4月8日

你在之前曾说，你可能可以从边防部队中抽调一个师给中东。伊拉克是形势日渐恶化，我们必须确保巴士拉的安全。这也是因为，美国方面要在那里建立一个庞大的飞机装配基地的想法越来越强烈，那样的话，运送物资到这个港口就会方便得多。考虑到战争一定会向东发展，我认为，这项计划是非常重要的。

你可能研究以上提到的问题，而我也将会向三军参谋长说明这种可能。奥金莱克将军有提供另外一支部队的打算。

同一天，艾默里先生将同样的意思致电给印度总督。然后，林利思戈勋爵和总司令奥金莱克将军也立即说明他们调遣一个步兵旅和一个炮兵团到巴士拉去，且事实上，这两支部队的大部分人员已经在开往马来西亚的船上了，剩下的部队将会立即出发。在该旅团于4月18日登陆巴士拉时，它得到了早它一日空运到舒艾巴的一个营的英国士兵的掩护，因此登陆很顺利。我们之后又向印度政府提出，本命令开往马来西亚的两个旅，也应该火速运到巴士拉。

首相致伊斯梅将军，转参谋长委员会及各有关方面

1941年4月20日

应抓紧时间将军队遣送到巴士拉。至少应尽快将定好的那三个旅派送过去。

首相致外交大臣　　　　　　　　　　　　1941 年 4 月 20 日

我们派遣军队到伊拉克的目的，是要在巴士拉进行掩护并建立一个庞大的装配根据地，这一点应该向基那汗 · 康沃利斯爵士[①]说清楚。此外,还要向他说明,当前,除了在哈巴尼亚的情况外，所有发生在内地的事情都属于次要的。按照条约中的规定，我们有权力进行这次登陆，我们要避免流血，但为了保证能够成功登陆，在必要的时候就应该使用最大程度的武力。也就是说，这个依据并不能全部决定我们在巴士拉的地位，战争中发展起来的新势态也决定着我们的动向。在往巴格达派遣部队或者通过伊拉克向巴勒斯坦提供援军这样的事情上，我们无法保证说我们会怎样做。现在的伊拉克政府，是在篡夺权力的政变中建立起来的。从精神实质上来说，这样的一个政府以及国家已经侵犯了条约中所规定的我们的权益，因此，我们不承认它有权力要求我们作出什么保证。基那汗 · 康沃利斯爵士不该私自向它做出解释，那样做不过会是让他自己陷入不知所措的困境而已。

根据这个通知，我们的大使将巴士拉在 30 日还会收到一些运兵船的消息传达给了拉希德 · 阿里。拉希德 · 阿里的回答是：他禁止在已到达巴士拉的部队驶离该港前采取任何登陆行动。奥金莱克将军得到的指示则刚好相反。拉希德 · 阿里原指望会得到德国飞机，甚至德国空运部队的援助，这种情况下只能采取行动了。

他在第一阶段中采取的行动是攻袭哈巴尼亚，那是我们在伊拉克沙漠中的空军训练基地。4 月 29 日，我们刚从巴格达空运二百三十名英国妇女儿童到哈巴尼亚。在英军营地驻扎的士兵共计不到二千二百多人，平民却有九千多人。所以说，那所航空学校是非常重要的据点。

① 英国驻巴格达大使。——原注

斯玛特空军少将是那里的指挥官，为了应对日益严重的威胁，他采取了勇敢及时的防御措施。以前，只有一些老式的飞机和训练用的飞机在航空学校内，现在它多了从埃及运来的少数“斗士”战斗机。斯玛特空军少将将共有的各种类型的八十二架飞机临时编成了四个中队。29 日，它又得到了从印度空运来的一个营的英国兵。长达七英里的外围防御工事只有些零散的铁丝网，这种程度的确不够。30 日，从巴格达开来的伊拉克部队在一英里之外的一处高地驻扎，那里可以俯瞰飞机场和兵营。随后又从巴格达开来援军，这时的伊拉克部队共计九千人，有五十门大炮。之后的两日是没有意义的谈判，战斗最终在 5 月 2 日黎明时打响。

* * *

这一危险局面刚出现时，韦维尔将军便表明他不想承担更多的责任。他说他接下来会做准备工作，并尽可能给人感觉我们的计划是这样的：正在巴勒斯坦集结大部队，即将开展行动，而这可能就会影响到伊拉克政府的态度。他认为，可供他调遣的人员是少的，另外，从时间上来说也太赶了——至少一个星期后才能拨出这支军队。他还指出，巴勒斯坦本就发生了煽动叛乱的事情，这支军队开拔后，我们在巴勒斯坦的实力单薄，处境会更加危险。他说：“我曾不止一次地提醒过你，当前这种局势下，我们无法为了支援派往伊拉克的部队而抽调在巴勒斯坦的部队。我们应该尽量不要和伊拉克发生冲突，而我也多次如此劝告你……我在各个地区的部队都是非常有限的，我绝不能不加考虑就抽调出其中的一部分到不会有任何成效的行动中。”

我们在叙利亚的军队力量同样有限。中东战区各位总司令曾说，在澳大利亚部队重新装备好之前，如若不必在伊拉克用军的话，最多也只能抽调一个机械化骑兵旅、一个炮兵团和一个步兵营给叙利亚。而且，派兵过去的前提是，维希法国政府会勇猛抵抗德军。因为，我们根本不能奢望自己的部队能够抵抗得了德国可能也会派过去的部队。当然，若是决定在叙利亚承担任务，我们最好先派遣英国军队而不是自由法国的军队去抵抗，因为后者的干涉会引起很大的激愤情绪。

5 月 4 日，我们致电韦维尔将军，告诉他关于伊拉克的决定：

> 我们必须在伊拉克承担任务。因为，我们须在巴士拉成立一个基地，这样就能控制这个港口，方便我们在需要时能够用上波斯的石油。
>
> 德国空军具有爱琴海的制空权，考虑到这一点，我们要更加重视伊拉克到土耳其的交通要道……即使我们不在巴士拉用兵，在轴心国的控制下，伊拉克的局势也会如同当前的哈巴尼亚局势一样。如此，我们最后还是得不顾伊拉克的抵抗，而强行在巴士拉登陆。现在，我们有不受到阻挠便可建立一座桥头堡的机会，若不利用，最后也只能失去了……我们当然可以接受土耳其出来促成的调停。但是，我们不能做出退让。当前，首要的任务仍是要保证埃及的安全。虽然如此，我们也应该全力拯救哈巴尼亚，同时控制住通往地中海的输油管。

奥金莱克将军愿意增派援军，若是能准备好运输船只，到 6 月 10 日，他可再提供五个步兵旅以及其他附属部队。我们非常满意他这种果敢精神。韦维尔将军则是心怀不满地听从命令，他在 5 日的来电中说："你的来电指令基本没有考虑过实际情况。你必须正视现实。"他担心他正在集结的军队对于挽救哈巴尼亚是没有作用的，又或者说，担心哈巴尼亚可能支撑不到这支军队的到达。他说："在我看来，伊拉克战事的拖延将会严重危及我们在巴勒斯坦和埃及的防务。我认为应该以最严重的方式来提醒你这一点。这种结果将会在政治方面引起难以估测的后果，此外，我在近两年来一直试图尽力避免的恶劣结果——我基地内部会发生暴乱，也可能会因此发生。通过谈判来解决问题是最好的，我再次强烈地请求你这么做。”

此意见我并不同意。

首相致伊斯梅将军，转参谋长委员会　　　　　　　1941 年 5 月 6 日

请立即看一下并思考韦维尔将军和奥金莱克将军的电报，并请在今天午餐前在下院向我提出报告。

需要注意以下几点：

1. 为什么会认为来电中提到的看起来非常强大的部队，仍无法抵抗伊拉克军队呢？你们是怎么想的？想不到骑兵师在此期间一直留在巴勒斯坦，且竟然都没有编出一支有组织的机动纵队！

2. 为什么我驻在哈巴尼亚的部队 12 日之前就放弃了呢？从目前收到的情报来看，他们的损失还算是少的。他们的步兵又在昨晚取得了成功的进击，且据悉，只要敌人一发现我们出动空军，就会立即停止炮击。空军应该想方设法援助哈巴尼亚，鼓舞当地的部队。我们真的可以从埃及空运一部分步兵过去，给予增援吗？我们必须不服输地坚持抵抗，应该将这一命令下达给战地指挥官。

韦维尔将军建议通过谈判来解决问题，我们能这么做吗？可以设想，伊拉克部队受到德军的唆使，会坚持让我们撤出巴士拉，或者设法控制我们，分散我们的兵力，迫使我们退出伊拉克，而转移到巴勒斯坦去。我驻巴士拉的高级海军军官认为，如果我们在巴士拉被打败了，结果将不堪设想。印度政府也是这么认为的。我非常担心韦维尔将军，他的想法太危险了。他好像跟在西面侧翼时一样，如今在东面侧翼也被敌人吓怕了，以至于在拥有大批部队的情况下，他甚至好像不肯抽调几个营的人或者几个连的人。我感觉他已经疲惫不堪了。

印度总司令提出的增援巴士拉，我们似乎应该极力赞成并考虑采取这个建议。

*　　*　　*

在参谋长委员会的支持下，我于中午召开的国防委员会上提出了所有问题，让大家讨论。大家都非常坚决，最终，我们做出了如下决定。

参谋长委员会致韦维尔将军及其他有关人员　　1941 年 5 月 6 日

你昨日的来电，国防委员会已仔细考虑过了。我们若要通过谈判来解决，前提必须是伊拉克做出让步并保证它自己日后不再会受到轴心国的图谋侵犯。当前的实际局势是这样的：拉希德·阿里和轴心国早就狼狈为奸，他计划着一旦有轴心国的援助了就出击。我军入驻巴士拉后，他不得不在轴心国还没有准备好援助他之前就动手了。所以说，我们的关键是抓住时机，果敢行动，这样才可以有可能扭转局势。

将会尽早派遣你来电中所提到的部队，而关于此事的责任，三军参谋长已向国防委员会说明他们会承担。国防委员会指出，应该向空军少将斯玛特说明他将会得到支援，他在此期间要做的就是坚持保卫哈巴尼亚到最后。在确保埃及安危的前提下，应该设法以最强大的空军力量援助我们在伊拉克的行动。

*　　*　　*

这时，几支空军中队从哈巴尼亚那所航空学校出发，联合从波斯湾顶端舒艾巴起飞的“韦林顿”式轰炸机，一起炮轰高地上的伊拉克军队。对方进行了还击，炮击我军阵营，同时出动飞机，对我军阵地投弹及扫射。当天，我们击毁击伤了共二十二架敌机，自己则伤亡了四十多人。虽然敌人的炮火密集，我空军难以起飞，但他们仍继续进行袭击。敌人的步兵未取得有效的进攻，我军也渐渐压制住了他们的炮火。原来，我军发动的空袭吓跑了敌人的炮手，他们有的人甚至看到我方飞机掠过就逃了。他们的怯懦让我们更加勇猛，从第二天开始，我们就出动一部分空军攻袭他们的空军和基地。地面巡逻队于5月3、4日的两天晚发动进攻，他们从哈巴尼亚出发，袭击敌军防线。在皇家空军连续四天的空袭下，敌军最终崩溃，于5月5日晚从高地撤退。我军乘胜追击，又成功打了一仗，抓获四百名逃兵、俘获十二门大炮、六十挺机枪以及十辆装甲车。敌人一支增援纵队从法卢贾开来，但在途中就被我们发现了，我方派出四十架飞机，将他们全部歼灭。哈巴尼亚之围在5月7日解了。之后，断断续续地传来好消息：埃及曾给予我守军增援战斗机；英国妇女儿童都已乘飞机撤到巴士拉；歼灭了共计约六十架伊拉克飞机，伊拉克空军实际上已经覆没。

首相致斯玛特空军少将　　1941年5月7日

由于你做出了强劲勇猛的行动，当前的局势已经大概恢复到了此前的样子。我们所有人都在关注着你正在从事的荣耀战斗，并将会尽可能援助你。希望你再接再厉。

* * *

首相致韦维尔将军　　1941年5月7日

哈巴尼亚的局势看来已经大有改观。当下在伊拉克所进行的果敢勇猛的行动，也许能够在德军抵达之前就扼杀伊拉克的背叛之心。当然，德军可能会由他们的重型轰炸机直接运送到伊拉克，不过，轰炸机所运送的物资只够他们使用一段时间，因此他们很难打持久战。我们狠狠地打击他们，争取在德军到来之前就挫伤他们的斗志。在我看来，我军纵队在肃清鲁特巴和哈巴尼亚之后便可攻占巴格达，或可乘胜做出其他成就。关于鼓舞部队的工作以及政府的决策，我将在另一份电报中告知。

韦维尔将军已直接给三军参谋长复电：

1941年5月8日

我的想法是：今后几个月，伊拉克的局势对我们是非常不利的，你们应该看到，我们在那里进行的军事行动的效用是有限的。虽说从印度抽调过去的军队可以保证巴士拉的安全，但是，我认为，我们要想向北推进，必须有一个前提，即可以得到当地百姓和部队的有效的合作。另外，虽然从巴勒斯坦派遣的部队可以拯救哈巴尼亚，并守住通向巴格达的要道，从而防止伊拉克向哈巴尼亚推进，但是，如果敌人进行抵抗，我们也是无法进驻巴格达并在那里据守的……我认为，我们应避免在一个不重要的地区内陷入军事方面的重大纠纷，因此仍建议尽可能采取实际可行的政治方法来解决问题。

我知道韦维尔将军做事一向谨慎，且为人忠实可信，但是，我还是继续施压给他。

首相致韦维尔将军　　1941年5月9日

1. 你在5月8日发来的有关伊拉克的电报，国防委员会已经看过并思考过。根据我们得到的情报，拉希德·阿里和他的同党现在的处境是相当绝望的。即便如此，你也应该奋力与他们作战。正在巴勒斯坦做准备的那支机动纵队应该按照你建议的日期发动进攻，如有可能应该提前。不管是在鲁特巴还是哈巴尼亚，都应该与敌人奋战。当该纵队和哈巴尼亚的部队会师后，你应该尽可能利用当时的有利形势，果断进攻巴格达。你甚至可以像德军那样，不惜付出一支小部队，以便从冒险中得利。

2. 和拉希德·阿里进行谈判的基础条件，参谋长委员会已经在电报中指明。但是，进行谈判不过会拖延我们，而使得他可以等到德国空军的到来。我们觉得，抽调你的一部分地面部队到伊拉克去，并不至于立即影响到你在西部沙漠的战事。空军本应尽可能照顾到双方。如果你在西部沙漠并未受到敌军的进攻，你也没有准备发动攻势，那么，特德空军中将就不该拒绝抽调必要的空军力量去支援我们在伊拉克的行动。

我们没有扩大军事行动范围的打算，但是，当前需要这么做以便应付当前的问题。我尽力让韦维尔将军放心。

你不必担忧伊拉克在遥远的未来会怎样。当前，你的任务是在巴格达建立政府，同时以高昂的斗志打败拉希德·阿里。目前，我们并不打算从巴士拉溯河而上，发动大规模的进军，也没有下达过要占领基尔库克或摩苏尔的规定。我们无意改变伊拉克的独立情况，而且我们同意你在这个问题上的看法并据此作出了详细的指示。然而，行动仍是很关键的。机动纵队应该火速进军，以使得巴格达和巴勒斯坦能够建立起联系。德军可能很快就抵达了，因此应立即落实此事，切勿耽搁。我们希望该纵队在 10 号出发，那么它在 12 号就能够抵达哈巴尼亚——如果该地能够守住了的话。事实是，他们确实守住了哈巴尼亚，且还打下了更多的战绩。我们相信你已经遵照以上日程去行动，相信你会时刻督促他们抓紧时间。

对于我们多次提出的要求，韦维尔以勇敢的行动作出了回答。他在 13 日的电报中说：“在‘老虎’计划的坦克还未抵达前，我就已经抽调现有的全部坦克给了戈特的部队，同时还在塞卢姆地区攻打敌人……在西部沙漠的战事开展顺利的话，我准备向巴勒斯坦提供更多的支援，以便在伊拉克采取行动……伊拉克问题是个阻碍，我们应该设法快速解决它……我正在加固克里特岛的防备，以便能够应付敌人即将发动的攻势。我和喀特鲁在今天下午讨论了叙利亚的问题。”

*　*　*

“老虎”这时已经安全到达亚历山大港。我非常希望在克里特岛、西部沙漠以及叙利亚的这些互相关联的战事，也都有一个令人宽慰的结果，结果它们却各不相同。

首相致奥金莱克将军　　　　1941 年 5 月 14 日

1. 我非常高兴你即将到巴士拉和韦维尔会见。届时，他会将保卫克里特岛的“老虎”和“炎热”作战计划的有关情况告诉你。若是在利比亚能够一战取胜，那么，德国人和伊拉克人对伊拉克价值的评估将会受到影响。

2. 我非常感激你曾为巴士拉尽了最大力。有越多的印度部队能够集结在那里，当然就越理想。但是，我们认为，只有在道路

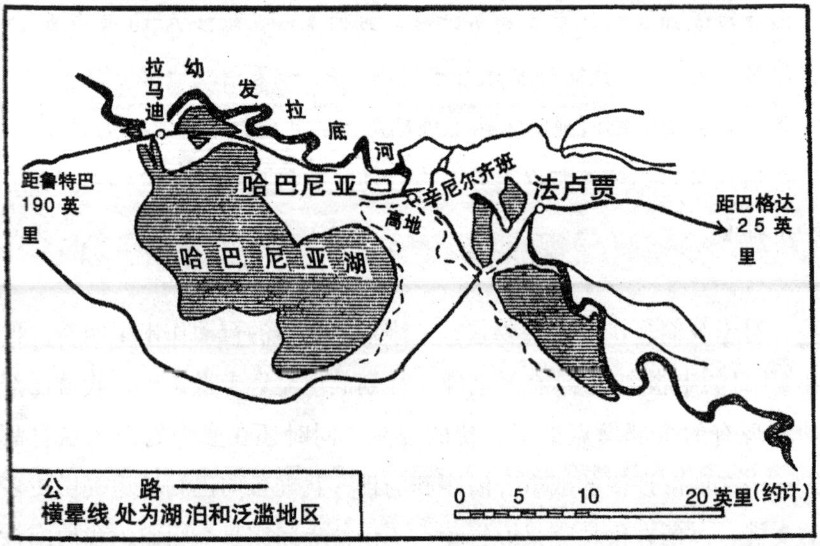

哈巴尼亚—法卢贾

情况很好的情况下，我们才可以派一支小部队前进，否则，不应该轻率挥师北进，攻入巴格达，更不能贸然挺近基尔库克以及（或者）苏摩尔。在确认“老虎”和“炎热”的计划的执行情况之前，我们还不能这么做。所以说，在当前，我们能做的只有设法在巴格达建立友好政府，以及在巴士拉争取建立一座最强大的桥头堡。如今，我们更不可能控制叙利亚了，不过，自由法国人在那里自由行动是可以的。在叙利亚打败德军是非常关键的，会影响到整个局势，若是能够做到这一步，那么一切问题就好解决了。不过，在此之前，我们不能考虑得更远。

* * *

在这一时期，我们在克里特岛遭遇了一些事情，它们虽然没有更危险，确实是更严峻的。我最好应该先叙述完伊拉克的情况，再讲述这些事情。

在支援我们在伊拉克的行动的部队中，有一支从巴勒斯坦开过去的摩托化旅，属于“哈巴尼亚部队”。这个旅团的前锋部队在5月18日到达哈巴尼亚，他们要攻击的目标是以法卢贾为根据地在幼发拉底河大桥上防守的敌军。然而，这时候，我们不仅只有伊拉克这个敌人了。早在5月13日，第一架德国飞机就已经进驻苏摩尔飞机场了。我空军在这之后必须要做的一件事，就是攻打德国空军，阻止它们从铁路运输那里获得来自叙利亚的供应物资。5月19日，“哈巴尼亚部队”的前锋部队联合本就守在哈巴尼亚的地面部队进攻了法卢贾。当时正值洪灾，无法直接从西面进攻，他们因此派遣一小支部队从法卢贾上游的一座飞桥下穿过，以切断敌守军的后路；同时，还派了一支空降部队，去阻断通向巴格达的公路。我们原希望，在这一行动的基础上，再发动空袭，就可以击溃一个旅之多的敌军，或者使他们投降。但是，我们后来得采用地面进攻的方式。在河西岸的我一小支部队，原来被指

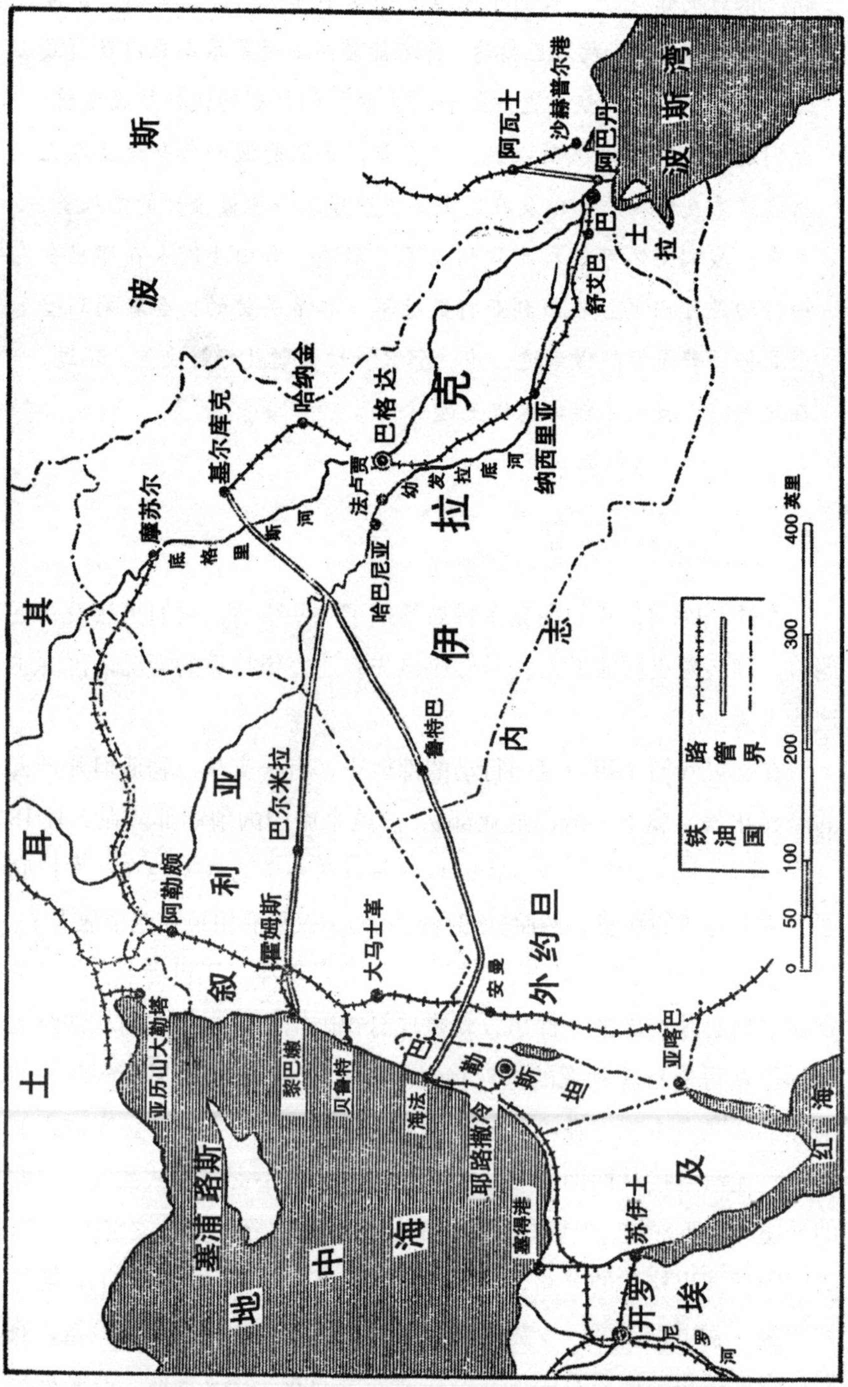
土
耳
其
波
斯
叙
利
亚
伊
拉
克
外约旦
内
志
埃
及
地
中
海
塞浦路斯
红
海
波
斯
湾
亚历山大勒塔
阿勒颇
霍姆斯
巴尔米拉
大马士革
黎巴嫩
贝鲁特
海法
耶路撒冷
巴
勒
斯
坦
安曼
亚喀巴
塞得港
苏伊士
开罗
尼
罗
河
鲁特巴
哈巴尼亚
法卢贾
巴格达
基尔库克
哈纳金
摩苏尔
底
格
里
斯
河
幼
发
拉
底
河
纳西里亚
舒艾巴
巴
士
拉
阿巴丹
阿瓦士
沙赫普尔港
铁
路
油
管
国
界
0
50
100
200
300
400 英里

叙利亚和伊拉克

派以步枪抵抗敌人，以免他们破坏那座重要的桥梁。后来，他们的任务变成了向前突击。结果，他们顺利取得了成功，没有任何伤亡。敌人投降，其中三百人被俘。他们在三天后的某天进行反攻，不过也被我军打败了。

为了最后能够顺利向巴格达进军，我们曾做了几天的准备工作。我空军在这几天中袭击伊拉克北部飞机场的德国空军，使他们的计划破灭了。随后来的一个意大利战斗机中队，同样被我们击退。德陆军元帅布隆贝格的儿子，负责指挥轴心国空军中队和伊拉克军队的配合作战行动。这个德国军官在巴格达着陆时头部中弹，这一弹是他的判断失误的盟友所赐的。接任他的费尔米将军在着陆时没那么倒霉，不过却也毫无还击之力。希特勒气势凶猛地规定他要在5月23日的时候行动，现在这种时候，轴心国应失去了可以进行有效干涉的机会。

希特勒关于中东问题的第三十号指令

战地大本营　　　　　　　　　　　　　　　　1941年5月23日

我们在中东的水到渠成的盟友，就是进行自由运动的阿拉伯人。从这点来看，在伊拉克煽动叛乱对我们是很重要的。应该争取在伊拉克境外也发生这种叛乱，以此加强我们在中东抵抗英军的力量，并切断英国的交通要道，那样的话我们还能牵制住他们的部队和船舶，削减他们在其他战场上的兵力。考虑到这些便利，我已经决定给予伊拉克增援，推动中东战事的进程。至于将来的诸多问题：在对苏伊士运河发动进攻后，我们能否摧毁英国在地中海和波斯之间的地位？我们将通过什么方法去做到这一点？这些都是没有决定的。

我军于5月27日的晚上向巴格达进军，但是进展缓慢，这主要是因为洪水泛滥以及许多灌溉沟渠上的桥梁被炸毁了。不过，我的先锋部队还是在30日的时候行进到了巴格达郊外。虽然人数不是很多，且城内的伊拉克部队多达一个师，但是，拉希德·阿里及其幕僚还是因为我先锋部队的出现而陷入了恐慌。在同一天，他们就偕同其他战争罪人，如德国和意大利的公使以及耶路撒冷的前伊斯兰教法典解说官等，逃到了波斯。第二日，即5月31日，伊拉克签署了停战协定，其摄政复位，成立了新政府。不久之后，我们的陆空军部队便占领了伊拉克境内的所有重要地点。就这样，德国试图唆使伊拉克叛变并且意欲以很小的代价就获得对这一辽阔地区的控制权的图谋落空了。

于4月18日在巴士拉登陆的一个印度旅，很及时地迫使拉希德·阿里在未做好准备前便行动了。虽说多亏了这个旅的及时行动，但是，我们数量有限的部队也曾和时间赛跑。我们之所以获得成功，主要原因其实在于航空学校的空军奋力保卫哈巴尼亚。当然，德国手中所有的那支可以调派的空运部队，本来也可能会使德军占领叙利亚、伊拉克、波斯以及它们的重要的油田。希特勒本可以将目标转到印度，并向日本人打招呼。但是，正如我们将要看到的那样，他选择将最精锐的空军用在其他的方面。军事专家经常教导说，优秀的部队要用到决定性的战场上。我们不否认这话说得很有道理，但是，战争中的战略运用不可能那么容易，所有原则都要根据实际情况和形势来决定，这一原理也不例外。若非如此，战略就会变成一部军事宝典，而非一种艺术了。按照这部宝典的各种法则，军官就可以在战争中作出判断，而不是审时度势，对多变的局势作出理智思考判断。希特勒确确实实地失去了以细微代价就在中东取得巨大战果的机会。在不列颠的我们虽然处境困窘至极，但是，却能够凭借有限的部队，使自己免于遭受会造成深远影响或者难以补救的灾难的损失。

中东的非常严峻的形势，韦维尔因此承受着各方面的压力。但是，我们必须知道，伊拉克的背叛只是其中一个很小的难题罢了。其他方面的问题还有很多：德国即将进攻克里特岛；我们打算在西部沙漠攻打隆美尔；埃塞俄比亚和厄立特里亚的战事；应立即在叙利亚做好防范德军入侵的准备工作……而从伦敦纵观全局，整个地中海的局势对我们来说也只是一个次要方面的压力而已，我们还面临着其他的世界性的问题，诸如具有代表性的这几个：德国入侵带来的危险，潜艇战的情况以及日本的态度。要想克服各种困难，战时内阁必须团结起来，起到真正的作用；政治和军事首脑必须相互尊重，达成一致的决定；唯有确保了指挥作战的各个机构顺利展开行动，我们才能成功。当然，惨重的损伤是避免不了的。

英国战时内阁及三军参谋长，与他们驻在开罗的总司令的关系越来越紧张。虽然现场总司令肩负重任且一直勇猛作战，但是他们的决策总是被在白厅的由我指挥的国内领导团队否决。相信读者也觉察到了这一迹象。我们将他们的责任包揽到我们自己身上，然后亲自下令援助哈巴尼亚。他们提出的和拉希德·阿里谈判的建议以及一再提到的接受由土耳其出面调停的想法，都被我们拒绝了。我们果断迅速地采取行动，最终获得了完满的成功。虽说当属韦维尔将军最高兴看到这一成功并为之欣慰，但是，这段关系紧张的插曲已经在他以及我们的心中都留下了疙瘩。

按照我们意愿行事的奥金莱克将军，经印度总督的真诚允许后，便火速派遣一个印度师到巴士拉。他果敢提供印度援军的行为，以及他那种积极热情的态度，让我们觉得他是一个充满活力以及隐藏才能的人。随着事态的发展，我们对他的这种印象日渐被证明。

第十五章　危机降临克里特岛

克里特岛的形势——防御力量不足，部署也不当——开罗的指挥机构的任务十分艰巨——国内和战地的智慧都赞成保卫克里特岛——绝对可信的情报——韦维尔在4月30日视察克里特岛——伯纳德·弗赖伯格出任司令——5月1日，我致电坎宁安海军上将——想办法给我们空军提供增援——韦维尔与弗赖伯格不抱希望——弗赖伯格致韦维尔及致新西兰政府的电报——韦维尔在5月2日发来的电报——新西兰很担心其军队处境——5月3日，我致电弗雷泽先生——弗赖伯格无所畏惧——德军对克里特岛进行空中封锁——我们空军力量少得可怜——德军的进攻计划——“科罗拉多”和“炎热”作战计划——屏息等待的时刻——韦维尔的幽默——我将情况转告给史末资——濒临战争的边缘

在我们的地中海所有事务中，克里特岛的事务具有非常重大的战略性意义。关于这一点，我们已论证表明，而事态的发展也证实了。如果苏达湾能够用作英国军舰的基地，使我们能够在那里补充燃料，那么，马耳他岛便可以得到我们有力的掩护。如果我们在克里特岛基地的防空设施足够牢固，我们具有优势的海军将能充分发挥作用，击退任何一支经由海路而来的敌军。然而，距离我们仅有一百英里的地方就是意大利的罗得岛要塞，那里有宽大的机场，巩固的设施。我们自今年年初以来就设法夺占该岛，为此，我们已将英国的海军基地机动保卫队派遣到中东。该中队将会根据实际形势，争取进驻罗得岛或者苏达湾。这是一支受过严格训练，且具有良好装备的精锐部队，它共有五千三百多名士兵。另外，由莱科克上校指挥的包括大概两千多人的突击部队，也已经绕航好望角，抵达了中东。这支部队加上在埃及将编成的英国第六师，应足以攻下罗得岛。但是，我们迫于事态发展的压力，延迟了这一行动。在这种情况下，如果德国飞机部队飞往罗得岛，那么克里特岛便会面临致命威胁。为了应付突发情况，派往中东的海军基地机动保卫队赶往罗得岛，那么克里特岛便岌岌可危了。为了应对可能发生的紧急事件，派往中东的海军基地机动保卫队既没有被派去参与攻占罗得岛的行动，也没有被派去建立苏达湾的防御并加强那里的守卫力量，而是留在了亚历山大港。

在克里特岛，我们仍在继续建立各项防备措施。读者也应该看到，我曾多次发出在苏达湾做好预防措施的命令。我甚至曾以“第二个斯科帕湾[1]”来比喻苏达湾。我们是在六个月前占领该岛的，然而直到现在为止，我们也只在该港装备了一支实力较强的高射炮队，而且还是以不顾其他更迫切的方面的情况下做到的。

在中东地区或者其他地方，中东指挥部也找不到可以去拓展飞机场的劳工。只要盟国还控制着希腊，我们就无法派遣大部队到克里特岛或者让大批空军驻扎在该岛飞机场上。即便如此，我们现在也应该做好全面的准备，以便当援军到来时有容身之处，或者方便在必要的时刻接收派来的部队。然而，由于在这六个月中六次换司令官，我们根本没有制订计划，也没有想办法去落实准备工作。中东指挥部本应好好地考虑如何才能使克里特岛不受海空袭击，即使谁没有想到可以在该岛南面的斯法基亚或廷巴基建立港口，至少也应该准备一定数量的登陆设施。另外，若是能够筑成一条由该岛通往苏达湾和飞机场的公路，我们就能从埃及增援克里特岛西部。但是，同样，当时谁也没

---

① 位于英国苏格兰最北端的半封闭水域，为英国重要军港口。——译注

有想到这一点。开罗和白厅应该共同承担相关的责任，包括对问题的研究不深入，执行命令的行动力不足。

韦维尔将军的部队的任务是多么的艰巨，而他所得的支持又是多么的少，而我一直等到我们在昔兰尼加、克里特岛和沙漠地区吃了败仗后才意识到这一点。韦维尔已奋力作战了，但是他的部队的力量太薄弱了，当四五个战役同时进行时，他自然很难去应对所有他应该承担的事务。

* * *

自希腊向德国投降，克里特岛就成为了希腊国王及其政府最后的容身之处，它同时也作为收纳各兵种部队的场所。我们很清楚，德国一直想着如何占领这个岛屿。该岛于我们而言，是可以为埃及和马耳他岛把风的一个重要据点。当前，我们由于刚遭受了失败，正面临着混乱不堪的局面。纵然情况如此之糟，我们的各个负责人，包括国内的以及战地的负责人，在据守该岛的这一问题上是持统一意见的。4月16日，韦维尔来电说："我认为我们应该守住克里特岛。"次日又在其来电中说："我们正要从希腊撤到克里特岛去据守。"

* * *

我们很早之前就知道戈林的计划：他想要建立和发展一支足够强大的空降部队，以便能够进行大规模的着陆。这个计划显然会让德国那些狂热的纳粹青年满意。德国伞兵师的实力非常强，关于它的作用，我们在研究如何防范德军侵入我本土时曾有考虑。我们认为，德国至少需要在白天的时候取得短暂的制空权，才有可能实现这方面的计划。然而，在不列颠，他们是不会获得制空权的。克里特岛的情况就不是这样了。在巴尔干和爱琴海，敌人都占据了充分的空中优势，而且，看起来他们的这一优势状态将是持久的。现在，这一优势正是他们的主要进攻力量。

我们的情报部门在这场战中所获得的情报，从来没有像这次一样如此精准过。德国参谋人在他们的军队攻占雅典后得意忘形，连保密工作都较以前疏忽了，而我们驻希腊的情报人员则进行勇敢的行动。我们在 4 月的最后一个星期后获得了有关德国下一步行动的重要情报，情报来源是可靠的。多加留心的话，不难发现德军的这些情况：他们的第十一空军军团有所调动，他们在希腊港口很狂热地从事搜集小型舰艇的活动，以及他们的有关人员很兴奋。所有迹象都在表明，德军将要对克里特岛发动海上袭击和空袭。

同样，我个人虽然经历了无数次战争，但从来没有一次像这次这样尽心尽力，不辞辛劳。我仔细地研究并反复衡量情报的可靠度，或者确认我们的总司令已经非常清楚敌人将要发动的攻势的规模，且已经将命令传达给战地的将军们。在伦敦的联合情报委员会的我相关人员，在 4 月 28 日时展开讨论，估测敌人对克里特岛发动的攻势的规模大小以及性质。他们认为，目前看来，敌人的空军部队和海军部队马上就会进攻该岛。敌方在巴尔干各国可能会搜集到各种用途的武器，据他们的估计将包括三百一十五架远程轰炸机、六十架双引擎战斗机、二百四十架俯冲轰炸机以及二百七十架单引擎战斗机。他们还估测，在进行第一次袭击时，敌人将会投下三四千名的伞兵，且每日会从希腊发动两三次的突击，从罗得岛发动三四次，届时也都会有战斗机进行掩护。此外，由于敌人的军队和船舶数量充足，不必等到空运和海运部队到达，他们就可以发动猛烈的海上袭击。

我们立即致电开罗司令部，告知他上述情况。同一天，我自己又给韦维尔将军发去一封电报，对他进一步强调当前局势。

首相致韦维尔将军　　　　1941 年 4 月 28 日

我们所获知的情报表明，德国下一步的行动是出动空降部队和轰炸机，对克里特岛进行大肆的猛攻。希望你告知当前在该岛驻扎的军队情况以及你的计划。这是我们一举消灭敌人伞兵部队的好机会。你必须守住该岛。

韦维尔将军一开始并不同意我们的看法，他认为那是德国人在故意造谣，他们根本不打算进攻克里特岛。他虽然是这么想的，但还是决定亲自飞到该岛去视察。他一向精力充沛且雷厉风行，这次也是如此，他迅速处理完军务后便飞到该岛。他在复电中讲明了他的行动。

韦维尔将军致首相及参谋长委员会　　　　1941年4月29日

1. 克里特岛可能将会在4月18日收到德军空降部队进攻的警告。该岛上原本驻有三个步兵营、两个重型高射炮中队、三个轻型高射炮中队以及海防炮队，当前，它除了拥有这些部队外，至少还有从希腊撤退而至的三万士兵。这批士兵，现在正被派去据守该岛的重要地点如苏达湾、干尼亚、雷西姆农和伊腊克林，据说他们保持着高昂的斗志。武器方面，以步枪为主，此外还有少量轻机关枪。另外，保卫飞机场和看守战俘的部队也编好了，是几支临时编成的希腊新兵部队。

2. 在5月的前两个星期中，海军基地机动保卫队将会抵达该岛。

3. 我预计明天到克里特岛视察，回来后将再作报告。

4. 也有可能是这样的：进攻克里特岛不过是幌子罢了，目的是为了掩护对叙利亚或塞浦路斯岛的进攻，德军的真正计划可能会到最后才透露出来，就连他们的军队也不知情。这种可能是很符合德国一贯使用的伎俩的。

我曾经向帝国总参谋长提过一个建议：任命弗赖伯格将军为克里特岛驻军司令。帝国总参谋长之后向韦维尔如此建议，韦维尔当即同意。

我认识伯纳德·弗赖伯格有好几年了。在第一次世界大战时，他拿着一封介绍信辗转来到英国海军部找我。1914年9月的一天，我见到了他，他当时的身份是新西兰一名青年志愿兵。他请求我委派职务，当时正值我在创立皇家海军师队，于是很快就推荐了他。几天后他就被任命了，职务是“胡德”营中的海军中尉。他曾屡建战功，在此无法一一讲述。他在前线作战了四年，这四年中，他因为各种战功而被升任为旅长。1918年，在德军即将展开夏季的猛烈攻势之时，他被任命为司令官，由他指挥的所有据守巴叶尔正面缺口的部队非常庞大，人数近乎一个军。他的卓越的功勋，可以由他所荣获的维多利亚十字勋章和带有两条金线的特殊功勋勋章证明。

唯一可与弗赖伯格匹敌的只有卡尔东·德·维亚尔，他们同在战争中成名，都曾身经百战而遍体鳞伤，但是他们的意志丝毫不受影响。我们将“无惧炮火的军人”这一称号同时送给了他们，他们是无愧于这一称号的。在20世纪20年代，我曾有机会与伯纳德·弗赖伯格同住一间农村房屋里。一天，我请他给我看看他身上的伤痕。他脱去衣服后，我细数他身上的疤痕，竟有二十七处，此外还有一些很深的伤口。第二次世界大战时，他又增添了三处新伤疤。他曾解释说：“被一颗子弹或者一片弹片击中后，身上通常会留下两处伤疤，因为很多时候子弹、弹片都是穿身而过的。”当这场新战争爆发之时，我们想到的最适合担任新西兰师的师长的人就是他，而他自己也很希望能担此重任。我在1940年9月时就曾想过要授予更大的权力给他。现在，机会终于来了，他将要出任的司令官这一职务是具有决定性意义的。弗赖伯格的优点是，他无论在何处任职，也无论会得到多少兵力，他都会抱着一颗必胜的心，为英王和英国奋战。而且，周围的人也都会被他这种坚定勇敢的精神意志感染到。

战地的司令官们和军队肩负重任，国内的我们必定尽可能地去帮助他们。

首相致坎宁安海军上将　　　　　　　　　　　1941 年 5 月 1 日

1. 我们正设法给予你们空军方面的增援，并且已经决定重启这方面的行动，而且，将要进行的增援的规模比此前的规模都要大。将会派出的飞机包括一百四十架新增的“旋风”式战斗机以及十八架“海燕”式战斗机，这些飞机以及它们的驾驶员将由“皇家方舟”号、“阿尔戈斯”号、“狂野”号以及“胜利”号船舰运载至你处。我们希望，在 5 月 25 日时，能有六十四架“旋风”式战斗机和九架“海燕”式战斗运到中东。另外，二十五名战斗机驾驶员将会于 5 月 23 日飞往塔科拉迪，这样就可以使“旋风”式战斗机及“战斧”式战斗机能够尽快完成运送工作。上述提到的航空母舰将会取道塔科拉迪，到达埃及，走这条航线有助于它可以运载更多的物资，所以，“战斧”式战斗机和“旋风”式战斗机也将会由它们运送。我们会尽可能让它们也将“伯伦翰”式轰炸机运送过去。有关轰炸机方面的增援，可能会在之后再电告于你。

2. 海军再次创造辉煌的战绩，成功地救出了陆军，并将全军队的八成人员运出。我在此向你致贺。

3. 当下，为了保卫克里特岛和马耳他岛，我们必须艰苦奋战。看起来，敌军将可能会对克里特岛发动大规模的攻袭。作为我小型舰队的基地的马耳他岛，可以干扰敌人，切断他们通往利比亚的交通线。美国日益表现出良好的态度，他们的海军也与我们展开了合作，从这两点来看，我们这次冒险是值得的。你的“老虎”计划非常周密完善，大有可能获得成功。

4. 不过，你当前最应该做的是，设法破坏并尽量摧毁昔兰尼加各个港口，使敌人海运过来的军需品无法上岸。敌人一次又一次地成功运到宝贵的飞机用油，这样的消息总会令人深感焦虑。正如韦林顿公爵说的那样，保卫埃及的这一场大战中，敌我双方的力量是不分上下的。但是，如果我们能做到：第一，切实落实“老虎”计划和进行空军增援的“美洲虎”计划，给予你韦维尔将军有力的支持；第二，你能够切断敌人的供应链，那么，我们很快就能在中东取得战争优势。

祝你顺利。

* * *

弗赖伯格和韦维尔却不抱有希望。

弗赖伯格将军致韦维尔将军　　　　1941年5月1日

当前，我手下的部队无法与进攻的敌人抗衡，若不派遣大批的战斗机过来以及派遣海军以应对敌人从海上发动的袭击，而仅仅凭现有的地面部队，我很难守住阵地。而且，我的这支军队在希腊战役中损失了所有大炮，另外还缺乏掘壕工具、车辆、装备以及储备用的弹药等物资。虽然他们能够作战并愿意作战，但是除非得到充分的海空军支援，他们才有可能取得成功。如果由于某种原因而不能分拨上述提到的部队给我们，那么请再考虑如何据守克里特岛的一事。我的委任状要求我负有相关责任，我因此认为应该将我这一师中的大部分军队的当前情况告知新西兰政府。

他又通知他的本国政府说：

1941年5月1日

我认为我有责任汇报克里特岛的军事情况。伦敦决定不惜任何代价也要守住该岛。陆军部对敌军进攻规模做了估测，并将估测结果告知给了我。我认为，如果没有海空军的有力支持，我们是无法守住该岛的。但是，目前还未有迹象表明我们会得到海军的支援，以应付从海路入侵的敌军。岛上的力量，不过是六架“旋风”式战斗机和十七架旧式飞机而已。虽然我们的军队会作战并也愿意作战，但是，我们的大炮、掘壕工具、车辆以及装备与战时需储备的弹药等，都损失在了希腊战役中。新西兰师大部分军队当前面临的问题是非常严峻的，我当向政府说明这一点，并建议重新考虑无论如何要据守该岛的决策。我的这个意见，也已经向中东总司令致电表明了。

韦维尔将军致帝国总参谋长　　　　　　　　1941 年 5 月 2 日

1．敌人占据了空中优势，这是造成我们的海陆空三军都要为克里特岛的防御 一事而困扰的主要原因。由于港口和飞机场都在这个岛的北边，我们的飞机和船舶进行的活动就更容易泄露。岛上那条沿北海岸、从东向西的公路，是唯一一条可正常使用的——事实上，它也不算很好用——这条公路也是完全在敌人眼皮底下的。

2．岛南没有一处港口，由南向北也没有一条好用的公路。当然，若时间充足，我们是可以建立起所需的公路和港口的。但是，运输工具也很缺乏。

3．必须运进大量的民用粮食。如果敌人对各城镇发动大规模的轰炸，而我们无法出动战斗机进行抵抗，政治问题就会暴露出来。

4．起码需要三个旅团和较多的高射炮部队，才有可能守住该岛。然而，现在该岛上只有三个英国正规营、六个新西兰营、一个澳大利亚营和两个希腊营。这两个希腊营由从希腊撤出的部队编成，人数不足，装备也不够。此外，我们没有大炮，高射炮队的规模也很小，不过正在加强。

5．岛上的空军目前没有可用的新式飞机。

6．希腊部队很多都是没有受过训练也没有武装起来的。

7．正在尽力解决所有困难，若时间充足，是可以解决这些困难的。不过，防御空军方面的难题始终存在。

新西兰政府担心他们那一师军队是自然的。我向新西兰政府以及新西兰总理弗雷泽先生解释了这种情况——后者正在来英国的途中，已经抵达开罗了。

首相致新西兰总理　　1941年5月3日

1．我很高兴看到新西兰师能够在希腊战役中英勇奋战，而且，他们在紧急撤退至克里特岛的时候还能保持秩序。我们正在给他们运送大炮，并设法尽可能地使他们能够重新武装起来。韦维尔拥有实力足够强大的大炮部队。要想保住埃及，据守住克里特岛是最重要的。我向韦维尔将军建议任命弗赖伯格为全岛守军司令，他接受了该建议，这使我非常快慰。我们将尽可能地给予他支持，所以也请你放心。

2．根据所得的情报，不久之后，敌人就会派出空降部队攻打克里特岛。敌人也有可能通过海路进攻，不过我们估测，这种方式的进攻规模应该不会很大，而我们的海军也将会全力阻止他们的海路进攻。敌人以空降部队进击的方式，正符合新西兰部队要同他们进行赤身较量的计划，而届时，敌人所主要依赖的坦克和大炮是派不上用场的。所以说，敌人成功登陆克里特岛不过会使他们自己陷入窘境罢了，而且，之后的形势会对他们越发不利。借助该岛山多树多的地形地貌，你的军队将会发挥很大的作用。岛上的部队人数已有三万多，而我们要进行增援的话，行动起来也比敌人要容易。

3．不过，也有可能是这样：敌人进攻克里特岛只是表象，他们的目的是穿过该岛后东进。我们的空军力量有限，所肩负的任务又过多，因此，在使用他们的时候我们必须考虑到所有可能的意外情况。为什么说我空军力量有限而肩负过重的任务呢？原因并不在于我们的人力物力以及储备在此期间没有得到补充，也不在于我们极力设法对中东进行空军制管，而在于，从我们现在可用的航线和方法来看，将飞机和驾驶员运送到该岛上的确有困难。当然，请你放心，我们一定会设法增援空军，当前我们也正在冒险这么做。如果事成，我们的努力将会产生很大的影响作用。中东各方面都希望得到空军增援，这个问题应由各位总司令解决。我希望大概在一月之后，中东的局势就会有所好转。

4. 当新西兰师从希腊撤退时，新西兰人民虽然内心十分焦虑，但是他们克制着自己的情绪，代之以沉着冷静以及严肃。在那个时候，我们所有人佩服不已。这支师在希腊战役中重创了敌人，使我们对希腊的诺言成为切实的行动。他们最后顺利从战场上撤退下来，帝国对此深感欣慰。

弗赖伯格没有丝毫的畏惧，当时他并不认为敌人将会以大规模的空降部队进攻，他倒是担心他们会发动大规模的海路进攻。虽然我们的空军力量十分有限，但是，我们可以寄希望于海军。

弗赖伯格将军致首相（在英国） 1941 年 5 月 5 日

我不知道何为恐惧，我也根本不畏惧敌人的空降部队。我已经做好了准备，并认为我的手下足以应对敌人的这种进攻。但是，若是敌人的海军部队同时和空降部队进攻，那就另当别论了。在敌人发动联合攻势时，若是我还无法获得所需的大炮和运输工具，那么局势就会变得危险。但是，我仍然相信，若是能够得到海军的支援，我们就不至于损失过大。

在所需的装备以及运输工具都运达后，且能够获得少量的战斗机后，我部就可以据守克里特岛。不过，在此期间的某段时期内，我们的防御力量仍是薄弱的。然而，我们的所有士兵都充满斗志，他们急切地想要同敌人再战。在希腊时，每逢和敌人狭路相逢，我们便会狠狠地攻打他们。

在希腊后卫战中，新西兰所有军官士兵的表现是英勇顽强的。

然而，英国广播公司以及报纸却没有提到这一点。他们觉得不公，非常愤怒，这是自然的。

我应该设法消除他们愤愤不平的情绪。

首相致韦维尔将军　　1941 年 5 月 7 日

如果你没有什么异议，请将以下电文转达弗赖伯格将军：

所有不列颠人都曾看到新西兰师在著名的希腊战场上立下的丰功伟绩，并对他们心怀感激和敬佩。只是，我们对战争的情况的了解是逐步的，我们现在还在继续了解着。通过越来越多的有关战场情况的报道，我们更加明白了你们在这一项光荣的战争中的重要作用，也更加了解你们建立的功绩是多么的伟大。整个帝国和英语世界的人都对新西兰这个字眼感到崇敬。此刻，我们的心是连着你们的。愿上帝保佑你们。

*　　*　　*

克里特岛的地理形势导致防御工作非常困难。它只有一条公路在北海岸那边，而该岛的所有薄弱的据点都在这条公路沿线上，每一个据点都只能依赖它自己的力量进行防御。如果敌人切断了这条公路并部署强大的守军，我们便无法随意调遣中央后备部队到那些易于受敌的据点上。南北岸之间，只有在斯法基亚和廷巴基有一些小路，但是它们又不适宜作为摩托化运输车辆的交通道路。直到有关军事负责人意识会有危机，才开始想各种办法将增援部队、军用物资以及武器，特别是大炮等，运送到该岛上，然而他们的行动已经太迟了。

从 5 月的第二个星期开始，从希腊以及爱琴海的基地起飞的德国空军对克里特岛展开了确确实实的日间封锁。所有来往该岛的船只都成为他们的日标，他们尤其严密地封锁该港的北岸。在 5 月的前三个星期间，我们向克里特岛增援二万七千吨的重要武器，但是只有不到三千吨到达了岛上。在不得不转运回其他物资的过程中，我们损失了三千吨以上的武器。

我方用来防御敌人空袭的武器：十六门 37 英寸口径的可移动的重型高射炮、三十六门“博福斯”式轻型高射炮、二十四架防空探照灯、在各飞机场上待命的九辆半旧的步兵坦克以及十六辆轻型坦克。5 月 9 日，一部分海军基地机动保卫队来到了该岛，这只保卫队中的一个重型高射炮队和一个轻型高射炮队抵达后便被派往苏达湾，以加强防御。抵达克里特岛的机动保卫队只有大概两千人，在埃及还有它的三千人，而这部分人在当时也能够来该岛的。岛上的防卫工作还得考虑到六千名意大利战俘，因此负担更重了。

保护登陆地点，是我守军的主要任务。在伊腊克林部署了两个英国营和三个希腊营；在雷西姆农周围部署了第十九澳大利亚旅和六个希腊营；在苏达湾附近部署了两个澳大利亚营和两个希腊营；在马里姆，一个新西兰旅在飞机场附近驻守，在其东面还有一个旅，以便随时接应。除了这些部队之外，还有由从希腊撤出的士兵临时编成的几只来福枪队。希腊营的人数，武器方面也只有杂牌的来福枪和一些数量极少的弹药而已。当前，帝国军队共约二万八千六百人参与守卫克里特岛。

若非据守在克里特岛的我空军力量薄弱，德国是不能发动进攻的。5 月初时，在该岛上的皇家空军实力有十二架“伯伦翰”式轰炸机、六架“旋风”式战斗机、十二架“斗士”战斗机以及隶属于海军航空队的六架“海燕”式与“布鲁斯特”式战斗机，它们驻守在雷西姆农小型机场、马里姆飞机场以及伊腊克林飞机场上。后两个飞机场，前者只供战斗机使用，后者可以容纳各种类型的飞机。然而，这些飞机的半数是不能使用的，能用的那些和敌人投入该岛的空军力量相比，只能是算是后者的零头。敌人掌握了具有压倒性的空军优势。我们的相关部门都充分意识到了我空军的难题，在德国发动攻势的前一天，即 5 月 19 日，我们命令该岛上的所有飞机都撤到埃及去。无论是战时内阁还是三军参谋长或者中东战区各位总司令，都很清楚地看到我们的形势：要不在这种非常不利的形势下跟敌人硬拼，要不立即从该岛撤退。选择撤退的话，在5月初行动来得及。然而，所有人的意见都是作战。根据我们过后的讨论意见以及所知的情况，我们认为，虽然我们的整体实力不如敌人，但是胜利也是近在咫尺的。况且，即便我们失败了，我们的行动也会起到积极且影响深远的作用。想到这点，我们就不必顾虑我们要冒的危险以及付出的代价会是怎样了。

* * *

德军进攻克里特岛的计划，我们是在该岛的战役开始之后才了解到的。现在可以谈谈这个计划了。

计划是由包括第七空军师队和第五山地师队在内的第十一空军军团执行的，接应的任务交给第六山地师。空降兵有将近一万六千人，其中大多数是伞兵，另外还命令七千人从海路进攻。第八空军军团会进行空军支援。总计有一千二百八十架作战飞机：二百八十架轰炸机、一百五十架俯冲轰炸机、类型为“梅塞施密特109”式和“梅塞施密特100”式的一百八十架战斗机、四十架侦察机、一百架滑翔机、五百三十架“容克52”式运输机。将会通过两支运输船队——由希腊轻帆船[①]编制而成——运送海军部队以及一批军资。不过，为这两只船队护航的，只有一定数量的德国空军而已。我们很快就能知道它们的命运将是什么样。

空降部队计划在三个区域着陆进攻：东面的伊腊克林，中部的雷西姆农、苏达、干尼亚以及西部的马里姆。当然，后一个区域的进攻是最重要的。他们的进攻步骤大概是这样：进攻之前，先以一千磅之重的炸断持续一小时轰炸地面以及我们的防空设施；然后，空降兵从

① 一种双轨帆船，现在常用摩托推动。——原注

空中乘滑翔机、降落伞之类着陆；接着，用运输机载运增援部队过来。在他们的整个进攻计划中，夺占马里姆飞机场应该是最主要的目的。因为，如果仅能够在马里姆飞机场周边的乡野投下伞兵，那么，他们的运输用的飞机（每架飞机可载四五十人）在运送第六山地师到那里后就无法再飞回去以便继续运来部队。德军必须及时有效地夺下那个飞机场,这既是为了便于飞机着陆,也是为了使他们的飞机能够折回去。唯有飞机来回飞行，他们的大批部队才有可能运过来，而这是他们整个计划实现的基本要素。

* * *

我们给克里特岛起了个暗号,名为“科罗拉多”。对于德军的攻势，我们按照想象将它说成是“炎热”的。日子就在我们每天焦虑不安的情绪中一天天消逝着，为了减轻焦虑，我们将注意力转移到其他的事情上。德军进攻的时刻越来越近了。

首相致韦维尔将军　　1941 年 5 月 12 日

你是否考虑再派至少十二辆步兵坦克以及技能过硬的人员去支援作战，抗击敌人的“炎热”进攻。

首相致韦维尔将军　　1941 年 5 月 14 日

从我获知的各种情报来看，敌人将会在 17 日之后的某一天开始“炎热”行动。他们的每一项行动都策划得非常周密，看来都是为这一计划做好部署的。希望你已为“科罗拉多”准备了充足的防御部队，而且，在那里的原有部队也配备了必要的大炮、机关枪和装甲车。敌人将要展开的行动是大规模的，且是复杂的，他们很可能因此会推迟执行计划的日期。你们现在将增援部队运出去，是完全赶得及的。而且，即便敌人已经获得了一个立足点，他们也必定来得及参与第二个回合的战斗。我非常希望能够看到我们的精锐部队与敌人进行肉搏战，这也是因为敌人在该岛屿上不具备他们一贯凭借的机械化进攻的有利条件，而且，我们比他们更容易获得增援。你应该已经与坎宁安海军上将讨论过各个细节问题，而且，你也应该和特德讨论过如何照顾到其他任务。相信你们已经做出了最妥善的空军作战计划。祝你一切顺利。

首相致韦维尔将军　　1941 年 5 月 15 日

我越发觉得敌人将用来攻打“科罗拉多”的部队势力是非常强大的，特别是他们的空降部队。我相信已将所有可能派到该岛的增援部队已经抵达。

韦维尔将军在这种时候依然保持幽默。

韦维尔将军致首相　　1941 年 5 月 15 日

1. 已经充分武装好“科罗拉多”，以防甲虫横行。最近运出了六辆步兵坦克、十六辆轻型坦克、十八门高射炮、十七门野战炮以及一个营的部队，来增援它。我们还正准备派遣一些后备队过去，其中包括大概一两个营的一小支部队以及一些坦克，他们届时将在“科罗拉多”南岸登陆。此外，还可能也派遣波兰旅过去进行增援。但是，这些增援部队如何登陆始终是个难题。

2.5 月 12 日，我与坎宁安、特德探讨了“科罗拉多”问题，三军参谋会议是在之后召开的。我们设法制定出一个妥善的互相配合的计划。

3. 守卫“科罗拉多”是困难的，而且，德国的闪电战通常会采取措施，阻挠我们的增援行动。然而，我们的司令官们是果敢的，我们的士兵是坚强的，我们所有人都做好了准备，整装上阵。我希望敌人将发现，他们的“炎热”行动确实是很烫手的。

韦维尔将军致首相　　1941 年 5 月 16 日

刚刚收到弗赖伯格的电报，内容如下：

“克里特岛的防御工作已经完成，刚从视察防务的最后一站返回。这一次的视察让我受到了很大的鼓舞。各处的部队都做好了准备，他们斗志高昂，严阵以待。所有的防御工事都被扩大了，且尽可能在阵地上布了铁丝网。部署了四十五门野战炮，弹药的储备也是充足的。每一个飞机场都有两辆步兵坦克。运输车辆已抵达，正在从船上卸下来，然后分拨给各部队。第二批‘莱斯特’式坦克已运达，可用来加强伊腊克林的防御实力。我们不想表现得太过于自信，但的确认为至少可以和敌人较量一番。我相信，在皇家海军的协助下，我们是可以守住克里特岛的。”

首相致地中海战区总司令　　1941 年 5 月 18 日

如果我们能成功抵御敌人的“炎热”行动，整个世界的局势将会受到影响。这场战斗对其他各战场的结果都会起到决定性的作用，它的意义非凡。愿上帝保佑你们。

首相致弗赖伯格将军　　1941 年 5 月 18 日

知道你已经做好稳固的部署以及增援部队已经抵达，我们很高兴。这段日子对我们的命运有着决定性的影响，我们时刻关注着你们。我们相信，你以及你英勇的部下将会建立不朽的功绩。皇家海军将会倾尽全力协助你们。你要是能完成据守任务，世界局势将会受到很大的影响。

我跟史末资常常保持联系，因此向他说了我的所有意见。

首相致史末资将军 1941年5月16日

1. 对你的军事意见，我像往常一样持十分的赞成态度。我最近在设法对韦维尔的最薄弱的环节给予增援，我希望，在今后的几个星期中，我们能够在西部沙漠的重要攻势行动中取胜。我们预测敌人会立即对克里特岛发动大规模的攻击，因此做好了所有准备。若是在这两个战场上我们都能获得成功，那么，叙利亚和伊拉克的问题对我们来说容易解决了。我们正想尽各种办法，给予中东方面最有力的空军增援。我相信，我们能够在今年夏季的东地中海战场上获胜，还能守住尼罗河流域以及苏伊士运河。当前，罗斯福总统正设法往苏伊士运送军需品。我们非常愿意看到南非军队挺进地中海沿岸。

2. 更令人担忧的是西地中海局势，不过，西班牙挺住了，一直以来都没有向德国屈服。在时机恰当时，我们会让昂达尔朗明白这点：如果维希的飞机去轰炸直布罗陀，那么，我们就不会以法国为轰炸目标，而是要炮轰维希那群无耻之徒。他们躲到哪里，我们就会追击到哪里。直布罗陀港可能会无法使用，我们对这种可能是重视的，因此已经尽力做最周详的准备。美国可能深入参与到西非事务中，特别是达喀尔的事务。

3. 大西洋战役终于进行顺利。希特勒本计划在5月间能做到最严密的封锁，但是，他的这一愿望落空了。在过去的六个星期中，我们的运输船队取得了优秀的战绩，这是他们在好几个月以来表现出最好的一次。美国在大西洋战场上将会给予我们更多的增援，而且我个人坚信，在今年结束前，我们一定能够在各个重要方面加强我们的地位。美国方面正在积极准备以弥补1942年的船舶损失，我认为他们正在逐渐接近将要做出伟大决定的那个时刻。不过，我们最好不要太乐观。

4. 希特勒看来是准备要对付俄国，他正在集中力量，忙碌不停地将部队、装甲车以及飞机从巴尔干向北以东，从法国和德国向东移动。我认为，攻打乌克兰和高加索对他是最有利的，那样他就可以保证食物与汽油的充足。他要是这么做，无人可以阻止。但是，我们仍希望，过一阵子后，我们可以进击他的后背，彻底攻陷他的本土。我相信上帝一定会站在我们这边，助我们铲除纳粹势力。

5. 国王告知我，他将在5月24日专门给你致电，祝你生日快乐。我在此也向你致以真诚的祝福。

就这样，克里特岛战役眼看着就要打响了。

第十六章　克里特岛战役的经过

德国空军军团——5 月 20 日德国发动攻势——据守雷西姆农和伊腊克林——5 月 23 日马里姆陷落——海军加入战斗——摧毁德国运兵船队——尽管海军损失严重，但海军上将坎宁安还是将全部兵力投入进去——失去“格洛斯特”号和“斐济”号——“凯利”号和“克什米尔”号被击沉——海军上将坎宁安发来了战况严峻的电报——弗赖伯格将军报告战局危急——成功的希望已经没有了——我们决定在 5 月 26 日撤退——艰难而惨烈的任务——营救伊腊克林军队时的悲剧——海军上将坎宁安决定继续进行撤退行动——德军对岛上居民的暴行——他们付出的代价——失大于得的胜利

纵观战斗时的各个情况，克里特岛战役都是前所未有的一场战斗，战争中发动的大规模的空降部队的进攻是战争史上的首例。德国空军军团将希特勒那种青年的狂热激情展现得淋漓尽致，从中可见他们要为 1918 年的战败报仇的条顿精神。这群勇敢忠贞的受过高强度训练的纳粹降落伞士兵，说明了何为德国男儿的精髓。他们一心所想的，就是为了德国的光荣以及能让自己的国家掌握世界霸权，他们要献上自己的生命也在所不惜。为此，他们也注定要与另一群人交手，这群人满怀自豪感，因为他们相信他们为之奋战的事业是正义的，能够让人们重获自由的。他们中的很多人从世界的另一方跋山涉水而来，以义勇军的身份为他们祖国战斗。这一章要讲述的就是德国人和这群人决一死战的过程。

为了这一战，德国人调动了他们可能调动的所有部队。这属于戈林做出的非常重大的空军方面的成绩。如果英国在1940年的时候也失去了本土上空的制空权，德国那时就可以用这支部队攻打英伦三岛，不过他们未能得逞。他们原本也可以用这支部队攻打马耳他岛，不过，我们也幸运躲过了这一劫难。整整七个多月，德国空军军团都在严阵以待。久等过后，现在，格林终于可以发出命令了，他们终于可以一显身手，展露实力了。双方刚交战时，我们根本不清楚对方到底有多少降落伞部队。也许，第十一空军军团不过是他们六个空军军团中的一个而已。我们确知它仅是唯一的一个，是在几个月之后。不过，这支部队确实很厉害，如果德军是一支长矛，那它就是矛上的锋尖。下面我们就说说这支部队是如何在交战初始就获胜，后来又是如何被击溃的。

* * *

5月20日清晨，战斗打响了。较之之前的进攻，这一次德军的进攻是最猛烈的一次，也是最残酷无情的一次。

马里姆飞机场是他们的主要目标，也是他们的第一个目标。他们在一小时内对该机场周围的据点进行了有史以来最猛烈的轰炸和机枪扫射，我们大部分的高射炮在一瞬间几乎无法发挥效用。停止轰炸前，他们的滑翔机开始在马里姆飞机场的西面着陆。上午八时，大量的伞兵在马里姆和干尼亚之间三百英尺到六百英尺的上空降落下来。陆陆续续飞来的敌机在上午投下了一个团共四个营的兵力，下午又投下另一个团。在这个过程中，他们完全无视士兵的伤亡以及飞机的损失。第五新西兰旅在飞机场及其附近顽强地抵抗着陆伞兵，该旅的其他部队在东面接应。我军无论在何处被发现，都会遭到敌机的猛烈轰炸，对方使用的炸弹甚至重达五百磅至一千磅。根本不可能在白天进行反击。仅凭两辆步兵坦克进行的反击失败了。

到处是敌人的滑翔机或者军队运输机，在海滩上，在丛林中或者在着火的飞机场上，它们有的成功着陆，有的直接撞毁。第一天，共有五千多名德国伞兵在马里姆和干尼亚之间及其附近着陆。他们遭到了新西兰军队炮火的猛烈打击以及奋不顾身的肉搏反击，损失惨重。在我们的防御区内着陆的德国伞兵大部分都被击毙了，其余也几乎都被歼灭。当天天黑前，我们的飞机场还未落入敌人手里，但到了晚上，驻守飞机场的部队已经所剩无几，于是退到了支援部队的营地。我们派了两个连去增援保卫飞机场，但是他们已经来不及进行反攻。但是，飞机场这时还是在我军的炮火控制之下。

这天早上，敌人对雷西姆农和伊腊克林展开了猛烈的空袭。下午，他们分别在两地空投下两个营和四个营的伞兵。激烈的战斗马上很快就开始了，直到傍晚，我们还控制着这两处的飞机场。但是，已然有较小的空降部队在这两个地方着陆。烈火熊熊，德军伤亡惨重。第一天的战况可以说是令人满意的，如果不考虑马里姆方面的话。但是，这时候，一拨接一拨的全副武装的德军已经在各地区自由行动了。敌军发动的攻势的猛烈程度远远超过英国司令部之前的估测，同时，我军所做的顽强抵抗也震动了敌人。

以下是我们所接到的报告：

弗赖伯格将军致韦维尔将军　　　　1941 年 5 月 20 日下午十时

今天，我们与敌人苦战了一整天，所受的压力是非常大的。我相信，直到现在，雷西姆农、伊腊克林与马里姆的飞机场和两座港口都仍处在我们的掌控之下。我们希望很渺茫，我不该过于乐观地说我们能守住这些地方。战斗非常激烈，我们歼灭了很多德兵。交通极其困难。敌人对干尼亚的空袭极端猛烈。我们所有人都知道这是一场生死攸关的战役，因此必将坚持到底。

第二天，敌军的进攻又开始了，岛上天空再现他们的军队运输机。在我军大炮以及追击炮的保卫之下，马里姆飞机场仍旧属于我们的。虽然如此，在飞机场及其东面不平坦的地面上，敌军运兵飞机却陆续着陆。看起来，德军最高统帅部要不惜一切代价。在这一区域，他们因撞毁而损失的飞机至少达到了一百架，然而飞机还是不断地飞来。这天晚上，我们进行了一次反攻，将敌军驱赶到了飞机场的边沿，但是第二天他们又来了，我们因此没有守住已攻下的地域。

第三天，马里姆飞机场已经为敌军所用了，他们的运兵飞机以每小时出现二十多架的频率陆续飞来。而且，这时候他们的飞机已经能够折回去继续运送援军，这对他们来说是更具有决定作用的。我军预测，在这几天及之后的几天中，能够在这个飞机场上着地的敌机将多达六百多架。当然，其中有的是成功着陆，有的结果是撞毁。敌军兵力逐渐加强，我军的压力也越来越大。在这种情势下，我们只得放弃原计划，不进行大规模的反攻了。第五新西兰师于是逐渐撤退，一直撤到了距离马里姆十英里的地方。干尼亚和苏达湾方面的状况很平稳，我们仍然控制着雷西姆农。在伊腊克林，在飞机场东面着陆的敌军建立一个据点，这个据点正在逐步扩大。5 月 20 日发动的进攻是敌军的第一阶段攻势，在这一阶段过后，德国最高统帅命令停止对雷西农姆和伊腊克林的进攻，将兵力集中用在苏达湾地区。

*　　*　　*

我们的空中侦察部队发来报告说，在爱琴海上发现希腊轻帆船。20 日，坎宁安海军上派出了一支轻舰队前往克里特岛的西北面海域。这支舰队包括以下两只巡洋舰以及几艘驱逐舰：由金海军少将指挥“水上女神”号和“珀斯”号巡洋舰，驱逐舰是“坎大哈”号、“努比亚”号、“金斯顿”号和“朱诺”号。在克里特岛的西面部署有海军少将罗林斯的一支威猛的舰队，它包括战舰“沃斯派特”号和“勇敢”号以及八艘掩护用的驱逐舰，这支舰队的任务是监视我们预料会参战的意大利舰队。21 日一整天，我们的舰只都处于敌人的猛烈空袭之下。被击中的驱逐舰“朱诺”号在两分钟后沉没，死亡惨重。受创的巡洋舰“阿加克斯”号和“猎户座”号仍旧继续抵抗敌人。

我们的部队精疲力竭。当晚，当他们看见北方的天边时而出现火光时，他们知道皇家海军正在奋战中。德国的一支运输船队这时奉命出航了，这是一支载有德国第一批海路进攻部队的船队，它的使命就是要与我们决一死战。下午传来的报告显示，一批接一批的小型船只正在向克里特岛靠近。这时，坎宁安海军上将命令他的轻舰队向爱琴海进发，阻止德军在晚上登陆。夜间十一时三十分，在干尼亚以北十八英里的海域，由海军少将哥伦尼指挥的巡洋舰“代朵”号、“猎户座”号和“阿加克斯”号以及四艘驱逐舰，截住了德国的运兵船队。这支由鱼雷艇护航的运兵船队，主要由轻帆船组成。双方的角逐持续了两个半小时，勇猛追击的英国舰只击沉了不下十二只满载德国军队的轻帆船以及三艘轮船。据估计，当夜落水而亡的德国士兵有四千人之多。

* * *

21 日，金海军少将指挥一支舰队在伊腊克林附近海面巡逻，该舰队包括巡洋舰“水上女神”号、“珀斯”号、“加尔各答”号和“卡莱尔”号及三艘驱逐舰。巡逻一整晚后，它于 22 日黎明时分驶向北面海域。上午，它击毁了敌军一只载运军队的轻帆船，十点，它驶到了米洛斯岛附近。几分钟后，它发现敌军一艘驱逐舰以及五只小船出现在北面，双方即刻展开战斗。再之后，它发现另一艘驱逐舰，该驱逐舰放出烟幕，而烟幕后有大批轻帆船。实际上，我们的部队截住了敌军的另一支满载军队的重要运输船队。我空中侦察人员将此消息转告给了坎宁安海军上将，然而，直到一小时后，才向金海军少将证实了此消息。这时，他的部队由于自黎明起便要抵抗不断发动空袭的敌军，高射炮已经几乎消耗殆尽。不过，暂无船舰受伤。另外，由于“卡莱尔”号只能以每小时二十一英里的速度前行，舰队也被迫加速了。战利品虽然近在咫尺，但是，金海军少将没有充分觉察到，而且，他认为如果再继续向北部海域挺进，整个舰队恐怕会遭到威胁，因此他下令向西撤退了。战利品即将到手，觉得如再深入北部海域，恐将危及整个舰队，于是下令向西撤退。

总司令收到了金海军少将的撤退信号后，即刻发出了命令：

> 坚持到底。将距离保持在信号可见的范围内。绝对不能让在克里特岛的我陆军失望。务必阻止敌人的海运部队，使其无法在克里特岛登陆。

然而，为时已晚了。敌人的那支运兵船队掉头回去，然后分头向密密麻麻的岛屿驶去。就这样，我们至少让五千名德国士兵逃脱了。实际上，这些运兵船队毫无防守力量，而在它们所行使的海域上，它们是既无制海权又无制空权的。从德国当局派出它们执行任务这种大胆行动可以预见，在 1940 年 9 月间，他们在北海和英吉利海峡可能会采取的行动将是如何的大规模。而这同时说明，德军既不了解我们海军抵抗进攻部队的强大实力，也不了解由于这方面的无知，他们可能会导致的生命伤亡是多么的重大。

金海军少将的撤退命令并没有使他的分舰队免遭损失，他们在撤退时遭到空袭。他当时若能够攻打那支运兵船队，其部队可能遭受的损失也不过是这样。在之后的三个半小时中，在敌人持续的轰炸之下，他的旗舰“水上女神”号和“卡莱尔”号被击中，“卡莱尔”号的舰长汉普顿海军上校遇难。这时，罗林斯海军少将率领“沃斯派特”号与“勇敢”号战列舰、“格洛斯特”号与“斐济”号巡洋舰以及七艘驱逐舰，从西面急速驶过安迪基提腊海峡而来。下午一点十分，两支舰队接应上了。刚刚赶到，“沃斯派特”号就被一颗炸弹击中，舰上右舷两个口径分别为四英寸和六英寸的大炮被炸毁，它的速度也就慢了下来。敌机趁机逃走掉了，于是，该两支舰队联合向西南撤退。

坎宁安海军上将要歼灭敌军的海路部队的决心是坚定的，他也愿意为此不惜做出巨大牺牲。在行动上，他的确也是不顾一切的，从他在这几场战役中的表现就可以看出来。为了达到目的，他果断地投入他最宝贵的舰只，甚至甘愿以东地中海的整个制海权为赌注。这一战十分惨烈，而德国并非是唯一的投下最大赌注的一方。坎宁安海军上将在这一战中的表现深得海军部的赞赏。经过四十八小时的战斗后，直到克里特岛的命运成为定局之前，敌人都不再敢再尝试通过海路进攻，他们屈服了。

* * *

我海军部队在 5 月 22 日和 23 日遭受了惨重的损失，罗林斯海军少将分舰队中的“猎犬”号驱逐舰被炸沉了。作为已联合在一起的两支舰队的指挥官的金海军上将，命令其他两艘驱逐舰去营救“猎犬”号的幸存者，同时命令“格洛斯特”号与“斐济”号巡洋舰抵抗仍在持续且更加猛烈的空袭。整支联合舰队因此被耽误了，也因此遭到了更长时间的空袭。22 日下午二时五十七分，金海军上将收到报告说“格洛斯特”号与“斐济”号巡洋舰上的高射炮马上就会失去效用，他于是命令它们先后撤退。下午三点三十分的报告称，这两艘军舰在二十分钟折回，敌军对它们展开了猛烈的空袭。当它们驶近舰队时，被敌人的炸弹连续几次击中的“格洛斯特”很快就停止了运作，舰上燃起大火，上层甲板到处是牺牲的士兵，根本无力帮上忙的“斐济”号只好离去了。

“斐济”号与舰队失去了联系，燃料也越来越少，它于是随同它的两艘驱逐舰直接驶向了亚历山大港。在航行的三个小时中，该舰被敌人的轰炸机编队轰炸了将近二十次，它的重型高射炮炮弹都用尽了。就在这时，敌人一架从云端背后飞来的“梅塞施密特 258109”式轰炸机成功击中了它。受创后的“斐济”号在船身倾斜的状态下，仍以十七海里的时速前行，后来，它又遭到了另一次空袭。在这一次中，它被三颗炸弹击中，最终停止运作。晚上八点十五分，这支舰船沉没了。好在的是，护航该舰的两艘驱逐舰营救出了该舰上五百二十三人——全员共有七八百人。天黑后，它们驶回了基地。

* * *

此时，在西面二十英里的舰队不断遭受空袭，“勇敢”号被击中，但受创轻微。下午四时，海军上校路易斯 · 蒙巴顿勋爵从马耳他岛赶来支援，他率领前来的舰队包括他乘坐的“凯利”号驱逐舰以及其他四艘最新式的驱逐舰。他的这支由五艘驱逐舰组成的小舰队，是即时被我们作为增援地中海的舰队使用的。日落后，从马耳他岛驶来，参加舰队作战。这支包括五艘驱逐舰的小舰队是我们刚刚增援中地中海的。傍晚，他得到的命令是率领舰队去营救“格洛斯特”号和“斐济”号的幸存者。但是，他没有去做这项更容易的工作，而是派遣他的几艘驱逐舰趁夜到克里特岛北岸附近海域巡逻。这个决定虽然正确，但同时令人非常痛心。22 日晚上，蒙巴顿的驱逐舰在干尼亚附近海面巡逻。同时，麦克海军上校乘坐“迦佛斯湾”号巡逻通往伊腊克林的航道，另有三艘驱逐舰随同他。此间，“凯利”号击毁了一艘载满士兵的轻帆船，击中了另一艘，使之起火。驱逐舰直到黎明才向南退去。

晚上，坎宁安海军上将了解了总形势以及“格洛斯特”号和“斐济”号的损失数据。他发现，因亚历山大港的信号发布处的错误，不仅巡洋舰就连战列舰的高射炮弹也几乎用尽了。他在上午四时下令所有舰队撤向东面。实际上，战列舰上的弹药是足够的。坎宁安后来说，如果他当时知道这一点的话，是不会让舰队撤退的。如果他没有下令，我们可能就不会在第二天早晨遭受另外的灾祸。下面我们就来谈谈这个灾祸发生的始末。

23 日一大早，“凯利”号和“克什米尔”号开始全速撤退。在绕航克里特岛撤退的过程中，它们曾遭到两次猛烈的空袭，所幸未受伤。然而，上午七时五十五分，它们被一支囊括二十四架俯冲轰炸机的空袭队追上了。转眼，两支船舰就被击沉，二百一十人牺牲了。还算幸运的是，在附近的“基普林”号驱逐舰不顾危险，持续不断地以轰炸进行反击，最后救起了二百七十九名官兵，其中有路易斯·蒙巴顿勋爵。并且，这支舰仍安然无恙。第二早晨，该舰在行进到离亚历山大港五十英里处时用光了燃料，彼时整艘舰上全是人。所幸，它遇到了派出迎接的船舰，并被安全拖到了亚历山大港。

* * *

在 5 月 22 日和 23 日的战斗中，我海军部有两艘巡洋舰及三艘驱逐舰被击沉，战列舰“沃斯派特”号受创后长期作废，受到重创的有“勇敢”号及许多其他舰只。然而，克里特岛的海防任务是牢固的。海军不负众望。克里特岛战役的整个过程中，都没有一个德兵能够从海路登上该岛。

地中海总司令还不清楚他自己取得的成就是多么的重大。在 23 日，他来电说：

过去四天的战斗，根本就是地中海舰队和德国空军之间的战斗……我恐怕我们必须承认我们是守不住克里特岛沿海海域的，必须承认：以过于惨重的损失去阻止敌人海运部队的进攻是得不偿失的。我们不得不接受这么一个悲惨的结果。我曾担心会这样：敌人享有无可抗衡的制空权，而战斗所进行的海域范围是有限的，此外，地中海的气候不好。在这些因素影响以及敌我力量悬殊的情况下，我们要想获胜，必须谨慎用兵，然后伺机发动突袭……英帝国的航空母舰“敬畏”号因受创已无法使用，这个结果或许还好，然而我担心它恐怕已经被击沉了。

海军部立即复电说明：

如果只是地中海舰队和德国空军之间的较量，我们可能只好接受你的建议，限制舰队行动。但是，它还是一场保卫克里特岛的战役。如果舰队能够阻止敌人的海运部向克里特岛运送援军和军需品，使我驻在该岛的陆军能够成功应对所有空降敌兵，那么，他们就可能击败敌人海运部队的进攻。所以，阻止敌人的海运部队，使他们无法登陆岛上，是海军部这两天非常重要的任务，即使这意味着舰队的损失会更大。对你的舰队在这一任务中所遇到的极大苦难，海军部长官们是了解的。

当克里特岛的战事令人万分焦虑之时，我给罗斯福总统发去了如下电报：

1941 年 5 月 23 日

我们在有效的航行距离内没有飞机场，无法用空军协助我们的巡逻舰队，这使得克里特岛的战事非常的紧张。今天，我们两艘巡洋舰和两艘驱逐舰被击沉了。不过，我们正在全力以赴，并歼灭了大批的德国最精锐的部队，此外至少击沉了敌方一支运兵船队。

同时致电韦维尔：

1941年5月23日

必须获取克里特岛战役的胜利。即便敌人已站稳了脚跟，也必须将这场战役进行到底。这样的话，就能将敌人的主要军力牵制在这个战场上，而且，至少能让你有充足的时间去动员“虎仔”[①]并控制住西部沙漠的局势。此外，还有利于保卫塞浦路斯岛。希望你能够每天晚上都去协助保卫克里特岛。可以增援更多的坦克以夺回被敌人攻占的飞机场吗？料想敌人已经派出了所有最精锐的部队，他们的损失一定非常惨重，无法再坚持多久了。以下的话是我要对弗赖伯格将军说的：“全世界都在关注你正在参与的辉煌战役，它将会影响到大局。”

参谋长委员会持十分的赞成态度并致电各位总司令：

1941年5月24日

虽然在克里特岛战役中我们的困难是很大，但是，根据我们所获知的情报，敌人的困难也很多。只要我们坚持下去，就可等到敌人的力量用尽之时。我们当前最迫切要做的，应该是尽快派最强大的援军协助该岛部队，这样就可以在已登陆的敌军获得有力援助之前就消灭他们。这次战役的重要性，你也是知道的。为了保证获胜，我们必须冒最大的危险。

坎宁安海军上将对海军部23日的电报是这么答复的：

地中海舰队总司令致海军部　　　　1941年5月26日

1. 在爱琴海战役中，我们并不害怕会受到损失，而是认为应该避免无益于我方舰队的损失。请海军部各长官相信我们是这么

① 指经过地中海运往中东的坦克。——译注

想的，并请放心我们。据我所知，敌人可能的确向克里特岛运送了一些部队，但是他们并未取得任何成功。不过，我赞成这种意见：不久之后，他们的援军数目会达到一个乐观的程度。

2. 根据我们的经验，我们可预知我们会遭到的损失。三天内，我们损失了两艘巡洋舰和四艘驱逐舰，此外还有两艘巡洋舰以及四艘驱逐舰受到重创。在几个月内，我们是无法使用战列舰了。如果再有一次损失达到这个程度，我们在东地中海的制海权就保不住了。

3. 实际上，靠海路运送病员和军需品并非敌人唯一可采取的方式。即便他们的运兵船只因受创被迫返回，但以他们足够强大的空军力量，用飞机为登陆部队运送给养也是可以的。如果他们采取这种方式，我方空军是毫无招架之力的。另外，驻扎在克里特岛的我军部队如今士气大受影响，究其原因，可能是因为他们经常发现岛上出现成批的肆意横行的“容克 52”型飞机。

4. 我认为海军部各长官应该清楚，我军士兵受到最近行动的影响越来越大。我们的轻型舰艇和机械即将用罄，军官士兵的力量也到了极限。自 2 月底执行援助希腊的“光芒”作战计划以来，这些舰艇和人员一直都在作战，他们现在几乎精疲力竭，而任务却更重了，且他们还得抵抗敌人的空袭。与这一次的空袭相比，他们在挪威战役中面对的空袭最多算是儿戏。对人的使用超出了一定限度是不妥的。

5. 我们能做的已在一开始的计划之外。每天晚上，驱逐舰和巡洋舰都在克里特岛北面海域巡逻。我们曾炮轰马里姆，今天早晨又对斯卡潘托岛发动了攻势。我们派一艘潜艇监视米洛斯岛……但是，我所提出的侦察机的增援还未到。

6. 在写完上述几点后，我得到报告说英王陛下的“敬畏”号和“努比亚”号军舰已被炸弹击中，正在驶返港口。还不清楚具体情况。

这位坚定的总司令其后面临的考验还更严峻，之后的事实证明他是经得住这些考验的。

*　　*　　*

但是，弗赖伯格在 26 日深夜给韦维尔发了一封语气严重的电报，他说：

> 我不得不极其痛惜地向你说明，我认为我所指挥的防守苏达湾的部队已经承受了超过人力所能承受的限度。不管各位总司令做出了什么样的军事决定，我们在这个阵地是无法支撑下去了。我们不仅缺少装备和机动性，而且人数不足，这样一支部队已经无法抵挡其在过去七天中所遭到的那种集中性轰炸。从后勤行动来看，我认为要使这支部队全部撤离几乎是不可能的，我认为应该告诉你这一点。如果即刻作出决定，还可以让其中一部分登船。只要敌人攻下了这一战地，他们迟早会以同样的方法攻下雷西姆农和伊腊克林。我们所有军队中，也只有威尔士团和突击队能够有所作为了。如果在你考虑整个中东局势后仍认为有必要争取时间，我们当会继续坚持下去。然而，我必须考虑怎么做才能做到最有效地争取时间。在二十四小时内，苏达湾可能就会遭到敌人的炮轰。新的损失将会出现，而我们丧失了大部分固定大炮。

我致电弗赖伯格：

> 1941 年 5 月 27 日
>
> 你在进行的辉煌保卫战令所有人敬佩。敌人的处境现在也很

困难，我们正尽力对你进行各方面的援助。

首相致中东总司令　　　　　　　　　　　　　　　　　1941年5月27日

克里特岛的胜利非常重要，会影响到这场大战的扭转。希望给予所有可能的援助。

* * *

然而，我们在当夜就获知成功的希望彻底没有了。

韦维尔将军致首相　　　　　　　　　　　　　　　　　1941年5月27日

1. 我担心克里特岛的局势已经到了最危急的关头。干尼亚前线已被瓦解，苏达湾看着在二十四小时之内也会崩溃。已经无法提供支援了……

2. 在该岛的我部队多半在希腊战场战斗过，曾遭受敌人无可抗拒的空袭。他们如今又在这个岛上遭受同样惨重的磨难，而敌人的空袭越来越猛烈。在这种持续不断的具有压倒性的空袭之下，即便是最勇猛的部队也会被迫放弃阵地，且是无法进行后勤支援的。

3. 弗赖伯格刚刚的来电说明，撤退到该岛南部海滩上，是唯一能保全苏达湾地区的军队的方法。据悉，雷西姆农的军队的给养已被切断，现在情况告急，而伊腊克林的部队也明显将要被包围。

4. 我恐怕我们必须承认无法守住克里特岛这一事实，必须尽力让部队撤退。敌人的空袭越来越猛烈，而我们由于各方面的客观因素几乎无法予以还击，根本不可能抵抗如此威猛的空袭攻势。

*　　*　　*

地面战斗展开后的第四日，弗赖伯格在马里姆至干尼亚之间的战区建立了一条新阵线。可自由使用飞机场的德国空军不断运来援兵，实力不断增强。

5 月 26 日是具有决定意义的一天。被迫撤至干尼亚附近的我军部队，这时已经遭受得了巨大且日益增强的压力，他们最终支撑不住了。通往内地的一段防线被突破，敌人攻入了苏达湾。由于无法与弗莱伯格司令部取得联系，他便行使自己的职权，命令部队穿过该岛，向南撤到当斯发基亚。当天深夜，他命令撤出克里特岛。在山区小路撤退的过程中，部队陷入了混乱。值得庆幸的是，在 26 日夜晚，由莱科克上校指挥的大概七百五十人的两支突击队已经登陆了苏达湾，他们是乘坐布雷舰“艾布泰尔”号抵达的。这支称得上生力军的部队，联合第五新西兰旅及第七、第八澳大利亚营的剩余部队作战。由于他们打了一场有力的后卫战，我们在苏达湾—干尼亚—马里姆区域间的所有残部，才几乎都退到了南海岸。

在雷西姆农的部队虽然被包围在了通往内地的一段路上，且越来越缺乏物资和弹药，但他们仍然坚守阵营。我们不能命令他们突围后向南海岸撤退，但曾出动摩托艇给他们运去一些粮食。敌军的包围越来越紧缩，30 日，这批残部因粮食用尽而投降了，不过，在此之前，他们击毙了至少三百名德兵。被包围后，曾有大概一百四十人设法逃脱。

至于伊腊克林方面，越来越多的德兵出现在飞机场以东阵营。我们的守军曾得到由阿盖尔人、萨瑟兰人以及苏格兰人、高地人[①]组成的一支部队的部分援助，该支部队在廷巴基登陆，一路战到伊腊克林

① 阿盖尔、萨瑟兰以及在此所指的高地，都是苏格兰的某个地区。——译注

后与守军会合。海军也是这时赶来，给予了及时的增援。

*　　*　　*

我们在此陷入了这样的处境中：撤退守军以及无可避免的惨重损失。我们的受到敌人持续不断的攻击的舰队承担着艰巨的任务——必须设法让二万二千人登船撤退。这批部队大多数是从在斯法基亚无遮掩的海滩上登船，也就说，我们的舰只必须穿过在敌人控制之下的三百五十英里的海域。皇家空军尽可能从埃及派出几架飞到目的地的飞机，这里所谓的目的地是指为敌人所控制的马里姆飞机场，这样就可以日夜轰炸该目标。对于我空军部来说，这样的行动又是一次沉重的负担，但是，如果只是进行小规模的攻击，是不会起到任何有效作用的。空军中将特德应经允诺会出动战斗机掩护军舰，但是他提醒我们，这样的掩护只能断断续续地进行，能够提供的援助是很少的。

斯法基亚这个位于南部海岸的小渔村，处于五百英尺高的峭壁之下，只有一条小路可通行。我们的部队在未登船之前必须隐藏在峭壁边缘附近。28日晚上，由阿里斯海军上校指挥的四艘驱逐舰抵达了该地，运走了七百人，带来了食物给现已集合起来的大批官兵。由于有战斗机护航，在它们返回时只有一艘驱逐舰受到了轻伤。在斯法基亚附近不平坦的地面上，至少隐匿了一万五千人。弗赖伯格的后卫部队一直在作战。

然而，悲剧还没到来是因为它在等待另一只同时派出的舰队。这支由罗林斯海军上将指挥的舰队包括“猎户座”号、“阿加克斯”号和“代朵”号巡洋舰以及六艘驱逐舰，它将前往营救伊腊克林的守军。从斯卡潘托岛起飞的敌军自上午五时起到傍晚时分，一直在猛烈攻击该舰队。“阿加克斯”号巡洋舰和“帝国”号驱逐舰差点被击中，前者只得返回。午夜前，驱逐舰驶进了伊腊克林，将军队运到了在外海等候的巡洋舰。凌晨三时，它完成了这一载运任务。四千人登船后，舰队就返航了。“帝国”号驱逐舰由于受创，在行进半小时后突然发生舵机方面的故障，它差点撞上巡洋舰。

全部舰队必须尽可能在黎明时驶入南部海域的，但是，罗林斯海军上将却命令“赫脱斯保”号驱逐舰驶回去，运走“帝国”号驱逐舰上的所有人员，然后击沉该舰。他同时命令他所乘的军舰将时速减至十五海里，以便载有九百名士兵的“赫脱斯保”号能够在黎明前和他会合。就这样，他耽误了一个半小时，等到舰队折向南驶过卡索斯海峡时已经天明了。虽然事前曾部署了予以掩护的战斗机，但是一半因为时间上的出入，飞机没有找到舰只。在该舰队距离亚历山大港仅有一百英里时，敌人开始了猛烈的轰炸。这次可怕的轰炸从上午六时起，直到下午三时才结束。

第一个被击中的是“希尔伍德”号，上午六时二十五分，它被一颗炸弹击中后无法随同舰队前行。罗林斯上将认为只能让该舰听天由命了，他作出的决定是正确的。最后，该舰只驶近克里特岛海岸，舰上大部分保住了性命，为敌人所俘虏。比这更不幸的是，在之后的四小时内，“代朵”号和“猎户座”号巡洋舰以及“诱敌”号驱逐舰遇难了。舰队时速减至二十一海里，一起向南驶去。“猎户座”号军舰上的景象恐怖至极。除了船员外，舰上还有一千一百名军官士兵。当炸弹击穿舰桥，落到挤满人的下层甲板上时，二百六十人当即被炸死，另有二百八十人受伤，其中遇难者就包括舰长本人及巴克海军上校。舰只受创严重，还起了大火。中午时分，海军航空队的两架“海燕”式战斗机前来营救，舰上部队的情绪才稍微平定。

皇家空军的战斗机尽全力去搜寻，但始终找不到遇难舰队。不过，在与敌军的几次交战中，我们至少击毁了两架敌机。29 日下午八时，舰队驶回到亚历山大港。我们在这时候清算，得出的数据表明了在伊腊克林的守军有五分之一不是牺牲了就是被俘了。

*　　*　　*

我们已清楚，驻开罗的各位总司令所受的压力是非常重的，这压力一方面来自国内当局，一方面来自军事当局。我们同时看到，他们的压力有很大一部分转移到了我们毅然听命与敌人抗争的部队身上。然而，在29日经历各种悲惨后，韦维尔将军及其同僚不得不思考这样一个问题：还得用多少力量去撤出我们在克里特岛的部队？在当前陆军面临生命威胁这种处境下，空军无力帮上忙，那么，只能由海军承担这一任务了，虽然他们已经精疲力竭，被炸得体无完肤。坎宁安海军上将认为，在这种生死攸关的时刻，抛弃陆军有违历史传统。他说："海军用三年就可以建好一艘军舰，而建立新传统需要三百年。应该继续协助撤退，即营救陆军。"然而，这一继续坚持的决定不是瞬时作出的，而是经过了一番思考，且与海军部及韦维尔将军商量之后。

到29日早上，虽然运出了将近五千名士兵，但是仍有大批人员没有救出。等待救援的这批人隐匿在通往斯法基亚的所有路口上，在白天，他们只要一露行踪就会被敌人轰炸。海军在这次仍能够做出不顾一切损失的决定，无论是从感情还是结果上讲，都是正确的。

28日傍晚，金海军上将指挥"月神"号、"加尔各答"号、"珀斯"号、"考文垂"号、"格朗盖尔"号袭击舰及三艘驱逐舰往斯法基亚开去。29日晚上，大概六千名人员顺利登船，在这次行动中，"格朗盖尔"号的登陆艇起到很重要的作用。凌晨三点二十分，所有舰队驶回，虽然它们在第二天曾遭到三次空袭，但最终安全抵达亚历山大港。返程中，被击中受伤的只有"珀斯"号巡洋舰。皇家空军的战斗机是促成这次幸运地顺利返航的立功者。虽然它们的数量很少，但在返航途中，它们多次击溃了进攻的敌军。

29日到30日的夜间的营救，我们当时以为是最后一夜。但是，由于我们在29日那天觉得局势没有那么严峻，于是阿里斯海军上校

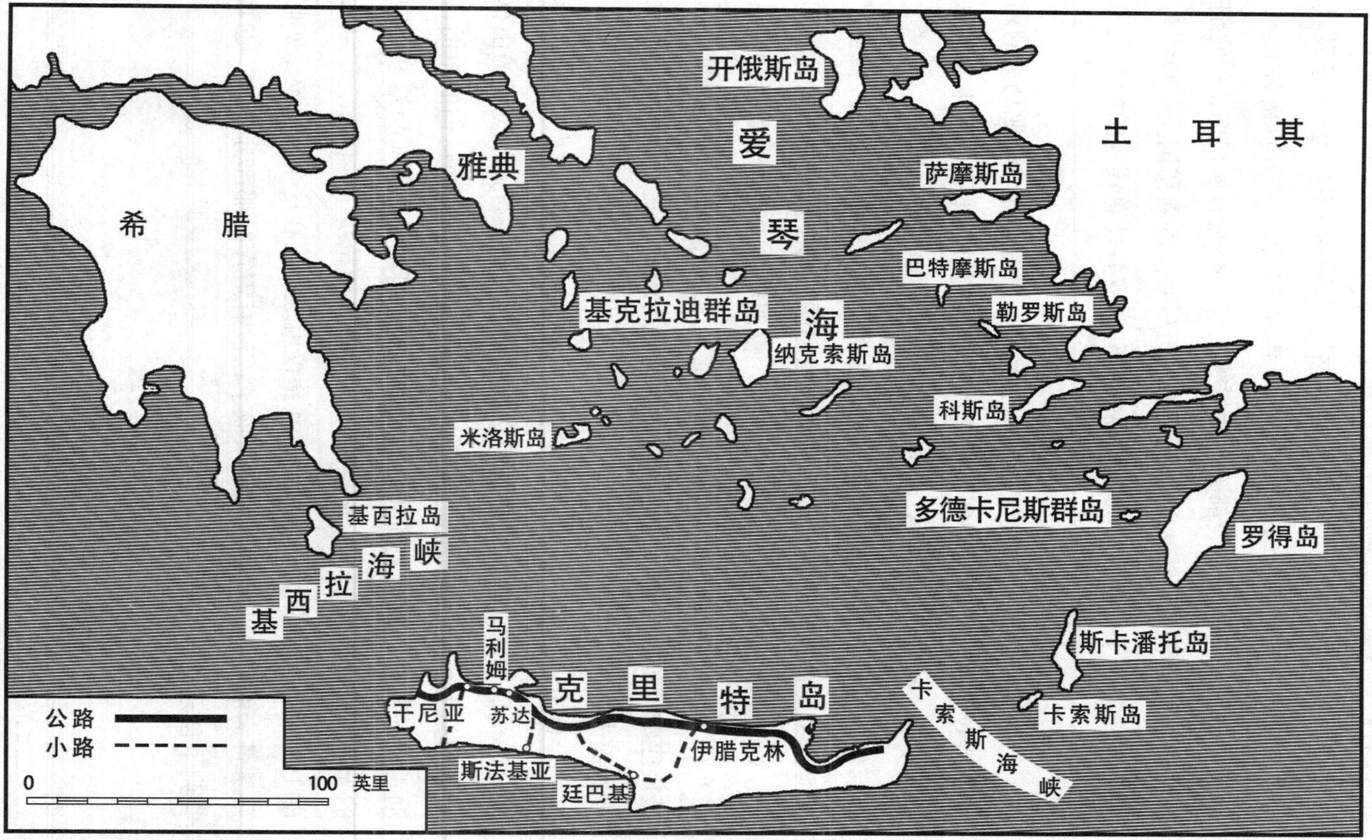

开俄斯岛
土 耳 其
雅典
爱
萨摩斯岛
希 腊
琴
巴特摩斯岛
基克拉迪群岛
海
勒罗斯岛
纳克索斯岛
科斯岛
米洛斯岛
基西拉岛
基西拉海峡
多德卡尼斯群岛
罗得岛
马利姆
克里特岛
斯卡潘托岛
卡索斯岛
卡索斯海峡
干尼亚
苏达
伊腊克林
斯法基亚
廷巴基
公路
小路
0
100 英里

克里特岛和爱琴海

在30日晨再次率四艘驱逐舰到斯法基亚。这四艘驱逐舰后来有两艘中途折返，剩下的“内皮尔”号和“尼杰”号——海得拉巴[①]王子及其人民赠送给我们的——继续驶向目的地并成功运出一千五百余名士兵。返回途中，这两艘驱逐舰都险些被炸弹击沉，虽然有所损伤，但它们最终安全驶到了亚历山大港。几天前，历尽艰险的希腊国王与英国公使从该岛离开了。当夜，弗赖伯格根据驻开罗各位总司令的命令，也离开了该岛。

5月30日下达了命令：作最后的努力，将留在斯法基亚岛上的剩余人员救出来。当时以为留在那里的人数不超过三千了，后来的消息表明实际人数超过两倍。31日早上，金海军上将率领“月神”号、“艾布泰尔”号和三艘驱逐舰前去救援。虽然无希望运回所有人，但坎宁安海军上将命令尽可能让士兵登上这些船舰。海军部在此时接到通知说，这天晚上的撤退行动是最后一次。仅四千名士兵顺利登船，舰只在6月1日凌晨三时返回，安全将这批人送达亚历山大港。但是，派去接应的“加尔各答”号巡洋舰在距离亚历山大不到一百英里的附近被炸弹击沉。

在克里特岛上，仍有超过五十名的英国和英帝国部队，韦维尔将军允许他们投降。但是，仍有很多人分散在长达一百六十英里的山林众多的岛上。岛上居民协助这部分人以及希腊士兵，而他们的救助行动一旦被发现，就会遭到敌人的残酷报复。可以说，敌军将这些勇敢的无辜的百姓分成二十人或者三十人一批，一概枪决了。因此，三年后，即1944年，在最高军事会议上，我建议就地审判在这个岛上做出如此残暴行为的罪人。我的建议被采取了，没有清算的那部分血债，也算得到了偿还。

* * *

① 位于印度中部，是印度安得拉邦首府，印度第六大城市。——译注

成功运送了一万六千五百人到埃及，这个数字几乎等同于英国和英帝国的所有军队数目。各种突击队之后进行冒险救援，又救出大概一千人。我们的伤亡人数加上被俘人数，共计约一万三千人，另外还有将近两千名的海军人员损失。据统计，自这场战役打响后，在马里姆和苏达湾地区出现了四千多个德兵坟墓，在雷西姆农和伊腊克林则有一千个，这还不包括大量在海中死去的德军，这方面的数据不清楚。后来，在希腊的医院中疗伤的德军又死了一部分。据计算，敌方的伤亡数字应在一万五千之上。此外，他们的运兵飞机中被击毁或者受创的大概有一百七十架。然而，他们为在这场战争中获胜所付出的代价，绝非以伤亡数据来衡量。

* * *

克里特岛战役的意义在于，一是要争夺战略据点，二是它说明了当战争形势十分艰苦时也意味着所取得成功是具有决定作用的。我们当时并不知道德国的伞兵队伍到底有多大。然而，也正由于这一场战役，我们等同于为在本土上施行的防御做了准备，以下将会谈到这一点。我们的目标是使我军之后足以抵抗四五个如此威猛的空降师，而在后来，与美国联合后，我们的确建成了更大规模的空降师。对比起来，戈林不过有一个空降师而已，即德国第七空降师，而这个师还在克里特岛战役中被灭了。戈林失去了五千多名勇猛的士兵，因此，德国空降师部队的整个体系就也不可避免地崩溃了。后来，我们再也没有遇到任何值得一提的德国空降师。争夺克里特岛的这场战争虽然混乱不堪，且消磨人的斗志又无任何功绩可言，但是，参加这场战争的新西兰军队以及英国和英帝国的军队、希腊军队，可能在期间已经意识到，在这一重大战役中，他们也起到了一定作用，在关键时刻解除了我们的很大的忧患。

由于损失了最精锐的部队，德国威猛的空降部队以及伞兵部队已无法在中东将要发生的战役中起到作用了。所以说，戈林虽然赢得了克里特岛战役的胜利，但是这一胜利是得不偿失的。若他拿投入该岛的兵力用来攻夺塞浦路斯、伊拉克、叙利亚甚至波斯，他一定会轻易获胜。因为，这些地区态度摇摆，它们的军队不会认真抵抗。戈林的这支部队正好适合用来对付这样一群人。然而，他却愚蠢地选择与英帝国的军队进行一场殊死搏斗，而且双方经常进行的是肉搏战。他就这样丢弃了那一个几乎是大好的机会，同时损失了一批无可替代的军队。

现在，我们掌握有第十一空军军团的“作战报告”，而第七空降师就属于这个军团。回忆克里特岛一战，当想到我们因所做的部署而遭到的严厉批评及自我批评时，不妨听听对方是怎么想这一战的，这是很有趣的。德国人说 ：“英国在克里特岛的地面部队大概是我们预估的三倍之多，他们尽其所能，在岛上做了非常周密的防守准备……所有的防备都被巧妙地遮掩了……由于没有情报，未能正确估测敌情，第十一空军在进攻中遭到了很大的危险，伤亡惨重。”怀着对那些我所不知道的朋友的感激，我冒昧引用德国人审讯我们战俘时所说的一段话，这段话记录在了他们的审讯报告中 ：

> 值得一提的是，从英国军队的精神状态来看，他们尽管在战争中遭到了很大的挫折，但总的看来，他们仍然绝对信任丘吉尔。

* * *

从原则上讲，由于克里特岛战役以及撤退时造成的损失，我海军在地中海上的地位不可能不受到严重的影响。在 3 月 28 日的马塔潘角战役中，我军好歹将意大利海军暂时驱赶回它的港口。然而，此时，我们舰队又遭到了新的惨重损失。在克里特岛战役结束后，坎宁安海军上将的部队中，能够服役的只有两艘战列舰、三艘巡洋舰以及十七艘驱逐舰。在埃及，另有九艘巡洋舰和驱逐舰需要修理。坎宁安仅有的一艘“敬畏”号航空母舰，连同战列舰“沃斯派特”号、“巴勒姆”号以及其他几艘军舰，须离开亚历山大港到其他地方去修理。三艘巡洋舰和六艘驱逐舰在战争中被毁，必须尽快派去增援舰队以拉平敌我力量。然而，正如将要叙述的一样，我们前面有更大的不幸。对意大利人来说，我们现在必须面对的这个时期是他们的好机会，他们可以借机动摇我们在东地中海区域内不稳定的制海权，当然，这意味着他们也必须要克服很多的困难。我们不敢保证说他们不会利用这个机会。

第十七章 “俾斯麦”号的命运

大西洋的危险——5月21日“俾斯麦”和“欧根亲王”号出海——丹麦海峡——我在契克斯焦急地等着消息——5月24日“胡德”号被摧毁——“俾斯麦”号向南行驶——“欧根亲王”号脱身——“俾斯麦”号在午夜被鱼雷命中——“俾斯麦”号在5月25日失踪——不过“俾斯麦”号在26日又被发现——缺少燃料——“谢菲尔德”号与“皇家方舟”号——“俾斯麦”号失控——维安海军上校的驱逐舰队——5月27日“罗德尼”号开火——我向下院作出报告——人人有功——我向总统发去电报

当希腊被击溃、西部沙漠战局不知走向何方，以及我们激烈的克里特岛战役越来越不理想之时，大西洋上的英德海军做出了一件影响重大的事情。

我们在不断地与德国潜艇进行争斗时，由于德国海上袭击舰的攻击，我们的船舶已经损失了七十五万吨以上。敌人的巡洋舰“西佩尔”号和战斗巡洋舰“沙恩霍斯特”号、“格奈森诺”号依然停留在布雷斯特，受到威猛的高射炮的保护，谁也不清楚它们何时会再来攻击我们的贸易航线。5月中旬，各种情况都预示着：那艘配备八英寸口径大炮的巡洋舰“欧根亲王”号可能会陪同新的战列舰“俾斯麦”号立即加入战斗。在辽阔的大西洋上，这些实力强大的快速舰将会相互配合协作，意味着我们的海军将会面临最大的考验。“俾斯麦”号是海洋上装备最重量级的军舰，建造时没有按照条约的规定而配备了八门十五英寸口径的大炮，排水量比我们最先进的战列舰超出万吨，速率却几乎相同。5月希特勒视察“俾斯麦”号时说：“你是德国海军的骄傲。”

为了应对这种迫在眉睫的威胁，我们的新战列舰“英王乔治五世”号和“威尔士亲王”号及战斗巡洋舰“胡德”号按照总司令托维海军上将的部署，停在斯科帕湾。萨默维尔海军上将率领的“威望”号和“皇家方舟”号部署在直布罗陀港。一只运载着二万余人的运兵船队在“却敌”号和新航空母舰“胜利”号的护送下准备到中东去。“罗德尼”号和“拉米伊”号在大西洋上巡航，如果撞上“俾斯麦”号，那么它们其中的任何一只都可能已被摧毁了。在哈利法克斯港的“复仇”号正准备出航。这个时候，在海面上航行和即将出航的运输船队一共有十一支，其中一支是冒着极大的伤亡隐患的十分重要的运兵船队。在北海各海口处有巡洋舰，挪威海岸的上空则有紧密监视的空中侦察队。海上敌我气氛紧张，但形势又不清晰。虽然如此，与保持密切联系海军部已经意识到将要发生的事情，他们觉得敌人已经盯上了我们部署在各个海域的商船。

我们在5月21日凌晨得知，两艘大战舰由威猛的掩护舰护航，驶出了卡特加特海峡。同是这一天，我们在晚上得到情报，证实“俾斯麦”号和“欧根亲王”号都已停在了卑尔根峡湾。很明显，马上就会有重大的军事行动了，因此，我们所有在大西洋的指挥机构也紧张地做好准备。海军部决定集中军力应对敌人的袭击舰队，让运输船队甚至也让那支运兵船队自行冒险，这一种策略是传统而正确的。22日午夜过后不久，“胡德”号、“威尔士亲王”号和六艘驱逐舰便驶离斯科帕湾，去掩护正在巡逻的“诺福克”号和“萨福克”号。当时，后两艘军舰所巡逻的海域，是在格陵兰岛和冰岛之间被称为丹麦海峡的那片冰封寂静的海域。同时，冰岛和法罗群岛之间的海峡，则由巡洋舰“曼彻斯特”号和“伯明翰”号进行防守。“却敌”号和“胜利”号由总司令直接调遣。至于那支运兵船队，它在得到批准后从克莱德湾起航，有驱逐舰护航。

5月22日，星期四，这一天情况变化多端，令人不安。北方上空沉积厚厚的乌云过后，到底下起了雨。就是在这种恶劣天气下，一架海军飞机从位于奥克尼群岛的哈特斯顿起飞，去到卑尔根峡湾后，不顾密集的炮火，坚决完成了侦察任务。在那里的两艘敌舰已经不见了！当晚八时，托维海军上将接到了这一消息，他即刻乘坐“英王乔治五世”号，并率领“胜利”号以及四艘巡洋舰、七艘驱逐舰驶往北海西面，在那里占据了一个中心位置。这样一来，不管敌人会从冰岛哪一方面发动进攻，他都可以支持他那些巡逻的巡洋舰。第二天早晨，“却敌”将会在海上与托维将军会和。海军部预测，敌人的舰只可能会通过丹麦海峡。当天晚上我收到了报告，随后便给总统发去了如下电报：

21日，即昨天，我们发现“俾斯麦”号、“欧根亲王”号和八艘商船停泊在卑尔根。由于云层非常低，我们无法展开空袭。今晚，我们发现这些船只已经驶离了。充分的证据表明，敌人意图在大西洋以大规模的攻势袭击我方船只。若是我们无法跟踪它们，相信你的海军一定会协助我们，告知我们它们的地点。我们将会派出以下船舰追踪它们：“英王乔治五世”号、“威尔士亲王”号、“胡德”号、“却敌”号以及航空母舰“胜利”号，此外还有一些附属舰只。请告知情报，我们当会完成任务。

实际上，在二十四小时以前，“俾斯麦”号和“欧根亲王”号便离开了卑尔根，如今正在冰岛东北面，驶向丹麦海峡。在这里，流水群是非常拥挤的，海峡因此被缩小了，宽度只有八十英里，且太部分处于浓雾之下。23日傍晚，“萨福克”号和“诺福克”号先后发现了有军舰从北方驶来，当这两艘军舰从流冰边缘驶过时，它们所穿过的海域上空是没有云朵的。“诺福克”号将观测情报传达了海军部，海军部即刻用密码广播给所有相关部队。于是，我们展开了追击。猎物近在咫尺，于是我们所有的舰队都出动了。总司令的旗舰加速向西驶去，“胡德”号和“威尔士亲王”号调转方向，意图在第二天黎明时于冰岛西面截住敌舰。海军部下令萨默维尔将军率领包括“威望”号、“皇家方舟”号和巡洋舰“谢菲尔德”号在内的H舰队快速驶向北面，以便保护那支运兵船队。当时，该船队已经驶过了超过一半的爱尔兰海岸。海军部给萨默维尔将军的通知还说明，可以看情况决定加入。24日早晨二时，准备待发的萨默维尔海军上将的舰只驶离了直布罗陀。这批舰只的行动决定了“俾斯麦”号的命运，后来的事实证明了这一点。

* * *

星期五即23日下午，我去到了契克斯，在那里待到了星期一，此前与我一起的还有艾夫里尔·哈里曼、伊斯梅将军及博纳尔将军。这个周末可能会因为克里特岛战事正处于最激烈的时刻而让人不得安宁。当然，在郊外官邸里也有足够多的各色秘书人员，而且，我们也可以通过直通电话，与海军部的执勤官以及其他重要部门联系。海军部估测，黎明时分，“俾斯麦”号和“欧根亲王”号将会通过丹麦海峡，在“威尔士亲王”号和“胡德”号以及其他两三艘巡洋舰的逼迫下，它们将不得不交战。在总计划的统领下，我们所有舰只都向现场移去。我们一直担忧地等到了半夜两三点才去休息。

七点左右，我被叫醒，听到了糟糕至极的消息：我们最大最快的主力舰“胡德”号被击沉了。这艘舰船虽然构造轻盈，但装配有八门十五英寸口径的大炮，是我们最器重宝贵的军舰之一，我们因失去它而万分心痛。然而我知道，我们所有现场的舰只都正在从各方向赶去攻击“俾斯麦”号，我相信，除非它掉头向北逃回本国，否则我们很快就会摧毁它。我在走廊尽头哈里曼的房间内走来走去，与哈里曼一碰面，我们都不约而同地说：“‘胡德’号被炸沉了，但是我们一定能在‘俾斯麦’号上报仇。”我后来回到自己的房间，由于太疲惫便又睡过去了。八点半左右，我的私人秘书主任马丁穿着睡衣来到我的房间。他一贯严肃端庄，此时却是一脸紧张。“我们击中它了吗？”我问他。“没有，而且‘威尔士亲王’号已经驶出了战区。”真是令人大失所望。我最担心的是：难不成“俾斯麦”号掉头向北驶回本国了？对于当时发生的事情，我们现在是非常清楚了。

* * *

事情原来是这样的：23 日到 24 日间的整晚，天气恶劣，“诺福克”号和“萨福克”号在风雨之中努力盯紧敌舰，虽然敌舰总设法摆脱它们，但没有成功。一整夜，它们都不断发出信号，指明敌舰、友舰的确切位置。当北极的黎明到来，可见位于南面十二英里处的“俾斯麦”号仍向南行驶。转眼之间，“诺福克”号的左舷前部就冒起了一股浓烟。这时，已经可以看到赶来的“胡德”号和“威尔士亲王”号了。一场殊死搏斗马上就要开始。天色渐亮了，从“胡德”号上可以看到，敌舰的位置处于西北十七英里处。英国舰只于是立刻发动了进攻。上午五点五十二分，距离敌人二万五千码的“胡德”号向“俾斯麦”号发射了炮弹，后者立刻予以反击，结果，“胡德”号被一颗炮弹击中，舰上一门四英寸口径的大炮随即起火。火焰蔓延开来，速度惊人，最后，舰只的整个中央部分都被烧了。

这时，我们所有舰只都参战了。“俾斯麦”号也被我们击中了。然而，灾祸骤然降临了。六点钟时，“俾斯麦”号第五次发射排炮。就这样，“胡德”号突然爆炸开来，碎成了两半，几分钟后它就消失在烟雾中，沉入了海底。这只舰上的幸存者只有三人，其余的一千五百多名英勇的将士全部遇难，莱斯洛特 · 霍兰海军中将和拉尔夫 · 科尔海军上校也在其中。虽然战斗明显已经是我方处于劣势，但“威尔士亲王”号继续作战，它马上改变了航向，以免受到“胡德”号的漂浮物的干扰。然后，它不久也被“俾斯麦”号的炮火击中了。它在几分钟内连受四枚十五英寸的炮弹的袭击，舰桥被其中一枚击毁，上面的人伤亡惨重。同时，舰尾的水下部分也被击中，破了一个洞。利希海军上校本处在舰桥上，他幸运地逃过了一劫，然后决定暂时撤退，于是在烟幕下离开了。

事实上，由于受到“威尔士亲王”号的攻击，“俾斯麦”号已经受损了，速度也变慢了。而且，我们的两枚重型炮弹击中了它处于水下的船身部分，其中一枚还击破了一个油槽，导致它不断漏油，后果严重。在德国司令官的指挥下，该舰驶向了西南面，途中留下明显的一条油迹线。

现在，只能由“诺福克”号巡洋舰舰桥上的维克·沃克海军少将来指挥作战了。是要重新作战，还是牵制住敌人，等总司令率同“英王乔治五世”号和航空母舰“胜利”号到来？他必须在这两个选择中做出决定。“威尔士亲王”号的状况是影响他的决定的关键因素。一个星期之前，利希海军上校才作出报告，说明该战舰可以作战，事实上它也是不久前才派上用场的。然而此时，它受创严重，舰上那十门具有十四英寸口径的大炮已经有两门作废。这让人不得不怀疑它是否能与“俾斯麦”号较量。维克·沃克海军少将最终决定暂停作战，只监视敌人动静。他做出了非常正确的选择。

*　　*　　*

那个时候，如果“俾斯麦”号在取得威震四方的胜利后便满足了，那敌人便是真正有理智的。它只用了几分钟便摧毁了皇家海军中最优秀的一只舰，可谓功劳巨大，可以返回德国了。如果这样，我们就无法估测清楚它到底有多大的威力，它的声威以及潜在的攻击力量就会被认为是极大的。

然而，正如我们现已清楚的那样：“威尔士亲王”号对它的重创导致它大量漏油。因此，难道说它还有希望破坏我们在大西洋上的商船吗？它只能选择带着功劳返回或者几乎甚至可以说是必然会导致它毁灭的继续行动。它的司令官过于得意，决定一拼到底，如不做这样的解释，那只能说他是因为奉了严格的命令才那么做的。十点钟左右，我与我的美国朋友[①]会谈。当时我已得知“俾斯麦”号正向南行驶，因此在谈论这场海战的结果时能够表现出新的信心。

每天，我都会收到源源不断传来的电报，它们或者由专用电话转达，或者由信差送来，有的关乎军事，有的关乎外交，有的则是间谍密报。花大量的时间及时阅读这些电报，于我来说是一种很大的安慰。一个人只有在用心做事情的时候，才会忘记忧虑。然而，我一直放心不下一件事：那艘载重四万五千吨，几乎不怕炮火袭击的巨大的“俾斯麦”号，当前正向着有我们运兵船队的南部海域驶去，而且，随同它的还有侦察舰“欧根”号。我又担心起我们这批在中途时就失去护航战列舰保护的运输船队了。我还想到，载运着我们宝贵的士兵的那支运兵船队应该已经在爱尔兰以南海域上航行了。海军上将萨默维尔正全速驶向它，马上就会到达这支运兵船队与危险水域的中间。我从海军部执勤官那里了解到了时间和距离上的问题，得到回答后有所放心了。我运兵船队的时速仅有大概丨二海里，而根据我们所知的情况，“俾斯麦”号时速行二十五海里，不过，两者间的距离是很长的。而且，只要能盯紧“俾斯麦”号，绝不让它摆脱监视，我们就能把它逼入绝境。但是，我们若是在晚上跟丢了它怎么办？它会驶向何处？它可以选择的去向很多，我们却是几乎在哪儿都会遭到攻击。

在星期二的下院会议中，估计议员们难以有好心情了。下院在5月10日被炸毁，现在，大家拥挤在下院附近的一个教堂的房内。这个地方的确称得上暴风雨中的 个避难港，但是，它缺乏方便的设备，办公室、吸烟室以及饭厅是简陋的，其他所有常用设备也都是简陋的。空袭警报经常发出，议员们感到越来越缺乏必需的生活用品。他们在

① 指哈里曼。——译注

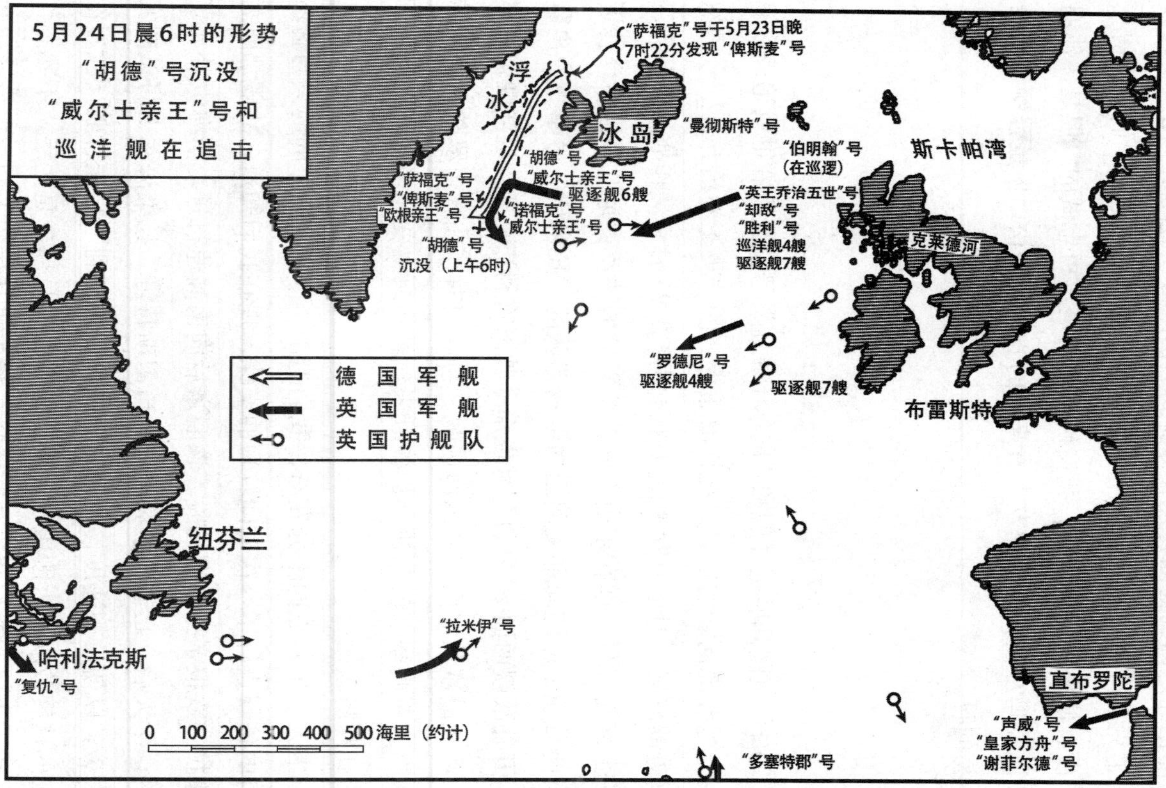
5月24日晨6时的形势
“胡德”号沉没
“威尔士亲王”号和
巡洋舰在追击
“萨福克”号于5月23日晚
7时22分发现“俾斯麦”号
浮
冰
冰岛
“曼彻斯特”号
“伯明翰”号
（在巡逻）
斯卡帕湾
“胡德”号
“威尔士亲王”号
驱逐舰6艘
“萨福克”号
“俾斯麦”号
“欧根亲王”号
“诺福克”号
“威尔士亲王”号
“胡德”号
沉没（上午6时）
“英王乔治五世”号
“却敌”号
“胜利”号
巡洋舰4艘
驱逐舰7艘
克莱德河
“罗德尼”号
驱逐舰4艘
驱逐舰7艘
布雷斯特
德国军舰
英国军舰
英国护舰队
纽芬兰
哈利法克斯
“复仇”号
“拉米伊”号
0 100 200 300 400 500 海里（约计）
直布罗陀
“声威”号
“皇家方舟”号
“谢菲尔德”号
“多塞特郡”号

追击“俾斯麦”号

星期二的会议中能听进去这些话吗：我们未能替“胡德”号报仇；敌舰不断袭击我们的运输船队中的几支部队，有的已经被歼灭；“俾斯麦”号可能已经返回到德国，也有可能到达法国占领区的某个港口；我们失去了克里特岛以及撤退中不可免的惨重伤亡……若是他们会相信我们并没有使事情变得糟糕，我便确信他们是英勇忠诚的。但是，他们会被说服吗？在我的美国友人看来我的心情很轻松，但是强颜欢笑是很容易的呀。

* * *

24日，英国几艘巡洋舰和“威尔士亲王”号整天都在继续追踪“俾斯麦”号和随同它的舰只。托维海军上将的“英王乔治五世”号仍然在远处的海域，但是他发来信息称希望能在25日早晨作战。海军部召集了全部的舰只。远在东南方五百英里处的“罗德尼”号被命令抄近路驱向敌舰；原随同那支回国的运输船队的“拉米伊”号奉令脱离队伍，开往敌舰西面；“复仇”号也奉令驶离哈利法克斯。巡洋舰布好军阵，防止敌舰从北面或者东面逃跑。与此同时，在直布罗陀的萨默维尔海军上将则率领舰队快马加鞭赶来。虽然海上变化多端，但布下的网正在收紧。

当天下午六点四十分左右，我们追击“俾斯麦”号的舰只与猛然转身的该舰进行了一次时间较短的交锋。现在我们知道，敌舰那时意在掩护“欧根亲王”号逃脱。该舰之后向南高速行进，于海上补充了燃料，十天后，它非常顺利地进抵布雷斯特港。托维海军上将试图发动攻袭，以使敌舰速度慢下来，于是命令“胜利”号先行驶一段。他派出的这艘战舰最近刚服役，舰上的飞行人员部分是生手，不熟悉作战。晚上十时，九架“旗鱼”式样鱼雷飞机从该舰上起飞。这些飞机由四艘巡洋舰掩护，将须冒雨在低云层中逆强风飞行一百二十英里。在海军少校埃斯蒙德的率领以及“诺福克”号的无线电导航下，这批飞机在飞行两个小时[1]后发现了“俾斯麦”号。敌舰的炮火攻势很猛烈，但是我飞机奋不顾身，也立即发动攻击，发出的一个鱼雷击中了敌舰舰桥的下部。“胜利”号上的所有人都在苦恼一个问题：飞机如何飞回舰上？这时的大海已经完全被黑暗笼罩，海风又极其的强劲，雨打得人难以睁眼。此外的问题是：就是白天，这些驾驶员也无法熟练地在甲板上降落，而如今，唯一可用的降落指示灯已经坏了，无法指引他们安全返航。为了帮助他们飞回来，只能不顾有无德国潜艇在附近，打开所有的探照灯和信号灯。“胜利”号上的人做出的努力是优秀的，并也获得了回报：全体飞行人员在黑暗中安全降落于甲板上。大家都感到太欣慰了。我是非常愿意讲一讲这件事的。

我们所有舰只都做好了准备，只等第二天早晨的决战。然而，海军部的希望又幻灭了。我方的“萨福克”号一直巧妙地运用雷达追随“俾斯麦”号，然而，在25日凌晨三时过后不久，它意外地跟丢了目标，从而导致我们所有向南行驶到德国潜艇的活动海域的我舰只失去了方向，左拐右拐地前进，不幸就这么发生了。“萨福克”号的雷达装置找不到“俾斯麦”号的踪迹了，但是，当该舰向内航行时又发现了敌舰的行踪。可能是在持久且成功的追踪后，它有点得意忘形了。当现在它又向西转去时，敌舰却不在预想的航线上了。不知道敌舰是向西还是急速转向北面或者东面，令人焦虑万分。这会使得所有集中起来的努力都成为徒劳。黎明时，“英王乔治五世”号向西搜寻后确信敌舰正向北面海域行驶，于是它也向东前进，追击敌舰的所有英国舰只也都驶向了东面。海军部越发相信“俾斯麦”号正赶往布雷斯特，然而，这个想法直到六点钟才确定下来。随后，海军下令所有舰只往更南的航线上挺进。然而，由于此前跟丢了敌舰，导致时间上的拖延和舰队

① 英国舰只当时用的是双重的英国夏令时间，会比格林威治时间早两小时。又由于它们那时所处的位置是在格林威治子午线西面的远处，因此它们所看到的时间实际上比太阳时间提前大概四小时。也就是说，交锋时间是在太阳时间的下午八点左右。——原注

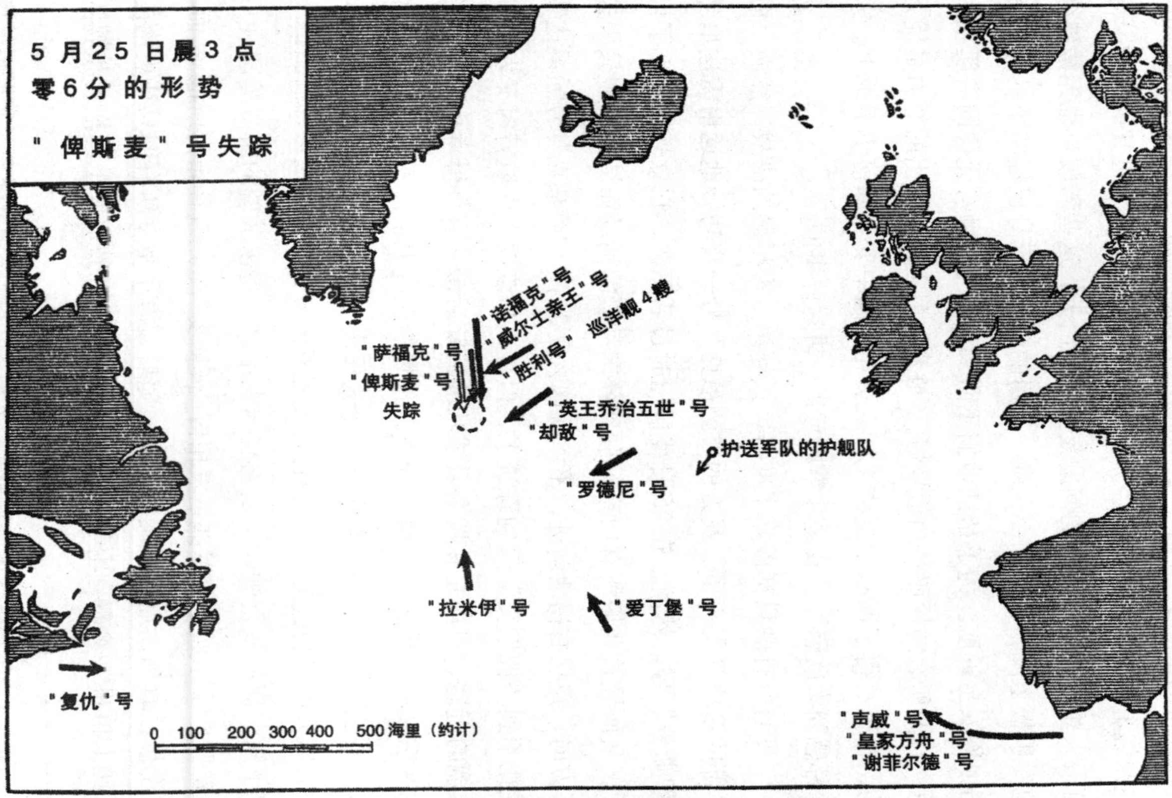
5 月 25 日晨 3 点
零 6 分 的 形 势
" 俾斯麦 " 号失踪
"诺福克"号
"威尔士亲王"号
"胜利号" 巡洋舰 4 艘
"萨福克"号
"俾斯麦"号
失踪
"英王乔治五世"号
"却敌"号
护送军队的护舰队
"罗德尼"号
"拉米伊"号
"爱丁堡"号
"复仇"号
0 100 200 300 400 500 海里（约计）
"声威"号
"皇家方舟"号
"谢菲尔德"号

追击“俾斯麦”号

的混乱，敌舰已经趁机逃出警戒线，进入了安全区域，将我们远远抛在了后面。晚上十一点，它所处的海域在英国旗舰东面，漏油问题导致它缺乏燃料。配有十六英寸口径的大炮的“罗德尼”号本来处于该舰和我舰队之间，不过，“罗德尼”号的航向是东北方向，因此下午的时候走在了“俾斯麦”号的前面，两舰就此错过。一开始的时候满是希望，最后却是无尽的失望和挫折。值得庆幸的是，还有从南方全速驶来的“威望”号、“皇家方舟”号和“谢菲尔德”号巡洋舰。它们可以从所在的航线上截击敌舰，且他们也在逐步逼近中。

由于持续四天的艰苦航行，在5月26日早晨时，我们散布在辽阔海域上的舰只已经严重缺乏燃料，其中的几艘被迫减慢了速度。显而易见，我们在这汪洋大海中做出的所有努力可能会瞬间就成为无用功。就在希望眼看要落空之时,上午十点,我们又发现了“俾斯麦”号。“卡塔丽娜”式远程轰炸机本驻扎在爱尔兰的厄恩湖上，此时，海军部和空军海防总队派出了它们执行搜索任务，其中一架发现了敌舰的位置：在距离布雷斯特港七百英里处，且正向该港驶去。这架飞机后来被敌舰击伤了，信号也断了。不过，不到一小时后敌舰又被发现了，这回发现它的是从“皇家方舟”号舰上起飞的两架“旗鱼”式鱼雷飞机。这时，它依旧是在“威望”号西面的远处海域，没有进入有德国空军保护的区域内。这些掩护它的飞机从布雷斯特起飞，实力非常强大。只一艘“威望”号是无法与它抗衡的,必须等“英王乔治五世”号和“罗德尼”号到后才能对付它，但是后两艘战舰距离敌舰还很遥远。与此同时，在“科萨克”号上的维安海军上校正率领其他四艘驱逐舰向前挺进。前文讲过，维安曾救出德国“阿尔特马克”号袭击舰上的英国俘虏，并因此声名大振。他所率领的四艘舰只原本奉命是要保护那支运兵船队的，现在他奉令让它们离开该船队，因为他收到了来自一架“卡塔丽娜”式飞机发出的告知“俾斯麦”号位置的情报。未等上面下达新命令，他便立马率舰驶向敌人。

所有舰只都争抢上前，在这种局势下就不免发生了混乱。迫切驶

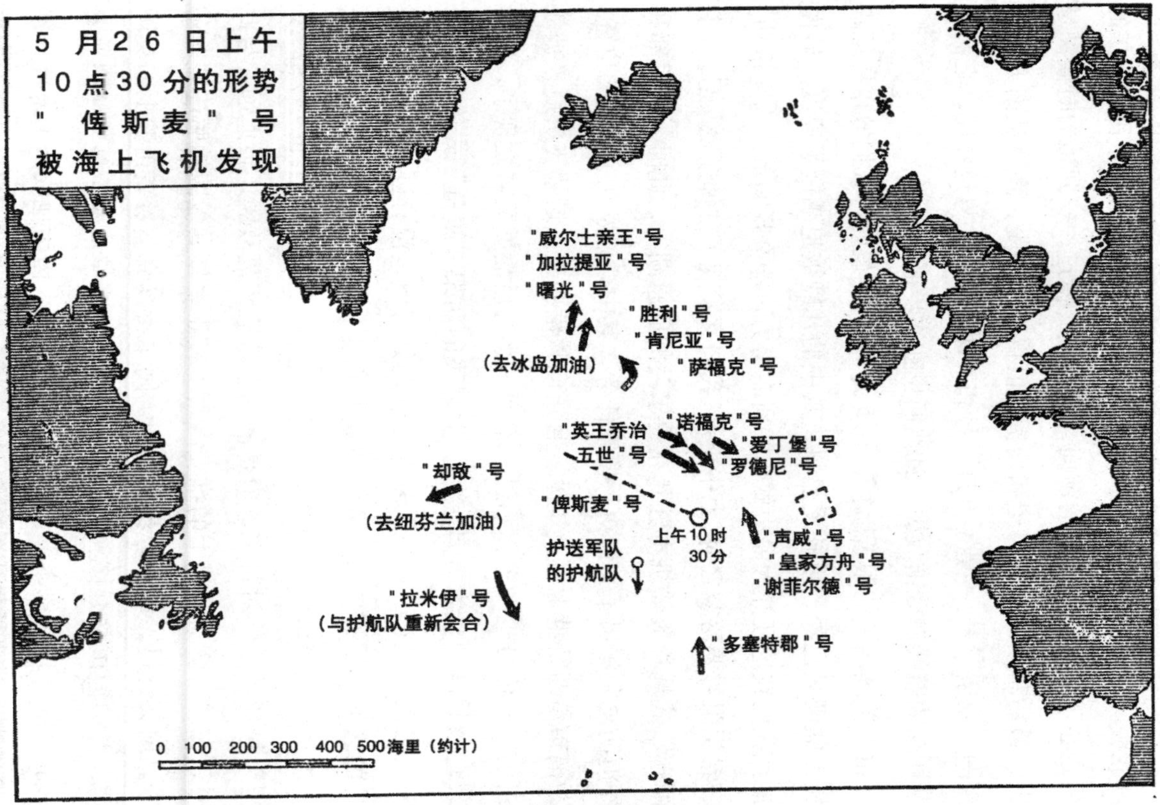
5 月 2 6 日上午
10 点 30 分的形势
" 俾斯麦 " 号
被海上飞机发现
"威尔士亲王"号
"加拉提亚"号
"曙光"号
"胜利"号
"肯尼亚"号
"萨福克"号
（去冰岛加油）
"诺福克"号
"英王乔治
五世"号
"爱丁堡"号
"罗德尼"号
"却敌"号
（去纽芬兰加油）
"俾斯麦"号
上午10时
30分
护送军队
的护航队
"声威"号
"皇家方舟"号
"谢菲尔德"号
"拉米伊"号
（与护航队重新会合）
"多塞特郡"号
0 100 200 300 400 500海里（约计）

追击"俾斯麦"号

向北面的萨默维尔海军上将曾派遣“谢菲尔德”号先尾随进逼敌舰，“皇家方舟”号不知晓这个情况，当它派出飞机进攻时，飞机便按照雷达的指引，向“谢菲尔德”号投去了炸弹。所幸，“谢菲尔德”号知道被误炸，没有开炮[1]，巧妙躲开，未遭损伤。飞行员十分抱歉地飞回到了“皇家方舟”号上。“谢菲尔德”号这时又发现了“俾斯麦”号，于是一直盯紧它。下午，刚过七点，“皇家方舟”号便又派出十五架“旗鱼”式鱼雷飞机。这回它们找对目标了，因为距离敌舰不到四十英里。“谢菲尔德”号不计前嫌，给这些飞机指引目标，后者则勇猛无畏，展开了猛烈的袭击。它们在九点半时完成了任务，可以确定，它们的两只鱼雷击中了敌舰，可能还有第三只。一架追踪飞机报告说，曾看到“俾斯麦”号雷达转了两圈，看上去是失控了。维安海军上校这时已经在靠近这几艘驱逐舰了。整个晚上，它们都在围堵受伤的敌舰，伺机对它进行鱼雷攻击。

* * *

我在这个星期一的晚上去到了海军部，当我观看指挥作战室内的海图以了解战况时，每隔几分钟就会送进来一批战报。军需署长弗雷泽上将也在室内，我问他在干什么。他回答说 ：“我在等看有无东西需要修理。”很快，四个小时过去了。当我离开时，我看到庞德海军上将及其手下的优秀专家们都肯定“俾斯麦”号的命运已经无可扭转。

德国司令官卢金斯海军上将也根本不抱幻想了，他在将近午夜时发出的报告中说 ：“已经无法操控船舰。我们将作战到最后一颗炮弹为止。元首万岁！”“俾斯麦”号还要行驶四百英里才能到达布雷斯特港，然而它可能已经无法航行到那儿了。为了救援这艘军舰，德国强大的

---

① “谢菲尔德”号收到一架飞机的信号：“送了你一条鳟鱼，十分抱歉！”——原注

轰炸机队以及潜艇都出动了，火速赶来。一艘已经没有鱼雷可用的德国潜艇报告称，它曾近距离地靠近“皇家方舟”号，那时很容易给予其一击，但是只能看着它溜走。与此同时，“英王乔治五世”号和“罗德尼”号正在靠近。最令人担忧的是燃料问题，因此，托维海军上将下令：若无法将“俾斯麦”号的速度降低一大截，他到午夜时只能放弃追击。我发出了命令给第一海务大臣，海务大臣遵照指示命令托维海军上将不要停止追击，哪怕他的舰只得用拖船拖回来也得继续。不过，就在这个时候，我们获知敌舰驶向了一条错误的航线。鉴于该舰还完整地保存其主要大炮，托维海军上将决定逼迫它在第二天早晨开火。

27 日天明时，西北风正紧。八点四十七分，“罗德尼”号发射了大炮，“英王乔治五世”号在一分钟后也开炮了。英国军舰的炮火很快就命中了敌舰，“俾斯麦”号随即也开炮了。虽然这支舰上的德国士兵已经将体力全消耗在了前四天的激战中，以致累趴在工作岗位上，但是，它短时间内发射的大炮还是精准的，它第三次发射的排炮的炮弹落在了“罗德尼”号的前后。不过，英国军舰在后来便取得了优势。半小时后，在我舰队的强攻之下，敌舰的大炮声被淹没了。“俾斯麦”中部起火，骤然倾向左边。这时，驶过其舰首的“罗德尼”号在距离其不到四千码的位置上发起进攻。在密集的炮弹攻击下，“俾斯麦”号于十点十五分彻底失去了反击能力，它的大炮没有动静，其舰桅已倒塌。它在随着汹涌的海涛翻滚着，所在的位置火光冲天，烟雾缭绕，然而，就是在这种情况下它还没有沉入海底。

* * *

时间走到了十一点，我必须将这个跌宕起伏的事件汇报给下院了。在教堂房子内，我报告了克里特岛战役和“俾斯麦”号的情况：“今天，天明不久，英军追击舰再次攻击了无法行动又孤立无援的‘俾斯麦’号。我还不清楚结果，但是，敌舰似乎未被我军炮火击沉。该用鱼雷迅速

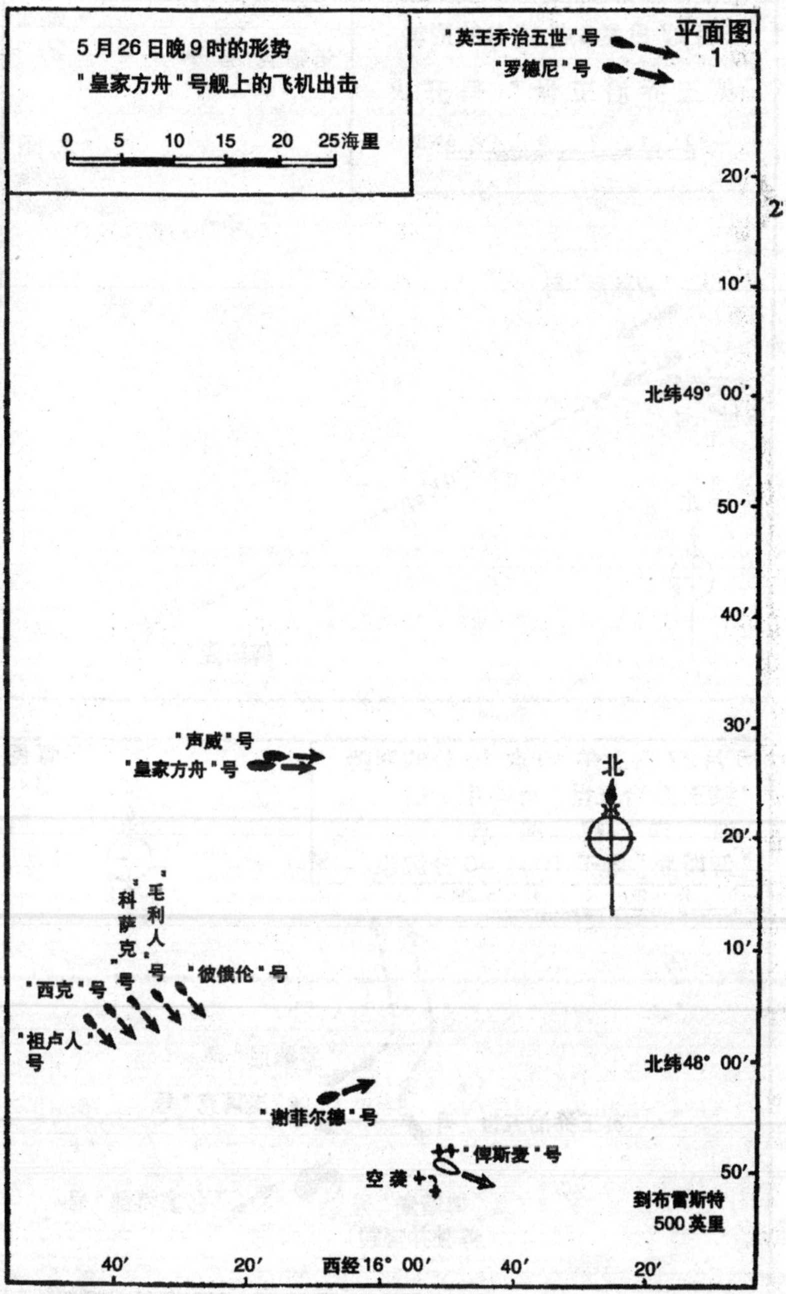
5月26日晚9时的形势
"皇家方舟"号舰上的飞机出击
0 5 10 15 20 25海里
平面图
1
2
"英王乔治五世"号
"罗德尼"号
20′
10′
北纬49° 00′
50′
40′
30′
20′
10′
北纬48° 00′
50′
"声威"号
"皇家方舟"号
北
"毛利人"号
"科萨克"号
"彼俄伦"号
"西克"号
"祖卢人"号
"谢菲尔德"号
"俾斯麦"号
空袭
到布雷斯特
500英里
40′
20′
西经16° 00′
40′
20′

追击“俾斯麦”号

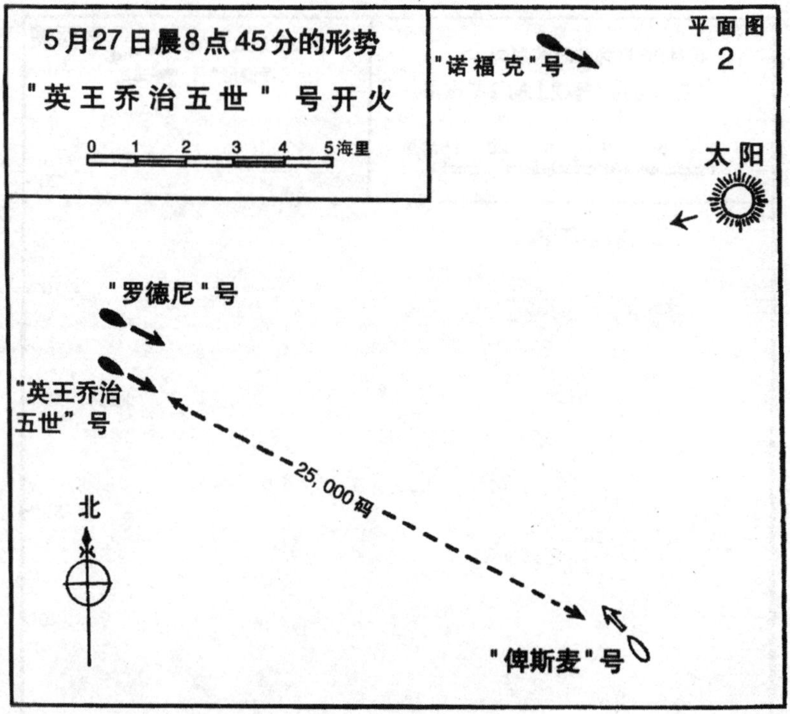
5月27日晨8点45分的形势
"英王乔治五世"号开火
0 1 2 3 4 5海里
平面图
2
"诺福克"号
太阳
"罗德尼"号
"英王乔治五世"号
25,000码
北
"俾斯麦"号

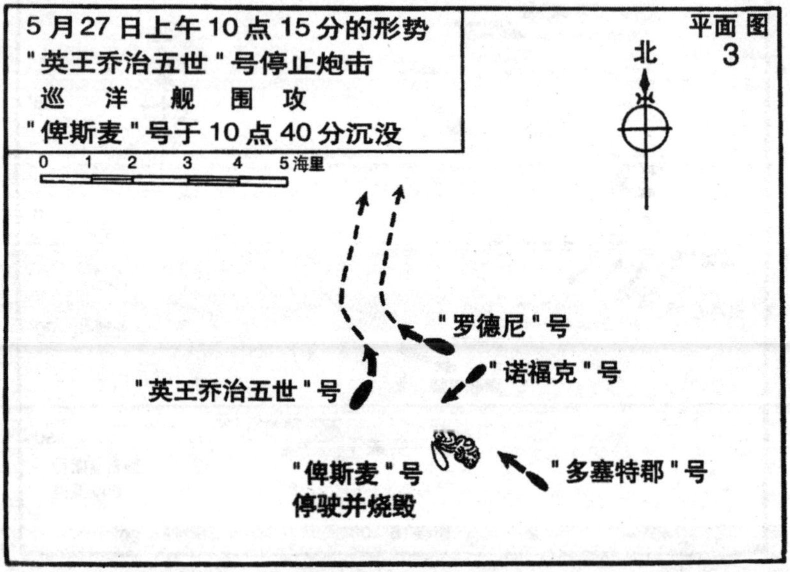
5月27日上午10点15分的形势
"英王乔治五世"号停止炮击
巡洋舰围攻
"俾斯麦"号于10点40分沉没
0 1 2 3 4 5海里
平面图
3
北
"罗德尼"号
"诺福克"号
"英王乔治五世"号
"俾斯麦"号
停驶并烧毁
"多塞特郡"号

追击"俾斯麦"号

终结它了。我认为我军正在执行这一行动,而且是不消多久的。'胡德'号的损失于我们来说非常严重的，但是，'俾斯麦'号却堪称世界上最新的、最威猛强大的战列舰。”我一坐下就收到了一张纸条，于是只得再次站起来发言。我是在征得下院的允许后才说的:“刚收到消息表明，'俾斯麦'号被击沉了。”他们看起来是相当满意的。

巡洋舰“多塞特郡”号用鱼雷进行最后攻击。十点四十分，他们的舰队司令卢金斯海军上将和大约两千个德国人伴随着这艘强大的战舰的翻船沉没，葬身海底。我们营救了一百一十名筋疲力尽又面带怒意的幸存者。因为一艘德国潜艇的出现，英国舰船只能停止搜救行动而离去。一艘德国潜艇和一艘气象观测船营救了五名德国人，西班牙巡洋舰“卡那利亚斯”号之后赶到，但只看到了一些浮尸。

* * *

经过这次经历，我们对海战方面的许多重要问题看得十分清楚了。“俾斯麦”号说明了德国战舰的结构是非常强大的，它的出击会给我们的许多舰艇造成莫大的困难和危险。若是这次让它逃脱了，我们的精神方面将会继续受到它的影响，而我们的船舶则有可能因此遭受灾难性的损伤。继而，人们会怀疑我们掌控海战方面的实力，这种疑虑将是世界性的，我们将会因此更加焦虑不安并遭受更多的损失。这次所获得的成功，包含了所有有关方面为之付出的努力。先是巡洋舰进行追踪，但是导致了第一次不幸的交战。然后是飞机发现了失去行踪的敌舰，并引导巡洋舰正确地尾随。继而，是一艘巡洋舰引导航载飞机发出了具有决定性的袭击。最后是几艘驱逐舰整夜盯紧敌舰，我战列舰因此可以及时赶到，最后将其歼灭。虽然各方面都立功了，但我们必须谨记，这次持久的战役的转折点发生在“威尔士亲王”号以大炮重创“俾斯麦”号之时。所以说，战列舰和大炮无论在一开始还是在最后，所起的作用都是关键性的。

大西洋上的交通仍然保持安定。

28日，我致电总统：

> 和“俾斯麦”号作战时的秘密情况，我之后再和你说。它是军舰建造历史上威力强大的战舰杰作，它的毁灭缓和了我们战列舰的紧张情况。否则，为了防止“俾斯麦”号和“提尔皮茨”号的进攻，我们只能将“英王乔治五世”号、“威尔士亲王”号和两艘“纳尔逊”式战舰停在斯科帕湾。必须这么做是因为，我们必须腾出一艘可重新装备的战列舰出来，而“俾斯麦”号和“提尔皮茨”号是可以伺机而动的。现在情况就不一样了。我预计这种极其利于我方的影响，也会影响日本人重新对形势做出评估。

第十八章　叙利亚

发生在叙利亚的危险——飞机和德国的特勤人员抵达——土耳其和埃及的反应——海军上将达尔朗和德国人谈判——我们兵力不足——5月8日我给参谋长委员会发出的电报——在5月9日发给韦维尔的电报——韦维尔和自由法国——韦维尔和参谋长委员会之间的误会——韦维尔的担忧和所做的准备——“出口商”战斗计划——韦维尔的计划被国防委员会批准——6月6日我向戴高乐将军致电——6月7日致电总统——军队开始前进——援军到来的时机恰好——攻下大马士革——7月12日当茨将军请求停战——叙利亚战役的重要结局

法兰西帝国海外领土众多，叙利亚是其中一部分。这些地区在法国政府投降之后觉得它们应该遵守法国投降时制定的条约。维希当局竭力阻挠法国人投向我方，位于地中海东岸地区的法国军队中的任何试图穿过巴勒斯坦的士兵，都会被他们阻挠。波兰旅过来了，但开过来的法国人少之又少。1940年8月期间成立的意大利停战委员会，释放了在这场战争开始时就被拘押的德国间谍，他们又重新活动起来。年底时，许多携带充足活动经费的德国人，又来到地中海东岸地区的阿拉伯民族中进行反英和反犹的煽动活动。1941年3月底，我们注意到了叙利亚的情况。基地设在多德卡尼斯群岛上的德国空军已经向苏伊士运河发起进攻，他们可以随时侵犯叙利亚，特别是可以出动空降部队进击。叙利亚如果被德国人控制了，埃及、重要的运河区以及阿巴丹的炼油厂便会受到德军不断空袭的直接威胁，受到威胁的还有我们从巴勒斯坦到伊拉克的交通。这很有可能导致埃及政局的变动，并将严重降低我们在土耳其和整个中东地区的外交地位。

拉希德·阿里在5月2日向希特勒提出予以武力援助的请求，以支持他在伊拉克从事的反英活动。第二日，驻巴黎的德国大使馆就接到令法国政府做出批准的指示，以便经由叙利亚给拉希德·阿里的军队以飞机和军资方面的支持。5月5日及6日，达尔朗海军上将与德国进行初步会谈并制定有关协定。按照协定，运到叙利亚的属于意大利停战委员会掌控的军需物资只留下四分之一，其余将调往伊拉克，此外，德国空军将可以在叙利亚着陆。这方面的指示已经传达给了维希高级专员兼总司令当茨将军，于是，从5月9日起到月底期间，叙利亚迎来了大概一百架德国飞机以及二十架意大利飞机。

在前面的叙述中曾提到，中东司令部这时的任务是极其艰巨沉重的，其中主要任务是保卫埃及。而这时候的情况是：我们已经从希腊撤退；克里特岛的保卫战必须坚持；马耳他岛提出增援请求；埃塞俄比亚未能全部攻下。然后现在必须给予伊拉克军队增援。只能调出第一骑兵师了，因为必须留部队保卫北面的巴勒斯坦。不过，由于别处有需要，这支优秀的骑兵师中的炮队以及附属部队已经被调走了。戴高乐将军极其想采取的措施是：让自由法国的军队做出军事行动，不一定用英国派出援军。达喀尔的失败教训使我们——包括现场的韦维尔将军以及在伦敦的这些人，都认为不宜只使用自由法国的部队，即便只是用他们来抵抗经由叙利亚进攻的德国人也是不妥的。虽然我们坚持这一观点，但却也只能那么做。

但是，这并不意味着我们会轻易放弃叙利亚。无论如何，我们当设法，尽力做我们能做的。我们不想加重韦维尔的负担，但还是得敦促他尽可能协助自由法国的部队。他在4月28日复电说他能派出的部队只有一个旅。我在他的电报上批示：“韦维尔将军提到的那个旅团看来有必要连同机动队做好准备，然后开往巴勒斯坦等待命令。”于是，三军参谋长给韦维尔将军发出了指示：不能保证说一定会给予当茨将军支援，但是，当德军试图通过海路或者空中降落的方式进击时，如果他进行抵抗，则英国将尽可能立即给予支援。此外还命令过韦维尔将军：对于德国的任何攻击都要立刻出动空军进行反击。

看起来，前景充满了巨大危险。5月8日，我向三军参谋长提出了如下看法：

首相致伊斯梅将军，　　　　　　　　　　　　转参谋长委员会

我请三军参谋长在将于今天上午举行的内阁会议上为我提出有关叙利亚方面的意见。为阻止德国仅凭少量的军队就能在叙利亚获得一个立足点，我们必须尽最大努力。若不然，德军成功后就会以叙利亚作为跳板，取得伊拉克和波斯的制空权。虽然这个混乱的局面发生在韦维尔将军部队的东翼，但他也不必为此烦恼，况且烦恼也没用……我们也不必考虑维希政府会是如何反应，而应设法给以支援。

当前采取什么样的措施才是最妥当的呢？请各位参谋长就此提提意见。不胜感激。

经国防委员会的允许，我在5月9日致电韦维尔将军：

叙利亚很可能会被几千名空运到那里的德军攻占，你肯定也意识到了这一严重危险。根据情报，我们相信达尔朗海军上将已经与德国人合作，帮助德军穿过叙利亚。对于你当前缺乏兵力的情况，我们也无能为力，我们唯一能做的就是为喀特鲁将军提供必要的运输便利。这样，他以及他的自由法国的部队就可以伺机做出最大的努力，而皇家空军就可以对付意图空降的德军。如你有更好的方法，望提出。

5月14日，皇家空军根据命令采取了行动，对付在叙利亚境内以及法国飞机场上的德国飞机。17日，韦维尔将军来电说，由于需从巴勒斯坦派遣军队到伊拉克，只能让自由法国军队应对叙利亚的问题了，或者可以从埃及派出援军。同时，他又确切地意识到自由法国军队的行动是无补于事的，局势可能会因此恶化。电报结尾处，他说，若不是出于绝对的必要性，他希望他可以不必对叙利亚方面负责。参谋长委员会回电告诉他只能做出这种选择，即在保证西部沙漠安全的前提下临时抽调出一支大部队；又说，他应该做好准备，尽早在叙利亚驻扎部队。至于将进驻的那支部队的结构组成，他可以自己做主。

5月21日，即德军进攻克里特岛这一天，韦维尔下达了命令：除驻在托卜鲁克的那个旅之外，第七澳大利亚师的其余所有部队做好进驻巴勒斯坦的准备；本月初刚从希腊返回的梅特兰·威尔逊将军——刚担任巴勒斯坦和约旦司令——要制订进军叙利亚的计划。

* * *

韦维尔将军根据参谋长委员会的一封电报，认为我们信任自由法国的领袖们却不相信他本人。他的这种想法实际上是误会了我们这些远离战场的国内人员。但是，他既已这么想了，于是致电帝国总参谋长说，若果真如此，那他宁愿辞去总司令一职。我立即向他做出了这方面的解释以及保证，同时，我认为有必要向他说明我们的决心，即要在叙利亚冒险行动，而且，对于这个其实称不上军事任务的行动，我们会负全部责任。

首相致韦维尔将军　　　　1941年5月21日

叙利亚的战事不可能会影响到我们在克里特岛或者西部沙漠的战役，因为我们是绝对要争取后者的胜利的……

我们不会反对你这么做：将英国军队和那支开往叙利亚的自由法国军队混编起来。然而，你没有进行采取哪怕正规的军事措施，一次也没有。你自己也清楚地说明了这一点。但是，我们昨天已向你表明，目前唯一能做的就是做最好的准备。三军参谋长在20日的电报中曾提到一种武装的政治入侵的方法，你的准备就是为了落实这种方法而要做的。

我们的电报中所提到的政策并非是根据自由法国的领袖们的意见做出的，因此，你若那么认为便错了。这些意见是具有最高指挥权的人的意见，这些人在此期间把控着各个战区的战事和政策。我们认为：德国人既然想得到叙利亚和伊拉克，却又意图只凭少量空军、游客和地方叛变就能获得成功。那么，我们又何惧同样的冒险呢？因此可以也只用小规模的行动对付他们。即便失败并因此造成了更严重的政治危险，我们也是不必害怕的。我们当然会对这一决定负全部责任。如果你认为困难很大，很难执行，且似乎表示要卸除总司令一职，那么我们会尊重你的意愿，予以安排。

韦维尔复电说他已经完全了解情况，并解释说，已证明自由法国方面所得到的有关叙利亚形势的情报是不可靠的，而正是这一错误情报使得他不愿意对叙利亚采取军事行动，况且，当前正是克里特岛、伊拉克以及西部沙漠方面正需用兵之时，所有可利用的兵力都是宝贵的。

韦维尔将军致首相　　1941年5月22日

眼看德国空军已经在叙利亚驻扎下来，我们不能不担心叙利亚的情况。因为，德军此时离运河以及苏伊士是非常近的，比马特鲁港到那里都更近。估计“维希”法国已经彻底投向德国。我和坎宁安、特德和布莱梅认真商议后，决定并正将增援部队调遣到巴勒斯坦。我们认为，软弱的行动根本没有用，必须做好准备，在叙利亚采取军事行动。现在，空中力量和空军基地控制着中东的全部局势。敌人的空军基地建在希腊，会使我们很难守住克里特岛，而如果他们把空军基地建在昔兰尼加、克里特岛、塞浦路斯和叙利亚，我们守住埃及就会非常困难。守住克里特岛和塞浦路斯是尼罗河军团的任务，此外，最大程度逼迫昔兰尼加的敌人撤向西方，防止他们在叙利亚的立足，也是尼罗河集团军的任务所在。要做到这几点对于我们和空军的实力而言非常困难。我知道你对这些事了然于胸，并竭尽全力为此提供必要的条件。要知道，我们也在尽最大力量保卫中东。之后的几个月是艰难的，但是我们充满信心。

我于次日复电：

首相致韦维尔将军　　1941年5月23日

感谢你的来电。当前是困难时期，我们所有人尽力互相帮助……

在叙利亚问题上，你的意见而不是自由法国的意见，才是我们所重视的。最好，你要使戴高乐亲近你。如我能在这件事上帮到你，请告知。我们当然不能因为叙利亚而使克里特岛战役失败。因此，当前采取中下策略可能是唯一的办法……

在伊拉克问题上，我们希望哈巴尼亚部队能很快进驻巴格达并在那里建立摄政政府。

眼看越来越没有希望守住克里特岛，我们也越来越注意到叙利亚可能遭到的来自德国的威胁。5月25日，韦维尔将军发来电报，说明他有关“出口商”作战计划的大概。“出口商”作战计划即叙利亚作战计划，是后者的代号。威尔逊将军正要率领一支军队向北进军，这支军队包括第七澳大利亚师、自由法国军队、摩托化第一骑兵师的部分，还有其他一些部队。韦维尔预计最早在6月的第一个星期会展开行动。虽然我们必须考虑一种危险可能，即德国在地中海东岸地区设立基地所造成的严重危险——如果德军同时从土耳其借道进行行动，这种危险就更加不堪设想，但是，我们必须想尽一切办法，使得西部沙漠的“战斧”作战计划能够获得具有决定意义的军事成果。

5月27日晚，内阁国防委员会召开了讨论整个中东局势的会议，在我后来致韦维尔将军的一封电报中有我对该会议结论的总结。

首相致韦维尔将军　　1941年5月28日

……我们将根据几点来决定在中东采取的行动。

1. 攻下克里特岛将会使敌人可以通过希腊及克里特岛的西海岸，建立起一条直通昔兰尼加的要道。如果我们的空军无法在昔兰尼加获得立足点，我们就无法切断这条交通线，也不能顺利保卫马耳他岛并切断敌人通往的黎波里的交通线。

2. 在多个星期内，敌人通过土耳其和（或）叙利亚进行的攻击不会发展到一种真正强大的程度。我们的首要目标必须是取得西部沙漠战役的具有决定性的成功，以及通过一次战斗就以全力摧毁敌人的武装力量。

在此期间，对于我们而言，在叙利亚站稳脚跟同样重要，而且，这是要在德国空军没有从因弗赖伯格的英勇抗击造成极大的损伤中恢复过来之前。鉴于此，允许你在5月25日的电报中告知总计划。

克里特岛战役的失败，以及必须让西部沙漠战役优先用兵的问题让我们焦虑不安，而我们就是在这样的形势下展开了占领叙利亚的准备工作。

6月3日，我致电韦维尔将军：

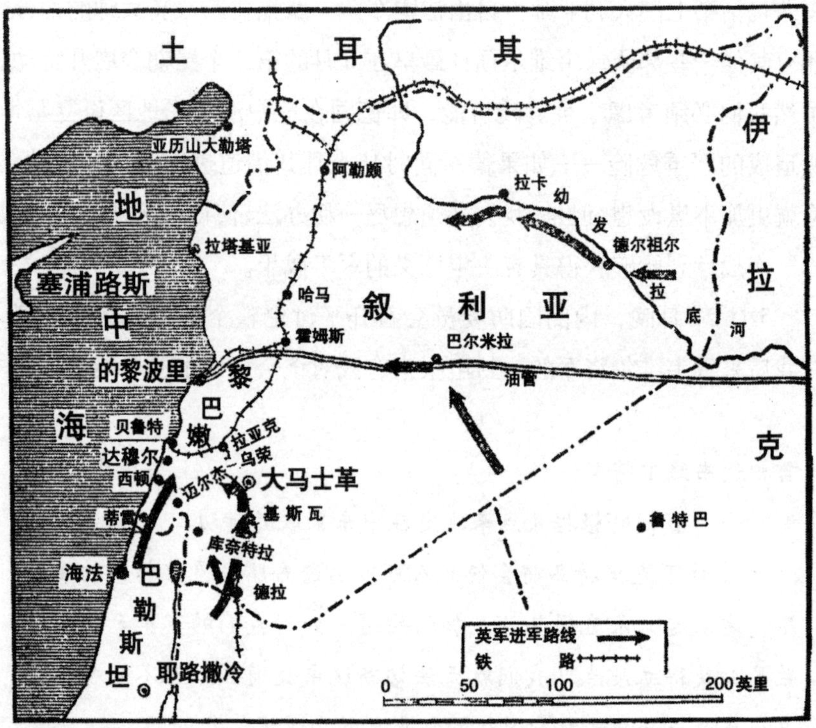

叙利亚战役

首相致韦维尔将军　　1941 年 6 月 3 日

1．在对叙利亚的军事行动中，你将会使用哪些地面部队和空军？又怎使用波兰旅？希望电告确切情况。看来，有必要在初步行动中就使用并显示强大的空军力量。因此，即便是那些较旧的飞机也是有用的。在伊拉克之战中，它们就起到了很好的作用。

2．克里特岛战役后，批评谴责如暴风雨般狂烈，我正被迫解释许多问题。当前，你不必在这件事情上烦忧，只管在叙利亚行动尤其是“战斧”行动中竭尽全力。对我们的批评不管是否公正，做好这两件事就是对批评的答复。实际可用于“战斧”行动的空军力量，将会比你在几个月内可能获得的空军力量要大很多。正如拿破仑说的：“战争自然会给出答案。”祝你一切顺利。

韦维尔在5日复电告知了他将使用的军队力量的多少，并称，他会尽量避免冲突，以进行宣传、派发传单和彰显军队力量这样的方式进入叙利亚。如果遭到抵抗就使用最强的武装力量。他说，他估计用两个师以及一个装甲师——至少会派出装甲旅，来在叙利亚内采取军事行动。他的总结是，难以保证说会成功，况且，驻在那里的法国军队以及当地百姓的态度也是决定因素。

* * *

想到这些困难复杂的问题也正困扰着戴高乐，我在我们联合向叙利亚进军的前一夜向他发出了一封友好的电报：

首相致戴高乐将军　　　　1941年6月6日

对于我们在地中海地区的联合行动，我希望我们能够取得成功，因此在此向你致以最好的祝福。我们正在设法给予自由法国以武装支持，我希望你能看到这一点并感到满意。我相信你一定会赞成这个看法：在这个行动上，以及我们将来要在中东采取的所有政策上，我们都必须给予对方信任，以便共同合作。在有关阿拉伯人的问题上，我们也必须采取一致的政策。你应该清楚，我们没有打算从法兰西帝国获得任何特殊利益，更没有想过趁法国处于悲惨之境时为自己谋利。

因此，对于你所作出的有关允许叙利亚和黎巴嫩独立的决定，我是支持的。正如你所知的，我认为，为这项决定提供有力的保证才是重要的。在解决叙利亚问题时，我同意一点：我们绝不可为此危及到中东局势的稳定。但是，基于这个前提，我们双方必须设法满足阿拉伯人的意愿，顾及他们的感情。我深信你会牢记这一点的重要。

我们的心时刻念着你以及自由法国的战士们。当前，维希政府无耻之极，愿自由法国的英勇忠臣能够在这种时刻拯救法国的荣誉。

我必须请求你不要在局势严重的这种时候宣布任用喀特鲁为叙利亚高级专员。

我照旧告知了总统这时候的详情。

前海军人员致罗斯福总统　　1941 年 6 月 7 日

1. 明日早晨，我们的部分军队将进驻叙利亚，防止德国人的继续渗透。当地法国军队的态度，是决定成败的关键因素。戴高乐将军的自由法国军队虽然作为主要力量，但他们却不是打前锋的。他正在以法国的名义向阿拉伯人宣称，允许他们独立，他们可以成立三个或者一个或者“三合一”式的自由阿拉伯国家。这些国家与法国的关系将会固定下来，在某种程度上就像英国和埃及的协定中一项保障既得利益的条约一样。喀特鲁届时就不被称作高级专员了，因为他已经等同于一个法国全权代表。

2. 我无法定地说维希政府对可能发生的事情会采取什么措施，但我不认为他们将做出的事情会比他们现在做的更恶劣，不过也不排除一种可能，即他们会报复性地对直布罗陀或弗里敦采取行动。如果你继续施加压力给他们，我将感激不尽。在叙利亚，我们唯一想要的就是在战争中获胜，至于政治方面，我们根本没有任何兴趣。

*　*　*

为了这次进军，韦维尔调集了以下这些部队：第七澳大利亚师、第一骑兵师的部分人员、最近从厄立特里亚调回的第五印度步兵旅以及由勒·让迪奥姆将军指挥的自由法国军队——这一部分包括六个营、一个炮兵中队和一个坦克连。空军方面，最初计划最多派出大概七十架飞机给予支援。海军和空军都必须优先用于克里特岛的军事行动。此外，还抽调了两艘巡洋舰、十艘驱逐舰以及一些小型舰艇支援向叙利亚进军的行动。由当茨将军指挥的维希军队包括十八个营的陆军以及拥有九十架飞机的空军，其中陆军部分拥有一百二十门大炮、九十辆坦克以及三万五千名士兵。此外还有海军，这部分包括两艘驱逐舰以及三艘潜艇，这些舰只均以贝鲁特为基地。这支盟军的任务是攻夺大马士革、拉亚克和贝鲁特，这也是占领全境的第一步。

6月8日，进军开始了，最初顺利无阻。维希部队的斗志如何，谁也不敢说。我们的进攻是称不上为奇袭的，不过，有的人认为敌人对我们的抵抗也只是象征性的而已。后来，当敌人了解到我们的兵力十分薄弱后，他们便振奋起来了，这种转变大概也只是为了他们军队的荣誉不会受损。在大马士革十英里处，自由法国的军队被敌人组织截住了，交通线也因为敌人在他们东侧进行的反攻而遭到威胁。沿海岸公路进军的澳大利亚师因地势险要而速度缓慢。英国的一个营在库纳特拉遭到两个营的敌军反攻，对方有坦克协助作战，挫伤了我军。海军曾与维希的驱逐舰作战，但后者占据有速度优势，逃跑了。9日进行了一次短时间的海上交锋，驱逐舰“加纳斯”号被击中要害。15日，两艘炮轰西顿的英国驱逐舰被敌机炸伤。同时，我海军航空兵部队炸沉了维希的一艘驱逐舰，该舰当时正从西面驶近海岸。

在一个星期的战斗过后，韦维尔确定了有必要派遣援军。他设法派送运输工具给还未完全编成的英国第六师的一个旅，以及抽调出第一骑兵师的一个旅团。第一骑兵师隶属于哈巴尼亚部队，曾参与攻打巴格达，韦维尔打算让从该师抽调出的那个旅团从南部穿过沙漠，向巴米尔拉发起进攻。另外，他还命令驻在伊拉克的第十印度师的两个旅溯幼发拉底河而上，进攻阿勒颇。将战争局面扩大之后，自6月20日起，我军情况有了改观。在三天的激战后，澳大利亚师于21日攻下了大马士革。该师能够顺利前进要归功于第十一突击队，该队从海面进发，在敌人身后登陆并进行勇猛的进击。然而，由于这次突击，该队也损失了超过四分之一的人数，其中包括指挥官佩德上校以及四名军官，另有大概一百二十名伤亡士兵。

7月，在经过第一个星期的交战后，维希军队眼看崩溃了，当茨将军也知道他已经没有力量了。虽然仍有两万四千左右的士兵，但是他已经无力继续抵抗了。他的空军只剩下几乎不到五分之一。12日早上八点半，维希方面派遣特使来提出停战，我方同意了。之后，双方签订了相关协约，叙利亚正式被同盟国占领。这一战，我方伤亡人员在四千六百人以上，敌方则为六千五百人左右。期间曾发过一件不愉快的事情。我们发现我们的俘虏被匆匆运到维希法国，而这意味着他们一定会被德军抓去。对此，对方却没有想办法补救，于是我们只好以当茨将军和其他高级军官作为人质。这么做，结果才如我们所希望的那样，对方放回了我们的士兵。

* * *

叙利亚战役的胜利使我们在中东的战略地位得到了很大的改善。敌人意图从地中海向东渗透的所有新计划被粉碎了，我们保卫苏伊士运河的防线可以向北移动二百五十英里。此外，土耳其对它自己南部边疆的忧虑也得到了缓解。如果它现在遭到侵犯，它保证能得到一支友好的力量的援助。为了方便叙述，伊拉克、克里特岛、叙利亚和西部沙漠四方面的战事就被分开讲述了。但是，这四个部分其实是关联在一起的。它们的相互影响作用，促发了事关生死存亡的复杂而重要的事件。但是，不管怎么说，结果将是一定的：英国和英帝国必将在中东取得重大胜利。而且，这个结果不止是一种表象，而是实际的。在伦敦的我们以及在开罗的负责人员，当同等地平分这份胜利。

我们在克里特岛战役中蒙受了极大的损失，但击溃了德国空降军团的攻击能力。用非常少的临时兵力，我们压制住了伊拉克的反叛，重新获得这个地区的控制权。为了应付紧急情况，我们才要占领和征服叙利亚，而实际结果也表明，这一行动终止了德国向波斯湾和印度的进军企图。如果战时内阁和三军参谋长只求稳健行动，不能将各个据点当成取胜的据点，不能将他们的意念传达到全部司令官的身上，我们只会遭到克里特岛战役的牺牲，不可能从那场艰难又荣耀的战斗中得到一定的成果。如果疲惫不堪的韦维尔将军因我们的命令和事态进展所产生的紧张而撑不下去，那这场战争和土耳其的前途命运将可能无法想象。俗语说，办不到的事不要强求，还说，要有十分把握才能去做事。但是，这一原则以及生活和战争中的其他原则都会有例外的时候。

被我和三军参谋长认为是最关键的西部沙漠战役还没有讲述。这场战役并没有获得胜利，但是隆美尔的西进却因此被我们阻碍了长达五个月。

第十九章 “战斧”计划

必须击溃隆美尔——韦维尔的决心——5月15日和16日攻击塞卢姆和卡普措堡——一定的成绩——“幼虎”在初期遇到的临时困境——德国第十五装甲师到达——5月26日，哈尔法亚失守——“战斧”战斗计划的准备工作——低估了敌军的实力——6月15日，我们开始攻击——6月17日诸事不顺——隆美尔没有继续攻击——驯良的马——我发于6月21日的电报——韦维尔将军被奥金莱克将军接替——移交需要在开罗办理——一位总监——一封电报——奥利维尔·利特尔顿上尉——任命他为驻中东国务大臣——7月4日我致电罗斯福总统

在国内的我们一直挂念着西部沙漠的战役，包括百姓官兵在内的所有人都认为击败隆美尔是非常重要的，并都希望能够击败他。关于这一点，大家是一致的。和对西部沙漠战役所寄托的那一线希望相比，从希腊撤退的悲惨结局、发生在伊拉克和叙利亚的骚动以及克里特岛战役的惨败都不算什么大事。伦敦的所有人都是这么认为的。

虽然韦维尔每天都会遇到许多难以解决的问题，但是他和我们抱有同样的看法：只要击破隆美尔无所畏惧的进攻，解除托卜鲁克之围，我们所获的胜利将会补偿所有的损失。他还意识到了一点：当他在沙漠侧翼被击溃以及装甲车辆损失巨大时，我们冒了极大的危险才为他补充了力量。他相信“老虎”计划会取得成功，同时知道，将三百辆坦克通过地中海运送到他那里的意义。他十分振奋，但仍谨记着一个适用于战争同时也适用于生活的普遍原则：任何事情都是相对的。可以说，我们在战略上的一致看法是准确无误的。我们的一个与隆美尔总部很亲近的间谍在这时给我们提供了有关隆美尔困难的确切情报：隆美尔虽握有实权，但地位不稳定。我们清楚，他能够自我做主的权限是很小的，而且，德国最高统帅已经对他下达了非常严苛的命令，要求他不要贪图更多的胜利而错失了胜利。

首相致韦维尔将军　　1941 年 5 月 7 日

对于是塞卢姆还是托卜鲁克更具有战术意义，这可由你以及你的下属将军们自行判断。不过，如果“老虎”行动成功，你们便可不受什么约束了。一旦成功，我会立即从马耳他岛派遣“旋风”式飞机给你。只要那帮德国佬丧失了主动权，他们的可怕度就会大大减弱。我们时刻心系着你。

得到我们的所有情报后，韦维尔努力争取获得主动权，他打算在克里特岛战役十分紧迫时就抓紧时间击败隆美尔，也就是，趁声势浩荡的德国第十五装甲师还未全部从的黎波里赶到之前，同时趁敌人还未有效地使用班加西，为其供应问题提供便利之前。他甚至想在按照“老虎”计划运到的坦克——在我和韦维尔的联系电报中，它们被称“虎仔”——能投入战斗之前，就进攻隆美尔的军队。西部沙漠的装甲部队力量在 5 月初时仅有两个中队巡逻坦克和两个中队步兵坦克，它们驻在马特鲁东南。韦维尔希望这个部队在 6 月初时能够成为一支强有力的进攻力量。他觉得他有机会可以在“虎仔”准备好之前就行动，即在敌人获得他们的第十五装甲师的援助前就进行突袭。

韦维尔将军致首相　　1941 年 5 月 9 日

我下令将现有的全部坦克拨给了戈特的部队，以便在塞卢姆地区发起进攻。这个命令正在执行中，不久便会落实完成。除非“老虎”计划彻底失败，不然我是不会取消这个计划的……

韦维尔将军致首相　　1941年5月13日

“老虎”计划还未展开前，我便命令将现有的坦克拨给戈特的部队了，这同样是为了攻袭敌人的塞卢姆地区。这一两天内就会展开行动，我觉得戈特可以应对敌人的前锋部队。如果成功，应当考虑令戈特的部队和托卜鲁克守军联合起来，将敌军赶到托卜鲁克西面地区。可以在按照“老虎”计划运来的部分坦克到达后再执行这一行动，不过我急迫地想要在敌人的增援到达之前就下手。

三军参谋长非常支持我的想法。国内外保持一致真令人欣慰!

空军参谋长致特德空军中将　　1941年5月14日

1. 参谋长委员会在今天表示十分赞成你的估测，随后，首相又与我进一步讨论。对于总计划，他感到很满意，同时非常高兴这场即将到来的繁杂而重大的空战是由你来指挥的。

2. 以下是我们关于进度以及各个时期的侧重点的总估测，这个估测不会妨碍到你的行动，而有可能帮助到你。

3. 考虑时间因素以及重要性，利比亚的胜利应该居于首位，这个结果将会影响到德国人以及伊拉克人的对局势的想法。

4. 在巴格达重建一个友好的政府，是我们在伊拉克行动的目的。鉴于此，你应该尽力给予援助，但是勿使西部沙漠的胜利受此影响。

5. “炎热”行动即德国对克里特岛的进攻，估测其展开的时间是在规模较小的利比亚战役之后，在另一个较大规模的战役之前，而这个较大规模的战役将取决于“虎仔”的情况。军事行动是非常复杂而难以断定的，“科罗拉多”即克里特岛受攻击的时间可能会

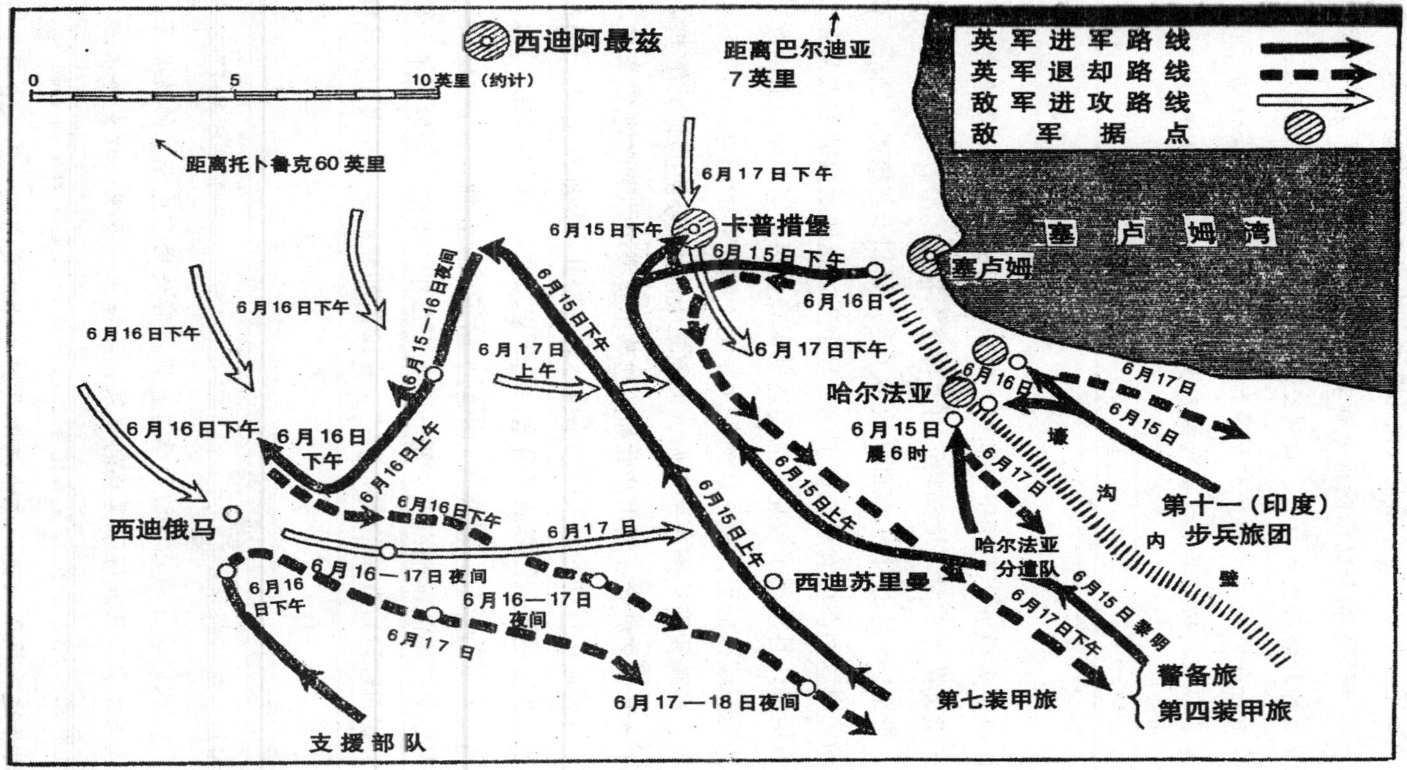

西迪阿最兹
0
5
10英里（约计）
距离巴尔迪亚
7英里
英军进军路线
英军退却路线
敌军进攻路线
敌军据点
距离托卜鲁克60英里
6月17日下午
卡普措堡
6月15日下午
塞卢姆湾
塞卢姆
6月15日下午
6月16日
6月17日下午
6月16日下午
6月16日下午
6月15—16日夜间
6月17日
上午
6月15日下午
哈尔法亚
6月16日
6月17日
6月15日
6月15日
晨6时
6月16日下午
6月16日
下午
6月16日上午
6月15日上午
6月17日
壕
沟
内
壁
第十一（印度）
步兵旅团
6月16日下午
西迪俄马
6月17日
6月15日上午
哈尔法亚
分遣队
6月16—17日夜间
6月16
日下午
西迪苏里曼
6月16—17日
夜间
6月17日
6月15日黎明
6月17日下午
6月17—18日夜间
第七装甲旅
警备旅
第四装甲旅
支援部队

“战斧”作战计划示意图

比预测晚。不过，这个看法仅供你参考，你不必据此行动。

6. 十多个明智的预防措施都不如一个显著的结果。我们可以在以后再好好考虑伊拉克、叙利亚以及巴勒斯坦战事的准备工作，现在最重要的是沙漠地区的军事行动。之后的情况将会证明，我们为了它的成功在其他方面所做的危险行动都是值得的。

* * *

配备了大概五十五辆坦克的第七装甲旅和第二十二警备旅联合成为这一支部队，此时，该部队正由戈特将军指挥，沿着壕沟顶端方向向西北进军。5 月 15 日，该部队攻下了塞卢姆和卡普措堡。之后，在左方的装甲旅向西迪安遂兹进军。当日下午，迅速反攻的敌人又夺回了卡普措堡，且重创了攻克该港的达勒姆轻步兵。第七装甲旅因此被迫从西迪安遂兹撤退。敌军居然使用了七十辆左右的坦克，出乎我们的意料。当晚我们还据守塞卢姆，但第二天即 16 号便撤退所有守军，只留下一些士兵驻守在哈尔法亚和西迪苏里曼壕沟的隘口处。

在有关这次行动的汇报中，韦维尔表现得并不是非常乐观。他说，一开始，我方进军后便肃清了自塞卢姆到巴尔迪亚地区的敌军。然后，敌军以坦克进行反攻，迫使我们退到了哈尔法亚。他还报告了几点：能够保住塞卢姆的前哨据点；托卜鲁克守军在一次出击中取得了一些成果；我们曾导致敌军的重大伤亡。在国内的我们非常高兴取得这样的成果。

首相致韦维尔将军　　1941 年 5 月 17 日

1. 我们还算满意行动的结果。在没有使用“虎仔”的情况下你便进攻了，且取得了这样的战果：推进三十英里，攻克哈尔法亚还有塞卢姆，俘获五百名德军，在兵员和坦克方面重创了敌人。相对于这一战果来说，二十辆步兵坦克的损失以及一千或者再多五百人的伤亡似乎还不算严重。

2. 从托卜鲁克传来的消息也令人满意，尤其令人满意的是敌军的损失大于我们的。敌人确实担忧托卜鲁克，因此一等该地区局势有所平稳便发出了明显满意的报告。看来，继续托卜鲁克的战役是非常重要的。

3. 我们料想敌人无法承受持久的激烈战斗，如果他们派出援军则正中我们下怀。而现在，为了重新稳定局势，他们就是这么行动的。由于确信敌人的处境非常窘迫，迪尔和我都相信只要我们顶住这长期的压力就会获得一个好结局。我们也相信，你一定会坚持在塞卢姆和托卜鲁克作战下去。你可以补充兵力，但敌人恐怕做不到这点。据我们了解，敌军的弹药紧缺。因此你可以设想，如果在这两个地区充分运用你的强大的机械化野战炮队，敌军的弹药将会被用尽。我们希望，在不加重你个人负担的前提下，能指派你的某一位官员每晚写一份报告，详细告知我们你的司令部了解到的重要情况和局势。对此将不胜感激。这是非常有必要的，尤其是在正进行像西部沙漠战役这样对世界局势关系重大的战事的时候。

4. 你准备何时使用“虎仔”？

韦维尔将军致首相　　1941年5月18日

敌军比我们预想的更强大，我们已由攻转为守，等待“虎仔”参战。但是，在月底前无法做到这一点，因为最好多给他们时间，让他们先适应当地条件，而且还得根据局势决定。敌人正在前沿地区召集兵力，可能会进一步推进。

如果你已听到了阿奥斯坦公爵投降的消息，可知东非战事实际上已经结束了。

*　　*　　*

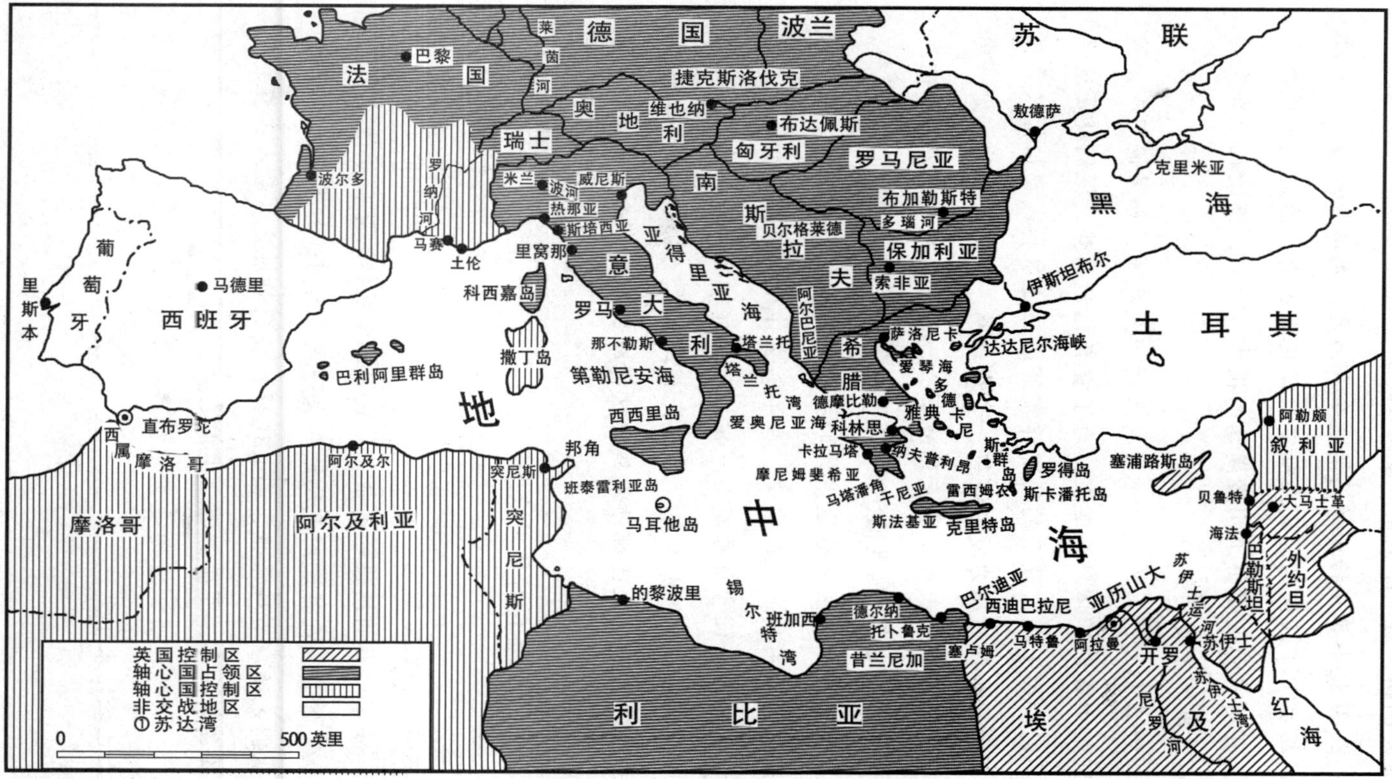

地中海地区，1941年6月21日

5月20日，韦维尔报告称德国第十五装甲师的一个坦克营已抵达前线。也就是说，我们失去了在隆美尔获得增援以前就击败他的机会。虽然事有准备，但是由于需要起卸、装配以及使武器性能适合沙漠作战等工作，“虎仔”的投入使用还是受到了严重耽误。许多运到的步兵坦克被发现机件不太好使。

韦维尔将军致首相　　1941年5月25日

感谢你的来电。我们意识到，与你英勇承担的任务相比，我们在这里的责任义务根本算不了什么……

使“虎仔”断奶的工作进行得还算顺利，不过，老虎也会经历“长牙时期的疼痛”。

我记得，我的夫人说，“有几个星期日，由于新运过去的坦克无法马上用于战斗中，在契克斯的人们非常焦虑乃至愤怒”。

*　*　*

灾难很快就来了。在之后的一个星期中，我们发现敌军频繁地调动他们的装甲车辆。从后来缴获的文件中，我们了解到，隆美尔正预谋一次猛烈的进攻，以便使托卜鲁克的局势有所缓和。同时，为了加重我们在托卜鲁克的困难，他也决心夺回哈尔法亚并据守该地。他对新到达的德国第十五装甲师的大部分部队进行了部署，在卡普错堡和希迪厄玛之间的边界上集中了主要的军力，另派遣一支小侦察部队到南边。据守哈尔法亚的是一个混合营，其中包括康斯特瑞姆警备队第三营、一个炮兵联队以及两个坦克中队。除了驻在南面的侦查巡逻队之外，我们在边界的其他守军都后撤了一定的距离。5月26日，敌人向哈尔法亚进军，当晚就攻夺了隘口以北的高地，从这个高地上看，康斯特瑞姆警备队所据守的全部阵地一览无余。我们尝试夺回这一该地区，但没有成功。第二日早晨，敌军先发动猛烈的炮火进攻，随后发动至少两个营和六十部坦克联合进攻。我们这一支人数较少的队伍，被逼到非常危险的处境中。由于后备部队距离遥远，无法作战，这支军队只能撤退了。虽然撤退成功，但损失惨重。坦克只剩下两部能使用的，康斯特瑞姆警备队有八名军官以及一百六十五名士兵牺牲。敌人的目标达成了，接下来就是在哈尔法亚站稳脚跟。他们如愿以偿地占领了这个阵地，三个星期之后，这个阵地便成为了阻碍我们的一个大难题。

* * *

为“战斧”作战计划的准备工作仍在积极地进行中，但是情况不容乐观。

韦维尔将军致帝国总参谋长　　　　1941 年 5 月 28 日

1. 对战争起到决定性作用的所有可用的装甲部队现已投入到“战斧”作战计划中，由于各种困难的阻碍，第七装甲师的重编工作被一再耽误。最早须到 6 月 7 日才能从玛特鲁向前推进，有可能还会更晚。

2. 我认为应该告知你我的看法，我很怀疑这次行动能获得多少成就。我希望通过这次战斗能够将敌人赶到托卜鲁克西面，然后使我们能够与托卜鲁克重新建立陆上交通。我们应尽可能获得最大范围内的成就，但是，从最近几次的战斗来看，情况令人担忧。我们的装甲车太轻了，无法抵抗敌人战斗机的进攻，而且，也抵抗不了德国装有大炮的速度很快的八轮装甲车，因为我们没有安装大炮。我们的侦查工作因此遇到了很大的困难。在沙漠上作战，我们的步兵坦克的速度过慢，并已经被敌人强大威猛的反坦克炮攻击得损伤严重。至于我们的巡逻坦克，它们无论是在威力上还是速度上都不如德国的中型坦克，而且存在许多技术方面的困难。在这种敌强我弱的劣势下，我们不可能像对抗意大利军队一样，仍信心十足地应战。以上提到各点会阻碍我们获得成果，因此，不断的适当的装甲部队的增援是必需的，此外还有充足的后备力量。

韦维尔在5月31日发来电报，说明他在改编第七装甲师时遭遇的技术难题，他最早是在6月15日才能执行“战斧”作战计划。他意识到延迟执行计划有危险：敌人将会趁机抓紧时间，利用所得的空军增援对托卜鲁克发起猛攻。但是，他同时又感到他必须等待，因为，将要发生的战斗主要是坦克之间的较量，他必须创造机会使那个装甲师能够获胜，而等待能够争取时间以“使得成功的希望更大”。

我一边渴望沙漠之战的展开，一边又疑虑重重，这次可能会使得整个战斗的进展都有利于我们。为了使第七装甲师能够熟练操纵“虎仔”，又多耗去了两个星期。我担心的是，德国人可能趁机已将第十五装甲师全部运达给隆美尔了。

我们这时根据情报得知，敌人往东昔兰尼加运送部队，已经运达以及正在运送的包括德国第五轻装甲师和第十五装甲师、意大利的爱利尔特装甲师、特兰托摩托化师和布雷西亚步兵师。此外，在德尔纳有一个意大利步兵师作为后备军。德军已经使班加西迅速投入使用，他们的大部分军队或许已经可以很有效地利用该港口获得物资补充。和我们在今年年初的作为对比起来，这种情况实在令人焦虑。

韦维尔在来电中说，敌人的大部分兵力部署在托卜鲁克的前方地区，其中包括大概一百三十辆中型坦克以及七十辆轻坦克。而我们估测，大概只有一百辆中型坦克，即相当于七个德国营和九个意大利营的兵力部署在前沿地区。因此，我们相信敌军将三分之二的坦克部队留在了距离边境七十英里的后方。如果托卜鲁克守军发动一次攻击就能暂时牵制住周围的敌人，那么，我们一开始就可以使得在边境上的装甲力量可以达到具有一百辆到一百八十辆坦克这种优势。韦维尔说这么估计不正确。就当前来看，可以肯定地说，在这场边境之战中，德军完全没有使用意大利坦克。实际上，我们没有发现他们成功将他们的一大批装甲车辆运送到了前方，也就是他们将使用超过两百辆的坦克来对付我们的一百八十辆。

* * *

6 月 5 日，“战斧”作战计划早早地开始了。我们的装甲部队由克雷将军统领，第四印度师和第二十二警备旅由梅塞维将军统领，贝雷斯福德 · 皮尔斯将军则是这支共有大概二万五千人的部队的指挥官。战事一开始进行得很顺利。虽然在哈尔法亚周围防守的敌军抵抗住了我们的南北夹攻之势，但是，下午的时候，我们的警备旅攻下了卡普错堡，俘获数百名敌军。之后，这个旅的部分人员向塞卢姆以西的敌军防守阵地推进，但是未能成功。第七装甲旅负责掩护部队外围，同时也向前推进，它没有遇到敌军坦克，驶入了卡普错堡的一个阵地。6 月 16 日，战役形势没有什么变化。在哈尔法亚和塞卢姆抵抗我军的敌人，在下午的时候投入了强大的坦克部队，显然是打算从西面围攻我们的进攻部队。为了解除这一威胁，第七装甲师出动了包括装甲旅和支援力量的部队去抵抗敌人。双方在希迪厄玛附近交战，我方因敌我力量悬殊而撤退。这样一来，由第七装甲师掩护的作为主要进攻力量的一个侧翼的处境就十分危险。

第二天，即 6 月 17 日，一切都乱了。这一天早晨，警备旅还留在卡普错堡，就是在塞卢姆的对面。然而，卡普错堡还是失守了，它是被一支据说配有一百辆坦克的强大的敌军部队夺回去的。这天晚上，仅能够使用大概十二辆巡逻坦克的第七装甲旅在西迪苏里曼附近过夜。前一天晚上迫使他们从希迪厄玛撤回来的那支敌军，此时正向哈尔法亚前进，我们的警备旅有被他们阻击的危险。克雷想要解除这一威胁，于是令第七装甲旅从南面进攻，并解除第四装甲旅与警备旅的合作任务，同时令其从北面进攻。然而，第四装甲旅刚一出发，警备旅的侧翼就被从西面开来的敌军的另一支装甲纵队逼入了险境。敌军的这次进攻虽然被第四装甲旅击退了，但是他们继续加大进攻力度。在这种情况下，梅塞维便告诉克雷说，为避免步兵被切断，他不能弃这个装甲旅不顾。

韦维尔将军在这一决定性的时刻飞往贝雷斯福德·皮尔斯将军的作战司令部，他依然希望，在克雷的装甲部队的进攻之下，局势会被扭转。他所乘坐的飞机飞到了第七装甲师的所在地，然而他一到那里就获悉了梅塞维将军已独自做出撤退决定。梅塞维认为他的侧翼和后方受到了双重威胁——他现在估测至少有二百辆坦克——必须撤退以免被围，而他也下达了相关命令。面对既定的事实，远在沙漠侧翼的韦维尔与克雷也只能批准了这一决定。我们的进攻失败了。有我们的战斗机给予掩护，全军的撤退非常有秩序。敌人没有追击，部分原因是他们的装甲部队会受到皇家空军轰炸机的猛烈袭击，但也可能还有其他原因。我们现在清楚了，隆美尔得到的命令是只守不攻，为秋季的战役做好各方面的准备。他如果擅自越过边境，追击我们，并因此受到损伤，那便是直接违抗命令了。

用战斗机来直接掩护我们军队，这一策略的确有效，但是也造成我们的兵力分散问题以及空军伤亡率的提高。第二天，敌人加强了空军力量，我们决定改变策略。空军继续实行一定程度的掩护时，同时要在更大更远的范围内发起进攻。17日，我军开始撤退，这天，敌空军对我军发动了四次大规模的攻击。交战中，我战斗机三次击退敌机，且经常能在低水平线上与轰炸机齐飞，以攻击敌军。这一策略使敌军行动受到了明显的阻碍，并重创了他们。我军飞行员很有力地帮助军队撤退，但是在这期间，由于难以区分敌我军队，也曾遇到一些困难。

三天的战斗下来，我军伤亡人员大概有一千多，其中一百五十人牺牲，二百五十人失踪。此外，损失了二十九辆巡逻坦克、五十八辆步兵坦克。巡逻坦克大多数是被敌军机击毁的，步兵坦克则大部分是因为机件损坏而又没有运输工具将它们拖回来。据悉，敌军的一百辆坦克中的最好的一部分也被我军击毁了。五百七十名敌军被俘，被掩埋的亡兵也很多。

* * *

同中地中海地区历来的战役相比，这场战斗的规模是小的，然而它的失败于我而言却是一次惨痛的打击。如果沙漠战役成功，隆美尔嚣张跋扈的军队就会被歼灭，我们就可以解除托卜鲁克之围，迫使敌军以他们进军时的速度飞快退到班加西的西侧。我认为，正是为了这一最高目的，我们才要冒具有种种危险的“老虎”计划。

我还没有得到有关 17 日战事情况的消息，但我知道不久后就会传来，而我想要独自一人，闭门不见客，于是便到恰特威尔庄园去了。在这里，我收到了有关战事经过的报告。在幽径间，我郁郁寡欢地徘徊了几个小时。

* * *

对于我在 1941 年 6 月下旬所采取的决定，所有逐一读过韦维尔将军与我及三军参谋长之间的来往电报的读者，都应该会有思想准备。在国内的我们感到，韦维尔已经心力交瘁了，或者说，我们把这匹驯良的悍马骑得它无法动弹了。很少有军人会遭遇这么大的压力：一个总司令要同时承担五六个不同战区的非常重要的任务，各战区的战事时好时坏，失利的时候压力更大。我曾不满意韦维尔就克里特岛的防务进行的安排，特别不满他没有再运送少数坦克过去。三军参谋长不顾他的意见，采取了小规模的进军伊拉克的行动，结果幸运成功，解救了哈巴尼亚之围，并在该地区获得了全面成功。然而，他却曾因为他们的一封电报震怒而提出辞职。当时，虽然他的态度不是很坚决，但我也没有表态拒绝。

最后还要说说关于“战斧”作战计划。韦维尔忠诚地按计划行事，使我成功地运去“虎仔”所冒的风险总算有所值。然而，中东司令部接受“虎仔”时所做的安排，我是有不满的。这批坦克从凶险至极的地中海运到他们那里，冒险之大，而我们的好运气也是很难一遇的。韦维尔在这场规模虽小却可能非常重要的战斗中所表现的精神以及他完全不顾个人危险，在那个又大又混乱的战场上乘飞机四处视察所表现的勇气，都令我钦佩。但是，正如前面讲过的那样，这次战役的配合不好。从托卜鲁克这个入口发动突袭，是基本的配合行动中的一部分，然而他们没有做到。

比以上更重要的是沙漠侧翼被隆美尔攻破了，这一事实使得我们已经在希腊采取军事行动的各项计划也都被打破了。我们认为，这些计划是巴尔干之战中非常重要的一部分，它们虽然会冒不可估测的风险，但收获的成果也是很诱人的。每天都在我左右的伊斯梅将军曾记录过这么一段话：“包括韦维尔的好朋友以及顾问在内，我们所有在中央工作的人都感觉到，沙漠侧翼被突破对韦维尔产生的影响很大。他的情报有误，因此根本没有预料到敌人那次急骤的猛攻。我记得，艾登好像说过韦维尔‘一夜之间老去十年’。”而我记得，有人曾这么说：“隆美尔把韦维尔头上新摘得的桂冠扔到了沙漠上。”这当然只是由于一时痛心而说出的话，不是内心真实所想。

要想对所有发生的事情做出正确判断，必须以本书中的当时可靠的文件为依据，当然，之后陆续发现的其他有价值的事实也应拿来参考。然而，事实已经明显无疑了：我在“战斧”作战计划之后认为有必要进行调整人事安排。

我不喜欢现任印度总司令奥金莱克将军在挪威战役的纳尔维克作战时所抱的态度，这个人过于看重安全性和事情的足够把握这两种不存在于战争中的东西，他总希望所有事情至少应该满足按照他提出的起码条件。不过，我个人对他的才能、风度以及崇高的品格具有很深的印象。他在纳尔维克的战斗后接管了南部战区司令部，将这个重要战区的军队变得富有活力而有纪律，我通过许多官方说法、地方评论以及私人评论证实了这一点。他被任命为印度总司令时，人们交口称誉。他派遣印度军队到巴士拉时，行动果敢迅速；他在压制伊拉克叛乱时的行动积极热情而又全力以赴。这些，我们是知道的。我确信，就是应该让奥金莱克，这么一位具有活力的新人物，去承担起中东的沉重艰巨的任务。同时，韦维尔将可以在新的机遇和挑战到来之前，在规模庞大的印度司令部得到休息，以便恢复精力。在伦敦的内阁和所有军事人员都赞成我的意见。我是不会独断专行的，而总会召集政界人员和专门人员，听取他们的看法。这一点，读者应该记得。因此，我发出去了如下一封电报：

首相致韦维尔将军　　1941 年 6 月 21 日

1. 经决定，任命奥金莱克将军接替你在中东的职务，这是符合所有人的利益的。我非常欣赏你无论是在胜利还是失败时都能够做到很好地统领部队，那些与你有关的胜利将会在英国陆军历史上留下永久的荣誉。对于这一场艰苦卓绝的战争的最后胜利来说，你所做出的一切是非常重要的，功不可没。然而，我认为，你长期承担艰巨繁重的任务是不妥的。如今，需要一位具新眼光的新人物，来承接这个受到最严重威胁的战场。另一方面，我确信，你是最适合接任印度总司令的最卓越的人选。我已经就此事征求过印度总督的看法，对方向我保证，印度人将会热烈欢迎你在那里承担起这个伟大的职务及其工作。他还说明，他个人会感到非常自豪，因为他将可以同一位如他所言“具有辉煌战绩”的人共事。因此，我打算跟国王陛下说明提名你担任此职务一事。

2. 我已令奥金莱克将军即刻动身前往开罗，你应在他抵达后协助他熟悉整个形势。德军东进的行动显然迫在眉睫，因此，你还应与他研究探讨将要采取什么措施应敌。最迟，他会在四五天内就乘飞机到达。你俩共同解决了各个问题后，你应尽快离开前往印度。此事不必公开，在你们分别就任前应严格保密。

首相致印度总督　　　　　　　　　　　　1941 年 6 月 21 日

我已将下列电文转达给韦维尔将军，请你也将它转达给奥金莱克将军。

慎重地考虑了整个形势后，我已提请国王任命你为英王陛下驻中东总司令，你应即刻前往开罗接替韦维尔将军。韦维尔将军将接替你作为印度总司令。你们应商讨整个形势，并一起研究将要采取什么共同措施来抑制显然将要东进的德军。希望告知抵达日期。在你就任新职之前，应保密这次调动情况。

韦维尔以平稳持重的态度接受了这一决定。当时他正要飞往埃塞俄比亚，后来证明这是个非常危险的举动。他的传记作者在叙述时说，他在读过我的电报后说："首相是对的，这个战场上的确需要一位具有新眼光的新能人。"他完全服从英王陛下政府的命令，接受了新的司令职务。

* * *

驻开罗的参谋人员明显不够，我这几个月都在为此担心，并且越来越觉得在我们那位勉强支撑的总司令身上，有着各种各样的过度的负担。早在 4 月 18 日的时候，总司令本人以及其他司令官就曾请求减轻他们的负担并协助他们。他的意见曾得到他的两位专用同僚的赞成。"我们认为，在这里设立某种权力机构是必要的。在英王陛下政府所规定的政策的广泛范围内，这样一个机构可以处理一个部门或一个地区以上的政治问题，所以，这个机构自然是直接向战时内阁负责，而不是向任何一个部门。”艾登先生在开罗时，各位总司令感到了有高级政治长官在身边的便利。因此，他们对他的离开感到有些怅然。

6 月 4 日，我任命海宁将军担任我新设的“总监”这一特殊职务。曾在帝国总参谋长出国期间代理其职务的海宁将军熟悉内阁程序和战争的整个情况，因此我希望他能替韦维尔负责打理所有关于供应和技术管理的事情，并打算请他对整个后勤机构，特别是那些大规模的坦克和飞机修配厂进行详细的检查。此外，还请他检查正在发展中的铁路、公路以及各个港口设施。如此，各有关司令就不必费心操劳这些繁琐的事务，而只需专注作战。

我的儿子伦道夫曾跟随突击队出发，突击队的大部分人员现在散于各地，而伦道夫正在沙漠做事。他是一名议会议员，接触面广泛。我不常收到他的信息，但在 6 月 7 日却受到了他从开罗发来的电报，电报是由外交部转达的。他的来信是在我们的大使麦尔斯·兰普森爵士知情的情况下写的，也是受到了后者的鼓励而发出的：

（私人密电）伦道夫·丘吉尔致首相

除非有一位能力卓越的文官每日在现场给予政治上和战略的指导，否则我们如何敢说能看到开始取胜的希望？为何不派遣一位战时内阁人员来指挥整个作战活动呢？届时，这个人员除了需要几个在他身边的工作人员之外，还需要两位优秀的人员来主持有关供应、指导检查以及情报、宣传方面的工作。在这里的许多有想法的人都意识到，有必要据此建议进行改革。看来，光是进行人员调遣还不行，这种时候的确是改变体制的成熟时机。请原谅我的打扰，但我认为目前形势不容乐观，必须采取紧急措施才有可能取得成功。

就是这封电报使我坚定了心中所想。我在两个星期后给他复电说：

“我这几天都在思考你那封很有想法的电报，它是有价值的，我反复思考了其中提到的意见。”我立刻采取了行动。

1940 年 10 月时，我曾请奥利弗 · 利特尔顿上尉为政府做事，出任贸易大臣。我在他幼年时便认识他了。他的父亲艾尔弗雷德 · 利特尔顿，1904 年时曾是鲍尔弗内阁的殖民地事务大臣，爱尔兰自治运动分裂前是格拉德斯通先生的私人秘书——他当时还很年轻。他还曾做过多年的下院议员，工作相当出色。他的儿子成长于政治环境中。他曾在近卫步兵第一团服役过，参加过第一次世界大战最艰难的战斗，多次受伤并多次荣获勋章。我记得，当他在 1918 年被毒气弹炸伤入院后，我还探望过他。那一次，他算是蛮幸运的。这么说是因为那颗炸弹是在他脚下爆炸后烧及他全身的，没有炸死他。如果那是一颗比较正规且比较合乎情理的具有高爆炸力的炸弹，那他就惨了。

退伍后，奥利弗·利特尔顿从商了，在一家大五金公司任总经理。因了解他具有卓越的才能，我果断把他拉入议会中并重任他。任贸易大臣期期间，我们联合政府中各党人士都看到了他所取的政绩，并十分尊敬他。1914 年,他提出有关服装分配的提案。我不赞成这个提案，但是内阁和下院都赞成。显然，这在当时是必要的。他作为下院的一位新人，自然需要在很多方面加强知识补充。不过，从之后的结果来看，我这次非凡的遴选是选对人了。我之所以认为他能够胜任战时内阁驻中东大臣这个史无前例的新职位，是因为他是一位活动家，在各方面都活动频繁。于是，军事长官们身上的负担又得以有所减轻了。我发现，各政党的同僚们很快就接受了我的意见。于是，我发出了如下一封电报：

首相致韦维尔将军　　　　1941 年 6 月 29 日

国王痛快地改任前贸易大臣奥利佛 · 利特尔顿上尉任命为战时内阁国务大臣，另任比弗布鲁克勋爵担任军需大臣。30 日，利特尔顿上尉及少数机要秘书人员将乘坐飞机离开英国，7 月 3 日到达开罗。他的职责是，以战时内阁驻中东代表的身份，接替中东最高司令部主管的所有非军事的事务，并按照英王陛下政府的政策尽快地解决很多问题——以前，这样的一些问题由于关系到几个部门或者几个方面，必须向国内请示。这个情况同你于4月18日的电报中的意见一致，不过更明确。我会在下次电报中提到给利特尔顿上尉的命令。

此事请在奥金莱克将军到达后转达，并转达给麦尔斯·兰普森爵士。在利特尔顿上尉到达任所之前，严格保密他的行程与使命。

* * *

这些新调整以及由此引起的行政上的反响，同中东总司令的人事调动相配合、适应。我给罗斯福总统发出了一封电报，其中内容是我对上述情形的最好的总结。此时，总统正将最重要的援助物资投向这个战场。

首相致罗斯福总统　　1941年7月4日

我们是依据以下几项理由决意替换中东总司令。

韦维尔曾歼灭意大利部队、打败建在非洲的意属国家，他的战功是辉煌可嘉的。此外，在与德军的战役开始后，他在顽强抵抗的同时又指挥着三四个方面的战事。我不得不承认，他是我们最有才能的将领。虽不应该明说，但我必须指出，我们感觉到长期处于重压之下的他有些筋疲力尽了。我们需要一位有着新视点和足够精力的人来负责这个受到最严重威胁的战区，唯一能能接替他的最佳人且最优秀的人选就是印度总司令奥金莱克将军。我们相信奥金莱克会以其生机勃勃的精神和严谨的作风，带给尼罗河流域的防务不同的风貌，而韦维尔也会在印度总司令的位置上不负众望。他会在已经划归印度的整个大范围的行动区域内，协助奥金莱克的沙漠侧翼部分向东移动，并且以印度总司令的身份指挥伊拉克的战事。

韦维尔毫无怨言地接受了这项决定，他说这次人事调整是明智之举，他赞成在中东的许多问题上提出新的见解并采取新的行动。另一方面，印度总督则向我保证过，印度军队和舆论方面将会热烈欢迎战绩辉煌的韦维尔将军。目前，在中东的德军的攻势稍微平静，这也便于我方总司令的人员调整。与此同时，已任命奥利弗·利特尔顿为国务大臣。他将代表战时内阁驻在该战区内，帮助各位总司令身上处理他们肩上的那些附加的非军事任务，诸如同自由法国人的关系、同埃塞俄比亚皇帝的关系、我方已占领的敌国领土上的行政管理、宣传工作与经济战等等。另外，新设置的驻中东总监（海宁将军）的活动，包括与美国供应品有关的当地所有事项，也都受国务大臣的监督。海宁将军将替陆军总司令分担后勤以及供应安排有关的具体事务。

我希望，通过这一系列人事调整，我们在中东将会出现新的更具有活力的新气象，确保我方能够充分利用来自联合王国、海外的英帝国以及美国的庞大人力物力。预计利特尔顿将于7月5日抵达开罗，我们让哈里曼在那里等他，以便集中各种情报，并与之商定接收美国供应物资的办法。届时，哈里曼会向你报告一切。

第二十章　苏联自尝恶果

苏联的错误估测——德军在东方的部署——无法预测的未来——联合情报委员会的意见——5 月 31 日参谋长委员会提出警告——一道闪电——4 月 3 日我亲自告诫斯大林——让人恼怒的延误——“巴巴罗萨”作战计划被希特勒推迟两次——三个集团军群——努力阻止希特勒和里宾特洛甫——5 月 16 日我致电史末资将军——斯大林的幻想——6 月 13 日塔斯社的广播——里宾特洛甫在 6 月 21 日发出了一封决定命运的电报——6 月 22 日宣战——舒伦堡——希特勒的残酷策略——契克斯的假日——总统的保证——德军攻击——6 月 22 日我发表广播演说

内米西斯是“能够毁灭所有过分幸运和打击随之而生的傲慢的……并且是奸恶至极的惩罚者。她是掌管报应的女神。”[①]这个时候，我们必须揭露苏联政府以及规模宏大的共产党机构的丑陋无知了。他们没有清楚地看到自己的处境，抱着冷血无情的态度暗中谋划，如此极端的无知和自负最终导致了他们的错误。他们对西方列强的命运始终抱以漠然冷酷的态度，即便这命运和他们不久之后就呼吁开辟的“第二战场”的存亡息息相关。早在六个多月前，希特勒便决定摧毁他们，而他们似乎没有丝毫的察觉。如果他们的情报机构曾向他们报告过德国正在东欧部署军队的消息——这支军队的规模日益扩大，但是可以

① 见《牛津英语词典》。——原注

看到，他们没有采取许多必要的应对措施，而是任由巴尔干各国被德国践踏蹂躏。如果说他们仇恨西方民主国家，但是，土耳其、罗马尼亚、保加利亚和南斯拉夫这四个国家与他们的基本利益和安全有着密切关系，他们本不该让这些国家陷于混乱中，而本来，在 1 月的时候，如果苏联出面，这四个国家是可以在得到英国的积极援助后便联合起来成立巴尔干战线以抵抗希特勒的。结果，除了土耳其外，其他三个国家都相继被德国攻陷了。

在战争中，人不免犯错，然而我们很怀疑，像当时斯大林和共产党的其他领袖们所犯的错误是前所未有的。对于在巴尔干出现的机会，他们视而不见，只顾等待；对于俄国即将遭受的猛烈的袭击，他们没有丝毫的察觉。此前，我们一直认为他们不过是自私的谋略家罢了，而现在看来，他们根本就是大笨蛋。俄国的实力、群众力量以及他们整个国家的勇敢、坚韧，还需要经过考验才能论定。但是，就战略、政策落实以及预见能力等方面来说，在当时，斯大林及其同僚和百姓完全就是在第二次世界大战中被骗的笨蛋。

* * *

1940 年 12 月 18 日，希特勒发出“巴巴罗萨”命令，定下了要为攻打俄国所做的军队总部署和主要任务。当时，在东线的所有德国部队有三十四个师。德国人在 1941 年一开始的几个月，又耗费时间，制定庞大的计划以及做准备工作，意图将东线部队的兵力增强到原来的三倍多。希特勒决定在 1 月和 2 月间对巴尔干采取行动，因此从东部兵力中抽调了五个师到南部，这五个师中有三个是装甲师。5 月时，在东部的德国兵力扩充到了八十七个师，此外还有最少二十五个师用于巴尔干。如此严重地分散兵力，必定会妨碍在东部集结军队，考虑到德国攻打俄国一举的重要性和所冒的风险，这种做法无疑是不明智的。以下要讲述的就是，我们在巴尔干的抵抗，尤其是南斯拉夫的革命，是如何拖延了德军这一重大的军事行动，使他们被耽误了五个星期之久。拖延是在冬季前做到的，无人可精确估测它对后来德国和俄国之间的战斗胜负起到了一种什么程度的重要影响。然而我们有理由相信，莫斯科得以保全跟我们迫使德军的拖延不无关系。5 月间和 6 月初，在巴尔干的许多精锐德国师和所有装甲师都开往了东线。在开战时，德军用以进攻的兵力有一百二十个师之多，其中有十七个装甲师，十二个摩托化师。在他们的南路集团军内还有六个罗马尼亚师。此外，他们可能已经集结了或正在集结的总后备军有二十六个师。因此，在 7 月初，至少有一百五十个师能为德国最高统帅部指挥使用，且还有大概二千七百架飞机的主力空军的支援。

* * *

我直到 3 月底时还不相信希特勒会同俄国决一死战，也不相信这场战争已经迫在眉睫。我们的情报人员可以在那些准中立国家中自如行动，因此能够随时将确切的情报传达给我们。德国通过铁路和公路挥军向东南欧的消息就是他们告知我们的，事实上，1941 年 1 月到 3 月间，德国指挥大军向巴尔干并进入这些国家的情形，都详细地记录在我们的情报材料上。但是，所有的消息中没任何一条表明德国会对俄国采取行动，它们都完全可以从其他角度解释。比如，德国为了确保在罗马尼亚和保加利亚的权益，因此自然而然地会采取策略。或者说，这些策略跟德国对希腊的企图有关，也可以从德国同南斯拉夫及匈牙利的协议去解释。至于德军进攻俄国的主要战线——由罗马尼亚到波罗的海——及相关活动的情报，就更难看出什么迹象来。我个人很难想象，德国在澄清巴尔干局势前还能与俄国大战一场。

莫洛托夫、希特勒和里宾特洛甫于 1940 年 11 月在柏林举行的谈话内容，以及在这一会谈后便进行的谈判和协定，我们都不知情。另外，在英吉利海峡战区，德军用以对抗我们的力量也未见减少，且他们对不列颠进攻的空军力量还加强了。对于德国向罗马尼亚和保加利亚集结军队的情况，苏联政府缄口不提，显然是接受了这一事实。我们还有证据表明，俄国曾将大量宝贵的供应物品运到德国。显然，这两国想要瓜分英国在东方的殖民地。所有发生的事情看起来就是这样的，即希特勒和斯大林已经达成了不会打起来的协定，而决定牺牲我们。而我们现在清楚了，他们之间的交易的内容大部分都属于斯大林所愿。

以上就是我们三军联合情报委员会的一致感觉。4 月 7 日，该委员会才说，德国将要攻打俄国的消息在欧洲已经传开了。他们说，虽然德军拥有大批军队在东欧，且认为同俄国交战是迟早的事情，但是，它还不至于马上要开辟另一个大规模的战场。他们认为，击败联合王国才依然是德国 1941 年的主要目标。直到 5 月 23 日，三军联合情报委员会还做了这样的汇报：德国将要攻打俄国的谣言已经消停了，两国将会做出新的协定。他们从德国需要加强经济以应付长期战争的这一需要出发，认为他们新汇报的消息可能属实。因为，除了武力之外，通过协定也是德国获得俄国必要协助的方式。他们觉得，虽然武力威胁会有助于协定的签订，但是德国更可能选择后一种方式。许多证据表明，这一威胁正在形成：在波兰的德国占领区内修筑起了公路、铁路以及飞机场，军队正在进行大规模的集结，从巴尔干各国不断有军队和空军开来。

三军参谋长比他们的顾问更具有长远的目光，而且判断也更加果断。他们在 5 月 31 日警告中东司令部："我们有确切的证据表明，德国正在大规模地集结陆军空军，准备攻打俄国。他们可能会据此威胁俄国作出让步，届时我们必将受到危害。如果俄国拒绝了他们，他们必将发动进攻。"

直至 6 月 5 日，联合情报委员会的报告说，从德国在东欧正进行的军事准备的规模来看，将会发生一件比签订经济协约更重大的事情，有可能，日益强大的苏联军队在德国东部边境上构成了潜在威胁是德军此次行动的原因。不过，他们还难以断定，德军是打算通过战争还是协定来解除这一威胁。他们在6月10日汇报说："在6月下旬，我们就可以知道结果是战争还是协定"。在6月12日，他们又报告说："新的证据表明，希特勒已经决定发动进攻，扫除苏联这一障碍。"

*　　*　　*

我向来不满意这种群策群力的解决问题的方式，宁可亲自审阅原始资料。早在1940年夏天，我就请德斯蒙德·莫顿少校每天为我选取重要的消息。一直以来，我都没有错过这些珍闻，因此我有自己的见解，而且，我的见解有时候是很早就有的[①]。

因此，我十分开心而欣慰。早在1941年3月底，我就读到了来自可靠方面的有关德军的情报，其中提到德国装甲部队正在调动，往返于从布加勒斯特到克拉科夫的铁路上。通过这份情报可以看出，在南斯拉夫的大臣们于维也纳投降时，德国人便立刻从由罗马尼亚调到南部希腊和南斯拉夫的五个德国装甲师中抽调了三个出来，北调至克拉科夫。然后，在贝尔格莱德爆发革命后，这一调遣工作又转向了相反的方向，又将那三个装甲师调回了罗马尼亚。在当地的我们的情报人员，看到大概六十列火车的转轨和回驶，自然可以料到这些情况。

在我看来，这份情报犹如照亮了整个东欧局面的一道闪电。敌人突然间将原用于巴尔干的装甲部队调到克拉科夫，那只能说明一个问题，即希特勒企图于5月攻打俄国。我自此开始就认定这是他打的算盘。贝尔格莱德革命爆发后，他们只能将这些部队调回罗马尼亚，进攻的日期于是就得从5月拖延到了6月。我立即将这个重大的消息电告给仍在雅典的艾登先生。

---

① 首相致伊斯梅将军　　1940年8月5日

我不愿让各级情报机关先挑选和摘编这类情报。请由莫顿少校为我做审查选编，由他将一些他认为重要的情报转交给我。应该让他看到所有的情报消息。请提交可靠的原材料给我。——原注

首相致艾登先生　　　　　　　　　　　1941 年 3 月 30 日

对于这个情报，我认为是这样的：那个大坏蛋曾经召集大量装甲部队和其他兵力去恐吓南斯拉夫和希腊，是想要不经打仗就能够攻占这两个国家或者最起码南斯拉夫。确信南斯拉夫会加入轴心国后，他认为留下两个装甲师就可以应对希腊问题了，于是从五个装甲师中抽调了三个出来对付那只熊。然而，他的如意算盘被贝尔格莱德革命打破了，北调的部队于是中途停止。我认为，在这种情况下，他只能尽快攻打南斯拉夫或者对土耳其采取行动。看来，他会在巴尔干半岛启用重要的军队力量，而暂时不对大熊行动。将这种突变情况与贝尔格莱德革命联系起来，可知道德国对东南欧和东欧打的算盘是很大的。我们迄今见到的最显著迹象就是说明了这些问题。不知你和迪尔是否同意我的看法，请将慎重思考过后的想法电告。

我也通过一些方式来警告斯大林，让他注意他正面临的危险，另外，我也想借此与他建立起我与罗斯福总统保持的那种联系。我的电文简短含蓄，我希望事实能引起他的注意和慎重的思考。自 1940 年 6 月 25 日发出一封官方电报，说明有关介绍斯塔福德 · 克里普斯爵士出任大使一事之后,这是我与他的第一次通讯。我也希望他能够从这“第一次”中看到问题的严重性。

首相致斯塔福德 · 克里普斯爵士　　　　　　1941 年 4 月 3 日

只能请你亲自将这封电报转交给斯大林先生。以下是我要说的：

我曾得到一位情报员提供的可靠消息：在德国觉得他们已经拿下了南斯拉夫时，即 3 月 20 日后，他们便从由罗马尼亚调出的五个装甲师中抽调了三个出来，派到波兰南部。当他们听到塞尔维亚人发动政变后，又立即中断了派遣行动。阁下大可猜想其中的重要意图。

已从开罗回国的外交大臣又附加了几点说明：

1. 在收到这封信后，如果你想进一步说明你的意见，你可以指出：从德国军事部署的变动可以断定，希特勒被南斯拉夫的行动牵制，推迟了他威胁苏联政府的原计划。如果这是事实的话，苏联政府应当抓紧这个机会去巩固自己的地位。敌人计划的延迟表明他们并非有无限可用的部队，同时表明，成立联合战线这样的组织是非常有益的。

2. 显然，通过向土耳其和希腊提供物质支援并通过希腊支援南斯拉夫，苏联政府就可以巩固自己的地位。如果苏联政府这么做，德国在巴尔干半岛可能就须解决更大的困难，以致不得不进一步拖延，而各种迹象也表明了德国攻打苏联的企图。如果不抓住现在这个机会阻挠德国，几个月后苏联就会再次面临危机。

3. 你当然不能像在暗示我们需要苏联政府的帮助，或者像提醒苏联政府仅为了他们自己而采取行动。我们需要他们明白的是：只要能进攻，希特勒便迟早会对他们发起进攻；如非他当前在巴尔干遇到了一些难以解决的难题，他正与我们交战这种情况并不会阻碍他对苏联的企图；所以说，对苏联而言，采取所有可能的措施使得希特勒无法如愿解决巴尔干问题，是有益于苏联自己的。

直到4月12日，我驻苏联大使才回电。他说，在收到我的电报之前，他就以私人名义给维辛斯基写了一封长信。他在信中提到，对于德国对巴尔干的一再侵犯行径，苏联政府虽然进行了抵抗却没有起到效用。然后，他以最严厉的措辞说，苏联现在有最后的机会可以与其他国家结盟来保卫自己的国境，若是它没有错失这一机会，就必须即刻采取有力的行动，与巴尔干地区中仍然反对轴心国的国家联合起来。他在电报中还说：

首相的这封电文简短而语气较弱，如果我通过莫洛托夫将这封电文递交给苏联，我恐怕唯一的效果可能是削弱我写给维辛斯基的那封信的影响。我确信苏联政府难以理解这封简短电报的用意。他们肯定也是清楚事实的，而我们根据这样的事情竟只是做出了如此简短而片段性的点评——其中既没有明确要求苏联政府表态，也没有建议他们采取措施，那么，又何必那么隆重地递交这封电报呢？

我担心将首相的信件递交上去反而是一个严重的策略上的失误，因此觉得应该将我的顾虑告诉你。但是，如果你不认同我的看法，我将立即设法同莫洛托夫会晤。

外交大臣于是向我转告：

我赞同斯塔福德·克里普斯爵士的正确有力的看法，即在这种新形势下不必递交你的电报。如你允许，我就告诉他暂且不必递交。但是，如果维辛斯基对他的信反应良好，那他就应该告诉维辛斯基你的电报中提到的事情。同时，我会请他尽快回电告知你有关他致维辛斯基的信的大概内容，随后再交来这封信的全文。

这件事情以及因之而产生的拖延，让我倍感烦恼。我因此事和发生的拖延甚感烦恼。这是唯一一封在德军进攻前我直接致斯大林的电报，虽然电文简短却具有重要的特殊意义。它的特殊在于，它是来自于英国政府首脑的，且是由英国大使直接转交给俄国政府首脑，这些特殊性都旨在引起斯大林的重视。

首相致外交大臣　　1941年4月16日

我非常重视我致斯大林的那封私人电报以及递交该电报一件事，因此不理解为什么会遭到拒绝。大使没有敏感地意识到那些事实的重要军事意义。请务必递交信件。

又写了另一封：

首相致外交大臣　　1941年4月18日

我那封警告斯大林德国可能发动进攻的私人电报，斯塔福德·克里普斯爵士将它送交上去了么？这封电报居然被耽误这么长时间，我感到十分惊讶。我很重视这封意味深长的电报。

外交大臣于是在18日致电大使，让他递交了我的电报。然而，斯塔福德·克里普斯爵士没有回音，我便询问情况。

首相致外交大臣　　1941年4月30日

斯塔福德·克里普斯爵士是什么时候将把我的电报递交给斯大林的？请你让他汇报有关情况。

外交大臣致首相　　1941年4月30日

斯塔福德·克里普斯爵士是在4月19日将电报送交维辛斯基先生的，4月23日，维辛斯基先生书面告知说已将电报交给斯大林先生。

这件事已经电报于我，由于失误，我没有及时电告于你。十分抱歉。先将抄件附上。

以下那些抄件：

斯塔福德·克里普斯爵士自莫斯科致外交大臣 1941年4月19日

我今日已将电文交给维辛斯基，请他转交斯大林。你的来电没有说清楚是否应将那几点说明合并在电文内，或作为我自己的附带说明。考虑我曾于4月11日致电维辛斯基，且昨日又刚会谈，另外又鉴于说明只是在重复，我认为最好不要附加任何说明。

斯塔福德·克里普斯爵士自莫斯科致外交大臣 1941年4月22日

维辛斯基今日书面通知我他已将电报转交斯大林。

我无法断定，如果按照我的命令及时递交我的电报，事态发展是否会因此有所不同。但是，不管怎样，我仍然为我的指令没有得到有效执行而感到遗憾。若是我当时能够与斯大林有任何的直接接触，他的空军后来在地面上所遭到的毁坏或许就可以避免。

* * *

我们现在清楚了，希特勒在12月18日的命令中曾规定在5月15日进攻俄国。贝尔格莱德革命惹怒了他，逼迫他在3月27日那天将进攻日期延迟到一个月后，再之后日期又被延迟到了的6月22日。3月中旬时，德军已经无需遮掩他们的行动了，开始在北面向俄国主要前线调动军队。3月13日，柏林当局禁止在德国境内的俄国考察团人员进行活动并将他们遣送回国。俄国人最多只能在这一地区待到3月25日。德军的大批部队已经集结在了北部地区，他们在3月20日还会召集更多的兵力①。

4月22日，苏联方面就越来越多的德国飞机不断侵犯俄国边境一事向德国外交部提出指控。从3月27日到4月18日，侵犯达八十次。

① 《纳粹—苏联关系，1939—1941年》，第279页。——原注

俄国声明，“如果德国飞机侵犯苏联边境，将会采取严厉的措施”。

德国以一系列侵犯苏联的飞机作为对指控的回应。

* * *

此时，一百二十个最优秀的德国师团正分成三路向俄国前线集中。前文讲述过，由龙德施泰特指挥的南路集团军群由于某些原因而在装甲方面有所缺乏，最近，该集团部队的装甲师从希腊和南斯拉夫调回了德国。虽然进攻日期推延至6月22日，但由于装甲车辆在巴尔干受损，仍需要休息和检查。

舒伦堡于4月13日从莫斯科回到柏林，28日，希特勒接见了他。会谈中，希特拉就俄国对南斯拉夫的态度发表了一大通议论。根据舒伦堡对这次谈话所作的记录，他曾试图为苏联的行动辩解。他说，德国要对俄国发起进攻的谣言令俄国人异常震惊，而他本人也不相信俄国会攻打德国。希特勒说，塞尔维亚事件于他来说是一种事前警告，他认为从中可以看出一些国家在政治上是不可靠的。不过，舒伦堡坚持他的主旨，这一主旨在他自莫斯科发来的所有电报中都是一致的。他说：“我确信，斯大林甚至打算对我们做出更大的让步。若是我们在适当的时候提出过这样的要求：俄国每年要给我们供应五百万吨粮食，他们也是会答应的，这么说是因为他们在我们的经济谈判人员面前如此说明过。”①

4月30日，舒伦堡回到了莫斯科。同希特勒的会晤使他如醍醐灌顶，让他清楚地意识到，希特勒原来一直想要发动进攻。他好像还试图向俄国驻柏林大使戴卡诺索夫提出过警告，让他注意希特勒的这种迹象，而且，直到最后，他还在努力想要实现他的目标，即使德国和俄国达成谅解。

① 《纳粹—苏联关系》，第332页。——原注

在国家的政府部门中常常可以见到一种人，这种人做的是文职工作，能力突出。德国外交部常务次官魏茨泽克就是这么一类人。从英国的制度来说的话，他对国家政策是不负责任的。然而，他被战胜国成立的法庭判处七年徒刑，现在正在服刑中。从这一结果可以看出来，作为一名战犯的他理所当然曾给他的上司提出过忠诚的建议。我们很庆幸，他的上司没有采纳他的建议。对于我前面提到的会晤，他是这么评论的：

魏茨泽克致里宾特洛甫　　　　柏林：1941年4月28日

我可以用一句话来概括我对德俄冲突的看法：若是俄国每一座化为废墟的城市的价值等同于一艘被击沉的英国军舰的价值，我就赞同在今年夏季发动德俄战争。然而我相信，即便战胜了俄国，我们也只是取得军事意义上的胜利，从经济意义来说，我们是失败的。

也许有人认为，给予共产主义制度致命的一击这件事是非常具有诱惑性的，而且，从对付盎格鲁—撒克逊王国及其仆从的角度来说，将欧亚大陆尽收囊中也是很合理的做法。但是，这一计划和行动能够加速英国的瓦解才是唯一决定是否发动它的要素。我们必须清楚两种可能：

1. 英国将要崩溃。假设这是事实，那么我们在这种时候再树立一个敌人就会使英国士气大增。而俄国本不是英国的潜在盟友，英国本不可能从俄国方面获益。另外，俄国人所希望的是，也不是推迟英国的崩溃。英国人不会因为我们对俄作战而失去什么希望。

2. 如果我们不认为英国即将就会崩溃，我们就自然会想到通过武力手段从苏联领土上获得供给。我相信我们将成功进驻莫斯科并越过它。然而，我很担忧南斯拉夫人著名的消极抵抗能否让我们从中得到好处。我认为，在俄国这个国家中没有任何有实力的、能够接替共产党同我们联合起来的能服务于我们的反对派。因此，我们必须做这样的设想：斯大林制度将在俄国东部及西伯利亚继续保持，然后在1942年春季俄国掀起新的敌对行动。这样一来，我们依旧打不开通向太平洋的门户。

挑起德俄战争只会让英国人获得精神力量，而且，此举会被他们认为是德国人对德英之战失去了取胜把握。我们届时必须承认战争会持续更久，因为这可能等于延长而不是缩短战争。

舒伦堡在5月7日满怀希望地报告说，斯大林已经接替莫洛托夫任人民委员会主席，成为苏联政府的首脑。

近期在对外政策方面有误，导致了德苏关系由热转冷，这可能是产生这次人事变化的原因。一直以来，斯大林都有意识地努力建立并保持双方的友好。

新任职的斯大林将会负责起苏联政府的内政外交的各方面……我深信他将利用新职努力保持和发展德苏之间的良好关系。

德国海军武官自莫斯科发来的报告也表示了同样的意思："斯大林是德苏合作的中心。"俄国姑息纵容德国的事例在增多。5月3日，俄国正式承认伊拉克亲德的拉希德·阿里政府。5月7日，比利时和挪威的甚至南斯拉夫的外交大使都被俄国驱逐出境了。6月初，在莫斯科的希腊公使馆全体人员被赶。德国陆军部经济司长托马斯将军后来曾写过一篇文章论述德国战时经济，其文有："俄国人直到进攻的前一夜还在履行交货任务，最后几天还有快车从远东运来。"

我们还未获得有关莫斯科方面的心绪的情报，但是，德国的目的已经很显然了，也容易理解。5月16日，我电告史末资将军："看来，希特勒正在集结进攻俄国的部队。当前，不停地有军队、装甲部队和飞机从巴尔干向北调动，从法国和德国向东调动。"斯大林肯定是因为还对希特勒政策的抱有幻想，所以在委曲求全。德军又进行了一个月的紧张调动和部署，6 月 13 日，舒伦堡向德国外交部发去了以下的电报了：

刚才，人民委员莫洛托夫交给我一条塔斯社电讯。这封电讯今晚将会广播出来，明日见报，它的内容是这样的：

早在英国大使克里普斯回到伦敦前，英国和其他国家报纸就大肆传谣说苏德战争马上就会打响。尤其是在他回去之后，这方面的种种谣言传得尤其厉害，这些谣言包括：

1. 德国可能已经向苏联提出了领土和经济方面的各项要求，而且双方即将商定一项使双方关系更紧密的新协定。

2. 苏联可能已经拒绝了德国的要求，因此，德国在苏联边境集结军队，准备进攻俄国。

3. 苏联可能已经做好抵抗德国的紧张准备，在德国边境集结军队。

莫斯科虽然也认为这些谣言很荒诞，但是同时觉得应该说明它们产生的缘由，他们认为这种愚蠢的宣传是为了反对苏联和德国势力，是出于急切想要扩大战局的心愿。

希特勒应该为他的欺骗功夫自豪，同时对他的受害人的心理状态感到心满意足。莫洛托夫蠢到了最后，这件事值得记载。

舒伦堡致德国外交部　　　　莫斯科：1941 年 6 月 22 日

凌晨一点十七分

昨晚九时三十分，莫洛托夫在他的办公室召见了我，先是说了德国飞机屡次侵犯苏联边界的事情，并称已指示戴卡诺索夫会见德国外交部长洽谈此事。之后，他说了如下意思的话：

种种迹象表明，德国政府不满于苏联政府，甚至有谣言说德苏战争即将爆发。对于塔斯社6月13日的电讯，德国没有做任何反应，这则电讯甚至没有在德国刊登或者广播出来，因此这些谣言才会继续。苏联政府不了解德国何以感到不满。如果这不满源于南斯拉夫问题的话，这个问题已经通过此前的沟通得到了解决，而且已经成为过去了。

最后，莫洛托夫说，如果我能告知目前德苏关系紧张的原因，他将非常感谢。我说我不了解事情，无法答复，不过会向柏林方面转达他的意思。

*　　*　　*

然而现在，是时候了。

里宾特洛甫致舒伦堡　　　　　　柏林：1941年6月21日

1. 应在收到这封电报后销毁手头上的所有保密资料，立即停用无线电收音机。

2. 请立即转告莫洛托夫，我需要立刻见他，告知他一件紧急事情。见面后，请向他宣读如下声明：

"……德国政府宣布，苏联政府从以下几方面违背了它应承担的义务：

(1) 继续暗中破坏德国和欧洲甚至加强这种企图；

(2) 采取的外交政策越来越对抗德国；

(3) 在德国边境集结了它的所有部队。

"看来，苏联政府已经违背了它同德国的协定，并打算在德国处于危急之时从背后进攻。因此，元首已经命令德国所有武装部队设法抵制这种威胁。"

请不要与他讨论这项通知。苏联政府有义务确保大使馆人员的安全。

里宾特洛甫于6月22日晨四时将正式宣战书交给了驻柏林的俄国大使，舒伦堡在黎明时分于克里姆林宫会见了莫洛托夫。在听德国大使宣读通知时，莫洛托夫一直保持沉默，听完后他评论说："战争是来了，你们的飞机刚才轰炸了我们十多个毫无防备的村庄。你觉得如此对待我们合情理吗？"[①]

在塔斯社的广播之后，说什么都没有用了。艾登先生曾向驻伦敦的苏联大使提出过各项警告，现在再说什么也徒劳无益。由我个人再努力让斯大林注意降临的危险，也是没有意义的了。其实，苏联政府经常收到来自美国的更确实的情报。然而，我们所有人都无法改变斯大林，他依旧坚持自我，坚持以顽固的偏见和愚昧应对可怕的事实。德国估计俄国在德边界集结了一百八十六个师，其中有一百一十九个师面对着德国前线，然而，俄国大半以上的军队还是受到了突然袭击。在前沿地带的德军没有发现俄军要进攻的任何迹象，而且俄国的掩护部队很快就被击溃了。这时，俄国飞机场上正面临着一场大灾难，这是一场不亚于1939年9月1日波兰空军所遭遇的那一场灾难。数百架俄国飞机在天明后被发现，未等起飞便被炸毁了。苏联在午夜时候播放出的仇恨英国和美国的巨大声浪，淹没在了德国于黎明时分发动的炮火中。不义之人未必时时聪明，独裁者未必总是对的。

*　　*　　*

要想完成这一篇，我还必须叙述希特勒用来对付他的新敌人的

---

① 这是舒伦堡伯爵外交生涯中做的最后一件事。1943年年底，他的名字被列入阴谋反对希特勒的德国秘密团体名单中。由于他有特殊的权限，能够与斯大林谈判媾和，他本属于将来接替纳粹政权的政府中的一员，可能会出任外交部长。1944年7月谋杀希特勒一案发生后，纳粹党逮捕了他，将其拘禁在德国秘密警察的监狱中。11月10日，他被处死。——原注

一项凶狠的策略。实行这一策略的时候正值寒冬，它是在一片荒凉只会带来毁灭性灾难的辽阔土地上，在必须决一死战的压力下落实的。1941 年 6 月 14 日，希特勒在一次会议上发布口头命令，德军根据这个命令对俄国军队和百姓做出了许多残暴的事情。根据纽伦堡文件，哈尔德将军作证说：

> 元首在攻打俄国前召集了与最高统帅部有关的将领和人员，讨论即将对俄国发动的进攻。我记不清该会议的确切日期了……元首在会议上说，必须采用不同于对付西方国家的方法来对付俄国……他说，于俄国人而言，这场俄德国之战就是一场生死之战。他又说，鉴于俄国不是海牙公约的签字国，那么将可能不按照公约的条款来对待俄国战俘……所谓人民委员不应被当做战俘看待①。

又据凯特尔说：

> 希特勒谈话的主题是：这次战争是两种意识形态的对决，基于此，为我们军人熟知的且符合国际法的被视为唯一正确的方法就不适用于这场战争②。

* * *

6 月 20 日——星期五，晚上，我坐车独自前往契克斯。我知道，在这几天内或者几小时内德国就会攻打俄国。我曾计划在星期六晚上发表有关此事的广播演说，当然，我的言辞得慎重。特别是在这种时候——苏联政府无知又傲慢，将我们提出的所有警告视为战败者想拉

① 《纽伦堡文件》，第六编，第 310 页及后几页。——原注

② 《纽伦堡文件》，第十一编，第 16 页。——原注

别人当垫背的企图。在汽车上思考后，我决定延迟到星期天晚上再发表这次广播演说，因为我觉得到那时候所有事情都清晰明了了。星期六也如平时一样度过了，照旧是忙碌的一天。我曾在五天前即6月15日发给总统一封电报：

> 我所获悉的来自各方面的消息——其中有最可靠的，都表明德国将要大举进攻俄国，且他们不仅已经在芬兰至罗马尼亚一线上部署了主力军，而且空军和装甲部队的调动也已完成。其“鲁佐夫”号袖珍战列舰于昨日试图驶离斯卡格拉克海峡，但被我们驻在海岸的飞机发射的鱼雷击中。估计该战舰可能本想开到北方，以便补充北极侧翼的海军力量。若是德俄之战爆发，我们当然会本着“希特勒是我们要打败的敌人”这一原则，鼓励支持俄国人，尽可能援助他们。我相信在此期间不会产生任何阶级性的政治问题，相信这场冲突不会使你为难。

周末，美国大使拜访我，转告了我总统的答复。总统答应，如果俄国遭到德国的攻击，对于“首相可能就欢迎俄国成为同盟国一份子而发表的任何声明”，他会立刻予以公开支持。怀南特先生口头转达了这项保证。

* * *

星期日——22日，我一醒来就听到了希特勒攻打俄国的消息。所想已成事实。我于是非常肯定我们的任务和政策，也确信我要做什么样的发言了。现在只差起草这篇演说稿了。我让负责人员立刻发出我将在当晚九时发表广播演说的公告。迪尔将军随后从伦敦赶来，在我的卧室里汇报了情况。从一条辽阔的战线攻入俄国的德军，对苏联大批停留在地面上的空军发起了突袭，当前看似正势不可挡地迅速前进。

“我想他们将会成群地被包围。”这位帝国总参谋长说。

我一整天忙于我的广播稿，没有时间当然也没有必要同战时内阁商量如何草拟它。我相信我们在这件事情上报一致的看法。艾登先生、比弗布鲁克勋爵和于10日离开莫斯科的斯塔福德·克里普斯爵士，这时一整天都和我在一起。

* * *

或许可以读读我的私人秘书科尔维尔先生所写的契克斯这个周日的情况，他当时在值勤。

6月21日，星期六，晚饭前我去到了契克斯。怀南特夫妇、艾登夫妇和爱德华·布瑞奇斯都在那里。丘吉尔先生在进餐时说，德国进攻俄国的事实已经无可置疑了，希特勒期望获得英国和美国的资本家和右翼的同情，不过这是奢望，因为我们会全力援助俄国。怀南特说，美国也是这么认为的。当我同丘吉尔先生饭后在槌球草场上散步时，他又说到了这个话题。我问他，这岂不是等于他这位头号反共人物和共产主义同流合污了。丘吉尔先生答道：“这是两码事。我只是为了打倒希特勒，为的是我的一生能够轻松。如果能将希特勒击溃，我至少会在下院为魔头美言几句。”

我在次日凌晨四时被外交部打来的电话惊醒，得知德国向俄国发起了进攻。首相经常说，除非敌人打到家门，否则不要将他唤醒。我于是等到了八点才告诉他消息。他只说了一句：“通知英国广播公司，我在今晚九时发表广播演说。”上午十一时起，他开始准备演说稿。这一天，他除了同斯塔福德·克里普斯爵士、克兰伯恩勋爵和比弗布鲁克勋爵共进午餐，其余时间都在整天忙这件事……直到八时四十分。

* * *

我这次的广播演说内容是这样的：

“纳粹制度的本质就是无限的贪婪和种族统治，除此之外它没有任何宗旨和原则。各种各样的人类犯下的罪恶，都不如它的残暴侵略造成的恶果严重。另外，在过去二十五年中，可以说无人能比我更坚决地反对共产主义。我不打算收回我说过的话。但是，从当前情势来看，在纳粹罪恶的对比下，共产主义所有的一切，包括它的罪恶、愚昧无知以及它酿成的悲剧，都已经微不足道。它的一切不再引起我的重视，我目前看到的是，俄国士兵们站在他们的故土上捍卫着他们世代耕种的田地，以及他们的家园，我看到的是他们的母亲和妻子们在家乡祈祷——啊，你们看，所有人都在祈祷——祈祷他们的亲人平安，他们的赡养者、战斗者和保护者能够归来。我看到，俄国无数的村庄，村庄的土地是人们生活的来源，虽然生活十分艰苦，但是村庄里仍有少女们的欢笑，有嬉闹玩耍的儿童，有基本的人类乐趣，然而，纳粹的武器正疯狂地冲向他们，身着华丽戎装，带着佩刀的普鲁士军官们正踏着叮当作响的靴子开过去，刚威吓、压制过十多个国家的一群狡猾的专业特务们正开过去，大批受训过的唯令是听的残暴愚昧的德国士兵正像一群蝗虫一样在爬过去。我看到，大批被英国人痛击而未痊愈的德国轰炸机和战斗机，在空中四处搜寻，企图猎获它们认为容易获取的猎物。

“我透过这令人不及应对的突袭，看到隐藏在其背后的计划并组织发动这一恐怖行动的那一小撮暴徒……

“我一天也不能耽误，必须立即宣布英王陛下政府的决定。我相信，不久后，伟大的自治领地也会一致同意这个决定。我必须发表这个宣言，即我们的唯一一个宗旨，一个不可更改的目标——毁灭希特勒以及根除纳粹制度。现在，你们还疑问我们将要采取什么措施吗？我们的这个决心是不为任何情况所改变的，任何情况都不能。希特勒或者他的任何党羽休想跟我们进行什么谈判，我们将从陆地、海洋以及天空上打击他，直到上帝帮助我们使他消失于地球上，解救上所有被他压迫的人民。因此，我们将会帮助任何对抗纳粹组织的个人或国家。反之，任何站在希特勒一边的个人或国家都是我们的敌人……这就是我们的政策和宣言。因此，我们将尽可能给予俄国和俄国人民援助，并将呼吁世界上的所有朋友和盟国也像我们一样做，坚决对抗到底……

“这不是什么阶级之间的战争，而是一场不分种族、信仰与党派的由英帝国和英联邦进行的大战。我不应该谈美国的行动，但我要这么说：如果希特勒妄想那个伟大的民主国家会因为他对苏俄的进攻而改变目标或者由此不再那么努力，他可就打算算盘了。相反，我们将更坚决地要拯救人类脱离他的暴政。他的做法不仅不会削弱我们的决心，还反倒会使我们以更高昂的斗志投入战斗，以更有力的方法获得成功。

“有些国家和政府本可以联合其他国家政府来拯救自己，但它们却非常愚蠢，让人家将它们逐个击破。这场灾祸本来是可以避免的，然而，现在也不是跟它们讲道理，谴责它们的愚蠢的时候。我在前几分钟时曾提到，在德国对俄国所进行的冒险活动中，希特勒是出于某些动机而表现出他的嗜杀和贪欲的，而其中一个更深层的动机是他想摧毁俄国的力量。因为，如果他成功了，就可以将他在东欧的陆空军主力调来，全部对付这个岛国。他希望他能得逞，因为如果他不征服这个岛国就势必会遭到惩罚。进攻俄国只是他攻打不列颠诸岛的前奏而已。显然，他希望可以在冬季之前结束这一战，那样他就可以趁美国的海空军还未有所行动就打败大不列颠。他所施用的伎俩还是跟以前一样，就是逐个击破敌人——他一开始就是靠这种伎俩得逞的，只是这次的规模比以往的都大。他最后的一个行动就是控制西半球，他所做的都是在为这一目的扫除障碍。如果达不到这一目的，他就休谈征服其他国家。

“所以说，俄国的危难既是我们的危难，也是美国的危难，俄国人为保卫家园而战的事业，也属于全世界自由人民和民族应该为之努力的事业。让我们从以往残酷的经验中得到教训，一起努力打击敌人吧，只要我们尚存一息，就绝不放弃这一事业。”

附录

(1)

略语表

A.A.guns.	高射炮
A.D.G.B.	英国防空委员会
A.F.V.s.	装甲战车
A.G.R.M.	皇家海军陆战队高级副官
A.R.P.	空袭警备处
A.T.rifles	反坦克步枪
A.T.S.	(女子)地方支援服务队
C.A.S.	空军参谋长
C.I.G.S.	帝国总参谋长
C.inC.	总司令
Controller.	第三海务大臣兼军需署长
C.O.S.	参谋长
D.N.C.	海军建设局局长
F.O.	外交部
G.H.Q.	总部
G.O.C.	总指挥官

H.F.	本土部队
H.M.G.	英王陛下政府
M.A.P.	飞机生产部
M.E.W.	经济作战部
M.O.I.	信息部
M.of L.	劳工部
M.of S.	军需部
P.M.	首相
U.P.	不旋转的炮弹——火箭的代号
V.C.A.S.	空军副参谋长
V.C.I.G.S.	帝国副总参谋长
V.C.N.S.	海军副参谋长
W.A.A.F.	空军妇女辅助工作队
W.R.N.S.	皇家海军妇女服务队

(2)

密码代号表

（加星号的为德国的密码代号）

Acrobat（杂技家）：由昔兰尼加向的黎波里进军。

Arcadia（阿卡迪亚）：1941 年 12 月第一次华盛顿会议。

*Barbarossa（巴巴罗萨）：德国入侵俄国的计划。

Battleaxe（战斧）：1941 年 6 月进攻塞卢姆、托卜鲁克和卡普措堡地区的作战计划。

Canvas（帆布）：进攻基斯马尤。

Colorado（科罗拉多）：克里特岛。

Crusader（十字军战士）：1941 年 11 月的西部沙漠作战计划。

Exporter（出口商）：在叙利亚的作战计划。

*Felix（菲利克斯）：德国夺取直布罗陀的计划。

Gymnast（体育家）：英国占领法属北非。

Influx（汇集）：占领西西里岛。

Jaguar（美洲虎）：1941 年增援马耳他岛的行动。

Lustre（光辉）：援助希腊。

Magnet（磁石）：调遣美国军队至北爱尔兰。

Mandibles（下颌）：进攻多德卡尼斯群岛的作战计划。

*Marita（马瑞塔）：德国入侵希腊的计划。

Mulberry（桑葚）：人工港。

Orient（东方）：德国企图颠覆英国在中东各处的地位的计划。

Overlord（霸王）：1944 年解放法国的作战计划。

Pilgrim（朝圣者）：占领加那利群岛。

*Punishment（惩罚）：德国轰炸贝尔格莱德。

Round-up（围剿）：1943 年解放法国的作战计划（之后改为霸王）。

Scorcher（炎热）：保卫克里特岛。

*SeaLion（海狮）：德国入侵英国的计划。

Supercharge（加压）：调换在托卜鲁克的澳大利亚军队。

Super-Gymnast（超级体育家）：英美联合占领法属北非。

Tiger（老虎）：W.S. 第八号运输船队的一部分通过地中海。

Torch（火炬）：英美对法属北非的作战计划。

Truncheon（棍棒）：对里窝那的联合袭击。

Whipcord（鞭绳）：攻打西西里岛的计划。

Workshop（车间）：攻夺班泰雷利亚岛。

(3)

对英国和德国空军实力的估测

(1941年12月9日)

首相兼国防大臣的备忘录

1. 战争开始后的十五个月中，德国和英国在所有战场上的各种用途的不同类型飞机分别估计为二万二千架和一万八千架。包括这两个月在内，在过去4月到11月的这八个月的激烈战斗中，德国空军有一万二千架飞机，英国空军则得到一万一千架，其中不包括从国外运来的一千架。双方在这八个月中都得到了空军方面的补充，所用飞机数目大致相同，等于平均每月一千四百到一千五百架。

2. 英国用在前线的空军在这八个月中几乎没发生数目变化，一直维持二千一百架左右。可见，在战斗激烈的时期，每月生产一千四百架飞机刚好够保证前线所需。如果算这一千四百架中有五百架教练机，另有二百架为训练专用的作战飞机——这个估测数据在战事紧张激烈时也算为较宽的——那么就等于说每月仅可用七百架作战飞机，也就是说，我们为前线安排的飞机有三分之一等于没了。这个削减的数据实际上可能更大，因为，不管在什么情况下，轰炸机中队每月的损失都可达到等同于前线飞机编制的五分之二的程度。

3. 德国的损失比例自然不会小于我们的。根据空军部的估算，他们从5月到10月损失共五千八百架飞机，其中5月到8月为三千架，从8月到10月底为两千八百架。同在这个时期内，我们在战中损失的飞机则不及他们的一半。

4. 根据所获情报，空军部空军情报处估计，在5月1日这天，德国的前线空军大概为六千架，是我们的三倍。如果估计正确，且如果他们的损失不高过我们的话，可知他们每月至少损耗二千架飞机，若是按照五分之二来算则还会更多。假设他们的月平均产量为一千五百架，而其中一千一百架是作战飞机，可知德国空军就一定以二千减一千一百的比率而逐渐减少，而第一个月减少便至少减了九百架。当然，损失和减少率会随着战线的缩短而下降，然而，在四个月之后，他们的空军力量一定会远远少于四千架。

这个结论是无可置疑的。除非德国人储备了大批飞机以防不测，否则必定如此。然而根据他们战前产量判断，他们不可能那么做。飞机过时得快，这种方法怎么看都是不经济的。一个国家如果妥善安排了空军的话，在战争爆发时它会有足以应付最初三个月的各种类型的飞机储备，这批飞机是开启战争用的，之后用的飞机则是不断地生产出来的。

在我们的前线编制中无法真正发挥效用的飞机占多少百分比？它们被注销的原因是什么？有必要进行一次调查弄清楚这个问题。对我们和德国的各自作战损失，也应该作出准确的估计，计算时可假设他们在其他方面的损失比例与我们的一样。事实上，他们派给教练而被注销的飞机数目，一定和我们在这方面的数目相同——应将军官训练班算作训练单位。要记住这一点。

5．我空军情报处曾对德国庞大空军在驾驶员方面的损耗做过估测，然而按照情报——德国每月生产的教练机为四百架，这个数据是难以补充损耗的。我们的教练机则远远超过这个数据，其中还未包括直接交到加拿大训练学校的那部分。

据悉，德国有大批战前受训过的驾驶员作为后备力量，此外，在他们的战俘中所发现的驾驶员也很少是战后培训的。若此消息属实，那么他们的确有许许多多的储备飞机。然而，为什么他们的两项工作没有结合起来呢？而且，很难理解一点：即便是在空战达到很大规模的时候，也没发现他们的作战飞机有所增多。

6．必须设法澄清目前各种互相矛盾的说法。关于前线空军实力，经济作战部的估测就不同于超过三千架这个说法，而空军情报处的估计却又几乎是这个数字的两倍。然而，若将有利的地理因素也计算在内的话，这个数据又与德国在敦刻尔克和在不列颠作战时的产量一致。

之所以会产生这种矛盾，目前看来原因应该是：

(1) 德国的实际产量是经济作战部所做估测的近两倍，也就是说经济作战部的估计远远偏离了。另外，在不列颠或敦刻尔克的战役中，德军并未完全投入力量。

(2) 或者恰恰相反，我们负责侦查德国情报的有关人员被德国人骗了，而德国人或许是故意。也就是说，德军的真实力量远远小于我们的德国情报组所估测的。

(3) 德国情报组所统计的范围包括大部分——至少三分之一——非作战部队，也就是所谓的军官训练部队，而我们所说的前线部队则不包括这部分实力。

(4)

军事指令和备忘录

(1941 年 1—6 月)

首相致陆军大臣和帝国总参谋长 **1941 年 1 月 6 日**

1. W.S. 第五号 A 和 B 运输船队都已安排好，前者已启程，后者即将起程。这两支船队载有共计五万五千人，其中一万二千人派往印度等地，其余派往中东。在前往中东的四万三千人中，用以补充战斗部队和特遣部队的大概为两万二千人，技术人员、落实补给方面的人员以及基地驻军人员等共计两万一千人，其中海空军约为四千人。如此，将会有两万二千名战斗人员和一万七千名其他人员补充到中东集团军里。

2. 如不算在肯尼亚和亚丁的近七万人在内，目前的中东集团军的战斗实力算为十五万人，此外还有四万名补给线人员和二万名基地驻军与分遣队的人员，也就是共有二十一万人员。将 W.S. 第五号 A 和 B 两支运输船队的两万二千名战斗人员及一万七千名补给线人员、基地驻军等补充进去后，它将有共计十七万二千名战斗人员和七万七千名后勤人员。

3. 正在装载中的 W.S. 第六号运输船队将运出的人员包括：战斗部队一万一千人——八千五百人加上从四千名新兵里抽出的约两千五百人，较晚运到的五千三百名机动海军基地人员、皇家空军（将开往开普敦的训练营）和海军共七千人，自由法国军队两千人以及基地驻军和其他分遣队约九千人。这运输船队抵达后，中东方面的总实力将为十八万三千名战斗部队和八万六千名后勤部队。从这个约 15:7 的比例来看，战斗部队和后勤人员的差距越来越少，这是必须注意的。

4. 战斗部队的力量尤其需要仔细分析。例如，据称第七澳大利亚师的一万四千八百名人员都没有受过训练，而且大部分缺乏准备。又如，骑兵师的八千五百名人员的机械化仍未实现，他们实际上不算为战斗力量，最多只能维持当地秩序。我还可以再举例几个这样的部队，这些从机动性来看称不上战斗力量的人员大概为六千人。如此，战斗部队总人数的数目就应该减去二万九千人，它的实力也就从十八万三千减到了十五万四千。这减掉的二万九千人就应该归为后勤人员和非战斗人员一类，该类数目则从八万六千增到十一万五千。于是，若不包括在肯尼亚和亚丁的七万人在内，中东集团军的实力实则为：十五万四千名战斗人员加上十一万五千名后勤人员和非战斗人员——这类人只能就地维持当地秩序。非战斗人员的比例似乎过高了。

通常，人们都认为一个师或旅团就是一个独立自主的战斗组织，而事实上，每个师或旅团都有它自己的第一运输队。因此，必须记住，从战斗部队中还应再减去一个很大的数字。此外，我们应该谨记，我们必须严格削减用于英国百姓的粮食，才能为所有这些后勤和未经组编的或者没有战斗力的人员提供口粮，而最近还得进一步做这样的削减；我们也必须记住，为士兵运送的每一吨物资都极其艰难。我们的船舶必须冒着被敌人潜艇和袭击舰攻击、被他们空袭的种种危险，由绕道好望角来回载运。而连同进出港口和装卸时间在内，这些运输船舶一个来回需要四个月甚至更长的时间。所以说，无论在国内还是在中东，任何一个忠诚的战士都应该设法使得战斗部队的力量和非战斗人员的比例最小化。行政管理人员有很好的机会可以去做好这方面的工作，若能出色完成，便可使得战时经济得到扭转，这无异于在战场上获得一次很大的胜利。

5. 在提到上述 W.S. 第五号 A 和 B 及 W.S. 第六号运输船队所载后勤人员过多这一情况后，如果那二万九千名非战斗人员——在第四段中提到的，能够受到鼓舞而成为战斗人员，那我就非常满意了。举个例子，譬如说，能否让他们成为第七澳大利亚师的必要的辅助部队？这样的话，该师就能够在当地范围之外进行其他的军事行动。又或者能否使那八千五百人组成的骑兵师成为机械化部队，然后出动几个旅或者起码几个团的兵力来抗击敌人？不管怎样，若能做到这点，哪怕目前在我们各运输船队里仍有很大比例的一部分非战斗人员，这个难题会逐步得到解决，中东集团军的作战部队的力量会显著增强，即便延迟运送第十五师过去也足以应敌。也许这个工作能做好并在不久后有消息。

目前正在思考一个问题：用W.S.第六号运输船队运送第五十师的第一旅好，还是运送海军基地机动保卫队更好？准备工作已经早就展开了，因此，权衡对比这两种情况后却可能不太容易改变计划。但是，这个问题仍须考虑。鉴于参谋长委员会在将近三个月之中较为空闲，就由他们明日（7日）来思考。

6. 若不然，就须按照现在的建议行动，批准W.S.第六号运输船队启程，该船队所载人员已减到三万四千人甚至更少。关于中东驻军的最后构成，我是感到非常遗憾的。在所有运输船队抵达后，它将共计有超过三十万人的部队——二十四万人加四万三千人，再加二万人。如果加上在亚丁和肯尼亚的七万人，则总共有三十七万人。这支需要耗费军饷和口粮的庞大军队，其中作战部只有以下这些：第六澳大利亚师；由两个旅团组成的一个新西兰师；第四印度师；第五印度师；第十六步兵旅；第二装甲师；不完全的第七装甲师；不完全的英国第六师。另包括从肯尼亚和亚丁的七万人中抽出人员组编的那些战斗单位，例如两个南非旅、两个西非旅和当地的东非军队。我们的希望是，不久之后，在这些部队的基础上可以做到：(1) 将以上不完全的部队补充完整；(2) 未分类人员和在后勤部队搜寻出的兵员将组成英国第七师。这些后勤部队包括第七澳大利亚师和一个机械化骑兵师。

这样，包括步兵、装甲兵和骑兵在内就达到约十个师，如算上大约一个肯尼亚的师，则共十一个。然而，即便如此，这些部队能从如此辽阔的地域所获得的成果还是很少的。

首相致伊斯梅将军，转参谋长委员会　　　　1941年1月21日

我们昨晚讨论后决定：

1. 三艘“格伦”式军舰应尽早载运指定由它们运送的所有登陆艇以及突击队起航，经由好望角开往苏伊士港。需指出，由于韦维尔将军已有一个突击队，所以原计划运送的突击队减去一个。

2. 那么剩下的有：由于埃及已有而无需再运过去的那个突击队；已搭乘“卡伦加”号的突击队部队；国内其余的突击部队。应该立即补充这些部队，使人数达到五千人后便配以装备并进行最高效的训练。如果不能做到这样，我们便无法为新登陆艇配备人员，也无法使用它们所必需的主要的进攻武器。然而，此刻，新登陆艇正不断从造船厂发送过来。为能够重新组编这支军队，使之达到五千人，联合作战指挥官必须留在国内。

希望在21日即今天就能交给我一项说明如何能够实现第一、第二段目标的计划。

3. 已批准韦维尔将军，允许他向班加西进军，请将此消息通知给他。如若他没有什么出乎意料的困难，便应同时将一支军队部署在尼罗河三角洲，以便在登陆艇和突击队抵达后能够成功执行“下颌”作战计划，拿下罗得岛。他应在此期间做好充分的准备，尽早发起进攻。应敦促他根据已给的具体指示，汇报相关的行动计划以及他打算用哪些主力部队。希望最晚不要超过3月1日进攻。

4. 韦维尔将军还应立即着手在尼罗河三角洲建立一支战略后备军，以备希腊或土耳其方面的不时之需。他在班加西有一支野战军，还有一个装甲师以该港口为基地。为尽可能少用人力以及运输力，这两个部队在站稳脚跟后应停止使用陆地交通线。

若是能攻下班加西，我们就要把它作为一个设防牢固的海空军基地使用。必要时，可从亚历山大港以及各交通线上距离较近的港口或据点获取大炮。如此算来，在之后的两个月内，他应该就能组编一支战略性攻击部队——该部队的第一批人员可用于执行“下颌”作战计划。希望不久之后，这支部队可以达到四个师的实力之强——且不用旅团编制可能会更好了。

5. 我们对希腊所负有的责任，是空军在进行部署时最先考虑要照顾到的，不过，无论如何，空军的部署要符合上述行动计划。对于中东空军作战总司令来说，陆续不断地派遣战斗机增援部队以援助马耳他岛战役，仍是他的首要任务。“愤怒”号将再次出航，此次它装载有四十架“旋风”式战斗机，这批飞机主要是为了协助上述各项任务顺利完成。

6. 应该筹备一支远征军，该军队主要由两个师、一些军直属部队以及经过整编的突击队组成。无论是从“汇集”作战计划还是“约克”作战计划来看，这支军队都是有必要的，它将开往地中海西部，根据形势协助韦维尔将军作战。此外，应该仔细研究提到的这两项作战计划，修改完善它们。在这两者中，更实际可行的是“约克”作战计划。应再委派一位司令官，并尽可能在3月1日后就准备执行计划。同时要考虑：上述计划是否和随后驶往中东的运输船队发生冲突？需要研究并报告这一问题的结果。

首相致陆军大臣 **1941年1月29日**

1. 我非常感谢你做了很大的努力，遵照我的指示行动，由此削减了陆军对英国人力的需求。

2. 照理，一个师有各兵种人员达一万五千名就完全了，我不理解何以需要三万五千人。或许，用一个囊括三个师的军会更好。以你这种算法，一个军就需要十万零五千人，其中野战部队占四万五千人。那么，剩下六万人应该如何分配给以下各兵种呢？请你列表向我说明，说明所余六万人是如何分配到这三个兵种去的：一为军直属部队，二为分配到该军来的集团军直属部队，三是补给线部队。

3. 我也不清楚以什么标准来计算补给线部队。大不列颠岛上的军队所驻扎的阵地是供应基地的中心，也是世界上最发达的铁路网的中心。他们拥有数不胜数的公路，而且都是高级公路，在抵抗入侵的敌人时他们最多只需行进七十到一百英里的路程。当然，也可以乘坐火车，沿着南北方向做距离更长的侧面转移。这种情况不同于在法国的情况，在法国我们之所以必须维持一条长达五百英里的以公路为主的交通线，是因为我们选择了圣纳泽尔等港口为基地。应该想想，去年此时曾派出的补给线部队——该部队是为了支援首批派往法国的十个师，与你现在准备为留在大不列颠的防守军队提供的补给线部队，在规模上有何不同？

4. 唯有事先预测一下之后的一年内可能发生的情况，才有可能解决问题。我们当然需要留下最少十五个英国师在海滩后面，以防敌军入侵。但是，这些师的大部分的规模都无需太大，哪怕是比在法国的英国远征军的规模小得多也是足够的。地中海现在已被封锁，中东军队的编制速度会慢下来。但是，我们仍应该有计划，力求到7月时，在尼罗河三角洲或者沿该河流而上的区域内能部署四个澳大利亚师、一个新西兰师加一个南非师[①]、八个印度师中的六个以及三个英国师或者兵力相当的旅团。另外，还有四个非洲殖民地师在非洲。当然，这四个师并非那种可作为主要战斗力量的部队，它们实际上是东非、西非和苏丹的驻防部队，当地就可以解决它们的补给线部队问题，只需给它们以少数的炮兵和技术兵支援即可。所以，对这样四个驻军或者说地方化的“师”，你要打算为之提供些什么规模的军直属部队、集团军直属部队以及补给线部队呢？难道从哪个方面来说可以将它们称作“师”吗？

5. 现在来说说尼罗河集团军和它的十六个师。必须清楚一点：只要攻克了班加西，然后让一支野战部队以之为基地并担负起驻守的任务，那么，埃及的情况就会有所变化，届时，只需派几个印度师驻扎在可能会发生骚乱的中心点附近，维持埃及的秩序就可以了。这几个印度师无需像在法国或佛兰德的英国师，甚至也无需像驻守国内的英国师那样必须作战不可。而你又打算给这几个师提供些何种规模的补给线部队呢？将它们组编成军队，然后按照欧洲的定额给他们提供中型大炮和重型打炮，你觉得有必要这样做？

6. 必须清楚，在这个战场上，我们的主要任务是：设法让尼罗河集团军中的一支实力尽可能较强的军队采取大规模的军事行动，以协助希腊或土耳其，或者协助这两个战场上的战斗都能够取得成功。在你看来，到7月份时，能够有多少个师或者实力等于这些师的部队可投入东南欧战场上？我认为，届时可参战的应总计十二个师，包括那四个澳大利亚师、一个新西兰师、两个南非师中的一个、三个英国师和六个印度师中的三个。届时，这些军队要对抗的是德军，因此必须按照最高标准武装起来。另外，只能逐步将他们投入战斗中。约有四个师可在3月底投入，其他的部队要在船舶和装备准备充分后才可以。

如此就要注意：对抗德军的十二个师，要按照标准予以武装；对目的在于防止埃及内部发生动乱的部队或者在被征服的意大利领土内驻守的部队，应按照比

---

① 英国原有五十七个师，又增另一个。——原注

标准差远的二等标准予以武装；对所谓非洲殖民地则予以更低标准的装备。我希望在了解这个总情况后——总参谋部应进一步仔细研究它，你的问题可以更清晰明确：

一、国内的五个英国师须具备最强的机动性；

二、十个师须具备二等的机动性，这十个师将会在中东逐渐发展为规模达到最大的十二个师，以便在希腊或土耳其抗击德军；

三、在埃及、苏丹等地的四个师要达到中等规模；

四、四个非洲殖民地按照当地情况进行编制。

如此，共有三十五个师，将在马来西亚服役的两个印度师也算在内的话，则共有三十七个。那么，你的五十八个师[①]就还剩下二十一个师。余下有待安排的这二十一个师，包括九个装甲师以及十二个英国步兵师。

7. 将会如何安排这十二个英国师呢？在接到通知后，将会从它们中抽调出不超过六个师前往法属北非。届时，抽调出的这部分可能会与西班牙对立，如果后者对我们表示友好，则会与他们合作。由于航运紧张，只能将这六个师分成三个一批，逐步投入战斗中。这批部队一旦作战便是与德国交战，因此必须按照最恰当的标准武装起来。需注意，中型或者重型大炮都不适合在这两个战场上使用，此外，如果战场是在西班牙则很有可能要打游击战。

8. 之后的好几个月内，其余的六个师都无法按照最高标准进行准备。不过，若在 8 月底时它们的武装足以达到在海外对抗德军的标准，那也足够了。

9. 另外，打算如何分配五十八个师中的九个装甲师呢？据初步计划，看似较为合适的分配方式是将派其中四个在国内，两个在非洲西部进行两栖作战[②]，三个在中东或巴尔干战场。显然，任何派到国外的部队的规模，都会比那些紧邻英国的大战场的部队的规模要大。你们有估计到这些区别吗？

---

① 原有五十七个师，后来加了一个南非师。——原注

② 两栖作战主要是利用海军、后勤将陆军或海军陆战队这样的武装力量从海上投到敌岸，它需要机动力、空中支援、海上运输以及后勤的支持，还需要做好战略部署。它是现代战争中最复杂的军事行动，但是能够有效突击，打击敌军。——译注

10. 理论上，每月八千五百人的作战伤亡数目并不算是过高的估测。不过，若没有遭到侵犯，这种大规模的军事行动在好几个月内都不会发生。因此，应从1941年7月1日起再使用这种估算，这样比较稳妥。如此，预计会省出六万人。

11. 每月裁汰一万八千七百五十人——换种说法就是每年裁汰二十四万三千七百五十人，这个数字按照一般情况来说似乎过高了。如能从英国国内供应以及居住条件这两方面进行改善，这个数字不知会不会下降……退役的陆军士兵有多少人不适合参与其他任何形式的战时任务？每月死亡人员、丧失工作能力的人员、适于担任较轻职务的人员以及适于军火制造工作的人员，都分别是多少？我希望了解这些数据，并希望最少能在裁汰的人员中抽出一万人来担任其他有关工作。陆军部应该重视这件事，在该部向国家提出人力支援时，应将其打算弃之不用的人员中那些能从事非军事工作的人员视为它的一部分。虽说这么做无异于改变问题的本质，问题仍然存在，只不过说法变了，但是这项工作的确重要。

12. 我认为，基于使用了新方法以及我们的空中优势逐日增长，英国防空委员会在今后将能节约出大批人力。每门大炮应配备的人数是惊人的。应仔细研讨并削减很多地区的这方面的人数，同时稍稍降低警戒状态的标准。哪怕在这些方面节省下的人数百分比很小，也能够使目前新投入战斗的高射炮和探照灯配备的人力减少。

13. 我希望“海滩营”这个词并非是指这么一种部队：由一群年轻气盛且受过优良训练的士兵组成的负责一项特定职务的部队。必须采取轮换制度，要求各旅轮流负责海滩值勤或者到后方的机动师中服役。

14. 到1942年10月1日为止，陆军九十万人会减去六万人，再减十五万人(见第10和第11段)，最终为六十九万人。我认为这个最终净数并不算过多。训练是不能中断的；而淘汰的人员必须补足。只要陆军开始与敌人激战，就意味着要从民间大量征兵，且还要征集能够从事军火制造和担负空袭警备工作方面的人员。我迫切希望，在军事行动较少的今年半年中可以将人力保持在限度内。

15. 我在等你进一步说明这个备忘录中所问到的问题的汇报。如果缩减二十个中等团或者四百八十门大炮，仅仅是为了从上面提出的巨大总数中省出一万八千人，又或者缩减配备有一百六十八门大炮的七个野战团仅是为了节省出五千六百人，我觉得这种为节省而缩减的想法是不妥的。我们最想要做的是加强陆军的战斗力，因此，宁可冒险去计算理论上应淘汰的人数——即便以后证明这种估算是错的，也好过现在连合适的大炮定额数目也提不出。

陆军规模

国防大臣指令

1941年3月6日

1. 内阁于1939年9月批准建立一支五十五个师的野战集团军时不清楚这么一个情况：陆军部所设想的一个师需要达到四万二千人，其中包括军直属部队、集团军直属部队、总部和补给线部队的编制，但是不包括各种训练机构的人员、各种驻防军以及守卫军需库的士兵以及不属于野战军的军队。此外，当时还以为：我们大部分陆军的作战条件会大致同于上次大战时的一样，且将会和法国陆军一起战斗。然而现在，为了抵制本土遭侵犯，我们只能将大部分陆军留在国内。第三个问题是，航运的紧张使我们无法运送大批军队到海外并维持他们的供应，按照陆军部认为的必需的高标准更是无法做到。

2. 这五十五个师——现已变成五十七个——包括三十六个英国军队和二十一个海外军。目前，这三十六个英国师有四个在海外，其中一个在冰岛，一个（第六英国师）正在埃及组建，另外两个是同样在埃及的装甲师。

3. 目前，国内陆军包括二十五个英国步兵师以及组编中的相当于七个装甲师的部队。若以一万九千五百人为一师计算，这二十五个英国步兵师则共有四十八万七千五百人。而如果以一个装甲师有一万四千人计算，则那七个装甲师共计有九万八千人。那么，属于国内陆军的则总计是五十七万五千五百人。除以师为编制的这些部队外，本土英国军队还包括总司令部队的十个独立旅，包括各警备旅、二十七个海滩旅和十四个未编成旅的营。假设三千五百人为一旅，这四十二个旅则大概有十五万人。因此，国内属于作战部队的人员有七十三万五千五百人。

4. 在国内，有一百八十万英国士兵属于我们的给养部队，从中减掉上面提到的七十三万五千五百人后，还剩余一百零六万四千五百人。剩余的这部分人可能归为军直属部队、集团军直属部队、总部直属部队或者英国防空委员会、训练机构、军需库守卫部，又或者海外军队的后勤部。

5. 陆军要获得人力，必须从这一百零六万四千五百人中获取节省人力资源。巧妙安排人员以及根据人力的来源来改变编制，这样的方法都应该可以增强陆军的战斗实力。这部分的人力资源是主要的储备力量，除此之外，陆军还可以通过每年征召十八和十九岁的青年壮士来获得人力支持。除非发生这么一种情况——很多个师同时进行持久的战斗并因此造成惨重损失，否则不允许陆军进一步使用大不列颠的人力。然而，这种极端情况只有在被侵略的时候才有可能发生。因此，可以说，陆军部大约二百万兵力这个数据是可以继续维持下去的。至于如何评价这一大批部队，那就要看陆军部是如何有效地使他们在战场上发挥作用了。

6. 最好有计划地逐步扩充装甲部队，争取装甲师能达到十四个。澳大利亚装甲师如能编成，则为十五个。陆军坦克旅也包含在这些装甲师中。如此就需减掉几个步兵师，那么，英国陆军所有的装甲师则为十四个，步兵师则大约为二十二个。陆军部和军需部应根据这个规模提出建议。

7. 那三个东非师和一个西非师不应按照高于旅或它们的小型机动队的任务的编制来组编。

8. 要向中东的陆军补给大量兵员，这些补充兵员只能主要取自印度、澳大利亚和南非，之后可自美国取得军火，但绝不能取自英国，因为我们必须绕道好望角才能到达中东。我们只能派三个英国师到中东去。必须注意，由于魏刚将军缄口不言，我们便不必给他援助六个师那么多了。如要给予他军事援助，我们当然可以按照自己的想法去做。在西部战线，我们最多提供一支包括八个或十个师的水陆两用的袭击部队，这支部队大多数是装甲兵。必须考虑，我们不可能在欧洲大陆上武装攻击德国军队。

9. 鉴于上面提到的一些问题以及当前的整个形势，陆军最多只能在某种程度上抵御敌人的入侵，而无法击败敌人。打败敌人这项任务，主要还是得由具有持久战斗力的海军以及最重要的占据优势的空军来完成。陆军可以在海外较次级的军事行动中起到很重要的作用，事实上，它的组织和特性恰恰符合这类特殊的行动。

10. 应该估测一下，上述指令下达后，在人力供应、弹药、军需等方面会有什么因之而起的问题。

首相致韦维尔将军 **1941年6月4日**

1. 鉴于你要承担很多的半政治性和涉及外交方面的工作，还必须指挥四个不同的战事，我在一段时期内一直想着要设法减少你在行政管理方面的负重。

2. 我们曾在过去九个月之内，运送给你近百分之五十的国内产量——不算坦克和印度分到的那些。现在你有五十三万人需领取口粮，另有五百门野战炮、三百五十门高射炮、四百五十辆重型坦克以及三百五十门反坦克炮。1月到5月期间有七千多辆机动车辆送到你那里。抛开部队不提，我们从年初到现在送过去的新兵有一万三千名。南边的战役已经在两个月前结束，部队可以向北转移了，然而让你抽出一个旅或者一个营你都觉得困难，还不断来电说你的行动受到限制是因为欠缺运输车辆。

3. 为了让你将精力专用在军事行动和策略上，帮助你获得最好的成果，我愿最大限度地减少你的行政工作。国内的布鲁克将军虽然只需指挥训练一支大规模的部队，但他后面还有陆军部和军需部。在中东地区也需要有相似的职务界定，不过作为中东总司令的你拥有控制整个战场的最高权力。

4. 在不做变更的情况下，以上所提的各点，也都适用于空军和海军航空兵部队。

5. 由于航运紧张，对中东的增援所达到的规模与我几个月前所预估的有所差距。另外，总参谋部和本土部队考虑到敌人有可能在夏末和秋天入侵，因此也十分吝啬拨给增援部队。不过，根据形势，我们希望在今后的6月至9月这四个月间，能够在第五十步兵师之外，再拨给你一个步兵以及充足的物资储备等以便新兵和分遣队使用。可以考虑编成以下机动野战部队，以应付秋冬两季的或许会很激烈的战斗：

四个澳大利亚师；

一个新西兰师；

第四和第五印度师；

两个南非师；

就地编成的英国第六步兵师；

英国第五十步兵师；

新成立的相当于三个英国师的一个师。

另外还有你在组编中的或已组编好的第七和第二装甲师，加上那支正在改编为装甲部队的骑兵师——该师训练有素，你必须尽量利用起来。这样一来，共计有十五个师，大约六十万人。在不影响到机动师资源的前提下，内部保安部队和后勤人员也必须从这六十万人里抽出。

6. 将来，全部印度师都要经由巴士拉开到战场上。我因此希望，非洲土著军队——需调回西非的一个西非旅不算在内——可以联合武装的白人警察，一起守卫厄立特里亚、埃塞俄比亚和索马里这三个地区。

7. 大规模的组织工作和修配厂——比你之前拥有的要大得多，是保证在昔兰尼加和叙利亚作战的尼罗河集团军可以发展下去的必要条件。提高埃及各修配厂的生产能力和效率是要做的任务之一，此外还要建立更多的有适当港口设备的基地，比如以苏丹港和马萨瓦为基地。阿斯马拉城或许也可以，因为它有很不错的建筑设施。在拿下吉布提港后，也可以在那里建立基地。同时我希望，在我们的积极帮助下，进行大规模发展的印度政府可以编成六个或七个师，届时这几个师将连同装备一起从那里调过来。

8. 我建议在你的总指挥之下设立一个机构，该机构由一位可称为“中东集团军总监”的高级军官来领导。这位军官下面会有很多的下属，其中大部分抽调自你现在的后勤部队，另有一部分是文职人员。文职人员能力较强，人数会逐渐增多，如前面所述，他们将会替你承担许多事务，正如陆军部和军需部为布鲁克将军效劳一样。这位军官的主要职责是监督管理后勤人员，包括非战术部队人员以及不在积极作战区域内工作的军事人员。

9. 除了那三十艘插有美国国旗的船舰外，罗斯福总统正在派另外的四十艘过来。这四十艘装运有从美国陆军生产部拨出的另一批坦克——轻型的，二百辆，另外还有许多其他重要物品，我将会列一张清单给你。我认为，将来可能通过美国方面经由东西两路向你提供你所需的大部分物品。我正设法安排此事。

10. 我们正打算派遣海宁将军和飞机生产部的韦斯特布鲁克先生乘飞机前往你那里。海宁将军将任总监，已经给他下达了指令，该指令将会在陆军部给你的另一封电报中发来。韦斯特布鲁克先生将受海宁将军指挥，负责有关港口、运输设备的发展，全部装甲车和机动车辆的接收、维护和修理等事宜，鉴于此，将会给他配备专门项目顾问一同前往，如运输顾问、港口发展顾问和修配厂顾问。为了统一利用资源，他将与负责皇家空军和海军航空兵部队的同类性质的事务的道森空军中将合作。

11. 必须视以上各节所述的总指示和政策为英王陛下政府所决定，海宁将军的任务首先是就地研究这些指示和政策，并与你探讨如何落实它们。在他抵达后两个星期内，必须将相关报告以电报形式发到国内。我希望大家在这方面的意见是一致的，但如有分歧，我将快速解决。目前，必须一一执行此计划中的各项，而且，我不允许在具体执行中出现执行不力或者不到位的情况。

12. 美国供应了大量而重要的物资，若缺少这些物资，中东战事就无法以必需的规模进行。此间，罗斯福总统派来的特使哈里曼仍在这里，我于是要求总统准许哈里曼同使团里的其他成员立即前往中东。我非常信任哈里曼先生，他与总统以及哈里·霍普金斯先生的关系都非常密切，是最能帮上你的忙的最好人选。他的助手在此期间表现出了极大的热情并展现了他们的卓越能力，因此他将会携带他的一两位助手同往。

现在最担心的糟糕事情便是，在大量美国供应品陆续抵达时，我们却没有做好接收货物的准备，也缺乏为将来订出大规模的计划。此外，一定数量的美国工程师和机械师也是必要的，他们可以来维护和检修他们本国型式的飞机、坦克和汽车。哈里曼先生将向他本国政府和作为国防大臣的我汇报工作，我把他托付给你，你要特别关照他。

(5)

有关海军工作的指令和备忘录

(1941 年 3—12 月)

海军造舰计划

我们的新式战列舰的大炮火力问题，一直是我关心的。我曾在第一卷中总结了我在 1937 年与海军部的讨论，当时“英王乔治五世”号级的设计正在审查中[①]，我认为这五艘舰只的大炮口径的确过小。继它们之后打算建造大炮口径达十六英寸的四艘战列舰，命名为“雄狮”号，其中的两艘在战争爆发前已经开始建造了，但在 1939 年 10 月却不再继续了。我在 1941 年 3 月 27 日下达的一项指令重新提到这个问题，在指令中，我根据我们需要照顾到许多紧急任务这一情况，说明了关于我是如何考虑未来海军造舰计划的。

1941 年海军造舰计划

国防大臣指令

1941 年 3 月 27 日

1. 在此次战争中，海军造舰计划从未中断过，所有船台一直都处于使用状态。但是，海军部仍应该在今年此时就他们目前所需建造的新舰数目开一个总清单，并请内阁批准他们的要求。

---

① 见《从战争到战争》第九章。——原注

2. 显然应该根据我们的资源，最大限度地建造一些小型舰只，这些舰只主要用来进行反潜艇战争、扫雷、反击鱼雷艇并进行袭击性登陆。不过，在执行全部建造这些船只的过程中，最重要的是要采用简单的设计，尽可能快速施工和争取可以多建。不管有什么状况，建造驱逐舰的时间应该不能超过十五个月。我通过海军部军需署长了解到，除非被敌人的行动或者罢工之类的活动干扰，他必定能在这个时间里完成现计划的四十艘船舰的建造。

3. 在1942年内不能完工的重型舰只，不在我们目前的考虑范围内，因此，继续建造中的"雄狮"号和"鲁莽汉"号以及正在兴建的"征服者"号和"怒吼者"号也就排除了，另外，也不可能着手兴建1940年计划中规定的四艘重巡洋舰。那么，目前修建工作的内容，也就是建完剩下三艘"英王乔治五世"号级战列舰以及开始兴建1941年计划中规定的三艘轻巡洋舰。据悉，在1942年年底前可以完成这些舰只的建造工作。另外的一艘浅水炮舰的大炮已完工，也可在1942年底前整体完工。

4. 建好"胜利"号、"无畏"号和"坚强"号之后，也是无法开展新航空母舰的建造工作的，因为劳动力还需用来修理商船和组织作战舰队。不管怎么说，在1944年以前无法建造好这种新航空母舰。

5. 可根据上面所述情况调整海军对甲板的需要，以便尽可能满足陆军坦克计划的需求。1941年可最多生产一万六千五百吨，1942年可最多为二万五千吨。目前无需建立新的甲板厂。

6. "先锋"号是一个例外，它是我们唯一的主力舰，必须争取在1945年前就造好，可推到1943年完成。该舰的大炮和炮塔都已备齐，因此，如果抓紧建造它使得甲板总供应不至于超出第5节中规定的限度，尽快施工是恰当的。

7. 上面提到的各项指令都不应影响任何延期建造的船舰，特别是那艘新式航空母舰的制图和设计工作。

8. 考虑到有必要集中人力于修理工作，可将目前关于1942年新商船的产量的目标即一百二十五万吨减到一百一十万吨，另外可暂停建造1941年底以前不能完成的商船。我们只能期望美国在1942年会给予我们造舰方面的支持。

9.1941年9月日将会重新审查我们的有关所有重型舰只的建造计划，大西洋战役状况以及美国与战争的关系是届时进行审查的根据。

首相致海军大臣、第一海务大臣和海军部军需署长　　　　1941年8月16日

1. 我对计划中的“雄狮”号和“鲁莽汉”号的设计有极大的兴趣，期望能告知它们的一般结构和制图所能达到的程度。

2. 最重要的是，这两艘船舰上不要再有那五艘“英王乔治五世”号级战列舰的两个明显缺陷：其一，大炮口径变小了，从经考验证实可靠的十五英寸大炮退到十四英寸；其二，舰只结构因为在船中部设置了飞机场而有所损害，而为了可利用两架低质量的飞机而放弃有关炮廓的那个原则——“纳尔逊”号和“罗德尼”号舰曾很好地体现了这一原则，也是不妥的。

如果船舰中央长度有大概四十尺的话，务必在这重要部位装设相当重的甲板。根据“尽量在船头和船尾之间部分配备较少掩护物”这一原则行事，是不明智的。因为，当船中央存在一个大空隙时，就意味着有一千或一千五百吨的铁甲可能用在了在不恰当的地方。

3. 我听说，“雄狮”号和“鲁莽汉”号上的三个三联装炮塔内将会装上九门十六英寸大炮，希望这个消息是真的。据悉，这九门大炮的六门是直接向前发炮的，而后炮塔尽可能在最靠前的位置上放置。我认为，应尽量使这三个炮塔紧挨着并形成包括烟囱和指挥塔在内的中央炮廓，然后由炮塔和最重的铁甲来掩护弹药库和重要机器所在的方位。若是可以满足这几点要求，便可装上一层位于水面下的六英寸的甲板，使其伸向前面尽可能远的地方，最好一直伸向舰首，如此，在舰首受伤后便可保持航速。

4. 能做到在一艘战列舰上起飞两架飞机看起来技术很先进，然而这种先进却意味着其他设计部分所付出的巨大代价。如果具备上面提到的炮廓，那么任何一艘船舰都可能从后甲板上发出一两架飞机，但严重牺牲设计来达到这一点是绝对不可取的。凡是如“雄狮”号或“鲁莽汉”号一样的重要主力舰，都须配备一艘与之合作的航空母舰或至少一艘能够发出飞机的巡洋舰。为了使这样一艘主力舰能够携带飞机而不惜损害它，无论如何都是不恰当的。

5. 我迫切希望在已批准的期限内尽快建成这两艘舰只，不过，在做出任何决定前应该召开军官会议，这样的一个会议须有许多个海军军官参加，其中应包括曾在以及正在“英王乔治五世”号和“威尔士亲王”号上服役的司令官们。1911年冬天，我指示召开一次海军将领会议，就是在该会议上讨论出了“阿丽苏萨”号的优秀设计。

希望你们提出自己的意见。

第一海务大臣已证实将会安装九门大炮在这类舰只上的三个三联装炮塔内，且证实是在各司令官商量讨论后才决定了设计方案。他坚持认为,“英王乔治五世”号级舰的炮廓的防御力并没有被飞机库削弱。在考虑这一问题时，应该将对机器所在部位的掩护也考虑进去，而相比于“纳尔逊”号级舰只，“英王乔治五世”号这类舰只的机器所在部位的面积增大了很多。

基于以下几个理由，我们放弃了曾仔细考虑过的恢复建造“雄狮”号和“鲁莽汉”号的计划：

(1) 炮塔的建造会妨碍高射炮设备和海防大炮炮架的生产；

(2) 对铁甲的需要会影响到坦克制造；

(3) 得支出很大一批劳动力来应付该项工作。

最后一个理由是决定因素，它表明不太可能在战争期间建好这些舰只，因此最终取消了此前的计划。

我们的“英王乔治五世”号级战列舰与同时期的美国舰只比起来是什么情况，我非常想知道。

首相致第一海务大臣　　　　1941 年 9 月 1 日

没有为那五艘“英王乔治五世”号级战列舰装上三台三联装十六英寸大炮炮塔，让我后悔至极，然而事情已无法弥补，再讨论也是没用的。不过，由于我过去三十年来一直在思考这些问题，因此仍旧希望知道海军部有关“英王乔治五世”号级战列舰与同时期的美国舰只的看法。史塔克海军上将跟我说他们用的是三台三联装十六英寸大炮炮塔，我问他是否超过了三万五千吨的限额，他说没有，但是它们放弃了原保留的用以改变方向的那五百吨吨位。

海军部对这些美国船舰有什么程度了解？请告知情况。另外请告知他们如何解决飞机库问题。

还有，“英王乔治五世”号级战列舰在力量和结构上是否有某些优点可以弥补火力损失？

第一海务大臣的答复是：在同等级中，美国船舰如“北卡罗来纳”号的主炮较重而副炮较轻；英国的军舰则是保护铁甲较重，速度也稍微更快。他认为，美国的方法——在后甲板上装置两个外露的飞机弹射器，不如英国的好——英国将两架飞机放在船中腰的飞机库内。在我 9 月 22 日给他复信以及他 10 月 2 日的再复信中，我们继续讨论了这个问题。

首相致第一海务大臣、海军部军需署长和海军建设局长　　1941 年 9 月 22 日

美舰“北卡罗来纳”号与英舰“英王乔治五世”号的比较

1. 我极力赞成一点：舰只要坚固。因此，了解到我们的舰只比他们的舰只多一千三百七十吨铁甲，且船身重量比他们的重七百九十吨时，我很高兴。装甲带深而舰首坚固，这已经很不错，还能做到与高速度相结合则让人感到非常满意。但是，我还是不相信这种说法：在舰中央添加飞机场后虽然会延长炮廓区域，而这样做并没有耗费大量优质铁甲，对炮廓作用的发挥也没有影响——这种作用是舰只作战及漂浮的基础。我希望在其他时候再深入探讨这个问题。

2. 鉴于我们的船舰的比美国的长、窄、深，我认为速度会更高。

3. 我们的船舰比规定限额超出了一千七百五十吨，而装有十六英寸大炮的美舰却没有超过限额或只超出了二百吨。这个消息可靠吗？

4. 有理由装备二十门五英寸高射炮和副炮，当然也有理由装备十六门五点二五英寸的大炮。事实上，为了抵御从各方面进攻的空袭，有的人宁可装备更多的炮位。

5. 对比九门十六英寸大炮和十门十四英寸大炮后，我们感到难过或者说不免难过。前一种大炮的每发炮弹重二千七百磅，九门共计二万四千三百磅。后一种的每发炮弹重一千五百九十磅，十门共计一万五千九百磅。舷侧炮火差额是八千四百磅。

6. 有一点是比较有意思的：德国人在“俾斯麦”号舰上选用了两门十五英寸

炮的四个炮塔，我们的做法则是另一种极端：设三个炮塔，其中两个是比较小的四门炮。美国人采取中间策略，或许这种折中方法是最恰当的，因此也最具有打击力。

第一海务大臣致首相 **1941年10月2日**

我附上几点意见补充你提出的说法。

美舰“北卡罗来纳”号和英舰“英王乔治五世”号

1.“雄狮”号和“鲁莽汉”号舰上再次采用了“英王乔治五世”号处理飞机空间问题的方法，即在舰中央部位腾出空间。这个空间长度为五十五英尺，看起来像是一个空隙，但实际上在装甲甲板下面的炮廓里是没有空隙的。从“A”炮塔的前端到“Y”炮塔的后端的空间为弹药库、炮弹房和推进机器占用，这一空间须以重甲保护。如果将飞机挪走后把这些铁甲装到其他部位，那也不起什么作用。

2. 已经证实上述一点。

3. 在建造“英王乔治五世”号时，我们在排水量方面对它的限定是三万五千吨，但是，由于在建造过程中增添了一些附加物以及对某些设备（主要是大炮）重量的估计有误，因此，造好之后的这艘船超重一千七百五十吨。

美国的那艘船造好后也可能会超重。不过，如果按照美国船只的船身尺寸和掩护铁甲的限定额来建造的话，可能也可以将它造成一艘三万五千二百吨标准排水量的船只。

4. 美国船舰牺牲近射程的高射炮才装置了几个五英寸的炮。

5. 总的来说，我同意你的看法。根据“英王乔治五世”号的设计，应给它装置十二门十四英寸炮，但由于增多了掩护铁甲，只得放弃了两门。十四英寸炮的火力可能稍微强一点。

6. 据估测，“俾斯麦”号的标准排水量是四万一千一百五十吨。看来，如果美国人有能力设计一艘装备十六英寸口径大炮的舰只——这才是他们真正喜爱的，这样的一艘舰只必定会达到“依阿华”号级的四万五千吨排水量。

图书在版编目（CIP）数据

第二次世界大战回忆录.05，德国东进 /（英）温斯顿·丘吉尔著；
朱建国译．—北京：北京时代华文书局，2017.7（2020.2 ″印）
ISBN 978-7-5699-1643-0

Ⅰ．①第… Ⅱ．①温… ②朱… Ⅲ．①丘吉尔（Churchill，Winston Leonard Spencer 1874–1965）–回忆录②第二次世界大战–史料 Ⅳ．①K835.167=5②K152

中国版本图书馆CIP数据核字（2017）第137098号

第二次世界大战回忆录05：德国东进

DIERCI SHIJIE DAZHAN HUIYILU 05：DEGUO DONGJIN

著　　者 |〔英国〕温斯顿·丘吉尔
译　　者 | 朱建国

出 版 人 | 王训海
选题策划 | 梁明德　邵鹏军
责任编辑 | 周连杰
装帧设计 | 格林文化
责任印制 | 刘　银　訾　敬

出版发行 | 北京时代华文书局 http://www.bjsdsj.com.cn
北京市东城区安定门外大街136号皇城国际大厦A座8楼
邮编：100011　电话：010-64267955　64267677
印　　刷 | 三河市华润印刷有限公司　0316-3656029
（如发现印装质量问题，请与印刷厂联系调换）
开　　本 | 710mm×1000mm　1/16　印　　张 | 28　字　　数 | 376千字
版　　次 | 2017年8月第1版　印　　次 | 2020年2月第3次印刷
书　　号 | ISBN 978-7-5699-1643-0
定　　价 | 62.00元